建築法規用教材

2024

日本建築学会

は し が き

　建築関係の法令は，多岐にわたり独特の表現方法により記述されているため，一般の人には読解が困難となることがあります。

　そこで，本書は，建築を学ぶ学生・国家資格の受験者・一般の建築技術者用の教材・副読本として，イラスト・図表・写真・実例・コラム・例題を取り入れ，読者の皆さんに「どうすれば建築法規に親しみを持ち，理解を深めていただけるだろうか」と意を用いています。

　今回の改訂版は，2024 年 1 月 1 日現在施行されている法令にしたがい記述してありますが，2022 年 6 月に公布された「脱炭素社会の実現に資するための建築物のエネルギー消費性能の向上に関する法律等の一部を改正する法律」のうち，公布から 2 年以内，3 年以内に施行される建築基準法・建築士法・建築物省エネ法の改正及び 2023 年 6 月に公布された「地域の自主性及び自立性を高めるための改革の推進を図るための関係法律等の整備に関する法律」のうち，2024 年 4 月に施行される建築基準法については，その主な項目の概要を巻末に付録として掲載していますので参考としてください。

　本書が，多くの読者の方々に，法規用読本としてご活用していただければ幸いです。

　この教材の刊行にあたり，委員，執筆担当者及び執筆協力者各位のご協力に感謝するとともに，読者のご叱正・ご助言をお願いいたします。

　　2024 年 2 月

　　　　　　　　　　　　　　　　　　　　　　　　　　　　　　　　　　日本建築学会

本書作成関係委員
——五十音順・敬称略——

目　　次

第3章　建築関連法規

第4章 資　　料

コラム

例 題

凡　例

本書中における法令・元号等の略語は次のとおりとした。

法　　　　建築基準法（昭和 25 年法律第 201 号）

令　　　　建築基準法施行令（昭和 25 年政令第 338 号）

規則　　　建築基準法施行規則（昭和 25 年建設省令第 40 号）

機関省令　建築基準法に基づく指定資格検定機関等に関する省令（平成 11 年建設省令第 13 号）

建告　　　建築基準法に基づく建設省告示

国交告　　建築基準法に基づく国土交通省告示

都計法　　都市計画法（昭和 43 年法律第 100 号）

昭　　　　元号「昭和」

平　　　　元号「平成」

令　　　　元号「令和」（令元は「令和元年」の意）

注 1)　第 3 章「建築関連法規」においては，これと異なる略語を用いる場合がある。

　 2)　文中において「大臣」は，国土交通大臣をいう。

　 3)　建築基準法に基づく省令及び告示のうち，平成 13 年 1 月の省庁再編以降に公布されたものは国土交通省令及び国土交通省告示であるが，それ以前に公布された建設省令及び建設省告示の名称と番号はそのままとなっているので注意されたい。

建築法規を学ぶために

1. 法規の構成（学ぶための基本事項）

建築法規を学ぶための基礎として，日本における法規の構成を以下に記載した。

（1） 憲法

日本は，国家の基本原理（国民主権，基本的人権，平和）や統治の仕組み（民主制，三権（立法権，行政権，司法権）の分立）などを憲法に定め，法に基づき国を治める法治国家である。

（2） 法律

法律は，憲法に基づいて特定の目的実現のための基本的な規定（例えば公共の福祉の増進に資することを目的とし，建築物の敷地，構造，設備及び用途に関する最低限度の基準を定める建築基準法（昭和25年（1950年）法律第201号）の規定など）を国会（立法権）で定めている。

（3） 政令，省令

法律に基づき，必要な事項を法律の委任により内閣（行政権）が定めるものを政令という。内閣を構成する各省府の大臣が定めるものを省令（府令）という。例えば建築基準法には，守るべき技術的基準が多く規定され

ており，技術革新等により基準を変えることが必要となることなどから，建築基準法施行令（昭和25年第338号）に定められている。加えて確認申請など法施行上必要な手続等の規定は，国土交通省令である建築基準法施行規則（昭和25年建設省令第40号）で定めている。

（4） 条例，規則

憲法第94条（条例制定権）や法律，政令の委任に基づき地方公共団体（都道府県，市町村）の議会が定めることができる規定を条例（例えば各都道府県等が定める建築基準法から委任された建築委任条例等がある。）という。

規則とは，地方公共団体の長が法令の執行上必要な行政事務などの規定を定めたものである。なお，規則を施行細則ということもある。

（5） 告示

法令等の詳細な基準を国民に知らせるための方法の一つとして告示がある。例えば建築基準法の告示には，法律等の委任に基づき大臣が技術的な基準を定める告示が多くある。

本書では，法律，政令，省令，条例，規則，告示を合わせて法規という。

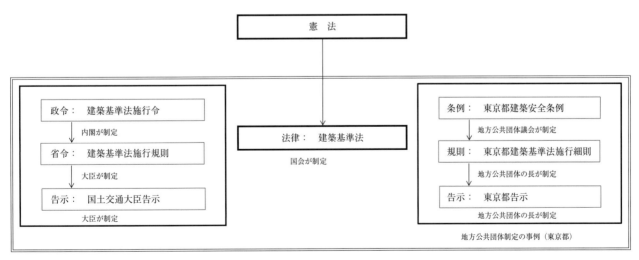

図 1.1　建築基準法令の体系図

2. 建築法規とは

建築物は，人間の生活に必要な要素である「衣・食・住」の「住」の器であり，また生活の場でもある。この器として備えるべき最も重要な機能は，雨，風，気温，

地形など立地する場所の気候・風土による作用や，地震，火災などの突発的な災害，あるいは外部侵入者の犯罪などから生命，健康，財産の保護を図ることである。そのうえで，個人又は家族等のプライバシーを確保できるシェルターの機能を有することも欠かせない要素である。

本来，自己の所有する土地にどのような建築物を建て，どのように利用するかは個人の自由であると言える。しかし，今日のように都市化が進み，人々が集まる中で，どこに何をどのように建築するかを，全く個人の自由であるとして社会が放置すると，そこで生活する人々の生活環境が劣悪となり，健康にも影響を与え，働く場，学ぶ場，住む場としての都市機能の秩序ある発展が阻害される。また，安全性など基本的性能が確保されていない建築物が建築され，消費者に危害や損害をもたらすおそれがある。こうしたことから，日本国憲法の下，個々の基本的人権の尊重に配慮しつつ，公共の福祉の増進に資するために，私的な土地利用権に一定の制限を与え，器としての建築物の用途，規模等を勘案し，必要な公法上の建築法規が定められている。

（1）　建築法規の性格による種類分け

大別すると，以下に示すとおり，①個々の建築物や敷地に関する安全，防災，衛生等の観点からの法規，②都市環境の改善の観点からの法規が定められている。

① 建築物の最低基準としての建築基準法，消防法や学校，病院，劇場，百貨店，旅館，工場，危険物の貯蔵場などの多数の人々が集まる建築物や公害等の危害を及ぼすおそれのある特殊な用途の建築物の基準を定めた学校教育法や医療法，興行場法，旅館業法等の法規がある（主に建築物単体の性能を規定）。

② 都市計画法や建築基準法の集団規定，都市再開発法などの都市計画的観点から定められた法規と自然，歴史的街並み，農地等の保護などの公益上の観点から定める森林法，文化財保護法，農地法等の法規がある（主に土地利用や都市の構成要素としての建築物の集団的な性能を規定）。

加えて，建築基準法の総則部分など公法としてのこれら法規の実効性確保のための手続きに関するもの，常に適法に建築物を維持管理するために必要なもの，建築物の建築等に関する近隣紛争などの相隣関係調整のためのもの，役割を終えた建築物の除却処理等に関するものなど，多岐にわたる法規が規定されている。

（2）　「建築」に関する法規の種類など

どのような「建築」に関する法規があるかを調べると，「建築」の用語が含まれている法律は多数存在する。それらを大別すると，「建築・住宅」に関するものでは，建築基準法，建築士法，建設業法などの法律がある。「都市計画」に関しては，都市計画法や土地区画整理法，屋外広告物法など，「土地」に関しては，公有水面埋立法，土地収用法など，「道路」に関しては道路法や幹線道路の沿道の整備に関する法律など，「災害対策」に関しては，地すべり等防止法や災害対策基本法など，「河川」に関しては，河川法や運河法など，「消防」に関しては消防法など，「教育」に関しては，学校教育法，博

物館法などの法律がある。このように私達の生活に欠かせない「建築物」に関する多くの法律が制定され，建築物単体および集団生活が基本となる都市における安全で質の高い生活空間の確保が図られている。本書では，これらの法規範を「建築法規」と総称して記載している。

（3）　建築法規の体系

第2章に掲載した「建築基準法」は，建築物を建築する上での最も基本となる法律である。第3章では，建築士法をはじめ，多くの建築関連法規を紹介しているが，それらのうち，建築確認審査の対象となる法令の規定（建築基準関係規定）に該当するものについては，その旨を明記している。次章以降，さまざまな建築物に関する法規を理解する上で必要な建築法規及び建築基準法の相関・体系図を図1.2に，建築基準法の領域の概念図を図1.3に示した。

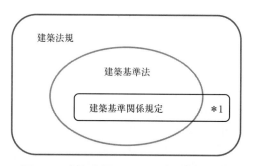

図1.2　建築法規および建築基準法の相関・体系図

＊1　第2章表5.1「確認審査の対象となる建築基準関係規定一覧」参照

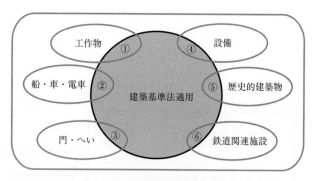

建築基準法が適用されるものの例
①高さ2mを超える擁壁など一定の工作物
②係留等された船等をホテル，住宅等の用途に使用されるもの
③建築物に付属するもの
④建築物のための電気設備，給排水設備，換気設備等
⑤国宝や一定の文化財その他の適用除外建築物以外のもの
⑥鉄道保安施設以外のもの

図1.3　建築基準法の領域の概念図

（4）　質の高い建築物の実現を目指して

ここまでは，主として最低限の性能を備えた建築物を実現するための法規について述べてきたが，建築法規には，いわゆるバリアフリー法，耐震改修促進法，建築物のエネルギー消費性能の向上に関する法律などより高度

な性能を有する建築物の建築を誘導，促進するための法規も存在する。また現在では，社会や建築主の要求する建築物の性能，品質を的確に把握し，要求の重要度に応じて整理して質の高い建築物の実現を図ることを求められることが増えている。そのような場合，設計者は，建築計画の企画段階，基本設計段階，実施設計段階において，要求する品質を満たす設計，コスト，維持管理方法や関係する法令等との齟齬などを的確に把握し，最適解になるよう，デザインレビューする方法などによって質の高い建築物の実現を目指すことも求められている。

この一手法として JIS（日本産業規格）や ISO（国際標準化機構）9000 シリーズにおいて定義されている設計管理手法がある。この手法では，品質マネジメントシステムが最大限活用されており，本書に掲載している建築法規も重要な要求事項となっている。

3. 本書の主な構成

建築法規は，建築物を安全につくり，利用し，かつ建築物周辺市街地等との調和に配慮する仕組みなどが多岐にわたって定められている。本書は，第2章と第3章において，以下に掲げる分類に基づき関係する法律を掲載し，必要に応じて具体的内容を解説した教材である。法令そのものは実際の条文を参照していただくことを前提に，多くの図表を用いて，法律の理解を深めるよう配慮している。

第2章では，建築物をつくる役割を担う者として，あるいは建築物に何らかの関わりを持つ職業に就く者として学ばなければならない最低限の基準や手続きを定める「建築基準法」を詳細に記述・説明している。

第3章では，「建築関連法規」として，表1.1 の法規の概要について解説している。

4. 法令用語の読み方

4.1 数量の大小の表し方

起算点を含む場合

a：以　上………100 m² 以上とは　　$A \geqq 100\,\text{m}^2$

b：以　下………100 m² 以下とは　　$A \leqq 100\,\text{m}^2$

c：以　内………100 m² 以内とは　　$A \leqq 100\,\text{m}^2$

起算点を含まない場合

a：超える………100 m² を超えるとは　$A > 100\,\text{m}^2$

b：未　満………100 m² 未満とは　　$A < 100\,\text{m}^2$

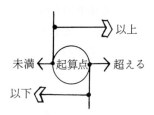

（例）法6条1項3号　「木造以外の建築物で2以上の階数を有し，又は延べ面積が 200 m² を超えるもの」

（解説）2階建てであれば適用されるが1階建てでは適用されない。又，面積が 200 m² ちょうどの場合は適用されないが 200 m² を少しでも超えると適用される。また，1階建てでも地階があると階数2となり該当する。

4.2 接続詞の使い方

4.2.1 「及び」・「並びに」

「及び」は同じ程度の複数の語句を，並列的に並べる場合に用いる。

三つ以上の語句を並列的に接続する場合は，読点（,）で接続し最後に「及び」を用いる。

「並びに」は「及び」で接続された語句のグループを二つ以上，並列的に接続する場合に用いる。

使い方

（A）及び（B）

表 1.1　建築基準法以外の基本的な建築関連法規

法規の性格など	主な法規
設計，施工，工事監理に必要な基本法規	消防法，都市計画法，建築士法，建設業法，労働安全衛生法
優良建築物促進関係法	建築物の耐震改修の促進に関する法律，高齢者，障害者等の移動等の円滑化の促進に関する法律，エネルギーの使用の合理化等に関する法律ど
都市・市街地整備関係法	景観法，都市緑地法，地域における歴史的風致の維持及び向上に関する法律，都市再開発法，港湾法，駐車場法，道路法，土地区画整理法，集落地域整備法，国土形成計画法，都市再生特別措置法など
住宅・宅地関係法	宅地造成及び特定盛土等規制法，建物の区分所有等に関する法律，マンションの建替え等の円滑化に関する法律，高齢者の居住の安定確保に関する法律など
持続可能な開発関係法	建築物のエネルギー消費性能の向上に関する法律，建築工事に係る資材の再資源化等に関する法律，長期優良住宅の普及促進に関する法律，都市の低炭素の促進に関する法律など
環境衛生関係法	建築物における衛生的環境の確保に関する法律，廃棄物の処理及び清掃に関する法律，水道法，下水道法，浄化槽法など
その他の関連法規	民法，文化財保護法，屋外広告物法，大規模小売店舗立地法，急傾斜地の崩壊による災害の防止に関する法律，空屋等対策の促進に関する特別措置法，電気事業法，ガス事業法，医療法，学校教育法，児童福祉法，老人福祉法，旅館業法，風俗営業の規制及び業務の適正化に関する法律など

(A), (B)及び(C)

[(A), (B)及び(C)]並びに[(D), (E)及び(F)]

(例)法20条 「建築物は, 自重, 積載荷重, 積雪荷重, 風圧, 土圧及び水圧並びに地震その他の震動及び衝撃に対して安全な構造のものとして, 次の各号に掲げる建築物の区分に応じ, それぞれ当該各号に定める基準に適合するものでなければならない。」

この条文を括弧を使って整理すると次のようになる。

建築物は[(自重), (積載荷重), (積雪荷重), (風圧), (土圧)及び(水圧)]並びに[(地震その他の震動)及び(衝撃)]に対して安全な構造のものとして, 次の各号に掲げる建築物の区分に応じ, それぞれ当該各号に定める基準に適合するものでなければならない。

4.2.2 「又は」・「若しくは」

「又は」は, 同じ程度の複数の語句を選択的に並べる場合に用いる。

三つ以上の語句を選択的に接続する場合は, 読点(,)で接続し最後に「又は」を用いる。

「若しくは」は, 「又は」で接続された語句のグループが二つ以上ある場合に用いる。大きい選択に「又は」を用い, グループ内の選択には「若しくは」を用いる。

使い方

(A)又は(B)

(A), (B)又は(C)

[(A), (B)若しくは(C)]又は[(D), (E)若しくは(F)]

(例)法47条「建築物の壁若しくはこれに代わる柱又は高さ2mをこえる門若しくは塀は, 壁面線を越えて建築してはならない。」

この条文を括弧を使って整理すると次のようになる。

[建築物の(壁)若しくは(これに代わる柱)]又は[高さ2mをこえる(門)若しくは(塀)]は, 壁面線を越えて建築してはならない。

コラム 1-1 建築法規の必要性

　本来, 個人の財産である建築物を建築することが自由であることは, 憲法第29条第1項で定める財産権の履行上認められている国民の権利である。しかし, 同条第2項には財産権は公共の福祉に適合する旨のことも規定されており, 法律でその権利を制約することもできる。建築物は, 風水害・地震などの自然災害や火災等の人災から人・物を守るシェルターの役割がある。加えて, 都市では, 住宅地, 商業地, 工業地など地域に適した安全で快適な都市構造に必要な合理的な土地利用規制を行う必要性もある。このため, 建築行為にあたり, その技術的な基準等を建築主の権利の行使と建築物の周辺市街地等に与える公共の福祉とのバランスを考慮して法律で「最低限の規制」を定めることが必要となり, 建築基準法が定められた。同法は, 第1条で「この法律は, 建築物の敷地, 構造, 設備及び用途に関する最低限度の基準を定めて, 国民の生命, 健康及び財産の保護を図り, もって公共の福祉の増進に資することを目的とする。」と規定されているのも, 憲法第29条を踏まえた法律であることを明確にしたものである。

(1) 安全性確保の考え方

　建築設計は, 敷地の地盤の状況等により地震等の振動や衝撃から, どの程度の構造安全性を確保するか, 火災が発生した際に避難上安全な屋外等までの利用者の避難経路確保など敷地の状況や用途, 規模等を踏まえて計画することとなる。また, 都市に立地する場合には, 都市計画上の用途規制や容積率, 建蔽率, 高さなど建築敷地の状況, 周辺市街地の状況等を調査した上で最適な計画を導き出すこととなる。この場合に重要なことは, 建築物の用途と規模, 利用する年限(耐用年数)を考慮して「最適な基準」で設計することが求められることである。この基準は, 安全性と経済性とのバランスの取れたものとすることも必要となる。この「最適な基準」と法で定める「最低限度の基準」を一致させた設計が存在するのも現在の現状である。最適な基準レベルをできるだけ高くして設計されることを期待したい。

(2) 最低限度の基準など

　最低限度の基準は, ①財産権と②公共の福祉とのバランスで定められている。しかし, 常に固定化されたものではなく, 絶妙なバランスで時代と共に変化し得るものでもある。今日的には, 建築物固有の安全確保に関する「単体規定」は生命等の保護の観点から強化され, 秩序ある市街地環境の整備改善に資する「集団規定」は人・物の利用の変化, 経済対策への寄与, 財産権の自由度確保などから合理化されてきている。加えて近年は, 洪水等の自然災害から被害の防止を図るため, ハザードマップ等の活用で生命, 財産の保護を図ることや, 持続可能な開発手法として, 脱炭素社会実現のため, 建築法規の活用が図られている。

(遠藤栄治)

建築基準法

1. 目　　的

　この法律制定の目的は，建築物の敷地，構造，設備及び用途に関する最低の基準を定めて，国民の生命，健康及び財産の保護を図り，もって公共の福祉の増進に資することである。最低の基準として定められている基準は，全国すべての区域でコントロールされる規定として

建築物の安全性に係る構造基準や防火基準などを定めている単体規定部分と，都市計画区域内等での良好な市街地環境の確保のために建築物の用途制限や道路等からの高さの制限などを定める集団規定部分に分かれている。また，これらの技術基準を設計段階から完成後の維持保全の段階までの間，適用するための手続として，建築確認制度や罰則等の規定が定められている。

2. 法令構成・内容

　建築基準法は，建築物を建築しようとする国民に課する義務等の基本的な制限事項について，国会の議決を経て内閣総理大臣が制定し公布した「法律」である。この法律から委任された具体的事項について内閣が「政令」として制定している。また，法律や政令から国土交通大臣に委任された許可，確認，審査，検査の手続きや運用上の補足事項等については，国土交通省が「国土交通省令」や「大臣告示」として定めている。さらに建築基準法では，津波，高潮，出水等による危険の著しい区域を災害危険区域として指定し，居住用の建築物の建築の禁止その他の災害防止上必要な制限を定めること，地域の気候風土の特殊性や特殊建築物等の用途，規模等により，安全上，防火上，衛生上の必要な制限を付加することや，避難，通行の安全の目的のために必要な制限等を

地方公共団体の条例や規則等で付加すること，その他地域の特性をふまえた特別用途地区等や地区計画等の区域内の建築制限等，あるいは中高層建築物の日影規制などができる規定が整備されている（表2.1）。

　建築基準法の内容は，建築主や建築士の視点によって，大きくは上記1.目的や図2.1に示したとおり，①建築確認等の手続きを定める総則部分，②構造，防火等の基準など全国どの地域でも適用される単体規定部分，③主として都市づくりに関係する建築物の用途規制等の都市計画区域内等に限定し適用される集団規定部分，④法に違反した場合の罰則等を定める規定部分，⑤その他，法の運用のため適用時等の運用上の経過措置や施行期日を定める附則部分，に分けることができる。

表 2.1　地方公共団体の条例による取扱いの主なもの

根拠条項	内容
法3条1項3号	法の適用除外の対象となる保存建築物の指定
法39条	災害危険区域の指定，居住用建築物の禁止等
法40条	地方の気候風土の特殊性による制限付加
法41条	都市計画区域外などで採光規定など一部の単体規定の緩和
法43条3項	特殊建築物等に関する避難等の安全確保の道路幅員制限付加
法43条の2	4m未満道路のみに接する建築物への制限付加
法49条	特別用途地区内の不適合用途の禁止等
法49条の2	特定用途制限区域内の用途制限
法50条	用途地域内等における敷地，構造又は建築設備の制限
法52条5項	地盤面の別の定め
法56条の2	中高層建築物に対する日影制限
法60条の2の2　4項	居住環境向上用途誘導地区内の用途制限緩和
法60条の3　3項	特定用途誘導地区内の制限の緩和
法68条の2	地区計画等の区域内の建築制限
法68条の9	都市計画区域等以外の区域内の建築制限
法69条	建築協定制定条例

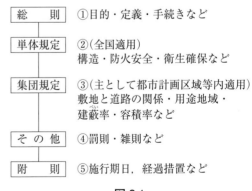

図 2.1

3. 基本用語の定義

3.1　建築物（法2条1号）

「土地に定着する工作物のうち，屋根及び柱若しくは壁を有するもの（これに類する構造のものを含む。），これに附属する門若しくは塀，観覧のための工作物又は地下若しくは高架の工作物内に設ける事務所，店舗，興行場，倉庫その他これらに類する施設（鉄道及び軌道の線路敷地内の運転保安に関する施設並びに跨線橋，プラットホームの上家，貯蔵槽その他これらに類する施設を除く。）をいい，建築設備を含むものとする。」

条文を整理すると

　前　提：土地に定着する工作物であること。

　　　　　キャンピングカーや客船は，土地に定着していないので一般的には建築物ではない。

　建築物：a．屋根と柱を有するもの
　　　　　　　屋根と壁を有するもの
　　　　　　　（これに類する構造のものを含む）
　　　　　b．aに附属する門
　　　　　　　aに附属する塀
　　　　　c．観覧のための工作物
　　　　　　　（屋根がなくても建築物となる）
　　　　　d．地下の工作物内に設ける施設
　　　　　　　高架の工作物内に設ける施設
　　　　注）建築設備は，建築物に含まれる。

　除　外：a．鉄道・軌道の線路敷地内の運転保安施設
　　　　　b．跨線橋，プラットホームの上家
　　　　　c．貯蔵槽の施設

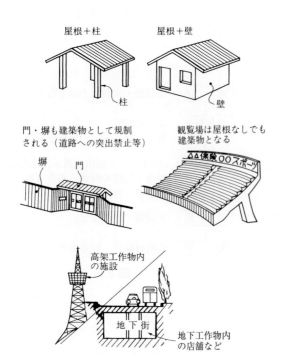

図3.1　建築物の例

3.2　特殊建築物（法2条2号）

　特殊建築物とは，学校（専修学校及び各種学校を含む。以下，同様とする。），体育館，病院，観覧場，集会場，展示場，百貨店，市場，ダンスホール，遊技場，公衆浴場，旅館，共同住宅，寄宿舎，下宿，工場，倉庫，自動車車庫，危険物の貯蔵場，と畜場，火葬場，汚物処理場などの不特定又は多数の人が利用する建築物や周辺に対して公害等被害の防止の観点から配慮する建築物を特殊建築物として，建築物の避難，安全，衛生の観点から，又は周辺市街地環境の整備等から，特にその性能基準を強化する建築物である。なお，建築基準法に基づき地方公共団体の条例で特殊建築物を付加しているものもある。例えば東京都の場合，東京都建築安全条例第9条で場外馬券売場や映画スタジオなども付加されている。

3.3　敷地（令1条1号）

「1の建築物又は用途上不可分の関係にある2以上の建築物のある一団の土地をいう。」

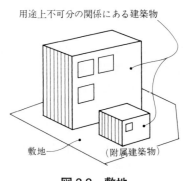

図3.2　敷地

3.4　地階（令1条2号）

「床が地盤面下にある階で，床面から地盤面までの高さがその階の天井の高さの3分の1以上のもの。」

3.5　床面積（令2条1項3号）

「建築物の各階又はその一部で壁その他の区画の中心線で囲まれた部分の水平投影面積による。」（4.3項参照）を示す。

3.6　延べ面積（令2条1項4号）

「建築物の各階の床面積の合計による。」（4.4項参照）

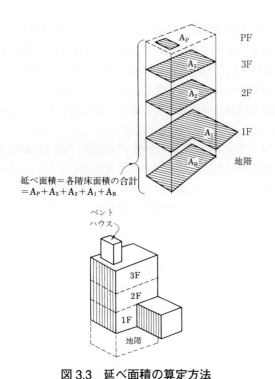

図 3.3　延べ面積の算定方法

3.7　建築（法2条13号）

「建築物を新築し，増築し，改築し，又は移転することをいう。」条文を整理すると

- a．新築　　材料の新旧は問わない。
- b．増築　　原則として床面積の増加をいう。
- c．改築　　従前と構造，規模，用途が著しく異ならないもの。
- d．移転　　主に同一敷地内での位置の変更をいう。この場合と他の敷地への移動で特定行政庁が認めた場合には，既存不適格建築物の適用を受けることができる。

3.8　居室（法2条4号）

　居住，執務，作業，集会，娯楽その他これらに類する目的のために継続的に使用する室をいう。例えば，公衆浴場の浴室は多くの人が継続的に使用している室であり，居室となるが，自宅の浴室は居住者は使用している一方で，室から見ると継続的に使用されていないため，居室とはみなされない。

3.9　主要構造部（法2条5号）

　「壁，柱，床，はり，屋根又は階段をいい，建築物の構造上重要でない間仕切壁，間柱，付け柱，揚げ床，最下階の床，回り舞台の床，小ばり，ひさし，局部的な小階段，屋外階段その他これらに類する建築物の部分を除くものとする。」

表 3.1　主要構造部

壁	構造上重要でない間仕切壁を除く。
柱	構造上重要でない間柱，付け柱を除く。
床	構造上重要でない揚げ床，最下階の床，回り舞台の床を除く。
は り	構造上重要でない小ばりを除く。
屋 根	構造上重要でないひさしを除く。
階 段	構造上重要でない局部的な小階段，屋外階段を除く。

　［注］　基礎は主要構造部には含まれない（防火上の影響が少ないため）。

　この構造上とは，構造耐力上の意味ではなく，用途上，用法上，防火上の意味である。

　なお，主要構造部の一種以上について行う過半の修繕・模様替をそれぞれ「大規模の修繕」「大規模の模様替」という（法2条14号・15号）。

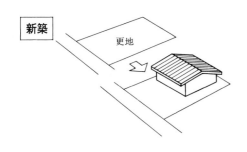

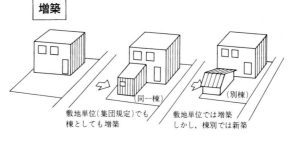

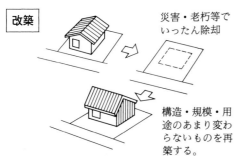

図 3.4　「建築」の種類

3.10 構造耐力上主要な部分 （令1条3号）

構造耐力上主要な部分とは，基礎，基礎ぐい，壁，柱，小屋組，土台，斜材（筋かい，方づえ，火打材その他これらに類するものをいう。），床版，屋根版又は横架材（はり，けたその他これらに類するものをいう。）で，建築物の自重若しくは積載荷重，積雪荷重，風圧，土圧若しくは水圧又は地震その他の震動若しくは衝撃を支える重要な部材である。

3.11 延焼のおそれのある部分 （法2条6号）

敷地境界線，道路中心線又は同一敷地内の2以上の建築物相互の外壁間の中心線から，1階にあっては3m以下，2階以上にあっては5m以下の距離にある建築物の部分をいう。ただし，防火上有効な公園等の空地又は耐火構造の壁等に面する部分及び燃焼のおそれのないものとして国土交通大臣が定める部分は除かれている。

条文を整理すると，図3.5のとおりとなる。

［注］　耐火構造等の防火規定関係の用語は第2章6.3.1参照。

3.12 建築主事* （法4条）

都道府県及び市町村の建築課などに置かれる職員で，建築確認又は検査などの行政事務を行う者。建築主事は都道府県及び政令指定の人口25万人以上の市には必ず置かれる。また，その他の市町村や特別区も都道府県知事により建築主事を置くことができる。

［注］　*建築主事に加えて，小規模建築物に係る建築確認等のみを行う建築副主事が創設される。2024年4月施行。

3.13 指定確認検査機関 （法77条の18ほか）

国土交通大臣又は都道府県知事の指定により，建築主事に代わって建築確認又は検査を行うことのできる民間機関。この機関が交付する「確認済証」「検査済証」及び「中間検査合格証」は建築主事が交付したものとみなされる。

3.14 指定構造計算適合性判定機関 （法18条の2）

国土交通大臣又は都道府県知事の指定により，都道府県知事に代わって構造計算適合性判定（建築主の申請により行う計画が所定の構造計算基準に適合するかどうかの判定）を行う民間機関

3.15 特定行政庁 （法2条35号）

建築主事を置いている地方公共団体（都道府県及び市町村及び特別区）の長。具体的には，都道府県知事，市区町村長のこと。建築基準法の許可処分などを行う。

3.16 建築確認 （法6条，6条の2）

建築工事等に着手する前に，建築主の申請に基づき，その建築行為が建築基準関係規定に適合するか否かについて，建築主事又は指定確認検査機関の確認を受ける行為。適合する旨の確認済証の交付を受けた後，着工できる。

3.17 仮使用の認定 （法7条の6）

建築物の新築又は増築，改築，移転，大規模の修繕若しくは大規模の模様替の工事で，廊下，階段等の避難施設，スプリンクラー等の消火施設，排煙設備，非常用の

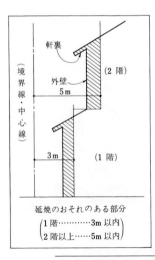

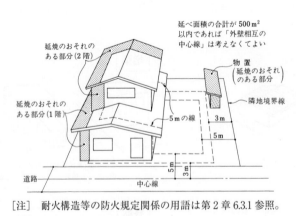

［注］　耐火構造等の防火規定関係の用語は第2章6.3.1参照。

| ①隣地境界線，②道路中心線，③同一敷地内に2つ以上の建築物がある場合，その外壁相互の中心線(注1) | から | 1階………3m以下 | の距離内にある建築物の部分(注2) |
| | | 2階以上……5m以下 | |

（注1）　延べ面積の合計が500 m² 以内の建築物は，1つの建築物とみなす。
（注2）　防火上有効な公園，広場，川等の空地若しくは水面又は耐火構造の壁等に面する部分は除く。
　　　　建築物と隣地境界線等との角度θに応じて延焼するおそれのないものとして国土交通大臣が定める部分を除く。
（令2国交告197号）

図3.5　延焼のおそれのある部分

照明装置，非常用の昇降機若しくは防火区画などの避難施設等に関する工事を含む場合には，工事の完了後検査済証を受けた後でなければ，当該建築物又は建築物の部分を使用することはできない。ただし，特定行政庁が安全上，防火上及び避難上支障がないと認めたとき，又は建築主事等が国土交通大臣の定める基準に適合していると認めた時には，当該建築物又は建築物の部分を使用することができる。

これを仮使用の認定という。物品販売業を営む店舗，飲食店等を併設するテナントビルなど複合用途の建築物に多い手続きの一つでもある。

3.18　許可（法48条ほか）

法などにより禁止・制限されている事項を特定の場合に解除して，これを適法にすることができるようにする行為。手続としては，建築主事の属する地方自治体の長である特定行政庁が建築審査会の同意を得て行う（具体的内容は5.2 許可申請が必要な行為等を参照）。

3.19　認定（法86条ほか）

複数の敷地を一敷地とみなす一団地の認定や超高層建築物の構造方法の認定など，特定行政庁や国土交通大臣が法の一般的な確認行為を補完し例外的に認める行為（具体的内容は5.3 認定申請が必要な行為等，8.2 型式適合認定，8.3 構造方法等及び特殊構造方法等の認定を参照）

3.20　適用の除外（法3条）

先人より残された国宝等の文化財建築物等については，保存し後世に伝えることが求められることから，法の適用が除外されている。また，建築時に適法であったものについても，その後の法改正等で適合しない部分が生じた場合でも「既存不適格建築物」と称して法の遡及をしないことができる「適用の除外」規定が定められている。なお，既存不適格建築物であっても，特定行政庁が認める移転以外の移転，増築や改築又は大規模の修繕・模様替等を行った場合には，適用の除外が解除され，既存部分に遡及される（法3条3項1〜5号，86条の7・4項，令137条の16）。

3.21　一定の条件に適合する建築物に対する制限の緩和（法84条の2ほか）

①壁を有しない一定の基準に適合する簡易な建築物については，簡易な構造の建築物（法84条の2）として，例えば外壁の開口部で延焼のおそれのある部分に設ける防火設備が緩和されるなど。また，②非常災害時に設ける応急仮設建築物や博覧会建築物等の仮設建築物（法85条），③景観重要建造物（法85条の2）や④既存不適

格建築物に対する増改築等（法86条の7）についても，一定の条件に適合するものは，単体規定や集団規定の一部が緩和されている。

4.　面積・高さ・階数の算定方法

4.1　敷地面積の算定（令2条1項1号）

「敷地の水平投影面積による。ただし，法42条2項，

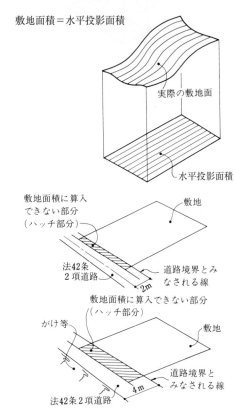

敷地面積＝水平投影面積

実際の敷地面

水平投影面積

敷地面積に算入できない部分（ハッチ部分）

敷地

法42条2項道路

2m

道路境界とみなされる線

敷地面積に算入できない部分（ハッチ部分）

がけ等

敷地

道路境界とみなされる線

法42条2項道路

4m

図4.1　敷地面積の算定

建築面積は（最も突出した）外壁又は柱の中心線で囲まれた部分の水平投影面積である．

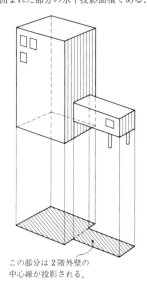

この部分は2階外壁の中心線が投影される．

図4.2　建築面積の算定

〔地下室の取扱い〕

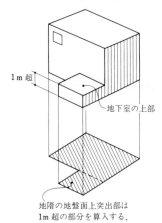

1m超

地下室の上部

地階の地盤面上突出部は
1m超の部分を算入する.

〔ひさしの取扱い〕

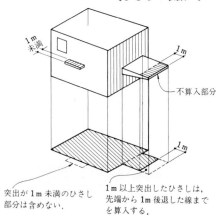

1m未満

1m

不算入部分

1m

突出が1m未満のひさし
部分は含めない.

1m以上突出したひさしは,
先端から1m後退した線まで
を算入する.

図4.3 地下室・ひさしの取扱い

写真4.1 外壁から1m以上突出したひさしの例
〔注〕 一定の条件（4.2.c参照）に該当する場合は緩和される.

3項, 又は5項の規定によって道路の境界線とみなされる線と道との間の部分の敷地は, 算入しない.」

なお, 法42条2項は将来的に道路の幅員を全て4m以上にさせたいという目的を持って定められている.

4.2 建築面積の算定（令2条1項2号）

「建築物の外壁又はこれに代わる柱の中心線で囲まれた部分の水平投影面積による.」

ただし,

a：地階で地盤面上1m以下にある部分を除く.

b：軒, ひさし, はね出し縁その他これらに類するもので, 外壁又は柱の中心線から水平距離1m以上突き出したものがある場合においては, その端から水平距離1m後退した線までを算入する.

c：工場又は倉庫の用途に供する建築物で, 専ら貨物の積卸等のために設ける軒等で国土交通省が定める基準（令5国交告143号）に適合するものは, その端から5m以内の部分は水平投影面積に算入しない（写真4.1参照）.

d：大臣が高い開放性を有すると認めて指定する構造（平5建告1437号）の建築物又はその部分については, その端から水平距離1m以内の部分の水平投影面積は算入しない.
（図4.2, 4.3, 写真4.1参照）

4.3 建築物の床面積の算定

4.3.1 床面積の算定（令2条1項3号）

建築物の床面積は, 「建築物の各階又はその一部で壁（扉, シャッター, 手すり, 柱等）の区画の中心線で囲まれた部分の水平投影面積による.」ものであるが, ピロティ, ポーチ等で壁, 扉, 柱等を有しない場合には, 床面積に算入するかどうかは, 当該部分が居住, 執務, 作業, 集会, 娯楽, 物品の保管又は格納その他の屋内的用途に供する部分であるかどうかにより判断するものとする.

例えば, 次に掲げる建築物の部分の床面積の算定は, それぞれ該当各号の定めるところによるものとする.

① ピロティ：十分外気に開放され, かつ, 屋内的用途に供しない部分は, 床面積に算入しない.

② ポーチ：原則として床面積に算入しない. ただし, 屋内的用途に供する部分は, 床面積に算入する.

③ 公共用歩廊, 傘型又は壁を有しない門型の建築物：ピロティに準ずる.

④ 吹きさらしの廊下：外気に有効に開放されている部分の高さが1.1m以上であり, かつ, 天井の高さの1/2以上である廊下については, 幅2mまでの部分を床面積に算入しない.

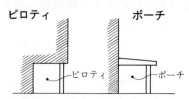

ピロティ　　　　　ポーチ

ピロティ　　ポーチ

開放的なピロティやポーチは算入しない.
（吹きさらしの廊下・バルコニー等）

図4.4 ピロティー・ポーチの取扱い

⑤ バルコニー・ベランダ：吹きさらしの廊下に準ずる。

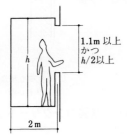

十分開放されているバルコニーは，幅2mまで算入しない。

図4.5　バルコニーの取扱い

⑥ 屋外階段：次の各号に該当する外気に有効に開放されている部分を有する階段については，床面積に算入しない。

イ：長さが当該階段の周長の1/2以上であること。

ロ：高さが1.1m以上，かつ，当該階段の天井の高さの1/2以上であること。

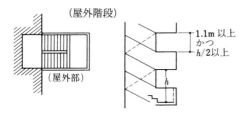

屋外階段の周長の½以上が外部に開放されていること。
高さの½以上，かつ1.1m以上が開放されていること。

図4.6　屋外階段の取扱い

⑦ エレベーターシャフト：原則として，各階において床面積に算入する。ただし，着床できない階であることが明らかである階については，床面積に算入しない。

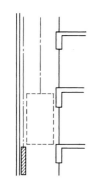

原則として各階において
床面積に算入する。

図4.7　エレベーターシャフトの取扱い

⑧ パイプシャフト等：各階において床面積に算入する。

⑨ 給水タンク又は貯水タンクを設置する地下ピット：タンクの周囲に保守点検用の専用の空間のみを有するものについては，床面積に算入しない。

⑩ 出窓：次の各号に定める構造の出窓については，床面積に算入しない。

イ：下端の床面からの高さが30cm以上であること

ロ：周囲の外壁面から水平距離50cm以上突き出ていないこと

ハ：見付面積の1/2以上が窓であること

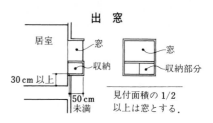

図4.8　出窓の取扱い

⑪ 機械式駐車場：つり上げ式自動車車庫，機械式立体自動車車庫等で床として認識することが困難な形状の部分については，1台につき15m²を床面積として算定する。なお，床としての認識が可能な形状の部分については，通常の算定方法による。

　工作物とみなす場合もあるが，そのときは，1台につき15m²を築造面積として算定する。

写真4.2　機械式駐車場の例

⑫ 機械式駐輪場：床として認識することが困難な形状の部分については，1台につき1.2m²を床面積として算定する。なお，床としての認識が可能な形状の部分については，通常の算定方法による。

⑬ 体育館等のギャラリー等：原則として，床面積に算入する。ただし，保守点検等一時的な使用を目的としている場合には，床面積には算入しない。

4.3.2 「区画の中心線」の設定方法

次の各号に掲げる建築物の壁，その他の区画の中心線は，それぞれ次の各号に定めるところによる。

① 木造の建築物については
　イ：軸組工法の場合………柱の中心線
　ロ：枠組壁工法の場合……壁を構成する枠組材の中心線
　ハ：丸太組構法の場合……丸太材等の中心線

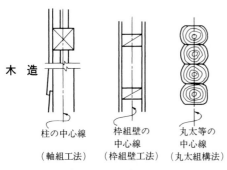

木 造

柱の中心線
（軸組工法）　枠組壁の中心線（枠組壁工法）　丸太等の中心線（丸太組構法）

図 4.9　木造の取扱い

② 鉄筋コンクリート造，鉄骨鉄筋コンクリート造等の建築物については鉄筋コンクリートの躯体，PC板（プレキャストコンクリート板）等の中心線

③ 鉄骨造の建築物については
　イ：金属板，せっこうボード等の薄い材料を張った壁の場合…………胴縁等の中心線
　ロ：イ以外の場合…………PC板，ALC板（高温高圧蒸気養生された軽量気泡コンクリートパネル）等の中心線

④ 組積造又は補強コンクリートブロック造の建築物についてはコンクリートブロック，石，れんが等の主要な構造部材の中心線

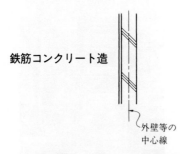

鉄筋コンクリート造

外壁等の中心線

図 4.10　鉄筋コンクリート造の取扱い

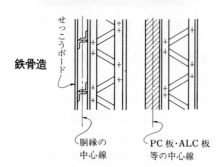

せっこうボード

鉄骨造

胴縁の中心線　PC板・ALC板等の中心線

図 4.11　鉄骨造の取扱い

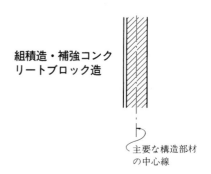

組積造・補強コンクリートブロック造

主要な構造部材の中心線

図 4.12　組積造・補強コンクリートブロック造の取扱い

4.4　延べ面積の算定方法

各階の床面積の合計を言う。ただし，容積率算定（法52条）上は以下の特例がある。

4.4.1　自動車車庫等の特例（令2条1項4号，3項）

容積率（建築物の延べ面積の敷地面積に対する割合）算出の場合の延べ面積については，①自動車車庫その他の専ら自動車又は自転車の停留又は駐車のための施設（誘導車路，操車場所及び乗降場を含む。），②防災備蓄倉庫部分，③蓄電池設置部分，④自家発電設備設置部分，⑤貯水槽設置部分及び⑥宅配ボックスの用途に供する部分の床面積を算入しない。ただし，①当該敷地内の建築物の各階の床面積の合計（同一敷地内に2以上の建築物がある場合においては，それらの建築物の各階の床面積の合計の和）の1/5を限度とする（1/5を超えているときは，1/5だけを不算入とする）。同様に②と③については1/50，④，⑤及び⑥は1/100を限度とする。

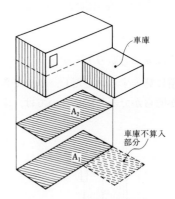

車庫

A₂

車庫不算入部分

A₁

図 4.13　自動車車庫の特例

4.4.2　住宅又は老人ホーム等の地階の特例（法52条3項）

「（同様に）建築物の地階でその天井が地盤面からの高さ1m以下にあるものの住宅又は老人ホーム等の用途に供する部分の床面積は算入しない。ただし，その床面積がその建築物の住宅又は老人ホーム等の用途に供する部分の床面積の合計の1/3を超える場合においては，1/3を限度とする。」

4.4.3　昇降機（エレベーター）の昇降路，共同住宅又は老人ホーム等の共用の廊下及び住宅又は老人ホーム等の機械室で国が定める一定の規準に適合し特定行政庁が定める部分の特例（法 52 条 6 項，令 135 条の 16）

「昇降機（小荷物専用昇降機及びエスカレーターを除く。）の昇降路の部分又は共同住宅若しくは老人ホーム等の共用の廊下若しくは階段の部分又は，一定の規準に適合する機械室で特定行政庁が認めるものは床面積に算入しない。」

4.4.4　都市計画道路内の敷地面積の取扱い

建築物の敷地内に計画道路があって，特定行政庁が容積率の算定上，計画道路を前面道路とみなす許可を与えた場合は計画道路部分の面積を敷地面積に算入しないものとする（法 52 条 10 項など）。

4.4.5　建築物のエネルギー消費性能向上のために必要な外壁等で構造上やむを得ない部分の許可による特例（法 52 条 14 項）

エネルギー消費性能のために外壁等に面する部分の工事を行う建築物で構造上やむを得ないものとして一定の基準に適合し特定行政庁が許可した部分は，床面積に算入しない。

4.5　建築物の高さの算定方法

4.5.1　建築物の高さの算定（令 2 条 1 項 6 号）

「（建築物の高さは）地盤面からの高さによる。」

4.5.2　起算点の特例（令 2 条 1 項 6 号イ）

「前面道路の幅員による斜線制限の場合においては，高さの起算点は前面道路の路面の中心の高さとする。」

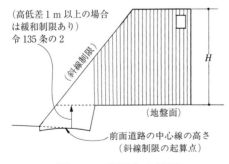

図 4.14　起算点の特例

4.5.3　屋上に突出するペントハウス等の不算入の特例（令 2 条 1 項 6 号ロ）

「階段室，昇降機塔，物見塔，屋窓その他これらに類する建築物の屋上部分の水平投影面積の合計が，当該建築物の建築面積の 1/8 以内の場合においては，その高さは 12 m までは当該建築物の高さに算入しない。」

写真 4.3　ペントハウスの例

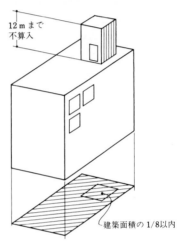

注 1)　法 33 条，法 56 条 1 項 3 号，法 58 条 等（限定付き）において，この特例は適用することはできない。

注 2)　法 55 条 1 項及び 2 項，法 56 条の 2・4 項，法 59 条の 2・1 項及び別表第 4 の場合においては，不算入は 5 m までとする。

注 3)　法 55 条および法 58 条の高さについては，太陽光パネル等やむを得ず屋上に設けるもので許可したものは，その高さで超えることができる。

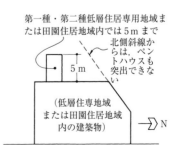

図 4.15　ペントハウス等の不算入の特例

4.5.4 屋上突出物の不算入の特例（令2条1項6号ハ）

「棟飾，防火壁の屋上突出部その他これらに類する屋上突出物は，当該建築物の高さに算入しない。」

風見鶏　避雷針　鴟尾（しび）

図4.16　棟飾等の不算入の特例

4.6　地盤面の定義（令2条2項）

「建築物が周囲の地面と接する位置の平均の高さにおける水平面をいい，その接する位置の高低差が3mを超える場合においては，その高低差3m以内ごとの平均の高さにおける水平面をいう。」

なお，住宅の地下部分の容積率を算定する場合の地盤面の取扱いについては，地方公共団体は政令に定める基準に従い，条例で別に定めることができる（法52条3項・5項）。

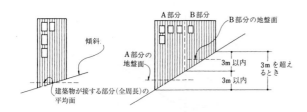

図4.17　地盤面の定義

写真4.4　傾斜した敷地に建つ建築物の例

4.7　軒の高さの算定（令2条1項7号，令130条の12　1号イ）

「地盤面から建築物の小屋組又はこれに代わる横架材を支持する壁，敷げた又は柱の上端までの高さによる。」

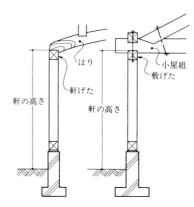

図4.18　軒の高さの算定

4.8　階数の算定方法（令2条1項8号）

「建築物の一部が吹抜きとなっている場合，建築物の敷地が斜面又は段地である場合その他建築物の部分によって階数を異にする場合においては，これらの階数のうち最大なものによる。」

［注］　ペントハウス又は地階における不算入の特例
　　　　（令2条1項8号）

「昇降機塔，装飾塔，物見塔その他これらに類する建築物の屋上部分又は地階の倉庫，機械室その他これらに類する建築物の部分で，水平投影面積の合計がそれぞれ当該建築物の建築面積の1/8以下のものは，当該建築物の階数に算入しない。」

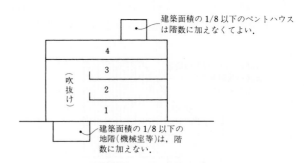

図4.19　階数の算定方法

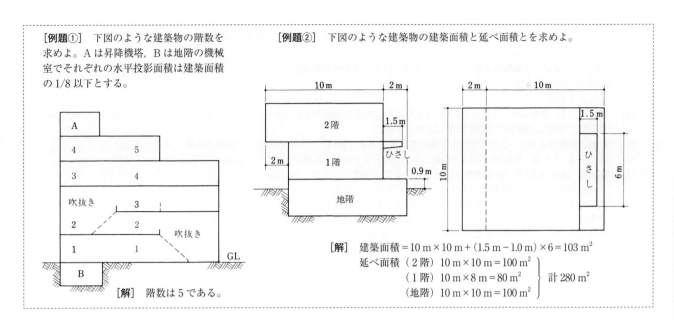

[例題①]　下図のような建築物の階数を求めよ．Aは昇降機塔，Bは地階の機械室でそれぞれの水平投影面積は建築面積の1/8以下とする．

[解]　階数は5である．

[例題②]　下図のような建築物の建築面積と延べ面積とを求めよ．

[解]　建築面積 = 10 m × 10 m + (1.5 m − 1.0 m) × 6 = 103 m²

延べ面積（2階）10 m × 10 m = 100 m²
　　　　（1階）10 m × 8 m = 80 m²　計 280 m²
　　　　（地階）10 m × 10 m = 100 m²

5. 制度規定（建築手続きなど）

5.1　建築確認制度の概要

建築物等に関する実体規定（単体規定，集団規定）が建築物や都市に適確に反映させるためのチェック機能として，各種手続きの規定が定められている．

一定規模以上の建築物を建築しようとする場合には，工事着手の前に，確認申請書を建築主事*又は指定確認検査機関（3.12項，3.13項参照）に提出し，その計画が建築基準法等の基準に適合していることの確認を受ける必要がある．建築基準法等の基準に適合すると認めた場合は，確認済証が交付される．工事中に計画の見直しを行う場合には，計画変更として再度申請書を提出し，新たな確認済証として交付を受けなければならない．

［注］　*建築副主事及び副確認検査員制度が創設される．2024年4月施行．

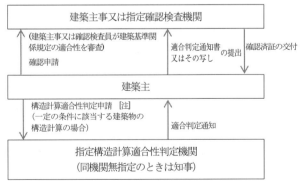

建築主事又は指定確認検査機関

（建築主事又は確認検査員が建築基準関係規定の適合性を審査）
確認申請

適合判定通知書又はその写しの提出　確認済証の交付

建築主

構造計算適合性判定申請　［注］
（一定の条件に該当する建築物の構造計算の場合）

適合判定通知

指定構造計算適合性判定機関
（同機関無指定のときは知事）

（構造計算適合性判定員が構造計算基準への適合を判定）

［注］1. 構造計算適合性判定を必要とする建築物（特定構造計算基準又は特定増改築構造計算基準）については，6.単体規定の6.2構造強度を参照．

2. 許容応力度等計算（ルート2，高さ≦31m）を用いた建築物について，国土交通省令に定める要件を備える建築主事・確認検査員が在籍し審査する場合には，構造計算適合性判定が対象外となる．

図 5.1　建築物の確認審査の流れ

5.1.1　建築物等の確認

〔確認申請〕　建築主──▶建築主事（法6条）又は指定確認検査機関（法6条の2）

建築主は，建築物を建築しようとするとき，その計画が建築基準関係規定に適合するかどうかの審査を受け，確認済証を取得する必要がある．

建築物が構造計算適合性判定（法6条の3）の対象となる場合は，その建築物の確認審査を行う建築主事等に適合判定通知書又はその写しを提出しなければならない．また，建築物の計画が特定構造計算基準又は特定増改築構造計算基準のうち，確認審査が比較的容易にできる許容応力度等計算（ルート2，高さ≦31 m）を用いたもので，省令に定める要件を備える建築主事又は確認検査員が構造審査を実施する場合，この判定が対象外となる．

確認審査・判定は，「確認審査等に関する指針」によって行われる（法18条の3，平19国交告835号①②）．

建築物の用途変更，建築設備（エレベーター等）の設置及び工作物の築造については，手続きに関する準用規定がある（法87条～88条）．

〔構造計算適合性判定申請〕　建築主→指定構造計算適合性判定機関（同機関無指定のときは知事）（法6条の3，法18条の2，規則3条の9）（3.14項参照）

特定構造計算基準等によって計算された建築物は，原則として，法令で定める基準に適合しているかどうか判定機関に申請する必要がある．判定結果は，申請書が受理された日から14日以内（35日の範囲で延長する場合がある）に通知書として交付される．

〔中間検査申請〕　建築主──▶建築主事（法7条の3）又は指定確認検査機関（法7条の4）

①階数3以上の共同住宅又は②特定行政庁が指定

表 5.1　確認審査の対象となる「建築基準関係規定一覧」

1. 建築基準法令の規定（建築基準法並びにこれに基づく命令及び条例の規定）
2. その他の建築基準関係規定
1) 令9条によるもの
  (1)　消防法9条，9条の2，15条及び17条（火の使用に関する規制の市町村条例への委任，住宅用防災機器の設置等，映画館の映写室規格，消防用設備等の設置維持等）（3章 1. 参照）
  (2)　屋外広告物法3条から5条まで（広告物の表示等の禁止・制限，広告物の表示の方法等の基準）（3章　表11.1）
  (3)　港湾法40条1項（同法50条の5・2項により読み替えて適用する場合を含む）（分区内の規制）（3章　表7.1）
  (4)　高圧ガス保安法24条（圧縮天然ガスの家庭用設備の設置等）（3章　表11.3）
  (5)　ガス事業法162条（消費機器の基準適合義務）（3章　表11.3）
  (6)　駐車場法20条（都市再生特別措置法19条の14，62条の12および107条並びに都市の低炭素化の促進に関する法律20条により読み替えて適用する場合を含む）（建築物の新築又は増築の場合の駐車施設の附置）（3章　表7.1）
  (7)　水道法16条（給水装置の構造及び材質）（3章　表10.1）
  (8)　下水道法10条1項及び3項，25条の2並びに30条1項（排水設備の設置等，排水設備の技術基準に関する特例，都市下水路に接続する特定排水施設の構造）（3章　表10.1）
  (9)　宅地造成及び特定盛土等規制法12条1項，16条1項，30条1項，35条1項（宅地造成工事の許可等）（3章 8.1 項）
  (10)　流通業務市街地の整備に関する法律5条1項（流通業務地区内の規制）（3章　表7.1）
  (11)　液化石油ガスの保安の確保及び取引の適正化に関する法律38条の2（基準適合義務）（3章　表11.3）
  (12)　都市計画法29条1項及び2項，35条の2・1項，41条2項（同法35条の2・4項において準用する場合を含む），42条，43条1項，53条1項（都市再生特別措置法36条の4により読み替えて適用する場合を含む）並びに53条2項において準用する52条の2・2項（開発行為の許可等，建蔽率等の指定，開発許可を受けた土地における建築等制限，開発許可を受けた土地以外の土地における建築等制限，区域内の建築許可）（3章 2.）
  (13)　特定空港周辺航空機騒音対策特別措置法5条1項から3項まで（同条5項において準用する場合を含む）（航空機騒音障害防止地区及び特別地区内の建築制限等）（3章　表10.1）
  (14)　自転車の安全利用の促進及び自転車等の駐車対策の総合的推進に関する法律5条4項（自転車等駐車施設の設置）（3章　表7.1）
  (15)　浄化槽法3条の2・1項（浄化槽によるし尿処理等）（3章　表10.1）
  (16)　特定都市河川浸水被害対策法10条（排水設備の技術基準に関する特例）（3章　表11.2）
2) 他法令によるもの
  (1)　高齢者，障害者等の移動等の円滑化の促進に関する法律14条1項から3項まで（同法同条4項の「みなし規定」による）（特別特定建築物の建築物移動等円滑化基準への適合義務等）（3章 6.2 項）
  (2)　都市緑地法35条，36条及び39条1項（同法41条の「みなし規定」による）（緑化率規制，区域内の特例）（3章 7.2 項）
  (3)　建築物のエネルギー消費性能の向上に関する法律11条1項（同法同条2項の「みなし規定」による）（特定建築物の省エネルギー基準への適合義務）（3章 9.1 項）

した建築物の特定工程に係る工事を終えた場合，4日以内に建築主事に到達するよう申請等を行い，工事中の建築物が建築基準関係規定に適合するかどうかについて検査を受ける。検査は，「確認審査等に関する指針」によって行われる（法18条の3，平19国交告835号④）。中間検査合格証の交付を受けた後でなければ，特定工程後の工程に係る工事を施工できない。

〔完了検査申請〕　建築主──建築主事（法7条）又は指定確認検査機関（法7条の2）

　建築確認を受けた建築物の工事が完了した場合は，4日以内に建築主事に到達するよう申請等を行い，その建築物・敷地が建築基準関係規定に適合するかどうかについて検査を受ける。検査は，「確認審査等に関する指針」によって行われる（法18条の3，平19国交告835号③）。規定に適合したときは，検査済証が交付される。

5.1.2　建築基準関係規定一覧（法6条，令9条，規則1条の3）

　確認申請の際，審査対象となる法令は表5.1のとおり。申請図書に適合状況や仕様等を明示する必要がある。

5.1.3　その他の必要な申請・届出等

〔計画通知〕　国等──建築主事（法18条）

　建築物を建築しようとするとき，建築主が国，都道府県又は建築主事を置く市町村である場合，その計画を建築主事に通知し，建築基準関係規定に適合するかどうか，建築主事の審査を得て，確認済証の交付を受ける必要がある。

〔許可申請〕　許可を得ようとする者──特定行政庁（法43条2項2号等）（5.2項参照）

　法律上において，一般的に禁止となっている事項を，特定の場合に限り解除する例外的な行為である。特定行政庁が許可をする場合には，一般に建築審査会の同意や消防署長等の同意が必要となる。

〔認定申請〕　認定を得ようとする者──特定行政庁（法86条1項等）（5.3項参照）

法律上の特例又は適用除外等について，特定行政庁が認める行為である。

[注]　上記のほか，大臣が行う型式適合認定，構造方法等の認定及び特殊の構造方法等の認定がある。

〔認可申請〕　認可を得ようとする者──▶特定行政庁（法70条建築協定）

行政庁の同意を得なければ成立しないとき，その同意によって法律上の効力を完成させる行為である。認可を受けずに行われた行為は無効となる。

〔建築工事届〕　建築主──▶（建築主事経由）都道府県知事（法15条）

建築物を建築しようとする場合，確認申請と同時に届け出る（床面積10 m² 以内のものを除く）。

知事は，建築統計を作成して国土交通大臣に送付，除却届と合わせて建築動態統計の資料となる。

〔建築物除却届〕　除却工事施工者──▶（建築主事経由）都道府県知事（法15条）

建築物を除却しようとする場合に届け出る（床面積10 m² 以内のものを除く）。

〔工事中の安全措置の届出〕　建築主──▶特定行政庁（法90条の3）　＊特定行政庁 3.15項参照

特殊建築物等を工事中にもかかわらず使用する場合は，安全・防火・避難上の措置に関する計画を届け出る。

〔工事現場における確認の表示等〕

（法89条1項）

確認申請を要する建築物（用途変更を除く），工作物及び建築設備において，確認済証の交付を受けた場合，工事施工者は工事現場の見やすい場所に確認があった旨の表示を行わなければならない（図5.2，表5.2〜5.4 参照）。

（法89条2項）

工事施工者は，工事を適切に行うために，確認申

建築基準法による確認済				
確認年月日番号	年　　月　　日　第　　　　号			
確認済証交付者				
建築主又は築造主氏名				
設計者氏名				
工事監理者氏名				
工事施工者氏名				
工事現場管理者氏名				
建築確認に係るその他の事項				

（35 cm 以上／25 cm 以上）

図 5.2　工事現場の確認表示板（規則11条）

請書類，工事実施のための図面，仕様書などの設計図書を工事現場に備えて置かなければならない。

5.1.4　建築手続きと開発許可との関係

建築敷地が都市計画法等により規制を受ける場合には，あらかじめ手続きを確認しておく必要がある。図5.3に都市計画法に基づく開発許可（3章2.参照）が関係する建築手続きの流れを示す。

5.1.5　確認申請を要する建築物等

建築工事等の着手前に確認申請を要する建築物，工作物及び建築設備並びに建築物の用途変更は，表5.2〜5.5のとおりである。

5.1.6　建築確認の特例（法6条の4，令10条）

型式適合認定を受けた建築物や建築士が設計した法6条1項4号に該当する小規模な建築物については，確認申請図書の添付が一部不要となり建築主事等の審査が省略される（規則1条の3・5項）（表5.6 参照）。

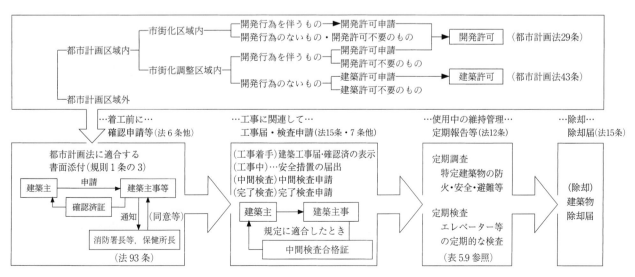

図 5.3　建築手続きの流れ（開発許可が関係する場合）

表 5.2　確認申請を要する建築物

用途・構造等	規　　模	工事種別
(1)　特殊建築物（法 6 条 1 項 1 号，法別表第一，令 115 条の 3） 　・劇場，映画館，演芸場，観覧場，公会堂，集会場 　・病院，診療所（患者の入院施設があるものに限る），ホテル，旅館，下宿，共同住宅，寄宿舎，児童福祉施設等 　・学校（専修学校及び各種学校を含む），体育館，博物館，美術館，図書館，ボーリング場，スキー場，スケート場，水泳場，スポーツの練習場 　・百貨店，マーケット，展示場，キャバレー，カフェー，ナイトクラブ，バー，ダンスホール，遊技場，公衆浴場，待合，料理店，飲食店，物品販売業を営む店舗（床面積が 10 m^2 以内のものを除く） 　・倉庫 　・自動車車庫，自動車修理工場，映画スタジオ，テレビスタジオ	当該用途に供する床面積合計が 200 m^2 を超えるもの	建築 大規模の修繕 大規模の模様替 用途変更（法 87 条準用）
(2)　木造建築物（法 6 条 1 項 2 号）	階数 3 以上又は延べ面積 500 m^2 を超えるもの 高さ 13 m 若しくは軒の高さ 9 m を超えるもの	建築 大規模の修繕 大規模の模様替
(3)　木造以外の建築物（法 6 条 1 項 3 号）	階数 2 以上又は延べ面積が 200 m^2 を超えるもの	
(4)　小規模な建築物（法 6 条 1 項 4 号） 　　上記の (1)，(2) 及び (3) 以外の建築物 　イ．都市計画区域外，準都市計画区域外又は準景観地区外にあっては申請の必要はない。ただし，知事が指定する区域内では確認申請を要する。 　ロ．都市計画区域内，準都市計画区域内又は準景観地区内で知事又は市町村長が指定する区域内では申請の必要はない。	［注］　防火・準防火地域外における増築・改築・移転でその床面積が 10 m^2 以内のものは，申請は不要（計画通知も同様）。	建築

［注］1)　確認申請書の様式，添付図書及びこれに明示すべき事項などについては，規則 1 条の 3（確認申請書の様式）などに概ね次のとおり定められている。
　　①　確認申請書（第二号様式，第一面〜第六面）正本 1 通（添付図書も含めて設計者の記名付），副本 1 通
　　　それぞれに付近見取図（案内図），配置図，各階平面図，床面積求積図，立面図（2 面以上），断面図（2 面以上），地盤面算定表，基礎伏図，各階床伏図，小屋伏図，構造詳細図などを添付する。これらの図書については，適用される規定（条項）ごとに，明示すべき事項が具体的に規定されている。例えば，法 35 条の 2 の内装制限を受けるものは，各階平面図に「令 128 条の 3 の 2・1 項に規定する開口部の開放できる部分の面積，令 128 条の 5・7 項に規定するスプリンクラー設備等と排煙設備の設置状況，令 128 条の 5 に規定する部分の仕上げの材料の種別及び厚さ」を明示することとされている。
　　②　建築計画概要書（第三号様式）
　　③　委任状（代理者による申請の場合）　＊委任状は正本又は写し可
　　④　建築士免許証の写し（建築士の資格を必要とする申請で建築主事等が提出を求める場合に限る）
　　⑤　構造計算により建築物の安全性を確かめた旨の証明書の写し（士法 20 条 2 項）　＊構造設計の特例の場合を除く
　　2)　耐震改修促進法 17 条による認定を受けた既存建築物の耐震改修の計画は，建築主事の確認があったものとみなされるので，確認申請は不要となる（3 章 6.1 (7) 参照）。
　　3)　バリアフリー法 17 条による認定申請書に確認申請書を添付した場合は，確認審査は行政庁の内部で処理され，別途確認申請は不要となる（3 章 6.2 (4) 参照）。
　　4)　工事用仮設建築物及び災害時の応急仮設建築物は，確認申請が原則不要となる（法 85 条）。
　　5)　構造計算を行った場合や構造方法等の認定を受けた場合は，それぞれの内容に応じて，計算書，認定書の写し等を提出する。

表 5.3　確認申請を要する工作物

用途・規模等（令 138 条，平 23 国交告 1002 号）	添付図書
(1)　令 138 条 1 項指定の準用工作物 　・高さが 6 m を超える煙突（支枠及び支線を含む，ストーブの煙突を除く） 　・高さが 15 m を超える鉄筋コンクリート造の柱，鉄柱，木柱その他これらに類するもの（旗ざお及び架空電線路用並びに電気事業者の保安通信設備用のものを除く） 　・高さが 4 m を超える広告塔，広告板，装飾塔，記念塔その他これらに類するもの 　・高さが 8 m を超える高架水槽，サイロ，物見塔その他これらに類するもの 　・高さが 2 m を超える擁壁	付近見取図，配置図 平面図又は横断面図 側面図又は縦断面図 構造詳細図，構造計算書 （(2) の工作物で強度検証法を行った場合はその計算書，構造方法等の認定を受けた場合はその認定書の写し）
(2)　令 138 条 2 項指定の準用工作物 　・乗用エレベーター又はエスカレーターで観光用のもの（一般交通の用に供するものを除く） 　・ウォーターシュート，コースターその他これらに類する高架の遊戯施設 　・メリーゴーラウンド，観覧車，オクトパス，飛行塔その他これらに類する回転運動をする遊戯施設で原動機を使用するもの	
(3)　令 138 条 3 項指定の準用工作物 　・製造施設，貯蔵施設，遊戯施設等で政令で指定するもの 　［注］　この 3 項によって規定される工作物のうち用途制限（法 48 条）を受けるものは，許可申請を行う必要がある。	付近見取図，配置図 平面図又は横断面図 側面図又は縦断面図

＊第 2 章 8 節　8.1　工作物への準用　参照

表 5.4　確認申請を要する建築設備

用途等（令 146 条，平 28 国交告 239）	添付図書
(1)　エレベーター又はエスカレーターの設置 (2)　小荷物専用昇降機（床面から 50 cm 未満の設置に限る） (3)　定期報告を義務づけられている建築設備（し尿浄化槽及び合併処理浄化槽を除く） 　［注］　法 6 条 1 項 1 号から 3 号までの建築物に設置するものに限る。	付近見取図　配置図　各階平面図　構造詳細図仕様書　計算書　系統図等 必要に応じ，認定書の写し等

表 5.5　確認申請を要する用途変更

適用範囲	確認手続きが不要となる類似用途（令 137 条の 18）
建築物の用途を変更して，法 6 条 1 項 1 号の特殊建築物のいずれかとする場合においては，確認申請の手続きが準用される（法 87 条準用）。	下記の類似用途間相互の用途変更の場合は，手続きを要しない。 （1 号・2 号関係）　劇場↔映画館↔演芸場，公会堂↔集会場 （3 号～5 号関係）　診療所↔児童福祉施設等　＊令 19 条参照 　　　　　　　　　ホテル↔旅館，下宿↔寄宿舎 （6 号・7 号関係）　博物館↔美術館↔図書館 　　　　　　　　　体育館↔ボーリング場↔スケート場↔水泳場↔スキー練習場↔バッティング練習場 （8 号～10 号関係）百貨店↔マーケット↔物品販売業を営む店舗 　　　　　　　　　キャバレー↔カフェー↔ナイトクラブ↔バー 　　　　　　　　　待合↔料理店 （11 号関係）　　　映画スタジオ↔テレビスタジオ

［注］　床面積の合計が 200 m^2 以下の他用途への転用は確認手続きを要しないが，基準への適合は必要。

表 5.6　確認審査の一部が省略される建築物と適用除外規定

適用建築物	建築士が設計した住宅等 （法 6 条 1 項 4 号*該当）		型式適合認定を受けた建築物等 （法 68 条の 10，法 68 条の 11）
工　事	建築（新築・増築・改築・移転）		建築，大規模の修繕又は大規模の模様替
建築物の種類 （法 6 条の 4）	防火・準防火地域外の一戸建住宅（兼用住宅の一部を含む）	左欄以外の小規模な一般建築物	プレハブ住宅など（一戸建，長屋建，共同住宅で兼用住宅を含む）
敷地関係規定	○（審査する）	○（審査する）	○（審査する）
構造関係規定	△（一部審査する） （構造計算及び令 80 条の 2 の指定部分以外は審査する）	△（一部審査する） （構造計算及び令 80 条の 2 の指定部分以外は審査する）	認定型式に適合する建築物の部分を有する建築物は，認定を受けた部分について，その認定に係る規定の審査を省略（適合認定を受けた仕様に合致していることを確かめる）。 　型式適合認定を受けることにより，確認申請の際に構造計算書などの添付を省略できる場合がある。 （型式適合認定を受けた浄化槽，エレベーター等について，その認定に係る技術的基準の規定は審査を要しない。）
防火避難関係規定	×（審査しない）	○（審査する）	
設備その他関係規定	△一般的には審査しないシックハウス，昇降機及び浄化槽は審査する。	△一般的には審査しないシックハウス，昇降機，浄化槽，排煙設備，区画貫通部は審査する。	

［注］1）　建築確認の特例を受けた建築物は，検査も一部省略できるが，建築士である工事監理者によって設計図書どおりに実施されたことの確認が必要（法 7 条の 5）。
　　2）　カーポートなどの小規模な建築物（アルミニウム合金造で延べ面積 200 m^2 以下）は，構造計算により安全性を確かめることを要しない（平 14 国交告 410，平 19 国交告 1119）。

［例題③］　届出・検査等

次の記述のうち，建築基準法上，誤っているものはどれか。

1. 鉄骨造，延べ面積 1 000 m²，地上 3 階建ての共同住宅を新築する場合においては，当該建築物の建築主は，検査済証の交付を受ける前においても，指定確認検査機関が安全上，防火上及び避難上支障がないものとして国土交通大臣が定める基準に適合していることを認めたときは，仮に，当該建築物又は建築物の部分を使用し，又は使用させることができる。
2. 延べ面積 300 m²，地上 3 階建ての事務所の用途に供する建築物（国等の建築物を除く。）で特定行政庁が指定するものの所有者等は，当該建築物の敷地，構造及び建築設備について，定期に，一級建築士若しくは二級建築士又は国土交通大臣から所定の資格者証の交付を受けた者にその状況の調査をさせて，その結果を特定行政庁に報告しなければならない。
3. 延べ面積 5 000 m²，地上 5 階建ての百貨店（3 階以上の階における百貨店の用途に供する部分の床面積の合計が 3 000 m² のもの）の大規模の修繕の工事で，避難施設等に関する工事の施工中において，当該建築物を使用する場合においては，当該建築主は，仮使用の認定を受けるとともに，あらかじめ，当該工事の施工中における当該建築物の安全上，防火上又は避難上の措置に関する計画を作成して特定行政庁に届け出なければならない。
4. 延べ面積 800 m²，地上 5 階建ての事務所について，ホテルの用途に供する部分の床面積の合計が 500 m² となる用途の変更に係る確認済証の交付を指定確認検査機関から受けた場合において，建築主は，当該工事が完了したときは，当該指定確認検査機関の検査を申請しなければならない。

［解］　4 が誤り

一定規模以上の特殊建築物に用途を変更する場合，法 87 条各項の準用規定が適用される。工事が完了したときは，読み替え規定により，検査の申請ではなく，建築主事に届け出なければならない。

5.1.7　確認申請書の受理要件（法 6 条 3 項，6 条の 2・1 項）

　建築主事等は，次のいずれかに該当する場合，確認申請書を受理することができない。

① 建築物の規模に応じて必要となる設計者の資格（一級建築士，二級建築士又は木造建築士，士法 3 条 1 項，3 条の 2・1 項，3 条の 3・1 項，3 条の 2・3 項に基づく条例）に違反するとき（3 章 3．建築士法　参照）

② 構造設計一級建築士の設計又は法適合確認（以下，「関与」という。）が必要な建築物（士法 20 条の 2・1 項）について，構造設計一級建築士の関与がないとき

③ 設備設計一級建築士の関与が必要な建築物（士法 20 条の 3・1 項）について，設備設計一級建築士の関与がないとき

コラム 2-1　建築確認等における民間活力の活用

　建築確認や完了検査は，国の機関委任事務として建築基準法が制定された昭和 25 年（1950 年）より約 50 年間，特定行政庁の建築主事が行ってきたが，平成 11 年（1999 年）に施行された改正建築基準法により，指定確認検査機関においても実施可能となった。指定確認検査機関における建築確認・検査制度の創設は，官民の役割分担の在り方を見直し，民間の創意と活力を活用することにより，特定行政庁における建築規制の執行体制の整備・充実と，建築主の需要に即した検査が行われることを促進するとともに，行政が違反建築物対策等の本来行政のみに与えられた業務に重点を置くことを可能とし，建築規制の実効性確保のための体制強化を図ることを目的とするものである。令和 3 年（2021 年）度現在，建築確認における指定確認検査機関によるものの割合は約 93 ％ に及んでいる。

　平成 18 年（2006 年）に施行された改正建築基準法では，前年に発覚した耐震偽装事件により建築確認の厳格化がなされ，構造計算適合性判定制度が導入された。建築主事等が，許容応力度等計算など一定の構造計算を行った建築物の計画について建築確認を行う際には，都道府県知事の指定を受けた指定構造計算適合性判定機関等に判定を求めなければならないこととなった。知事が指定した場合には，知事は同判定を行わないこととされていたが，知事が同判定を行っている場合であっても，外部団体や外部の判定員に一部業務を委託等していることから，実質的に本制度も民間活用といえよう。

　なお，本制度は，構造計算適合判定の段階での指摘により設計全体の大幅な見直しを要する場合があること等が課題であったことを踏まえ，平成 27 年（2015 年）施行の改正建築基準法により，建築主が指定構造計算適合性判定機関又は都道府県知事に直接申請する仕組みに改められ，建築主事等は，建築主から適合判定通知書又はその写しの提出を受けた場合に限り，確認をすることができるとされた。

　また，同改正法では，建築物の仮使用（建築基準法 7 条の 6：検査済証の交付を受けるまでの建築物の使用制限）が，特定行政庁（完了検査申請後は建築主事）による承認から，特定行政庁，建築主事又は指定確認検査機関による認定に改正された。この認定について，判断主体は，裁量性のある判断を行うものは従来どおり特定行政庁となるが，仮使用部分と工事の部分で防火上有効に区画されていること等の一定の安全上・防火上・避難上の基準

に適合するものは，建築主事又は指定確認検査機関においてもできるとされた。当該基準に適合するものについては，建築確認→中間検査→仮使用認定→完了検査までの一連の手続きを，同一の指定確認検査機関で実施することも可能となり，建築主等が行う建築手続きの円滑化の観点から改正された一種の民間活力の活用といえよう。

（加藤健三）

5.2　許可申請が必要な行為等

　法律上において，一般的に禁止となっている事項を例外的に解除させる手続きが，各条文のただし書等に規定されている。特定行政庁による許可が適正に機能するよう，建築審査会（5.7.1項参照）の同意などを要件としている（表 5.7 参照）。

表 5.7　許可の種類と要件一覧

許　可　の　内　容	許可の事前手続			許　可　の　要　件
	公開による意見の聴取	建　築審査会	都市計画審議会	
法43条（敷地等と道路との関係） 　敷地等が道路に2m以上接していないにもかかわらず建築する場合		○ （同意）		（2項2号）　敷地の周囲に広い空地を有する建築物等（規則10条の2の2）で，特定行政庁が交通上，安全上，防火上及び衛生上支障がないと認めるもの。
法44条（道路内の建築制限） 　道路内において建築が禁止されているにもかかわらず建築する場合		○ （同意）		（1項2号）　公衆便所，巡査派出所等の公益上必要な建築物で，特定行政庁が通行上支障がないと認めるもの。 （1項4号）　公共用歩廊等で，特定行政庁が安全上，防火上及び衛生上他の建築物の利便を妨げ，その他周囲の環境を害するおそれがないと認めるもの。
法47条（壁面線による建築制限） 　壁面線を越えて建築物の壁等を建築する場合		○ （同意）		歩廊の柱その他これらに類するものに限る。
法48条（用途地域等） 　用途地域の種類に応じて，建築物の用途が制限されているにもかかわらず，禁止されている用途の建築物を建築し，又は禁止されている用途に用途変更する場合。 法87条（用途変更）及び88条（工作物）での準用を含む。	○ （開催） ［注2］	○ （同意） ［注2］ ［注3］		特定行政庁が次に該当すると認めるもの。 〔第一種・第二種低層住居専用地域，第一種・第二種中高層住居専用地域〕　各地域の良好な住居の環境を害するおそれがないもの，又は公益上やむを得ないもの。 〔第一種・第二種住居地域，準住居地域〕　各地域の住居の環境を害するおそれのないもの，又は公益上やむを得ないもの。 〔田園住居地域〕　農業の利便及び地域の住居の環境を害するおそれのないもの，又は公益上やむを得ないもの。 〔近隣商業地域〕　近隣の住宅地の住民に対する日用品の供給を行うことを主たる内容とする商業その他の業務の利便及び当該住宅地の環境を害するおそれがないもの，又は公益上やむを得ないもの。 〔商業地域〕　商業の利便を害するおそれのないもの，又は公益上やむを得ないもの。 〔準工業地域〕　安全上若しくは防火上の危険の度若しくは衛生上の有害の度が低いもの，又は公益上やむを得ないもの。 〔工業地域〕　工業の利便上又は公益上必要と認めるもの。 〔工業専用地域〕　工業の利便を害するおそれのないもの，又は公益上やむを得ないもの。 〔無指定区域〕　当該区域の適正かつ合理的な土地利用及び環境の保全を図る上で支障がないもの，又は公益上やむを得ないもの 　［注1］　地区計画又は沿道地区計画の区域のうち，再開発等促進区又は沿道再開発等促進区内，開発整備促進区で地区整備計画が定められている区域内又は歴史的風致維持向上地区計画の区域内では，上記の他，許可の特例要件がある。（法68条の3，6項～9項） 　［注2］　許可を受けた建築物の増築，改築又は移転をする場合，意見聴取と建築審査会同意は不要（法48条16項1号，令130条1項） 　［注3］　日常生活に必要な建築物で，住居の環境悪化防止を講じたものを建築する場合，建築審査会同意は不要（法48条16項2号，令130条2項）
法51条（卸売市場等の特殊建築物の位置） 　卸売市場等の特殊建築物の位置は，都市計画で決定していなければ，新築・増築できないが，それ以外の敷地で新築・増築する場合。 法87条（用途変更）及び88条（工作物）での準用を含む。			○ （審議）	都市計画審議会の議を経て，その敷地の位置が都市計画上支障がないと認めるもの。 　［注］　令130条の2の3で定める規模の範囲内であれば，許可不要。

法52条（容積率の制限） 　規定による容積率の限度を超えて建築する場合。 第10項，第11項及び第14項による場合がある。	○ （同意）		（10項）　敷地が計画道路に接し又は敷地内に計画道路がある場合で，それを前面道路とみなす場合→交通上，安全上，防火上及び衛生上支障がないもの（計画道路内は敷地面積不算入）。 （11項）　前面道路より後退して壁面線の指定があり，それを道路境界線とみなす場合→交通上，安全上，防火上及び衛生上支障がないものであり，かつ，その建築物がある街区内における土地利用の状況等からみて，その街区内において，前面道路と壁面線との間の敷地の部分が，その前面道路と一体的かつ連続的に有効な空地として確保されており，又は確保されていることが確実と見込まれること（前面道路と壁面線間は敷地面積不算入）。 （14項）　容積率の限度を超える次の建築物について許可する場合 ・同一敷地内の建築物の機械室等の部分の床面積が建築物の延べ面積に対する割合が著しく大きい場合→交通上，安全上，防火上及び衛生上支障がないもの。 ・その敷地の周囲に広い公園，広場，道路その他の空地を有する場合→交通上，安全上，防火上及び衛生上支障がないもの。 ・建築物のエネルギー消費性能の向上のために外壁工事等を行う建築物で構造上やむを得ないもの。→交通上，安全上，防火上及び衛生上支障がないもの。
法53条（建蔽率） 　建蔽率の適用除外を受ける場合	○ （同意）		（4項）　隣地境界線からの壁面線の指定又は地区計画等の条例に隣地境界線からの壁面の位置の制限がある場合，これらの限度の線を越えない建築物で，特定行政庁が安全上，防火上及び衛生上支障がないと認めるもの。 （5項1号）　特定行政庁が必要と認めて前面道路の境界線から後退して壁面線を指定した場合，これら壁面線を越えない建築物で，特定行政庁が安全上，防火上及び衛生上支障がないと認めるもの。 （5項2号）　特定防災街区整備地区内で壁面の位置制限が定められた場合，これらの限度の線を越えない建築物で，特定行政庁が安全上，防火上及び衛生上支障がないと認めるもの。 （5項3号）　地区計画等の条例に防災街区整備地区計画区域内で壁面の位置制限が定められた場合，これらの限度の線を越えない建築物で，特定行政庁が安全上，防火上及び衛生上支障がないと認めるもの。 （5項4号）　建築物のエネルギー消費性能の向上のために外壁工事等を行う建築物で構造上やむを得ないもの。 （6項3号）　公園，道路等の内にある建築物で，特定行政庁が安全上，防火上及び衛生上支障がないと認めるもの。
法53条の2（建築物の敷地面積） 　用途地域内における建築物の敷地面積の最低限度の特例	○ （同意）		（1項3号）　敷地の周囲に広い公園等の空地を有する建築物であって市街地の環境を害するおそれがないと認めるもの。 （1項4号）　用途上又は構造上やむを得ないと認めるもの。
法55条（低層住居専用地域等内における建築物の高さの限度） 　低層住居専用地域又は田園住居地域内の建築物の高さにおいて，都市計画の定める10m又は12mの限度を超える場合	○ （同意）		（3項）　再生可能エネルギー源の利用に資する設備の設置のためであって，構造上やむを得ないものとして，特定行政庁が低層住宅に係る良好な住居の環境を害するおそれがないと認めるもの。 （4項1号）　その敷地の周囲に広い公園，広場，道路その他の空地を有する建築物→低層住宅に係る良好な住居の環境を害するおそれがないと認めるもの。 （4項2号）　学校その他の建築物→その用途によってやむを得ないと認めるもの。
法56条の2（日影による中高層建築物の高さの制限） 　対象区域内の建築物は定められた日影時間以上を生じさせてはならないが，その制限を超える場合	○ （同意）		（1項）　特定行政庁が土地の状況等により，周囲の居住環境を害するおそれがないと認める場合（従前に許可を受けたもので一定の建築行為を除く）。
法57条の4（特例容積率適用地区） 　特例容積率適用地区内の建築物の高さの最高限度を超える場合	○ （同意）		・用途上又は構造上やむを得ないと認める場合。
法58条（高度地区） 高度地区内の建築物の高さの最高限度を超える場合	○ （同意）		（2項）　再生可能エネルギー源の利用に資する設備の設置のためであって，構造上やむを得ないものとして，特定行政庁が市街地の環境を害するおそれがないと認めるもの。
法59条（高度利用地区） 　高度利用地区内の建築物について，容積率，建蔽率及び建築面積の制限を適用除外する場合	○ （同意）		（1項3号）　学校，駅舎，卸売市場その他これらに類する公益上必要な建築物で，用途上又は構造上やむを得ないと認めるもの。
法59条（高度利用地区） 　高度利用地区内の建築物について，道路斜線制限を適用除外する場合	○ （同意）		（4項）　敷地内に道路に接して有効な空地が確保されていること等により交通上，安全上，防火上及び衛生上支障がないと認めるもの。
法59条の2（建築物の容積率等の特例） 　総合設計（敷地面積の規模が大きく，敷地内に一定の空地を有する建築物）の場合の容積率，低層住専の高さ，斜線制限の限度を超える場合	○ （同意）		交通上，安全上，防火上及び衛生上支障がなく，かつ，建蔽率，容積率及び建築物の高さ（斜線制限）について総合的な配慮がなされていることにより市街地の環境の整備改善に資すると認めるもの。
法60条の2（都市再生特別地区） 　都市再生特別地区内の建築物の容積率，建蔽率，建築面積，高さ及び壁面の位置の制限を適用除外する場合	○ （同意）		（1項3号，2項）　学校，駅舎，卸売市場その他これらに類する公益上必要な建築物で，用途上又は構造上やむを得ないと認めるもの。
法60条の2の2（居住環境向上用途誘導地区） 　同地区内で，建蔽率最高限度，壁面の位置の制限，高さの最高限度を適用除外する場合	○ （同意）		（1項2号，2項）　建蔽率，壁面の位置→学校，駅舎，卸売市場その他これらに類する公益上必要な建築物で，用途上又は構造上やむを得ないと認めるもの。 （3項）　高さ→用途上又は構造上やむを得ないと認めるもの。

法60条の3（特定用途誘導地区） 　同地区内で，容積率最低限度，建築面積最低限度，高さの最高制限を適用除外する場合	○ （同意）		（1項3号）　容積率，建築面積──→学校，駅舎，卸売市場その他これらに類する公益上必要な建築物で，用途上又は構造上やむを得ないと認めるもの。 （2項）　高さ──→用途上又は構造上やむを得ないと認めるもの。
法67条（特定防災街区整備地区） 　同地区内で，敷地面積の最低限度，壁面の位置の制限，間口率・高さの最低限度を適用除外する場合	○ （同意）		（3項2号） ・敷地面積──→用途上又は構造上やむを得ないと認めるもの。 （5項2号） ・壁面の位置──→学校，駅舎，卸売市場その他これらに類する公益上必要な建築物で，用途上又は構造上やむを得ないと認めるもの。 （9項2号） ・間口率，高さ──→（5項2号と同様）
法68条（景観地区） 　景観地区内の建築物の高さの最高・最低限度，壁面の位置の制限，敷地面積の最低限度を適用除外する場合	○ （同意）		（1項2号）　高さ──→用途上又は構造上やむを得ないと認めるもの。 （2項2号）　壁面の位置──→学校，駅舎，卸売市場その他これらに類する公益上必要な建築物で，用途上又は構造上やむを得ないと認めるもの。 （3項2号）　敷地面積──→用途上又は構造上やむを得ないと認めるもの。
法68条の3（再開発等促進区・沿道再開発等促進区） 　同促進区内で高さ制限を適用除外する場合	○ （同意）		（4項）　高さ──→交通上，安全上，防火上及び衛生上支障がないと認めるもの。
法68条の5の3（高度利用型地区計画等） 　同地区計画内で道路高さ制限を適用除外する場合	○ （同意）		（2項）　道路高さ制限──→交通上，安全上，防火上及び衛生上支障がないと認めるもの。
法68条の7（予定道路の指定） 　予定道路を前面道路として容積率の制限を適用する場合	○ （同意）		（5項）　交通上，安全上，防火上及び衛生上支障がないと認めるとき，予定道路を前面道路とみなして容積率の規定を適用するもの。
法85条（仮設建築物） 　応急仮設建築物の3カ月を超える存続	（不要）		（3項・4項）　災害があった場合に建築する応急仮設建築物を3カ月を超えて存続しようとする場合→安全上，防火上及び衛生上支障がないと認めるもの。ただし，期限は2年以内とする。
法85条（仮設建築物） 　2年を超えて使用する特別の必要がある応急仮設建築物の場合	○ （同意） ［注］		（5項・8項）　安全上，防火上及び衛生上支障がなく，公益上やむを得ないと認めるもの。→さらに1年延長（再延長可） ［注］官公署，病院，学校等の公益上特に必要な応急仮設建築物を除く。
法85条（仮設建築物） 　博覧会建築物，仮設店舗等の仮設建築物を建築しようとするとき	（不要）		（6項）　安全上，防火上及び衛生上支障がないものは1年以内の期限を定めて許可する。
法85条（仮設建築物） 　1年を超えて使用する仮設興行場等を建築しようとするとき	○ （同意）		（7項・8項）　安全上，防火上及び衛生上支障がなく，公益上やむを得ないと認めるもの。
法86条（一の敷地とみなすこと等による制限の緩和） 　一団の土地を一敷地とみなし一団地内の建築物の高さ制限又は容積率制限の限度を超える場合	○ （同意）		（3項）　一定の空地と敷地面積をもつ一団地内の建築物が交通上，安全上，防火上及び衛生上支障がなく，かつ，総合的配慮により市街地環境の整備改善に資すると認めるもの。 （4項）　一団地内の既存建築物を前提として，3項と同様のものと認めるもの。
法86条の2（一敷地内認定・許可建築物以外の建築物） 　公告認定対象区域内又は公告許可対象区域内の認定・許可建築物以外の建築物の高さ制限又は容積率制限の限度を超える場合	○ （同意）		（2項）　認定建築物以外の建築物で交通上，安全上，防火上及び衛生上支障なく，市街地の環境の整備改善に資するもの。 （3項）　許可建築物以外の建築物で，交通上，安全上，防火上及び衛生上支障なく，市街地の環境の整備改善を阻害せず，一定の空地を維持すると認められるもの。
法87条の3（既存建築物の一時的な用途転用の制限緩和） 　災害救助用建築物又は公益的建築物の3カ月を超える存続	（不要）		（3項・4項）　災害救助用建築物又は公益的建築物に用途変更後3カ月を超えて存続しようとする場合→安全上，防火上及び衛生上支障がないと認めるもの。ただし，期限は2年以内とする。
法87条の3（既存建築物の一時的な用途転用の制限緩和） 　2年を超えて使用する特別の必要がある災害救助用建築物又は公益的建築物の場合	○ （同意） ［注］		（5項・8項）　安全上，防火上及び衛生上支障がなく，公益上やむを得ないと認めるもの。→さらに1年延長（再延長可） ［注］病院，学校等の公益上特に必要な災害救助用建築物又は公益的建築物を除く。
法87条の3（既存建築物の一時的な用途転用の制限緩和） 　博覧会建築物，店舗等に用途変更しようとするとき	（不要）		（6項）　安全上，防火上及び衛生上支障がないものは1年以内の期限を定めて許可する。
法87条の3（既存建築物の一時的な用途転用の制限緩和） 　1年を超えて使用する国際的な規模の会議等の特別興行場に用途変更しようとするとき	○ （同意）		（7項・8項）　安全上，防火上及び衛生上支障がなく，公益上やむ得ないと認めるもの。

［注］　許可に条件を付することができ（法92条の2），その条件に違反した建築物又はその敷地については是正対象となる（法9条1項）。

5.3　認定申請が必要な行為等

　法律上の特例又は適用除外等について，特定行政庁の判断により一定の範囲内で制限を緩和させる手続きが，「特定行政庁が…と認める場合」などとして各条文に規定されている。法3条1項4号の場合を除き，建築審査会（5.7.1項参照）の同意を要件としない（表5.8参照）。

　上記のほか特定行政庁，建築主事，建築副主事又は指定確認検査機関による仮使用認定制度がある（法7条の6・1項，法18条24項，平27国交告247号）。

表 5.8　認定の種類と要件一覧

認定の内容	認定の要件
法3条（適用の除外） 　重要文化財又は保存建築物であったものの原形を再現する場合	（1項4号）　特定行政庁が，建築審査会の同意を得て，その原形の再現がやむを得ないと認めるもの。
法7条の6（検査済証の交付を受けるまでの建築物の使用制限） 　検査済証の交付を受ける前において，仮に建築物又は建築物の部分を使用する場合	（1項1号）　安全上，防火上及び避難上支障がないと認めるもの。 （1項2号）　安全上，防火上及び避難上支障がない基準に適合しているものと認めるもの。
法18条（手続の特例） 　検査済証の交付を受ける前において，仮に建築物又は建築物の部分を使用する場合	（24項1号）　安全上，防火上及び避難上支障がないと認めるもの。 （24項2号）　安全上，防火上及び避難上支障がない基準に適合しているものと認めるもの。
法43条（敷地等と道路との関係） 　建築基準法上の道路を除く幅員4m以上の道に接する敷地で，接道規定を適用除外する場合	（2項1号）　特定行政庁が交通上，安全上，防火上及び衛生上支障がないと認めるもの。
法44条（道路内の建築制限） 　地区計画区域の道路内において，建築制限を緩和する場合	（1項3号）　地区計画の区域内における道路の上空又は路面下に設ける建築物で，道路に係る地区計画に適合し，特定行政庁が安全上，防火上及び衛生上支障がないと認めるもの。
法52条（給湯設備等の設置による容積率の特例） 　住宅又は老人ホーム等に設ける機械室等の建築物の部分で，容積率の算定の基礎となる延べ面積を不算入とする場合	（6号3項）　給湯設備等の建築設備を設置するためのものであって，市街地の環境を害するおそれがなく，特定行政庁が交通上，安全上，防火上及び衛生上支障がないと認めるもの。
法55条（低層住居専用地域内の高さの限度） 　高さが10mと制限されている地域内において高さの限度を12mに緩和する場合	（2項）　敷地内に一定の空地を有し，敷地の規模が一定以上であって，特定行政庁が低層住宅に係る良好な住居の環境を害するおそれがないと認めるもの。
法57条（高架の工作物内に設ける建築物に対する高さの制限の緩和） 　高さの制限を適用除外とする場合	（1項）　特定行政庁が周囲の状況により交通上，安全上，防火上及び衛生上支障がないと認めるもの。
法68条（景観地区） 　景観地区内の建築物の高さ制限の適用を除外する場合	（5項）　景観地区の内容に適合し，特定行政庁が交通上，安全上，防火上及び衛生上支障がないと認めるもの。
法68条の3（再開発等促進区等内の制限の緩和） 　区域内における用途制限・容積率等の限度の適用を除外する場合	（1項）　地区計画等の内容に適合し，特定行政庁が交通上，安全上，防火上及び衛生上支障がないと認めるもの（容積率）。 （2項）　一定の地区計画等の区域にあり，地区計画等の内容に適合し，特定行政庁が交通上，安全上，防火上及び衛生上支障がないと認めるもの（建蔽率）。 （3項）　上記区域内において地区計画等の内容に適合し，敷地の規模が一定以上あって，特定行政庁が交通上，安全上，防火上及び衛生上支障がないと認めるもの（高さ）。 （7項）　地区整備計画の内容に適合し，特定行政庁が交通上，安全上，防火上及び衛生上支障がないと認めるもの（用途）。
法68条の4（誘導容積型地区計画等の区域内の容積率の特例） 　公共施設の整備状況に応じた誘導容積型地区計画等の区域内における容積率の制限を適用除外とする場合	地区計画等の内容に適合し，特定行政庁が交通上，安全上，防火上及び衛生上支障がないと認めるもの（公共施設の整備状況に応じた容積率の限度を定めた条例の適用除外）。
法68条の5の2（容積適正配分型特定建築物地区整備計画等区域内の容積率の特例） 　防災街区整備地区計画区域内における容積率の限度を緩和する場合	地区計画の内容に適合し，特定行政庁が交通上，安全上，防火上及び衛生上支障がないと認めるもの。
法68条の5の5（街並み誘導型地区計画等の区域内の制限の特例） 　一定の地区計画等の区域内における建築物の容積率と高さ制限を適用除外とする場合	（1項）　地区計画等の内容に適合し，特定行政庁が交通上，安全上，防火上及び衛生上支障がないと認めるもの（道路幅員による容積率）。 （2項）　地区計画等の内容に適合し，特定行政庁が交通上，安全上，防火上及び衛生上支障がないと認めるもの（高さ）。
法68条の5の6（地区計画等の区域内の建蔽率の特例） 　一定の地区計画等の区域内で建築物の建蔽率の算定の基礎となる建築面積を不算入とする場合	通路などの下にある部分で，特定行政庁が交通上，安全上，防火上及び衛生上支障がないと認めるもの。
法87条の2（既存不適格建築物の段階改修） 　既存不適格建築物の用途変更について，2以上の工事に分けて段階的に行う場合	（1項・2項）　建築物の利用状況等によりやむを得ない場合で，用途変更を含む2以上の工事の全体計画が，すべての工事の完了後において法令の規定に適合することとなることを前提として特定行政庁が認めるもの。

法86条（一の敷地とみなすこと等による制限の緩和） 　総合的設計による建築物の一団地を特例対象規定について一の敷地とみなす場合 　既存建築物を前提とした総合的設計による建築物の一団の土地を特例対象規定について一の敷地とみなす場合	（1項）　建築等において，建築物の位置及び構造が安全上，防火上及び衛生上支障がないと特定行政庁が認めるもの（一団地建築物設計）。 （2項）　建築等において，建築物の位置及び構造が安全上，防火上及び衛生上支障がないと特定行政庁が認めるもの（連担建築物設計）。
法86条の2（同一敷地内建築物以外の建築物の位置及び構造） 　同一敷地内建築物以外の建築物を建築する場合	（1項）　当該建築物の位置及び構造が他の同一敷地内の建築物との関係において安全上，防火上及び衛生上支障がないと特定行政庁が認めるもの。
法86条の6（一団地の住宅施設の特例） 　一団地の住宅施設の都市計画に基づく建築物の容積率，建蔽率，外壁後退又は高さの制限を適用除外とする場合	（2項）　都市計画に適合しており，各建築物の位置及び構造が低層住宅に係る住居の環境の保護に支障がないと特定行政庁が認めるもの。
法86条の7・4項（移転に関する既存不適格建築物の制限の緩和） 　政令で定める範囲内において移転する場合，建築基準法令の規定を適用しないとする規定	（令137条の16・2号）　移転が交通上，安全上，防火上，避難上，衛生上及び市街地の環境の保全上支障がないと特定行政庁が認めるもの。
法86条の8（既存不適格建築物の段階改修） 　既存不適格建築物の増築等について，2以上の工事に分けて段階的に行う場合	（1項・3項）　建築物の利用状況等によりやむを得ない場合で，増築等を含む2以上の工事の全体計画が，すべての工事の完了後において法令の規定に適合することとなることを前提として特定行政庁が認めるもの。

2章 建築基準法

5.4　建物の使用制限と仮使用（法7条の6）

〔対象建築物〕　法6条1項1号〜3号の建築物（表5.2参照）

〔対象工事〕　新築，避難施設等に関する工事を伴う増築，改築，移転，大規模の修繕又は大規模の模様替

[注]　「避難施設等に関する工事」とは，廊下，階段，出入口その他の避難施設，消火栓，スプリンクラーその他の消火設備，排煙設備，非常用の照明装置，非常用の昇降機又は防火区画の工事をいう（令13条，13条の2）。

〔使用制限〕　建築主は「検査済証」の交付を受けた後でなければ，その建築物又は建築物の部分を使用し，又は使用させてはならない。

〔仮使用の認定等〕　次の場合は，検査済証の交付前に，その建築物を使用し，又は使用させることができる。

・特定行政庁が安全上，防火上及び避難上支障がないと認めたとき

・建築主事又は指定確認検査機関が安全上，防火上及び避難上支障がないものとして国土交通大臣が定める基準（平27国交告247号）に適合していることを認めたとき

・完了検査申請が受理され7日を経過したとき

5.5　維持保全と定期報告（法8条，12条）

（1）建築物・建築設備等の維持保全

建築物の所有者，管理者又は占有者は，その建築物の敷地，構造及び建築設備を常時適法な状態に維持するよう努力義務が課せられている（法8条）。定期報告対象建築物等のほか，大規模倉庫や小規模な特殊建築物の所有者又は管理者は，必要に応じ，その建築物の維持保全に関する準則又は計画の作成等の措置を講じなければならない（令13条の3，昭60建告606号）。

（2）定期報告（調査・検査）（法12条1項〜4項）

建築物・建築設備等が適法な状態にあることを継続的にチェックする観点から，一定の間隔での調査・検査・報告が義務づけられている（表5.9参照）。作成された定期報告書類は，建築物の所有者又は特定建築設備等の所有者（所有者と管理者が異なる場合は管理者）より特定行政庁に報告する。国，特定行政庁の建築物・建築設備等は報告する義務はないが，定期に損傷，腐食その他の劣化状況を点検する必要がある。

5.6　違反建築物等に対する命令等（法9条，9条の2）

5.6.1　違反に対する措置命令

建築基準法令の規定又は許可に付した条件に違反した建築物等の建築主等に対して，特定行政庁又は建築監視員は，違反を是正するために必要な措置命令を行うことができる（表5.10参照）。

表 5.9　定期報告（調査・検査）を要する建築物等

報告対象の建築物等			報告時期	調査・検査資格者	調査・検査内容
民間建築物等 *1	特定建築物	(1)　建築物 ①法別表第 1(い)欄に掲げる用途で床面積合計 200 m² を超える特殊建築物（法 6 条 1 項 1 号）のうち，安全上，防火上又は衛生上特に重要であるもの（令 16 条 1 項）。　*2 ②法別表第 1(い)欄に掲げる用途の特殊建築物のうち，階数が 3 以上で床面積合計が 100 m² を超え 200 m² 以下のもの（令 14 条の 2・1 号）。 ③事務所その他これに類する用途の建築物のうち，階数が 3 以上で延べ面積が 200 m² を超えるもの（令 14 条の 2・2 号）。　*3　*7 *②，③は特定行政庁の指定が必要	概ね 6 ヵ月〜3 年までの間隔をおいて特定行政庁が定める時期 *4	一級建築士若しくは二級建築士又は法定講習の修了者で国土交通大臣から資格者証の交付を受けた者（特定建築物調査員，昇降機等検査員，建築設備検査員，防火設備検査員）（規則 6 条の 6）	建築物の敷地及び構造，建築設備，防火設備，昇降機等（損傷，腐食その他の劣化状況の点検を含む） （平 20 国交告 282〜285 号） （平 28 国交告 723 号）
	特定建築設備等	(2)　建築設備 給排水設備，換気設備，排煙設備，非常用照明装置等 *特定行政庁の指定が必要	概ね 6 ヵ月〜1 年 *6 までの間隔をおいて特定行政庁が定める時期 *5		
		(3)　昇降機等　*2 （令 16 条 3 項）			
		(4)　防火設備　*2 防火扉，防火シャッター，耐火クロススクリーン，ドレンチャー等（令 16 条 3 項）			
	工作物	観光用エレベーター，コースター等の高架遊戯施設，メリーゴーラウンド等の回転遊戯施設等（令 138 条の 3）			

［注］　*1　国，特定行政庁の建築物等は除かれるが，特定行政庁に該当しない市町村の建築物等は含まれる。
　　　*2　定期報告を要しない通常の火災時において避難上著しい支障が生ずるおそれの少ない建築物等を除く（平 28 国交告 240 号）。
　　　*3　法別表第 1(い)欄に掲げる用途で床面積合計 200 m² を超える特殊建築物を除く。
　　　*4　新築又は改築（一部の改築を除く）の検査済証の交付を受けた直後の時期を除く（規則 5 条）。
　　　*5　検査済証の交付を受けた直後の時期を除く（規則 6 条，6 条の 2 の 2）。
　　　*6　国土交通省が定める検査の項目については 1 年〜3 年まで（規則 6 条）
　　　*7　事務所その他これに類する用途には，金融業，不動産業等の店舗のほか，利用形態により教育施設等も含まれる（昭 59 住防発 14 号）

表 5.10 措置命令の種類

命令の種類・内容・相手方	権限区分		
	特定行政庁	建築監視員	建築主事
(1) 違反是正の命令（法9条1項） 建築物，建築物の敷地，準用工作物（法88条）又は許可条件（法92の2）に対する違反 〔内　容〕工事の施工の停止，（相当の猶予期間を付けて）除却，移転，改築，増築，修繕，模様替，使用禁止，使用制限等 〔相手方〕建築主，工事請負人，現場管理者，建築物・敷地の所有者・管理者・占有者 　注）事前に措置命令前通知，意見書の徴収又は公開意見聴取が必要（2項～6項）。	○	×	×
(2) 緊急の仮命令（法9条7項） 建築物，建築物の敷地，準用工作物（法88条）又は許可条件（法92の2）に対する違反 〔内　容〕使用禁止，使用制限 〔相手方〕(1) と同じ 　注）公開意見聴取の請求可（8項）。仮命令が不当でない場合，1項命令をすることができる（9項）。	○	○	×
(3) 緊急の工事停止命令（法9条10項） 建築中，修繕中，模様替中の建築物，準用工作物（法88条）又は許可条件（法92条の2）に対する違反 〔内　容〕工事施工の停止（作業の停止） 〔相手方〕建築主，工事の請負人，現場管理者又は工事の従事者	○	○	×
(4) 工事現場の危害防止命令（法90条3項準用）　　地盤の崩落防止，工事中の建築物の倒壊防止	○	○	×
(5) 工事中の特殊建築物等に対する措置命令（法90条の2，2項準用）　　使用禁止，使用制限等	○	×	×

〔注〕　私道の変更又は廃止の制限については，法9条2項から6項まで及び15項が準用がされる（法45条2項）。
　　　法9条1項，7項又は10項の命令については，行政手続法第3章（12条及び14条を除く）の規定は適用しない（法9条15項）。

5.6.2 違反建築物に関与した設計者等に対する措置（法9条の3）

特定行政庁は，表5.10の（1）又は（3）の命令を発出した場合，その違反に関与した設計者，工事監理者，工事請負人等の情報，違反事実の概要等をこれらの者を監督する国土交通大臣又は都道府県知事に通知する。通知を受けた大臣等は免許の取消，業務停止等の必要な措置を行う（罰則は8.4項参照）。

コラム 2-2　構造計算書偽装事件と確認審査の厳格化

平成19年（2007年）施行の建築基準法改正により，「確認審査等に関する指針（法18条の3）」が制定され，確認審査，検査等の具体的な方法が法令上初めて規定された。この改正は，2005年11月に公表された元一級建築士による構造計算書偽装事件に対応するもので，偽装された不適切な構造計算書を確認審査で指摘することができなかったことへの反省から，確認申請及び審査において，申請図書全体の徹底した整合化を図り，かつ，必要な項目の審査の的確な実施を求めることにより，審査の厳密化・厳格化を指向したものである。

また，構造計算に関する法令の基準のうち，従来は，構造計算の入口にあたる荷重・外力に関する規定と最終的な検定の部分である材料の許容応力度等に関する規定が定められていたものの，架構の部材に発生する応力の算定方法については具体的な基準がほとんど規定されていなかったが，不適切な構造計算書を排除するため，従来から構造計算において一般に用いられている方法などの規定が新たに設けられた。これらの改正に対応するための措置として，構造計算の適切性を判定するため，専門的な知見を有する判定員による審査制度「構造計算適合性判定」が導入された。

新たに制定された「確認審査等に関する指針（法18条の3）」により申請図書相互の整合性の確保を徹底したこと，及び規則の改正により添付図書とこれに明示すべき事項が大幅に増加したことにより，申請図書の作成及び確認審査にかかる労力と時間が予想を超えて膨大なものとなった。このため，当初は設計や確認審査の停滞と混乱を招く結果となり，経済活動への影響も指摘され，確認審査の円滑化の必要性が認識されたことから，複数回にわたって審査の効率的な実施を図るための運用の見直しなどが行われた。

（春原匡利）

5.6.3 既存不適格建築物に対する措置（法9条の4，10条，11条）

法3条2項適用の既存不適格建築物において，損傷，腐食等により著しく保安上危険なとき，公益上著しく支障がある場合には，特定行政庁は勧告や命令を行うことができる（表5.11参照）。

表 5.11　措置命令等の種類（既存不適格建築物）

命令等の種類・内容・相手方	権　限　区　分		
	特定行政庁	建築監視員	建築主事
(1)　単体規定に適合しない既存不適格建築物への指導, 助言（法9条の4） 　　保安上危険となるおそれがある建築物, 衛生上有害となるおそれがある建築物 　　〔内　容〕　修繕, 防腐措置その他当該建築物又はその敷地の維持保全 　　〔相手方〕　建築物又はその敷地の所有者, 管理者又は占有者	○	×	×
(2)　単体規定に適合しない既存不適格建築物への勧告, 命令（法10条） 　　イ　著しく保安上危険となるおそれがある建築物, 著しく衛生上有害となるおそれがある建築物（1項勧告, 2項命令） 　　ロ　著しく保安上危険な建築物, 著しく衛生上有害な建築物（3項命令）	○	×	×
〔内　容〕　（相当の猶予期間を付けて）除却, 移転, 改築, 増築, 修繕, 模様替, 使用禁止, 使用制限その他保安上又は衛生上の措置 　　〔相手方〕　建築物又はその敷地の所有者, 管理者又は占有者	○	×	×
(3)　集団規定に適合しない既存不適格建築物への命令（法11条） 　　公益上著しく支障がある建築物 　　〔前提条件〕　所在地の市町村議会の同意を得た場合に限る。 　　〔内　容〕　（相当の猶予期間を付けて）除却, 移転, 修繕, 模様替, 使用禁止, 使用制限 　　〔相手方〕　建築物の所有者, 管理者, 占有者 　　〔損失補償〕　市町村は通常生じる損害を時価で補償しなければならない（補償金額の不服に対しては収用委員会が裁決する）。	○	×	×

　〔注〕　2項又は3項命令については, 法9条2項から9項まで及び11項から15項が準用される（法10条4項）。
　　　　1項勧告又は2項命令は, 法6条1項1号の建築物（表5.2参照）, 階数3以上で延べ面積200 m²を超える事務所等の建築物に限る（表5.9(1)建築物②③参照）。
　　　　収用委員会の裁決の申請手続きは, 令15条による。

5.7　建築規制における不服審査制度等

5.7.1　建築審査会（法5章, 78条〜83条）

　建築指導事務の公正な運営を図ることを主目的とした都道府県知事等の執行機関である。

〔審査会の設置〕（法78条, 97条の2, 97条の3, 令148条, 149条）
　　建築主事を置く市町村及び都道府県, 特別区（地方自治法281条1項）

〔審査会の機能〕（法78条1項, 2項）
　　①建築物等の許可, 認定に対する同意（表5.7, 表5.8参照）
　　②審査請求に対する審理, 裁決
　　③諮問事項の調査審議
　　④関係行政機関への建議

〔委員の構成〕（法79条, 83条）
　　委員は5人以上で組織し, 法律, 経済, 建築, 都市計画, 公衆衛生又は行政に関する有識者で, 公正な判断ができる者のうちから, 都道府県知事等が任命する。任期は条例の定めによる。

5.7.2　特定行政庁等の処分・不作為に対する不服申立て（法94条, 95条）

　特定行政庁, 建築主事, 建築監視員, 都道府県知事, 指定確認検査機関, 指定構造計算適合性判定機関の処分に不服があるとき, 申請書を提出したが処分が行われない場合（不作為）には, 市町村や都道府県等の建築審査会に審査請求を提起することができる（法94条1項）。建築審査会の裁決に不服がある者は, 国土交通大臣に対して再審査を請求することができる（法95条）。

〔審査請求期間〕（行政不服審査法18条1項・2項）
　　処分のあったことを知った日の翌日から起算して3月以内, 処分があった日の翌日から起算して1年が経過すると審査請求できない。

〔提出書類等の閲覧等〕（行政不服審査法38条1項）
　　審査請求人又は参加人は, 審理が終結するまでの間, 委員に対し, 第三者の利益を害するおそれのない範囲で, 提出書類等の閲覧, 書類等の写しの交付を求めることができる。

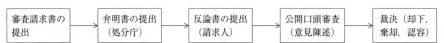

＊審査請求に関する手続き等は, 建築基準法によるほか, 行政不服審査法による。
＊不作為についての審査請求は, 審査会に代えて, 市町村の長, 都道府県知事等に対して行うこともできる。

図5.4　審査請求の流れ

〔審査請求と裁判の関係〕（行政事件訴訟法 8 条 1 項）

　　建築審査会への審査請求と裁判所への行政訴訟を自由に選択可能

5.7.3　建築計画概要書等の閲覧制度

　周辺住民の協力の下に，違反建築物の現出を未然に防止し，併せて無確認・違反建築物の売買をも防止しようと設けられた制度であり，特定行政庁において建築計画の概要等を閲覧することができる（法 93 条の 2）。

〔閲覧が可能な書類等〕（規則 11 条の 3・1 項）

　　建築計画概要書，築造計画概要書，定期調査報告概要書，定期検査報告概要書，処分等概要書，全体計画概要書等

〔書類の保存〕（規則 11 条の 3・2 項）

　　建築物が滅失し，又は除却されるまで閲覧が可能（平成 11 年（1999 年）改正建築基準法以降のものが対象）

コラム 2-3　既存不適格とストック活用

　建築当時の規定に適合して建築物が建てられたが，のちに建築基準法令の規定が改正となり，現行法令に適合しない建築物（いわゆる既存不適格建築物）や検査済証のない建築物が多数存在している。平成 10 年（1998 年）以前の旧建築確認検査制度では，建築確認を受け，工事が完了した後に完了届を提出し，検査の受検と検査済証の交付を受けて使用する割合が全国で約 35 ％ と低く，完成した建築物の多くは，法適合性が不明確なまま使用されていた。専門的知識の持たない多くの人が欠陥物件を購入してしまい，大きな社会問題となったことから，平成 10 年の法改正において，確認検査などに関する図書の閲覧制度の整備等が行われ，完了検査率が平成 14 年度では 7 割程度となったものの，既存建築物の法適合性の有無においては，依然として解決に至っておらず課題として残る。

　既存住宅の安心な取引環境を整備し流通市場の活性化を図るため，建物状況調査（インスペクション）の活用や重要事項説明に関する事項について宅地建物取引業法の改正が行われ，平成 30 年 4 月 1 日に施行された。宅地建物取引業者による重要事項説明時には，建物の建築及び維持保全状況の書類の保存状況について記載した書面を交付・説明することとされ，建築基準法に関係する書類では，確認申請書，確認済証，検査済証及び定期調査・検査報告書がこれに当たる。既存建築物を増改築等する際には，建築当時の建築基準法に適合しているかどうかを確かめることが求められる一方で，書類が適切に保存されていない場合は，売買において不利な状況となることから，確認申請履歴情報を記載した台帳（法 12 条 8 項）の事項証明や建築計画概要書等の写しの取得が基本となることであろう。

　宅地建物取引業法に基づく既存住宅状況調査の実施については、登録機関の講習を修了した建築士のみに認められていることから、建築士の新たな業務として期待したい。　　　　　　　　　　　　（佐久間浩一）

────────── 既存不適格建築物 ──────────

(1)　既存建築物とその敷地

(2)　工事中の建築物とその敷地

　法律の施行又は地域地区指定等の際に，(1)，(2)について新しい規定に適合せず，又は適合しない部分を有する場合は，原則としてその適用が免除される（法 3 条 2 項）。

例外として，以下に掲げるものは改正後の規定が適用される。

①改正前の法令に違反しているもの
　　　　　　　　　　　　（法 3 条 3 項 1 号）

②従前の地域地区等の制限に違反しているもの
　　　　　　　　　　　　（法 3 条 3 項 2 号）

③法令の施行適用後に増築，改築，移転，大規模の修繕，大規模の模様替をするもの　　　（法 3 条 3 項 3 号・4 号）
　→　一定範囲内の増改築等については緩和規定あり
　　　　　（法 86 条の 7，令 137 条～137 条の 19）

④増築等により改正後の規定に適合することとなったもの
　　　　　　　　　　　　（法 3 条 3 項 5 号）

＊用途変更（法 87 条），工作物（法 88 条）も準用される。

6. 単体規定

6.1 単体規定のあらまし

（1） 単体規定とは

建築基準法の第2章は，個々の建築物の構造上・防火上の安全を確保するための基準や，衛生上必要な基準などについて定めており，これらの規定は「単体規定」と呼ばれている。建築基準法第3章に規定されている「集団規定」が，都市計画区域などに限って適用されるのに対し，「単体規定」は，基本的に全国一律に適用される。

平成12年（2000年）施行の建築基準法令の改正によって，単体規定について「性能規定化」が行われた。

コラム2-4 建築基準（単体規定）の性能規定化

1980年代より，海外において，寸法や形状，使用材料などの具体的な「仕様」により記述されていた建築基準を，建築物に必要な「性能」で表現する動きが始まった。このような規定の仕方の転換を「性能規定化」という。この方式を採用する国の数は増加しており，日本でも，平成12年（2000年）施行の建築基準法令の改正で，単体規定に対し，この考え方が取り入れられた。

それ以前も，材料や部品などのレベルでは，必要な性能が，それを確かめるための試験方法などとともに規定されているものがあった。令22条の3の長屋・共同住宅の界壁の遮音構造の規定（p.83参照）は，「透過損失」という性能により記述されており，その例の一つである。ここでいう性能規定化とは，このような考え方を，より多くの規定に，そして，建築物全体を対象として広げようとするものである。

性能規定化がなされれば，具体的な仕様の選択が自由に行えるようになり，設計の自由度が高まる。その結果，技術開発や海外の資材の利用などを促進することができる。建築基準の目的や内容について，一般の人でも理解することが容易になるという利点もある。しかし，部品などと異なり，建築物全体の性能は，試験で確かめることが困難であり，仕様による規定と比べ，個々の建築物が基準に適合しているかどうかがわかりにくい。要求性能を評価や測定が可能な数値で定量的に表すことができない場合には，定性的な表現で規定することとなり，それを満足するかどうかの判断は，より難しくなる。そのため，従来のような仕様による基準（例示仕様）も合わせて規定し，それに従って設計された建築物も，要求性能を満足するものとして扱われることが一般的である。

例示仕様によらない建築物が要求性能を満足するかどうかを，誰が責任をもって，どのような手段で判断するのかが，性能規定化を行う場合の大きな課題となる。そのため，性能を確かめるための計算方法など（検証方法）を定めたり，設計された建築物の保有性能を第三者機関などが評価する仕組みを導入することなどが行われる。海外には，それを個人の専門家に委ねるという制度を持つ国もあるが，その場合は，専門家に対して，必要な技術的能力のほかに問題が生じた場合の賠償責任能力（保険契約など）を有することを義務づけることなどが必要となる。

日本では，単体規定全体を完全に性能規定化したわけではないため，性能規定化された基準と，そうではない基準とが混在している状況であるが，その後も，法令改正によって，防火関係規定を中心に，順次性能規定化された規定が増加し，設計の自由度が広がっている。また，検証方法のうち，高度な技術的判断を要するものを用いる場合は，専門の評価機関による性能評価と大臣認定手続きが必要とされている（下図参照）。

（五條　渉）

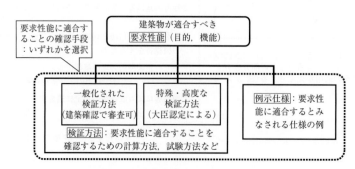

図　わが国で採用された性能規定化の基本構成（個々の規定により一部異なる場合あり）

（2）　単体規定の構成

表6.1

構造強度関係	構造方法（共通，木造，組積造，補強コンクリートブロック造，鉄骨造，鉄筋コンクリート造，鉄骨鉄筋コンクリート造等），構造計算方法（保有水平耐力計算，限界耐力計算，許容応力度等計算等），荷重及び外力（固定荷重・積載荷重・積雪荷重・風圧力・地震力），許容応力度・材料強度　等
防火・避難関係	法22条区域内の制限，大規模木造建築物等の制限，耐火建築物・準耐火建築物等の義務づけ，防火区画，避難施設（廊下・階段・出入口），排煙設備，非常用の照明装置，消防活動上の設備（非常用進入口・非常用エレベーター），内装制限，耐火性能検証法・避難安全検証法　等
一般構造・設備関係	天井の高さ，床の高さ・床下換気，階段，居室の採光，地階における居室，長屋・共同住宅の界壁の遮音，居室・火気使用室の換気・換気設備，石綿の飛散及び居室内の化学物質の発散に対する措置，便所・浄化槽，昇降機，配管設備（ガス・給排水等）　等
その他	敷地の安全・衛生，建築材料の品質　等

6.2　構造強度

6.2.1　構造関係規定の構成と適用

（1）　建築物に対する要求性能（法20条）

・自重，積載荷重，積雪荷重，風圧，土圧，水圧，地震その他の震動・衝撃に対し安全な構造

（2）　建築物の区分と構造関係の技術的基準の適用（法20条，令36条，令36条の4，令81条等）

建築物の規模や構造種別により，適用される構造

関係規定と手続きが以下のとおり定められている。エキスパンションジョイントなどの相互に応力を伝えない構造方法のみで接続している建築物は，建築計画上は1棟であっても，それぞれ独立した別の建築物とみなす。

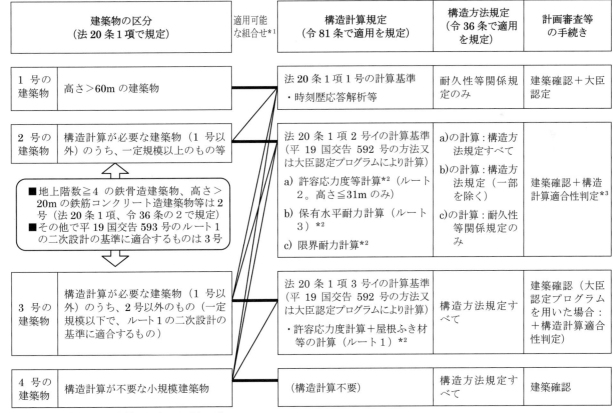

[注]＊1　太線のほか，細線の組合せも選択可能
　　＊2　それぞれの構造計算基準と同等のものとして告示で規定されたものも採用可能
　　＊3　a)の計算は構造計算適合性判定が不要となる場合がある。

図6.1　建築物の区分と構造関係の技術的基準の適用

（3）　構造関係の技術的基準の種類（令3章）

以下の「構造方法規定」及び「構造計算規定」の2つの部分から構成される。

［構造方法規定（令3章1節〜7節の2）］
・法20条1項の建築物の区分に応じた基準の適用，法20条1項2号の建築物の指定，構造設計の原則

2章 建築基準法

などを定めた「総則」，構造種別にかかわらず適用される「構造部材等」，木造，鉄骨造等の構造種別ごとに定められる基準の3つの部分からなる。特殊な構造方法については，別途，大臣告示で基準が定められる。

・耐久性，構造設計の原則，材料の品質，施工方法等に関する規定は，令36条1項において「耐久性等関係規定」として指定され，構造計算の種類にかかわらず適用される。その他の規定は，構造計算の種類によって，適用が免除される場合がある。

[構造計算規定（令3章8節）]

・法20条1項の建築物の区分に応じた基準の適用を定めた「総則」，構造計算の3つの方法を定めた「保有水平耐力計算」と「限界耐力計算」，「許容応力度等計算」の規定があり，さらに，構造計算に用いる「荷重及び外力」，「許容応力度」，「材料強度」の諸規定がある。

（4） 手続き規定との関係

・高さが60mを超える建築物は，法20条1項1号の建築物として，時刻歴応答解析等の構造計算を行い，大臣認定を受ける必要がある。その他の建築物でも，特殊な建築材料や構造方法を用いる場合などは，保有水平耐力計算，限界耐力計算等によらず，同様に大臣認定を取得するルートの選択が可能である。

・法20条1項2号の建築物に適用される，許容応力度等計算（ルート2）[*1]，保有水平耐力計算（ルート3）又は限界耐力計算を行った場合は，構造計算適合性判定を受ける必要がある。

・法20条1項3号の建築物に適用される，許容応力度計算等（ルート1）の場合は，建築確認による審査のみでよいが，大臣認定構造計算プログラムを用いた場合には，構造計算適合性判定を受けなければならない。

[注] *1 ルート2については構造計算適合性判定が不要となる場合がある。

6.2.2 構造方法規定

（1） 共通の規定（令3章1節，2節）

1） 構造設計の原則（令36条の3）

・構造耐力上主要な部分の配置……建築物全体が一様に安全になるよう配置。水平力に耐えるよう釣り合いよく配置

・構造耐力上主要な部分の性能……使用上の支障となる変形・振動が生じない剛性。瞬間的破壊が生じない靱性

2） 基礎（令38条）

・建築物に作用する荷重・外力を地盤に伝え，地盤の沈下・変形に対して安全

表6.2 共通の規定

令の条文	名称	主な内容
36条の3	構造設計の原則	建築物の各種荷重・外力に対して有すべき性能
36条の4	別の建築物とみなすことができる部分	エキスパンションジョイントなど相互に応力を伝えない方法で接続
37条	構造部材の耐久	構造部材に使用する材料の防錆，防腐措置等
38条	基礎	基礎の性能，異種基礎の併用禁止，大臣告示の基準への適合等
39条	屋根ふき材等の緊結	屋根ふき材，内外装材等の風・地震等による脱落防止，大臣告示の基準への適合，特定天井の構造方法及び大臣認定，特定天井の劣化防止措置

・異種基礎の併用禁止（大臣告示で定める構造計算（平12建告1347号）によって安全が確認できれば可[*1]），図6.2参照

[注] *1 「可」とは，当該規定によらなくてもよいという意味。以下，同様とする。

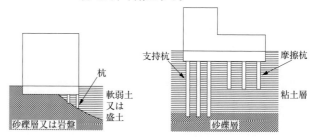

図6.2 異種基礎の併用の例

・大臣告示で定める構造方法（平12建告1347号）に適合。一定規模以上の重量建築物（荷重100kN/m^{2}超）の基礎底部は良好な地盤とする（大臣告示で定める構造計算によって安全が確認できれば可）

[大臣告示で定める構造方法・構造計算]（平12建告1347号）[注]

・基礎の構造の原則（構造計算を行わない場合）
地盤の長期許容応力度が
20kN/m^{2}未満……くい基礎（基礎ぐいを用いた構造）
20kN/m^{2}以上30kN/m^{2}未満……くい基礎又はべた基礎
30kN/m^{2}以上……くい基礎，べた基礎又は布基礎

・くい基礎の構造……木造や組積造の場合の基礎ばりの設置。配筋の基準，適合すべきJIS規格等

・べた基礎の構造……原則として一体の鉄筋コンクリート造。木造や組積造の場合の立上り部分の設置。立上り部分・底盤の寸法，根入れ深さ，配筋の基準

・布基礎の構造……べた基礎の規定の準用。根入れ深さ（24cm以上），底盤の厚さ（15cm以上），底盤

の幅（表6.3），配筋の基準
・大臣告示で定める構造計算……地盤の沈下・変形を
考慮した令82条の許容応力度計算

［注］　小規模な仮設建築物等を除く。また，本告示のほか，例え
　　　ば免震建築物については，別途，その構造方法等の基準
　　　（平12建告2009号）の中で基礎の規定が定められている。

表6.3　布基礎の底盤の幅

地盤の許容応力度（長期）（kN/m²）	底盤の幅（cm）		その他の構造
	木造，鉄骨造等		
	平家建	2階建	
30以上50未満	30	45	60
50以上70未満	24	36	45
70以上	18	24	30

3）屋根ふき材，外装材，屋外に面する帳壁（令39
　条，昭46建告109号）
・屋根ふき材の取付け方，屋根瓦のふき方，外装材の
　緊結方法，屋外に面する帳壁の取付け方等。

4）特定天井（令39条，平25国交告771号）
・次の①〜④のいずれにも該当する天井が「特定天
　井」である。
　①吊り天井
　②居室等の人が日常立ち入る場所に設けられる
　③高さが6m超，かつ，その水平投影面積が200m²超
　④天井面構成部材等の質量が2kg/m²超
・特定天井は大臣告示で定める構造方法を用いるもの
　又は大臣認定を受けたものとしなければならない。
・大臣告示で定める構造方法では，部材を相互に緊結
　することること等のほか，次の（a）（b）のいずれかとす
　ることを求めている。

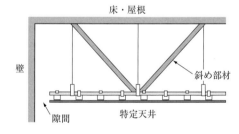

（a）斜め部材と隙間を設ける仕様

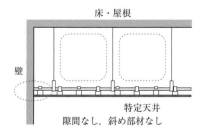

（b）斜め部材と隙間を設けない仕様

図6.3　特定天井の構造方法概要（壁際の断面図）

（a）天井裏に斜め部材を設けるとともに，壁際には
隙間（クリアランス）を確保する（図6.3（a）参
照，大臣告示で定める計算によって安全性が確認で
きれば，仕様の適用除外や斜め部材・隙間の量を減
らすことが可）
（b）天井裏に斜め部材を設けず，天井面の周囲に
は十分な剛性・耐力を有する壁等を隙間が生じない
ように設ける（図6.3（b）参照）

（2）　木造関係規定（令3章3節）

表6.4　木造関係規定

令の条文	名称	主な内容
40条	適用の範囲	茶室等，延べ面積10m²以内の物置等は適用除外
41条	木材	節，腐れ，繊維の傾斜，丸身等による耐力上の欠点がないこと
42条	土台及び基礎	最下階柱の下部に土台を設置（柱を基礎に緊結する場合，大臣告示で定める構造方法によりだぼ継ぎ等により接合する場合等では適用除外），土台は基礎に緊結
43条	柱の小径	柱の小径の最小値，柱断面を欠き取る場合の補強，すみ柱を通し柱とする，柱の有効細長比の最大値
44条	はり等の横架材	中央部付近下側の欠込み禁止
45条	筋かい	引張筋かい及び圧縮筋かいの最小寸法，端部の緊結，欠込み禁止
46条	構造耐力上必要な軸組等	壁又は筋かいを入れた軸組の釣合いよい配置，軸組の配置が免除される構造の基準，床組等及び小屋組の補強，階数が2以上又は延べ面積50m²を超える建築物の地震及び風に対する必要な軸組量
47条	構造耐力上主要な部分である継手又は仕口	大臣告示で定める構造方法により存在応力を伝達，局部応力発生に対する補強
48条	学校の木造の校舎	学校の木造校舎の基準
49条	外壁内部等の防腐措置等	軸組が腐りやすい外壁下地に防水紙使用，柱，筋かい及び土台の地面から1m以内の部分に防腐措置

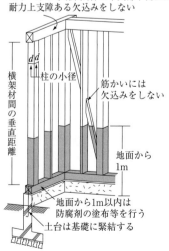

図6.4　木造関係の諸規定

1） 柱の小径（令 43 条）

柱の小径は，横架材間の垂直距離に対して，表 6.5 の割合（3 階建以上の 1 階の柱は 13.5 cm）以上とする（大臣告示で定める構造計算（平 12 建告 1349 号）によって安全が確認できれば可）。

表 6.5　柱の小径（横架材間の垂直距離に対する割合）

	間隔 10 m 以上の柱，学校，劇場等の柱		その他の柱	
	最上階，平家建	その他の階	最上階，平家建	その他の階
(1) 土蔵造等の重量が大きい建築物	1/22	1/20	1/25	1/22
(2) 屋根が金属板等の軽い材料の建築物	1/30	1/25	1/33	1/30
(1)・(2) 以外の建築物	1/25	1/22	1/30	1/28

2） 筋かい（令 45 条）

・引張り筋かい……1.5×9 cm 以上の木材，径 9 mm 以上の鉄筋
・圧縮筋かい……3×9 cm 以上の木材
・端部は緊結。欠込みは禁止（やむを得ない場合，補強すれば可）

図 6.5　筋かい

3） 構造耐力上必要な軸組等（令 46 条）

木造建築物（階数 2 以上又は延べ面積が 50 m² を超えるもの）は，水平力に対し安全であるようにはり間・けた行両方向に必要な軸組を設けなければならない（柱及び横架材の品質（昭 62 建告 1898 号），柱の脚部について一定の基準に適合し，大臣告示で定める構造計算（昭 62 建告 1899 号）によって安全が確認された場合等には適用されない）。

［対地震力］　各階の床面積（天井裏等に物置等を設ける場合には，その面積・高さに応じた数値を加算）に表 6.6 の数値（単位 cm/m²）を掛けた数値以上の長さ（換算長さ）の軸組を設ける（特定行政庁の指定区域では，1.5 倍する）。計算例を p. 36 に示す。

表 6.6　地震力に対する軸組長さ（床面積に乗ずる数値）

	平家建の建築物	2 階建の建築物		3 階建の建築物		
		1 階	2 階	1 階	2 階	3 階
屋根が金属板等の軽い材料の建築物	11	29	15	46	34	18
その他の建築物	15	33	21	50	39	24

［対風圧力］　各階の見付面積（はり間方向又はけた行方向の鉛直投影面積。床上 1.35 m 以下の部分を除く）に 50 cm/m²（特定行政庁が指定した強風区域は指定された数値）を掛けた数値以上の長さの軸組を設ける。計算例を p. 36 に示す。

［軸組の長さ（換算長さ）］　軸組の構造によって，長さ（実長）に，表 6.7 と表 6.8 の倍率を掛けたものを換算長さとし，それと上記の必要長さとを比較し

表 6.7　令 46 条に規定された軸組の種類及び倍率

軸組の種類	土塗壁，木ずり（片面につき）	筋かい				
		径 9 mm 以上の鉄筋	1.5 cm 以上×9 cm 以上	3 cm 以上×9 cm 以上	4.5 cm 以上×9 cm 以上	9 cm 以上×9 cm 以上
倍率	0.5（筋かいと加算可）	1	1	1.5	2	3
		たすき掛けは 2 倍（上限は 5）				

表 6.8　昭 56 建告 1100 号に規定された軸組の種類及び倍率の例

軸組の種類	面材\仕様	ボード類等（片面につき）			土塗壁（全面に塗った壁で材料や塗り厚等に制限あり）	面格子壁	落とし込み板壁	土塗壁（垂れ壁のみ，垂れ壁と腰壁）
		構造用パーティクルボード，構造用 MDF，パーティクルボード	構造用合板，化粧ばり構造用合板，構造用パネル	構造用せっこうボード A 種及び B 種，せっこうボード				
倍率	大壁	4.3, 2.5	3.7, 2.5	1.7, 1.2, 0.9	1, 1.5	1.0, 0.9, 0.6	3.0, 2.5, 0.6	0.8〜0.1 を軸組の両端の柱の中心間距離で除した数値
	胴縁	0.5						
	受材	4.0, 2.5	3.3, 2.5	1.5, 1.3, 1.0				
	貫	1.5	1.5	0.8, 0.7, 0.5				
	床勝ち	4.3, 2.5	3.7, 2.5	1.6, 1.0, 0.9				
		筋かい等と加算可（上限は 5）						

て，換算長さの合計の方が長ければ安全とする。軸組の種類と倍率は，令46条4項及び昭56建告1100号で規定されているほか，大臣の認定を受けた軸組も使用可能。

[軸組の配置] 軸組が釣合いよく配置されていることを，はり間・けた行両方向について，次のいずれかの方法により確認する（平12建告1352号）。

・令82条の6の偏心率の計算を行い，0.3以下であることを確認する。

・両端から1/4の部分の壁量充足率（存在する軸組の長さ/地震に対する必要軸組長さ）を計算し，小さい方の大きい方に対する比（壁率比）が1/2以上であることを確認する（図6.6参照）。

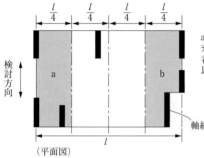

aとbそれぞれの壁量充足率を求め，その両者の比(壁率比)が1/2以上

図 6.6 壁率比の確認

4）継手又は仕口（令47条，平12建告1460号）

・筋かいの端部と軸組との止め付け部……筋かいの種類に応じて規定（金物の種類，くぎやボルトの種類と本数等）

・軸組端部の柱の柱脚及び柱頭と横架材との仕口……軸組の種類，柱の種類，階に応じて規定（同上）

・その他……ボルト締，かすがい打，込み栓打等

・令82条の許容応力度計算を行えば，上記によらなくても可

5）外壁内部等の防腐措置（令49条）

・軸組が腐りやすい構造の外壁（鉄網モルタル塗等）の場合，下地に防水紙等を用いる。

・柱，筋かい及び土台の地面から1m以内の部分には，写真6.1のように有効な防腐措置等を講じる。

写真 6.1 防腐措置の例

6）その他の構造方法

木造の特殊な構造方法として，枠組壁工法（ツーバイフォー工法）・木質プレハブ工法，丸太組構法（ログハウス）及びCLTパネル工法の基準が，令80条の2等に基づく大臣告示により定められている（p.43参照）。

（3）組積造関係規定

表 6.9 組積造関係規定

令の条文	名称	主な内容
51条	適用の範囲	小規模な組積造等の全部又は一部規定の適用除外。高さ13m・軒の高さ9mを超えるものは59条の2のみ適用
52条	組積造の施工	組積材の水洗い，目地全面へのモルタル塗り，モルタルの配合（強度），芋目地の禁止
54条	壁の長さ	壁の長さの最大値
55条	壁の厚さ	壁の厚さの，階数及び長さに応じた最小値，階の高さに対する割合の最小値等
56条	臥梁	各階の壁頂に鉄骨造又は鉄筋コンクリート造の臥梁を設置
57条	開口部	各壁の開口部の幅の総和の最大値，各階の開口部の幅の総和の最大値，開口部間の垂直距離の最小値，幅1mを超える開口部上部にまぐさ設置等
58条	壁のみぞ	縦壁みぞの深さの最大値。横壁みぞの深さ及び長さの最大値
59条	鉄骨組積造である壁	鉄骨組積造の組積造部分は鉄骨の軸組にボルト等で緊結
59条の2	補強を要する組積造	高さ13m・軒の高さ9mを超える建築物は大臣告示で定める方法により鉄筋，鉄骨又は鉄筋コンクリートにより補強
60条	手すり又は手すり壁	組積造の手すり等の禁止
61条	組積造の塀	塀の高さの最大値，各部分の厚さの壁頂までの距離に対する割合の最小値，控壁間隔の最大値，基礎の根入れ深さの最小値
62条	構造耐力上主要な部分等のささえ	構造耐力上主要な部分等の木造による支持禁止

1）組積造とは……れんが造，石造，コンクリートブロック造等（補強コンクリートブロック造を除く）

2）組積の方法（令52条）……芋目地の禁止

破れ目地　　　　　　　　芋目地(不可)

図 6.7 組積造の組積方法の例

[木造の軸組長さに関する計算例]

図1のような2階建て木造住宅の軸組の長さを検討する。

（条件）屋根は鋼板の瓦棒ぶきで，区域指定なし。

計算1 地震力に対する軸組の必要長さ

床面積の計算

1階　9.9×8.1≒80.2（m²）

2階　6.3×8.1≒51.0（m²）

床面積に乗ずる数値は，令46条4項の表2より1階が29 cm/m²，2階が15 cm/m²なので，階ごとの軸組の必要長さは以下のとおり。

1階　29×80.2≒2 326（cm）

2階　15×51.0≒765（cm）

計算2 風圧力に対する軸組の必要長さ（図2）

X方向の風圧力に対する見付面積の計算

2階　8.1×1.35＋9.3×1.2

　　　≒10.9＋11.2＝22.1（m²）

1階　8.1×（1.35＋1.35）＋22.1

　　　≒21.9＋22.1＝44.0（m²）

Y方向の風圧力に対する見付面積の計算

2階　6.3×1.35＋6.3×1.2/2

　　　≒8.5＋3.8＝12.3（m²）

1階　9.9×1.35＋6.3×1.35＋4.2×1.35＋12.3

　　　≒13.4＋8.5＋5.7＋12.3＝39.9（m²）

見付面積に乗ずる数値は，令46条4項の表3より50 cm/m²なので，風圧力の方向と階ごとの軸組の必要長さは以下のとおりである。

X方向　2階　50×22.1＝1 105（cm）

　　　　1階　50×44.0＝2 200（cm）

Y方向　2階　50×12.3＝615（cm）

　　　　1階　50×39.9＝1 995（cm）

［注］ 本計算例では，便宜的に外壁等の厚みを無視している。

計算3 軸組の検討

計算1と計算2の結果から，表1のとおり，軸組の必要長さはX方向の2階は風圧力，それ以外は地震力によって決まる。

表1　軸組の必要長さ

階 ＼ 方向	X方向	Y方向
1階	23.3 m	23.3 m
2階	11.1 m	7.7 m

ここで，各階の耐力壁は各方向ごとに，表2に示す種類のものを図3に示す配置に従って設けると仮定すると，各方向，各階の軸組の換算長さは以下のようになる。

表2　軸組の種類及び倍率

＼	X方向	Y方向	
		外壁	間仕切壁
軸組の種類	3 cm×9 cmの筋かいをたすき掛けに入れた軸組	4.5 cm×9 cmの筋かいを入れた軸組	3 cm×9 cmの筋かいを入れた軸組
倍率	3.0	2.0	1.5

X方向　1階　（0.9×10）×3.0＝27.0（m）＞23.3（m）

　　　　2階　（0.9×6）×3.0＝16.2（m）＞11.1（m）

Y方向　1階　（0.9×10）×2.0＋（0.9×8）×1.5

　　　　　　＝18＋10.8＝28.8（m）＞23.3（m）

　　　　2階　（0.9×10）×2.0＝18.0（m）＞7.7（m）

以上の結果から，全ての方向，階ともに軸組の換算長さは必要長さを上回っていることを確認した。

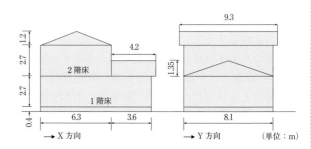

図1　計算例の対象建物

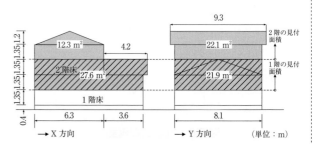

図2　見付面積の計算

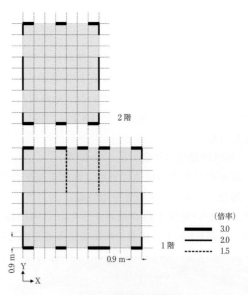

図3　軸組の配置

3) 壁の構造（令54条, 55条）
・長さ（対隣壁間の距離）…10 m 以下
・厚さ……高さの1/15 以上, かつ表6.10 の数値以上

表6.10 組積造の壁の厚さ

壁の長さ		5 m 以下	5 m 超～10 m
階数	2 以上	30 cm	40 cm
	1	20 cm	30 cm

4) 塀（へい）の構造（令61条）
・高さ……1.2 m 以下
・壁厚……高さの1/10 以上
・控壁……壁厚の1.5 倍以上突出。4 m 以内ごとに設置
・基礎の根入れ深さ……20 cm 以上

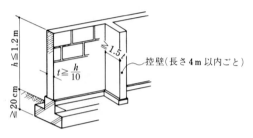

図6.8 組積造の塀

（4） 補強コンクリートブロック造関係規定

表6.11 補強コンクリートブロック造関係規定

令の条文	名称	主な内容
62条の2	適用の範囲	小規模な建築物の一部規定の適用除外
62条の4	耐力壁	中心線で囲まれた部分の水平投影面積の最大値, はり間・けた行各方向の耐力壁長さの床面積に対する割合の最小値, 厚さの最小値, 配筋の方法
62条の5	臥梁（がりょう）	各階の壁頂に鉄筋コンクリート造の臥梁を設置, 臥梁の有効幅の最小値
62条の6	目地及び空胴部	目地全面へのモルタル塗り, 空胴部へのモルタル等の充填, 縦筋の空胴部内での継手禁止（溶接接合等による継手は可）
62条の7	帳壁	鉄筋による構造耐力上主要な部分への緊結
62条の8	塀	塀の高さの最大値, 各部分の厚さの最小値, 配筋の方法, 控壁間隔, 基礎の丈及び根入れ深さの最小値

1) 耐力壁（令62条の4）
・耐力壁中心線で囲まれた部分の面積……60 m² 以下
・壁量（耐力壁の長さの合計）（各階, 両方向とも）……その階の床面積1 m² あたり15 cm 以上
・壁の厚さ……15 cm 以上, かつ水平力に対する支点間距離の1/50 以上
・縦筋・横筋……9 mmφ 以上, 80 cm 以内ごと（縦筋には空胴部内で原則として継手を設けない（令62条の6））

・端部・隅角部の縦筋……12 mmφ 以上
・アンカー長……縦筋40 d 以上, 横筋25 d 以上（末端はかぎ状）
・継手（横筋）……重ね25 d 以上又は溶接

2) 塀（令62条の8）（大臣告示（平12建告1355号）の構造計算を行っても可）, 図6.9 参照

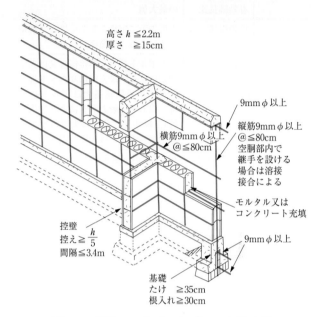

図6.9 補強コンクリートブロック造の塀

・高さ2.2 m 以下, 厚さ15 cm 以上（高さ2 m 以下の場合は10 cm 以上）
・壁頂, 基礎, 端部, 隅角部に9 mmφ 以上の鉄筋
・縦筋・横筋……9 mmφ 以上, 80 cm 以内ごと（縦筋には空胴部内で原則として継手を設けない（令62条の6））
・控壁……高さの1/5 以上突出。3.4 m 以内ごとに設置
・基礎の丈は35 cm 以上, 根入れ深さは30 cm 以上

（5） 鉄骨造関係規定

1) 圧縮材の有効細長比（令65条）
・柱……200 以下　　その他……250 以下

2) 柱の脚部（令66条, 平12建告1456 号）
以下のいずれかにより基礎に緊結（滑節構造を除く。一部の規定を除き, 構造計算を行えば可。小規模な仮設建築物は適用除外）

［露出形式柱脚］
・アンカーボルトは, 柱の中心に対し均等に配置。座金を用い, 戻り止めを施す。
・アンカーボルトの定着……定着長20 d 以上, 先端はかぎ状又は定着金物（抜け出し・破壊防止を確認すれば可）

* d：アンカーボルトの径

表 6.12　鉄骨造関係規定

令の条文	名称	主な内容
63 条	適用の範囲	（特に適用除外等なし）
64 条	材料	構造耐力上主要な部分は，炭素鋼，ステンレス鋼又は鋳鉄とする（鋳鉄は使用箇所限定あり）
65 条	圧縮材の有効細長比	柱，柱以外のそれぞれの有効細長比の最大値
66 条	柱の脚部	大臣告示で定める基準に従った構造方法による（滑節構造は可）
67 条	接合	高力ボルト接合，溶接接合又は大臣認定による（炭素鋼はリベット接合も可。小規模建築物はボルト接合可。保有水平耐力計算により適用除外），継手又は仕口は大臣告示で定めた構造方法又は大臣認定とする
68 条	高力ボルト，ボルト及びリベット	相互間の中心距離の最小値，高力ボルト孔及びボルト孔の径の最大値（ボルト径との差，高力ボルト孔の径は大臣認定，ボルト孔の径は保有水平耐力計算でも可）
69 条	斜材，壁等の配置	すべての方向の水平力に安全であるように斜材，壁，床版等を釣合いよく配置（構造計算でも可）
70 条	柱の防火被覆	地上 3 階以上の建築物で 1 の柱の耐力低下で倒壊のおそれがある場合，その柱に一定の耐火性能を付与（具体的には大臣告示又は大臣認定による）

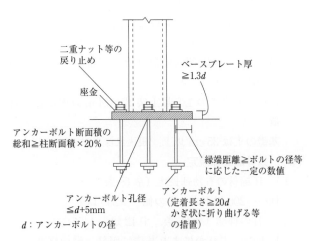

図 6.10　露出形式柱脚

・アンカーボルトの断面積の合計……柱の最下端の断面積の 20 % 以上
・アンカーボルト孔の径……アンカーボルト径 +5 mm 以下。ベースプレート端部までの距離は，アンカーボルト径と縁端部の種類に応じた最小値の基準に適合

［根巻き形式柱脚］
・根巻き部分の高さ……柱幅の 2.5 倍
・根巻き部分の主筋……4 本以上。頂部はかぎ状（定

着効果を確認すれば可）。定着長さは表 6.13 の数値以上
・根巻き部分の帯筋……令 77 条（鉄筋コンクリート造の柱）による

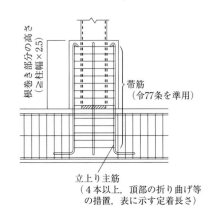

図 6.11　根巻き形式柱脚

表 6.13　根巻き形式柱脚の主筋の定着長さ

定着位置	鉄筋の種類	
	異形鉄筋	丸鋼
根巻き部分	25 d	35 d
基礎	40 d	50 d

＊　d：主筋の径

［埋込み形式柱脚］
・柱の埋込み深さ……柱幅の 2 倍以上
・側柱又は隅柱の柱脚……9 mmϕ の U 字形補強筋等で補強
・鉄骨に対するコンクリートのかぶり厚さ……柱幅以上

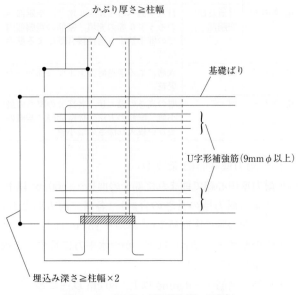

図 6.12　埋込み形式柱脚（側柱）

3） 接合及び継手，仕口の構造（令67条，平12建告1464号）（大臣の認定を受けた接合方法も可）
［高力ボルト等（高力ボルト，ボルト，リベット）］
・縁端距離（ボルト等の中心軸からの距離）……表6.14の数値以上とする（令82条の許容応力度計算を行えば可）

表6.14 ボルト等の縁端距離

ボルト等の径（mm）	10以下	10超12以下	12超16以下	16超20以下	20超22以下	22超24以下	24超27以下	27超30以下	30超
縁端距離（mm） せん断縁，手動ガス切断縁	18	22	28	34	38	44	49	54	9d/5
圧延縁，自動ガス切断縁等	16	18	22	26	28	32	36	40	4d/3

・高力ボルト摩擦接合部の摩擦面……赤さび，ショットブラスト等によりすべり摩擦係数を確保
・ボルト接合……軒高9m以下，はり間13m以下，延べ面積3000m²以下（保有水平耐力計算により適用除外）
［溶接］
・割れ，内部欠陥等がないこと
・柱・はり仕口のダイアフラムとフランジのずれ（図6.13，適切に補強すれば可）

　　$t_1 < t_2$ の場合……t_1 の1/4以下かつ5mm以下
　　$t_1 \geqq t_2$ の場合……t_1 の1/5以下かつ4mm以下

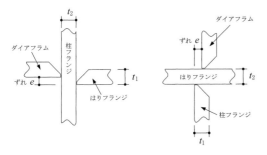

図6.13 ダイアフラムとフランジのずれ

・突合せ継手の食い違い（図6.14，適切に補強すれば可）

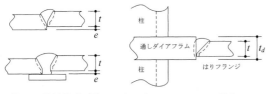

①フランジ同士など一般の部分　②通しダイアフラムとはりフランジ部分

通しダイアフラムとはりフランジの溶接部では，はりフランジは通しダイアフラムの厚み（t_d）内で溶接すること。

図6.14 突合せ継手の食い違い

$t \leqq 15$mm の場合……1.5mm以下
$t > 15$mm の場合……t の1/10以下かつ3mm以下
・アンダーカット……0.3mm以下（溶接長の1/10以下で鋭角的でない場合1mmまで許容）

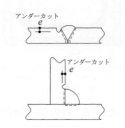

図6.15 アンダーカット

・溶接材料……鋼材の種類に応じた降伏点（又は0.2％耐力）及び引張強さの基準に適合

4） 高力ボルト等（令68条）
・高力ボルトの孔の径……高力ボルトの径＋2mm以下（高力ボルト径が27mm以上で構造耐力上支障ないときは＋3mmで可。大臣認定を受ければ適用除外）
・ボルトの孔の径……ボルトの径＋1mm以下（ボルト径が20mm以上で構造耐力上支障ないときは＋1.5mmで可。保有水平耐力計算により適用除外）
・ボルト等の相互の中心距離（ピッチ）……ボルト等の径×2.5以上

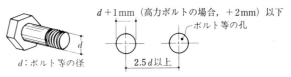

$d + 1$mm（高力ボルトの場合，＋2mm）以下
ボルト等の孔
d：ボルト等の径
2.5d 以上

図6.16 ボルト等の径

5） 柱の防火被覆（令70条，平12建告1356号）
　　1つの柱を除いた状態（図6.17）で短期許容応力

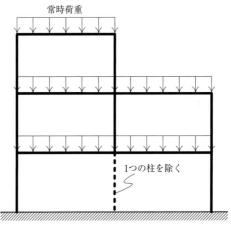

常時荷重
1つの柱を除く
耐火・準耐火建築物等以外で，地上の階数が3以上

図6.17 1つの柱を除いた状態での応力解析（概念図）

鉄骨造の柱

厚さ12mm以上のせっこうボード
による被覆など，30分の加熱に
耐える構造方法

図 6.18　柱の防火被覆

度を超える場合には，当該柱を 30 分間の加熱に耐
える構造とする（告示仕様の防火被覆（図 6.18）又
は大臣認定）。

6）　その他の構造方法

　鉄骨造の特殊な構造方法として，薄板軽量形鋼造
（スチールハウス），デッキプレート版（合成スラ
ブ），システムトラス及びコンクリート充填鋼管造
（CFT 構造）の基準が，令 80 条の 2 等に基づく大
臣告示により定められている（p. 43 参照）。

（6）　鉄筋コンクリート造関係規定

1）　コンクリートの強度（令 74 条）

・設計基準強度との関係が大臣告示（昭 56 建告 1102
号）で定める基準に適合すること。

・普通コンクリートの 4 週圧縮強度……12 N/mm^2 以
上（軽量コンクリートは 9 N/mm^2 以上）

2）　鉄筋の継手及び定着（令 73 条）（保有水平耐力
計算によっても可）

・鉄筋の末端の加工（フック）……丸鋼は，かぎ状に
折り曲げる（異形鉄筋は柱・はりの出隅部分等のみ
かぎ状とする）。図 6.19 参照

180°　　135°　　90°

図 6.19　丸鋼のフック

・鉄筋の重ね継手・定着……表 6.16 および図 6.20,
図 6.21 による。

表 6.15　鉄筋コンクリート造関係規定

令の条文	名称	主な内容
71 条	適用の範囲	小規模建築物及び塀の一部規定の適用除外
72 条	コンクリートの材料	酸，塩，有機物等の混入禁止，骨材の大きさ及び粒径・粒形，骨材はコンクリートに強度・耐久性・耐火性を付与
73 条	鉄筋の継手及び定着	鉄筋の末端はかぎ状，主筋等の継手の重ね長さの最小値，はりの引張鉄筋の定着長さの最小値等
74 条	コンクリートの強度	4 週圧縮強度の最小値，設計基準強度との関係が大臣告示で定める基準に適合，コンクリート強度試験は大臣が告示で指定，コンクリートの調合
75 条	コンクリートの養生	打込み中・打込み後 5 日間の最低温度及び乾燥，震動等の防止（9.3.4 参照）
76 条	型わく及び支柱の除去	型枠・支柱の取り外しによる変形・損傷防止，技術的基準を大臣告示で規定（9.3.4 参照）
77 条	柱の構造	主筋の最小本数，主筋と帯筋との緊結，帯筋の径・間隔の最小値，帯筋比の最小値，柱の小径の最小値，主筋断面積の和の最小値
77 条の 2	床版の構造	厚さの最小値，引張鉄筋間隔の最大値（令 82 条 4 号の計算を行えば可），プレキャスト鉄筋コンクリート造床版の接合部
78 条	はりの構造	複筋ばりとする，あばら筋間隔の最大値
78 の 2 条	耐力壁	厚さの最小値，配筋の方法，周囲との接合部，壁式構造の場合の長さの最小値，配筋の方法，壁ばりの設置
79 条	鉄筋のかぶり厚さ	部位に応じた最小値（大臣告示又は大臣認定でも可）

表 6.16　鉄筋の重ね継手・定着長さ

継手等の位置	普通コンクリート	軽量コンクリート
引張力の最も小さな部分[*1]	25 d 以上	30 d 以上
その他の部分[*1]	40 d 以上	50 d 以上
はりの引張鉄筋の柱への定着[*2]	40 d 以上	50 d 以上

d：径の異なる鉄筋の継手の場合，細い方の径
［注］　*1　大臣告示で定める構造方法（平 12 建告 1463 号）によることも可
　　　　*2　大臣告示で定める構造計算（平 23 国交告 432 号）によって安全性が確認できれば可

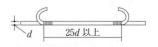

d　　25d 以上

図 6.20　重ね継手

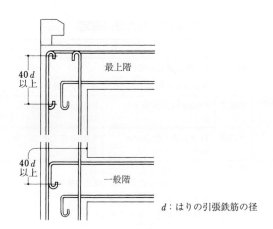

図 6.21 引張鉄筋の定着
（大臣告示の構造計算（平 23 国交告 432 号）でも可）

・その他の継手（平 12 建告 1463 号）……圧接継手，溶接継手，機械式継手で規定に適合するものを用いてもよい（実験により性能を確認すればその他の構造方法も可）。

　　圧接継手の基準……図 6.22 による

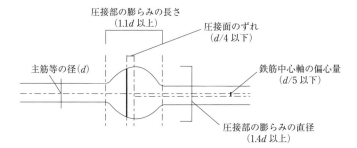

図 6.22　圧接継手

3）　鉄筋のかぶり厚さ（令 79 条）

表 6.17　鉄筋のかぶり厚さ

構造部分	かぶり厚さ[*2]
壁（耐力壁以外），床	2 cm 以上
耐力壁，柱，はり	3 cm 以上
土に接する壁，柱，床，はり	4 cm 以上
布基礎の立上り部分	4 cm 以上
基礎	6 cm 以上[*1]

［注］　*1　捨てコンクリートは含まない
　　　*2　大臣告示（平 13 国交告 1372 号）で定められた構造方法を用いる部材（プレキャスト部材又はコンクリート以外の材料を使用する部材）又は大臣認定を受けた部材には適用されない

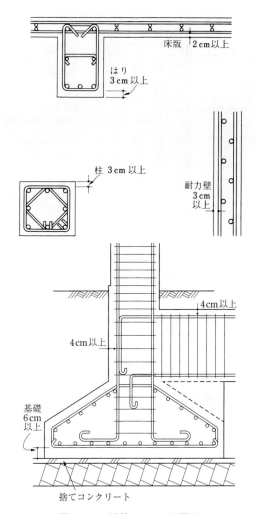

図 6.23　鉄筋のかぶり厚さ

4）　鉄筋コンクリート造の柱（令 77 条）（主筋本数以外は保有水平耐力計算によっても可）

表 6.18　柱の規定

柱の小径[*1]		構造耐力上主要な支点間の 1/15 以上
主筋	本数	4 本以上
	断面積	コンクリート断面積の 0.8 % 以上
帯筋（フープ）	緊結	主筋と帯筋を緊結
	径	6 mm 以上
	間隔	端部（小径の 2 倍以内）：10 cm 以下 その他：15 cm 以下 最も細い主筋径の 15 倍以下
	帯筋比[*2]	0.2 % 以上

［注］　*1　大臣告示で定める構造計算（平 23 国交告 433 号）によって安全性が確認できれば可
　　　*2　帯筋比とは，柱の軸を含む断面における一組の帯筋についての，コンクリートの断面積と帯筋の断面積との比

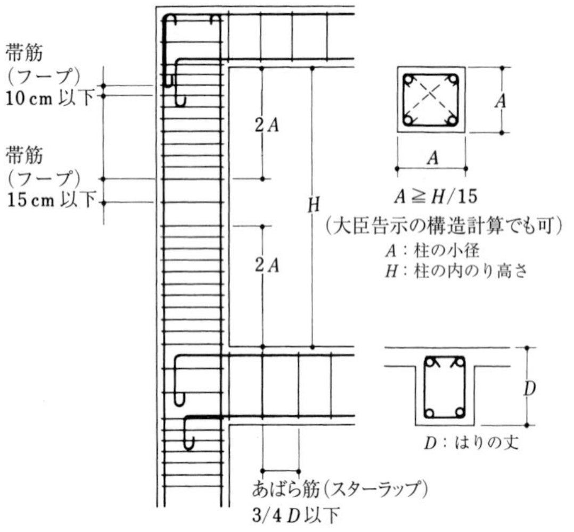

帯筋
（フープ）
10 cm 以下

帯筋
（フープ）
15 cm 以下

2*A*

H

2*A*

$A \geqq H/15$
（大臣告示の構造計算でも可）
A：柱の小径
H：柱の内のり高さ

D：はりの丈

あばら筋（スターラップ）
3/4 *D* 以下

図 6.24　鉄筋コンクリート造の柱・はり

5）　鉄筋コンクリート造のはり（令78条）（プレキャスト部材接合部は保有水平耐力計算によっても可）

・複筋ばりとする

・あばら筋間隔……はりの丈の3/4以下

6）　鉄筋コンクリート造の床版（令77条の2）（令82条4号の構造計算によっても可）

7）　鉄筋コンクリート造の耐力壁（令78条の2）（縦横の配筋は保有水平耐力計算によっても可）

8）　その他の構造方法

　　鉄筋コンクリート造の特殊な構造方法として，壁式鉄筋コンクリート造及び壁式ラーメン鉄筋コンクリート造（HFW構造），鉄筋コンクリート組積造（RM造）の基準が，令80条の2等に基づく大臣告示により定められている（p.43参照）。

表 6.19　床版の規定

厚さ	8 cm 以上，かつ短辺方向の有効張り間長さの 1/40 以上
配筋間隔	短辺方向：20 cm 以下
	長辺方向：30 cm 以下，かつ厚さの3倍以下

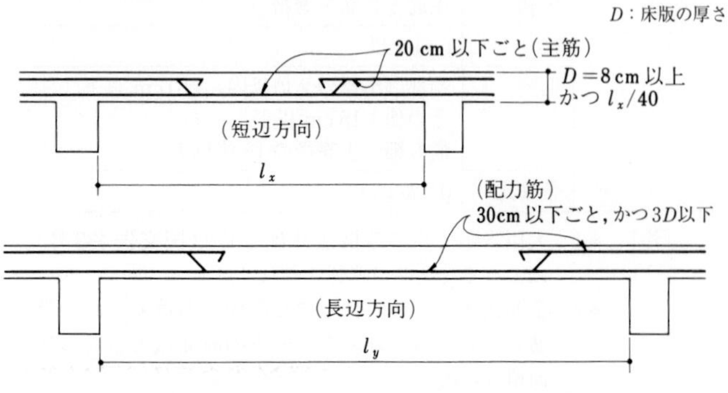

D：床版の厚さ

20 cm 以下ごと（主筋）

$D = 8$ cm 以上
かつ $l_x/40$

（短辺方向）

l_x

（配力筋）
30cm 以下ごと，かつ 3*D* 以下

（長辺方向）

l_y

図 6.25　鉄筋コンクリート造の床版

表 6.20　耐力壁の規定

厚さ	12 cm 以上		
長さ	45 cm 以上（壁式構造の場合）		
配筋（縦横）		シングルの場合	ダブルの場合
	平家建	9 mmφ 以上@ 35 cm 以下	9 mmφ 以上@ 50 cm 以下
	その他	9 mmφ 以上@ 30 cm 以下	9 mmφ 以上@ 45 cm 以下
補強筋	開口部周囲：12 mmφ 以上 端部・隅角部：12 mmφ 以上（壁式構造の場合）		
接合部	柱・はりとの間の存在応力を伝達 壁式構造の場合，頂部・脚部を壁ばり等に緊結		

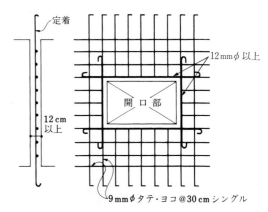

定着

12 mmφ 以上

開 口 部

12 cm
以上

9 mmφ タテ・ヨコ@30 cm シングル

図 6.26　鉄筋コンクリート造の耐力壁

（7）　鉄骨鉄筋コンクリート造関係規定

表 6.21　鉄骨鉄筋コンクリート造関係規定

令の条文	名称	主な内容
79条の2	適用の範囲	（特に適用除外等なし）
79条の3	鉄骨のかぶり厚さ	鉄骨のかぶり厚さの最小値（大臣告示（平13国交告1372号）で定められた構造方法を用いる部材（プレキャスト部材又はコンクリート以外の材料を使用する部材）又は大臣認定を受けた部材には適用されない）
79条の4	鉄骨鉄筋コンクリート造に対する第5節及び第6節の規定の準用	第5節（鉄骨造）及び第6節（鉄筋コンクリート造）の規定の準用（一部規定を除く）

（8）　無筋コンクリート造関係規定

表 6.22　無筋コンクリート造関係規定

令の条文	名称	主な内容
80条	無筋コンクリート造に対する第4節及び第6節の規定の準用	第4節（組積造）及び第6節（鉄筋コンクリート造）の規定の準用（一部規定を除く）

（9）　その他の構造関係規定

　令80条の2に基づく大臣告示により，表6.23のとおり，構造方法に関する基準が定められている。また，令80条の3として，土砂災害特別警戒区域内の建築物の構造方法については，別途，基準が定められている（平13国交告383号）。

表6.23　令80条の2に基づく構造方法の基準

区分	構造方法等の名称	告示番号	対象	技術基準の項目	備考（告示に含まれる他の規定等）
木造	枠組壁工法(ツーバイフォー工法)・木質プレハブ工法	平13国交告1540号	木材で組まれた枠組に構造用合板等を打ち付け又は工場において接着することにより床版・壁を設けるもの	材料，土台，床版，壁等，根太等の横架材，小屋組等，防腐措置等，構造計算による建築物等	・耐久性等関係規定の指定　＊壁・床版の構造方法は平13国交告1541号に規定　・保有水平耐力計算同等の構造計算
木造	丸太組構法（ログハウス）	平14国交告411号	丸太，製材等を水平に積み上げた壁により建築するもの	材料，土台等，耐力壁等，床版，根太等の横架材，小屋組等，防腐措置等	・耐久性等関係規定の指定
木造	CLTパネル工法	平28国交告611号	直交集成板（CLT）を用いたパネルを水平力及び鉛直力を負担とする壁として設けるもの	材料，土台，床版，壁等，小屋組等，防腐措置等	・耐久性等関係規定の指定　・保有水平耐力計算，許容応力度等計算などと同等の構造計算
鉄骨造	薄板軽量形鋼造（スチールハウス）	平13国交告1641号	薄板の構造用鋼材による形鋼を使用した枠組を構造耐力上主要な部分に用いるもの	材料，土台，床版，壁，柱等，小屋組等，接合，防腐措置等	・耐久性等関係規定の指定　・保有水平耐力計算，限界耐力計算などと同等の構造計算
鉄骨造	デッキプレート版(合成スラブ)	平14国交告326号	床版又は屋根版にデッキプレート版（平板状等の鋼板又はそれにコンクリートを打ち込み一体化した板状のもの）を用いたもの	床版又は屋根版，接合，防錆措置等	・耐久性等関係規定の指定　・保有水平耐力と同等の構造計算
鉄骨造	システムトラス	平14国交告463号	構造耐力上主要な部分にシステムトラス（トラス用機械式継手を使用し主部材（鋼管等の鋼材）又はロッド等を相互に連結したトラス）を用いたもの	接合，防錆措置等	・耐久性等関係規定の指定　＊主部材にアルミニウム合金を用いる場合の規定もあり
鉄骨造	コンクリート充填鋼管造（CFT構造）	平14国交告464号	—	材料，充填コンクリートの強度，コンクリートの充填，充填コンクリートの養生，鋼管の接合，柱の構造，はりの構造，柱とはりの仕口の構造	・耐久性等関係規定の指定　・保有水平耐力と同等の構造計算
鉄筋コンクリート造	壁式鉄筋コンクリート造	平13国交告1026号	—	コンクリート及びモルタルの強度，接合部に使用する構造用鋼材の品質，基礎ばり，床版及び屋根版の構造，耐力壁，壁ばりの構造，接合部の構造	・耐久性等関係規定の指定
鉄筋コンクリート造	壁式ラーメン鉄筋コンクリート造（HFW構造）	平13国交告1025号	けた行方向が剛節架構，張り間方向が連層耐力壁による壁式構造又は剛節架構である鉄筋コンクリート造	コンクリート及びモルタルの強度，鉄筋の種類，けた行方向の構造，張り間方向の構造，床版及び屋根版の構造，基礎ばり，構造計算	・耐久性等関係規定の指定　・保有水平耐力計算同等の構造計算
鉄筋コンクリート造	鉄筋コンクリート組積造（RM造）	平15国交告463号	組積ユニットを組積し空洞部に縦横に鉄筋を配置しコンクリートを充填し一体化した構造	充填コンクリートの強度，鉄筋の種類，組積ユニットの品質，鉄筋コンクリート組積体の強度・構造，基礎ばりの構造，床版及び屋根版の構造，耐力壁の構造，壁ばりの構造，構造計算実施部分	・耐久性等関係規定の指定　・保有水平耐力計算，許容応力度等計算同等の構造計算
複数の構造方法	特定畜舎等建築物	平14国交告474号	市街化区域外の木造，補強コンクリートブロック造，鉄骨造又は鉄筋コンクリート造で畜舎・堆肥舎の用途に供し，居室を設けないもの	令3章3節，4節の2，5節及び6節による	・耐久性等関係規定の指定　・基礎の構造計算　・令82条各号及び令82条の4による構造計算と同等の構造計算
複数の構造方法	軽量気泡コンクリートパネル（ALC）	平19国交告599号	床版又は屋根版に軽量気泡コンクリートパネルを用いたもの	材料，床版又は屋根版，防食措置等	・耐久性等関係規定の指定

その他の構造方法	プレストレストコンクリート造	昭 58 建 告 1320 号		―	コンクリートの材料，緊張材・鉄筋の定着・接合等，緊張材の防錆及びグラウト，コンクリートの強度・養生，プレストレスの導入，型わく・支柱の除去，柱・床版・はりの構造，耐力壁，緊張材・鉄筋のかぶり厚さ	・耐久性等関係規定の指定 ・保有水平耐力計算，限界耐力計算などと同等の構造計算
	免震建築物	平 12 建 告 2009 号	免震層（床版等の間に地震力の作用を低減する機能を有する免震材料を設けた層）を配置した建築物		免震層・上部構造・下部構造の構造方法	・耐久性等関係規定の指定 ・基礎の構造方法 ・限界耐力計算と同等の構造計算
	アルミニウム合金造	平 14 国交告 410 号		―	材料，圧縮材の有効細長比，柱の脚部，接合，斜材・壁等の配置，柱の防火被覆，防食措置	・耐久性等関係規定の指定
	膜構造	平 14 国交告 666 号	鉄骨造等の骨組に膜材料等を張り屋根版等としたもの（骨組膜構造），構造用ケーブル等に膜材料等を張り屋根版等としたもの（サスペンション膜構造）		膜面の構造，膜面の定着	・耐久性等関係規定の指定 ・保有水平耐力計算，許容応力度等計算などと同等の構造計算
	テント倉庫建築物	平 14 国交告 667 号	鉄骨造骨組に膜材料等を張り屋根版等とした膜構造の建築物で倉庫の用に供するもの		膜面の構造，膜面と基礎又は土台との接合	・耐久性等関係規定の指定 ・基礎の構造計算 ・令82条各号及び令82条の4による構造計算と同等の構造計算

［注］　構造計算等を行うことによって適用されない場合がある。

6.2.3　構造計算規定

建築物の構造計算は，その規模と構造方法規定の適用関係等に応じて適切に選択する。

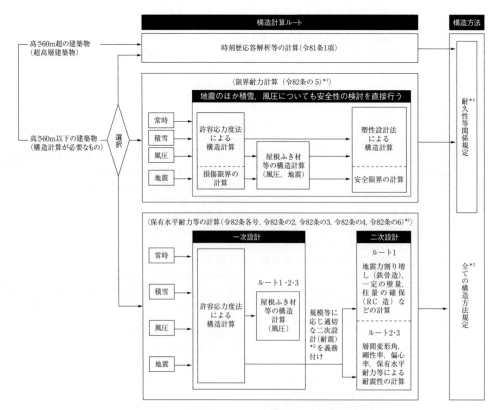

図 6.27　構造計算ルートと構造方法規定の適用

［注］　*1　ここに掲げる以外，大臣がこれらと同等以上であるとして構造計算を別途定める場合がある。表 6.30 を参照。
　　　　*2　p.46 の（3）及び図 6.29 参照。
　　　　*3　保有水平耐力計算を行う場合又は個々の条文に設けられたただし書き等の計算を行う場合には，一部の規定は適用されない
　　　　　　（令 36 条 2 項 1 号，令 38 条 4 項等）。

*4　限界耐力計算においては，保有水平耐力計算等では構造方法規定への適合を前提とすることで省略又は簡略化している項目（最大級の積雪荷重及び風圧力，地震に対する安全性，表 6.24）を直接検証するため，耐久性等関係規定を除く構造方法規定の適用を除外することができる。

表 6.24　構造計算の方法に対応する主な検証項目（○…検証する，△…限定的な検証，×…検証せず）

			構造計算の方法		
			保有水平耐力等の計算(令82条～令82条の4及び令82条の6のうち必要な組合せ：いわゆるルート1，ルート2及びルート3)	限界耐力計算（令82条の5）	時刻歴応答解析等の計算（令81条1項）
荷重・外力	常時	固定＋積載（多雪区域の長期の積雪を含む）	○	○	○
	中程度（建築物の耐用年限中に数回程度遭遇することを想定した荷重）	積雪・風圧	○	○	○
		地震	○ ［建築物各階に作用する層せん断力として外力を設定］	○ ［建築物に損傷を生ずる限界の状態及び周期を精算し，応答スペクトルから得られる各階の加速度から外力を設定］	○ ［応答スペクトル等をもとに地震動を個々の建築物ごとに作成し，時刻歴応答解析を行う］
	最大級（発生することが極めて稀であるが安全性のために考慮すべき荷重）	積雪・風圧	× ［中程度の荷重・外力に対する検討と構造方法規定への適合を前提に検証を省略］	［塑性設計を行い安全性を直接検討］	○
		地震	△ ［層せん断力をねじれや変形の集中に応じてFesで割増し，各階ごとの変形性能を構造方法規定に基づきDsで考慮。規模等に応じた略算法あり］	○ ［建築物が倒壊・崩壊する限界の状態及び周期を精算し，変形性能に応じた減衰を考慮。応答スペクトルから得られる各階の加速度から外力を設定］	○ ［応答スペクトル等をもとに地震動を個々の建築物ごとに作成し，時刻歴応答解析を行う］
比較対象			許容応力度・保有水平耐力等	許容応力度・材料強度・損傷限界変位・安全限界変位等	個々の建築物ごとに限界となる状態を設定

表 6.25　構造計算に用いる荷重・外力の組合せの式

力の種類	荷重状態	一般地域（積雪1m未満，かつ積雪期間30日未満）	多雪区域（積雪1m以上又は積雪期間30日以上，特定行政庁が指定）	摘要
長期に生ずる力	常時	$G+P$	$G+P$	G：固定荷重によって生ずる力
	積雪時		$G+P+0.7S$	P：積載荷重によって生ずる力
短期に生ずる力	積雪時	$G+P+S$	$G+P+S$	S：積雪荷重によって生ずる力
	暴風時	$G+P+W$	$G+P+W$	W：風圧力によって生ずる力
			$G+P+0.35S+W$	K：地震力によって生ずる力
	地震時	$G+P+K$	$G+P+0.35S+K$	

表 6.26　使用上の支障防止の計算の条件

構造形式	建築物の部分	条件	摘要
木造	はり（床面に用いるものに限る。以下同）	$\dfrac{D}{l}>\dfrac{1}{12}$	t：床版の厚さ l_x：床版の短辺方向の有効長さ（デッキプレート版又は軽量気泡コンクリートパネルにあっては支点間距離） D：はりせい l：はりの有効長さ（それぞれ右図参照）
鉄骨造	デッキプレート版（床版としたもののうち平14国交告326号の規定に適合するものに限る。）	$\dfrac{t}{l_x}>\dfrac{1}{25}$	
	はり	$\dfrac{D}{l}>\dfrac{1}{15}$	
鉄筋コンクリート造	床版（片持ち）	$\dfrac{t}{l_x}>\dfrac{1}{10}$	
	床版（片持ち以外）	$\dfrac{t}{l_x}>\dfrac{1}{30}$	
	はり	$\dfrac{D}{l}>\dfrac{1}{10}$	
鉄骨鉄筋コンクリート造	はり	$\dfrac{D}{l}>\dfrac{1}{12}$	
アルミニウム合金造	はり	$\dfrac{D}{l}>\dfrac{1}{10}$	
軽量気泡コンクリートパネルを用いた構造	床版	$\dfrac{t}{l_x}>\dfrac{1}{25}$	

各部寸法

［注］　上に掲げる構造形式に応じた条件式を満足する場合には計算の必要はない。表に適合しない場合は，クリープを考慮し，床及びはりのたわみ量がスパンの1/250以下であることを構造計算により確認する（平12建告1459号）。

（1） 構造計算の原則

法 20 条 1 項に基づく平 19 国交告 592 号において，一次設計は固定モーメント法やたわみ角法，二次設計は増分解析など適切な方法によること，ただし書の規定による特別な数値の設定等は適切な根拠に基づくこと等が定められている。また，平 19 国交告 594 号第 1 では，構造計算に用いる数値は実況に応じて定めるとともに，建築物の設計が安全側に行われるよう，必要があれば複数の仮定を設けて検討すべきことが定められている。

（2） 許容応力度計算及び屋根ふき材等の計算

1） 許容応力度計算（一次設計）

① 建築物に作用する荷重及び外力を計算し，又は仮定する（法 20 条 1 項，令 83 条）。

（鉛直方向）固定荷重，積載荷重，積雪荷重

（水平方向）風圧力，地震力

（そ の 他）必要に応じて土圧，水圧，震動，衝撃等

② 作用する荷重及び外力によって建築物の各部分に生ずる力を算定する（令 82 条 1 号）。

（力の種類）圧縮・引張り・曲げ・せん断等

このとき，架構に作用する力と生ずる変形との釣合いに配慮するとともに，非構造部材が安全性を損なわないものであることを確かめる。さらに，単独柱の耐力確保，突出部分の局部震度によるチェックや規模が大きく勾配の緩やかな屋根を有する建築物における積雪時荷重の割増しも行う（平 19 国交告 594 号第 2）。

③ 表 6.25 に示す組合せの式に従って各部分に生ずる応力度を計算する（令 82 条 2 号）。

④ 各部分に生ずる応力度がその材料の許容応力度以下であることを確かめる（令 82 条 3 号）。

⑤ 表 6.26 の条件に基づき，建築物に使用上の支障が起こらないことを確かめる（令 82 条 4 号）。

2） 屋根ふき材等の計算

屋根ふき材，外装材及び屋外に面する帳壁について，風圧に対して構造耐力上安全であることを確かめる（令 82 条の 4）。

［注］ 計算の対象となる部分は，屋根ふき材及び一定の高さを超える位置に設置された帳壁などの部分に限られる（平 12 建告 1458 号）。

・屋根ふき材等に作用する風圧力を計算する（図 6.28 （a）の構造骨組用とは異なり，図 6.28 （b）の局部風圧を考慮したピーク風力係数を使用する）。

・帳壁に使用するガラスについては，ガラスの種類（普通ガラス/強化ガラス等の種別），構成（単板，合わせ又は複層ガラス），板厚及び見付面積に応じた許容耐力を超えないことを確かめる。

・外装材及び屋外に面する帳壁については，破損・脱落等の被害が生じないことを確かめる。

（3） 二次設計（地震力に対するもの）の方法

① 構成（図 6.29 参照）

② 耐震設計ルート 1（平 19 国交告 593 号等）

［注 1］ 法令上は，法 20 条 1 項 2 号，令 36 条の 2 及び平 19 国交告 593 号でルート 2 又は 3 の計算を要す場合を定め，それ以外がルート 1 とされる。

［注 2］ 特定天井（令 39 条 3 項，4 項）の検討について，応答スペクトル法などの高度な検証（平 25 国交告 771 号第 3 第 4 項の方法）によるものは，ルート 1 によることはできない（平 19 国交告 593 号 1 号イ（5）など）。

（イ） 木造建築物（高さ 13 m 以下，かつ軒の高さ 9 m 以下であるもの）

（ロ） 組積造・補強コンクリートブロック造（地上階数が 3 以下のもの）

（ハ） 鉄骨造（地上階数が 3 以下，高さ 13 m 以下，軒の高さ 9 m 以下で，次の条件 1 又は条件 2 に適合するもの）

・条件 1

ⅰ） 架構を構成する柱の相互の間隔が 6 m 以下であること。

ⅱ） 延べ面積 500 m² 以内であること。

ⅲ） 地震力を算定する際の標準せん断力係数 C_0（令 88 条 2 項参照）を 0.3 以上として構造

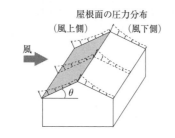

屋根勾配 θ	風力係数 （外圧係数）	
	正	負
10 度未満	なし	−1.0
10 度	0	−1.0
30 度	0.2	−0.3
45 度	0.4	0
90 度	0.8	なし

（a）構造骨組用風力係数＝平均風圧を想定（令 87 条，平 12 建告 1454 号）

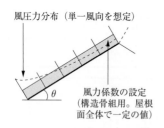

屋根勾配 θ	風力係数 （ピーク外圧係数， （ ）内は妻面付近）		
	下端部	中央部	上端部
10 度以下	−3.2 （−4.3）	−2.5 （−3.2）	−3.2 （−3.2）
20 度	−3.2 （−3.2）	−2.5 （−3.2）	−3.2 （−5.4）
30 度以上	−3.2 （−3.2）	−2.5 （−3.2）	−3.2 （−3.2）

（b）屋根ふき材等用風力係数＝局部風圧を考慮（平 12 建告 1458 号）

図 6.28 構造骨組用と屋根ふき材等用との風力係数の比較（切妻屋根・風上側の例）

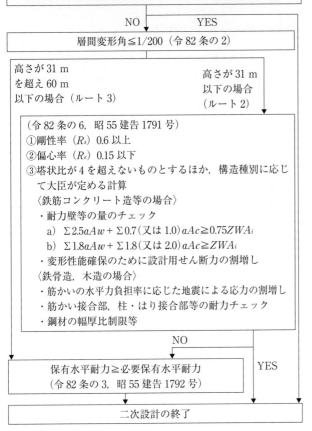

ルート1
・法20条1項2号の条件に該当しない建築物
　木造で高さ13 m以下，かつ軒の高さ9 m以下
　鉄骨造で地上階数3以下
　鉄筋コンクリート造，鉄骨鉄筋コンクリート造で高さ20 m以下
・令36条の2，平19国交告593号の条件に該当しない建築物
・その他（仕様規定の適用除外等を行わない建築物）

NO　　　YES

層間変形角≦1/200（令82条の2）

高さが31 m
を超え60 m
以下の場合（ルート3）

高さが31 m
以下の場合
（ルート2）

（令82条の6，昭55建告1791号）
①剛性率（R_s）0.6以上
②偏心率（R_e）0.15以下
③塔状比が4を超えないものとするほか，構造種別に応じて大臣が定める計算
〈鉄筋コンクリート造等の場合〉
・耐力壁等の量のチェック
　a）$\Sigma 2.5aAw + \Sigma 0.7$（又は1.0）$aAc \geq 0.75ZWA_i$
　b）$\Sigma 1.8aAw + \Sigma 1.8$（又は2.0）$aAc \geq ZWA_i$
・変形性能確保のための設計用せん断力の割増し
〈鉄骨造，木造の場合〉
・筋かいの水平力負担率に応じた地震による応力の割増し
・筋かい接合部，柱・はり接合部等の耐力チェック
・鋼材の幅厚比制限等

NO

保有水平耐力≧必要保有水平耐力
（令82条の3，昭55建告1792号）

YES

二次設計の終了

図6.29　二次設計の構成

計算すること。

iv）　水平力を負担する筋かいの軸部が降伏するまで，筋かいの端部及び接合部が破断しないこと。

・条件2（薄板軽量形鋼造又は屋上の積載荷重の特に大きな用途に用いる場合を除く）

　i）　地上階数が2以下であること。

　ii）　架構を構成する柱の相互の間隔が12 m以下であること。

　iii）　延べ面積500 m^2（平家建ての場合3 000 m^2）以内であること。

　iv）　条件1のiii），iv）に適合すること。

　v）　図6.29のうち，偏心率の条件及び鉄骨造の計算を行うこと。

（ニ）　鉄筋コンクリート造・鉄骨鉄筋コンクリート造（高さ20 m以下で，次の式によって耐力壁等の量を確かめるほか，変形性能確保のための設計用せん断力の割増しを行ったもの）

鉄筋コンクリート造
$$\Sigma 2.5\alpha Aw + \Sigma 0.7\alpha Ac \geq ZWA_i$$
鉄骨鉄筋コンクリート造
$$\Sigma 2.5\alpha Aw + \Sigma 1.0\alpha Ac \geq ZWA_i$$

Aw：その階において，計算しようとする方向に設けられた耐力壁の水平断面積（mm^2）

Ac：その階において，計算しようとする方向に設けられた耐力壁以外の壁の水平断面積及び構造耐力上主要な部分である柱の水平断面積（mm^2）

［注］耐力壁以外の壁は，上端及び下端が構造耐力上主要な部分に緊結されたものに限る。

ZWA_i：令88条を参照。ただし，Wは，その階が支える固定荷重＋積載荷重の値（N）（多雪区域においては積雪荷重をさらに加える）

α：高強度のコンクリートを用いる場合の耐力壁等の水平断面積の割増係数で，表6.27に示す数値

表6.27　割増係数 α の値

	コンクリートの設計基準強度 F(N/mm^2)		
	18 未満	18≦F≦36	36 超
α	1.0	$\sqrt{\dfrac{F}{18}}$	$\sqrt{2}$

（ホ）　上記（イ）～（ニ）のほか，1階が鉄筋コンクリート造で2階及び3階が木造の建築物である等，併用構造で一定の条件を満足するもの

（ヘ）　デッキプレート版，軽量気泡コンクリートパネル，システムトラスを屋根・床に用いた構造で本体架構が（イ）～（ホ）に該当するもの

（ト）　膜構造で一定の規模及び構造のもの

③　層間変形角の検討（令82条の2）

地震力を受けた構造体に生じる応力度が許容応力度以下であっても，その変形が著しく大きいと，帳壁・外装材の脱落，設備の変形等の支障が生じる。そこで，各階の相対変位（層間変位）を大臣が定める方法（平19国交告594号第3）に従って計算し，階高の1/200（各部に著しい損傷が生ずるおそれがなければ1/120）以内に抑えるようにする（図6.30参照）。

［注］主要構造部を準耐火構造とした準耐火建築物などの層間変形角は1/150以内とする（令109条の2の2）。

$$r = \frac{\delta}{h} \leq \frac{1}{200} \qquad r = \frac{Q}{D} \cdot \frac{h}{12EK_0}$$

r：層間変形角

δ：その階の層間変位

h：その階の高さ

Q：その階の地震層せん断力

D：その階の D 値（せん断力分布係数）
E：ヤング係数　　K_0：標準剛度

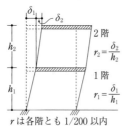

図 6.30　層間変形角の計算

〔計算例〕

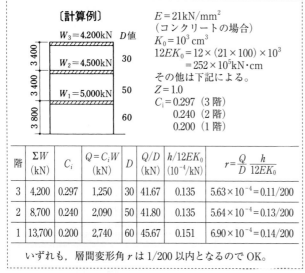

$E = 21 \text{kN/mm}^2$
（コンクリートの場合）
$K_0 = 10^3 \text{ cm}^3$
$12EK_0 = 12 \times (21 \times 100) \times 10^3$
　　　　$= 252 \times 10^5 \text{kN·cm}$
その他は下記による。
$Z = 1.0$
$C_i = 0.297$（3 階）
　　　0.240（2 階）
　　　0.200（1 階）

階	ΣW (kN)	C_i	$Q = C_i W$ (kN)	D	Q/D (kN)	$\dfrac{h}{12EK_0}$ $(10^{-4}/\text{kN})$	$r = \dfrac{Q}{D} \cdot \dfrac{h}{12EK_0}$
3	4,200	0.297	1,250	30	41.67	0.135	$5.63 \times 10^{-4} = 0.11/200$
2	8,700	0.240	2,090	50	41.80	0.135	$5.64 \times 10^{-4} = 0.13/200$
1	13,700	0.200	2,740	60	45.67	0.151	$6.90 \times 10^{-4} = 0.14/200$

いずれも，層間変形角 r は 1/200 以内となるので OK。

④　剛性率・偏心率等の検討（令 82 条の 6）

建築物の各階の剛性の偏りがあると大地震時に剛性の小さな階に被害が集中したり，また，平面計画的に剛性が偏っていると建築物にねじれ応答を生じて予想外の被害を受けるおそれがある（図 6.31，6.32 参照）。

そこで各階ごとに剛性率を求めて，それが 6/10 以上であることを確かめ，あわせて偏心率を求めて，それが 15/100 以下であることを確かめる。

このほか，構造種別ごとに大臣が定めた基準（昭 55 建告 1791 号）に従った構造計算を行う（鉄筋コンクリート造は耐力壁等の量のチェック，鉄骨造・木造は筋かいの水平力分担率に応じた地震力割増し等　図 6.29 参照）。

〔注〕　④の規定を満足しない場合には，⑤に示す「保有水平耐力」の検討を行う必要がある。

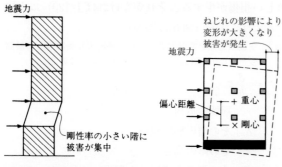

図 6.31　剛性率の制限の趣旨　図 6.32　偏心率の制限の趣旨

剛性率（R_s）

$$R_s = \frac{r_s}{\bar{r}_s} \geq 6/10 = 0.6$$

r_s：各階の剛性（層間変形角の逆数）
$\bar{r}_s$：その建築物の r_s の相加平均

偏心率（R_e）

$$R_s = \frac{e}{r_e} \leq 15/100 = 0.15$$

e：常時荷重時の重心と剛心との距離（cm）
　　（計算しようとする方向に対する距離）
r_e：弾力半径で，大臣の定める基準（平 19 国交告 594 号第 5）に従って計算したねじり剛性 $K_R = (\Sigma D_X \bar{Y}^2 + \Sigma D_Y \bar{X}^2)$ を用いて次の式によって求めた数値（cm）

$$r_{eX} = \sqrt{\frac{K_R}{\Sigma D_X}}, \qquad r_{eY} = \sqrt{\frac{K_R}{\Sigma D_Y}}$$

〔計算例〕

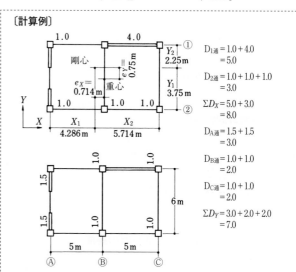

$D_{1通} = 1.0 + 4.0$
　　　$= 5.0$
$D_{2通} = 1.0 + 1.0 + 1.0$
　　　$= 3.0$
$\Sigma D_X = 5.0 + 3.0$
　　　$= 8.0$
$D_{A通} = 1.5 + 1.5$
　　　$= 3.0$
$D_{B通} = 1.0 + 1.0$
　　　$= 2.0$
$D_{C通} = 1.0 + 1.0$
　　　$= 2.0$
$\Sigma D_Y = 3.0 + 2.0 + 2.0$
　　　$= 7.0$

〔仮定条件〕
上図によるほか
階高 $h = 320$ cm，層せん断力 $Q = 300$ kN
$E = 21 \text{ kN/mm}^2$，$K_0 = 10^3 \text{ cm}^3$
$\bar{r}_s = 2.00 \times 10^3$

〔剛性率〕
層間変形角 $r = \dfrac{Q}{D} \cdot \dfrac{h}{12EK_0}$

$\dfrac{h}{12EK_0} = \dfrac{320}{12 \times (21 \times 100) \times 10^3} = 1.27 \times 10^{-5}$

$\dfrac{Q}{\Sigma D_X} = \dfrac{300}{8} = 37.50$，　$\dfrac{Q}{\Sigma D_Y} = \dfrac{300}{7} = 42.86$

$r_{sX} = 2.10 \times 10^3$　　　$r_{sY} = 1.84 \times 10^3$
ここで，$\bar{r}_s = 2.00 \times 10^3$ の仮定より，
$R_{sX} = 1.05 \geq 0.6$，$R_{sY} = 0.92 \geq 0.6$　　　O.K.

〔偏心率〕　$\Sigma D_X = 8$　　　$\Sigma D_Y = 7$
$I_X = \Sigma D_X \bar{Y}^2 = 3 \times 3.75^2 + 5 \times 2.25^2 = 67.5$
$I_Y = \Sigma D_Y \bar{X}^2 = 3 \times 4.286^2 + 2 \times 0.714^2 + 2 \times 5.714^2 = 121.4$
$I_X + I_Y = 67.5 + 121.4 = 188.9$（ねじり剛性）
$r_{eX} = \sqrt{188.9/8} = 4.86$ m
$r_{eY} = \sqrt{188.9/7} = 5.18$ m
$R_{eX} = e_Y/r_{eX} = 0.75/4.86 = 0.154 > 0.15$　　N.G.
$R_{eY} = e_X/r_{eY} = 0.714/5.18 = 0.138 \leq 0.15$　　O.K.

⑤　保有水平耐力の検討（令82条の3）

・保有水平耐力の検討を行う建築物……高さ31 m を超える建築物，高さ31 m 以下で剛性率，偏心率等の制限値を満足しないもの

・検討の進め方

（イ）　材料強度に基づき各階の「保有水平耐力（Q_u）」を計算する。このとき，大臣の定める方法に従って，建築物の崩壊形や外力分布の確認，転倒の検討（塔状比が4を超える場合）等のほか，構造種別に応じて必要となる変形性能の確保のための計算（保証設計）を行う（平19国交告594号第4）。

〈木造の場合〉

・接合部のチェック

〈鉄骨造の場合〉

・冷間成形角形鋼管を柱に用いる場合の制限（応力割増し又は耐力低減によるチェック）等

〈鉄筋コンクリート造の場合〉

・はり，柱，耐力壁の設計用せん断力割増しによるチェック等

（ロ）　地震力による各階の「必要保有水平耐力（Q_{un}）」を計算する。

$$Q_{un} = D_s \cdot F_{es} \cdot Q_{ud} \text{（kN）}$$

Q_{un}：各階の必要保有水平耐力（kN）

D_s：各階の構造特性を表すものとして，建築物の振動性及び各階の靱性に基づき算出した数値（昭55建告1792号）。

F_{es}：各階の形状特性を表すものとして，各階の剛性率及び偏心率に基づき算出した数値（昭55建告1792号）。

Q_{ud}：地震力によって各階に生ずる水平力（kN）

（ハ）　$Q_u \geqq Q_{un}$ であることを確かめる。

［注］　この保有水平耐力の検討は，建築物の崩壊メカニズム（図6.33）を想定し，建築物を「弾性設計法（許容応力度法）」によらず，「塑性設計法」を用いて大地震時においても建築物が崩壊・倒壊に至らないよう安全性の検討を行うものである。

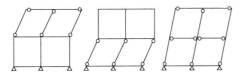

図6.33　崩壊メカニズムの例

（4）　限界耐力計算（令82条の5）

1）　地震以外の構造計算

①　固定荷重，積載荷重，積雪荷重及び風圧力について，常時及び中程度の荷重・外力の組合せによる許容応力度計算を行う。

②　積雪荷重及び風圧力について，表6.28に示す最大級の荷重・外力による組合せの式に基づき計算した各部材に生ずる力が，材料強度により計算した耐力以下であることを確かめる。

表 6.28　積雪時・暴風時の荷重・外力の組合せの式

力の種類	荷重状態	一般地域	多雪区域	摘要
最大級の荷重・外力により生ずる力	積雪時	$G+P+$ $1.4\,S$	$G+P+1.4\,S$	G, P, S 及び W については，令82条の5（表6.25）と同じ
	暴風時	$G+P+$ $1.6\,W$	$G+P+1.6\,W$	
			$G+P+0.35\,S$ $+1.6\,W$	

最大級の荷重・外力の算出に用いる係数は，中程度の荷重・外力との発生確率の違いに基づき，過去のデータから決められている（風圧力 W に関しては，風速の比率1.25の二乗より）。

2）　地震に対する構造計算（等価線形化に基づく応答スペクトル法）（図6.34，6.35参照）

［注1］　限界耐力計算の耐震計算の特徴として，地震力を中程度の地震と最大級の地震とで別々に設定すること，さらにその際に用いる建築物の揺れの周期を高さ等による略算とせずに損傷限界や安全限界など具体的な状態に基づき計算することが挙げられる。

［注2］　最大級の地震に対する各階の層間変形角は，原則1/75（木造の場合1/30）未満に制限されている。限界耐力計算の耐震計算は，建築物の損傷限界や安全限界時の状態に応じた地震力を計算することで行う（図6.34，6.35参照）。

3）　その他の計算

①　地下部分や転倒に関する検討については，保有水平耐力等の計算と同様の計算を行う。

②　屋根ふき材，外装材及び屋外に面する帳壁に関する検討については，許容応力度計算と同様の計算（中程度の風圧力の検討，特定天井の検討，（2）2）参照）のほか，中程度の地震時における加速度及び層間変位に対して損傷を生じないことを確かめる。

③　土砂災害特別警戒区域内の建築物である場合には，土砂災害に対する安全性を確かめる。

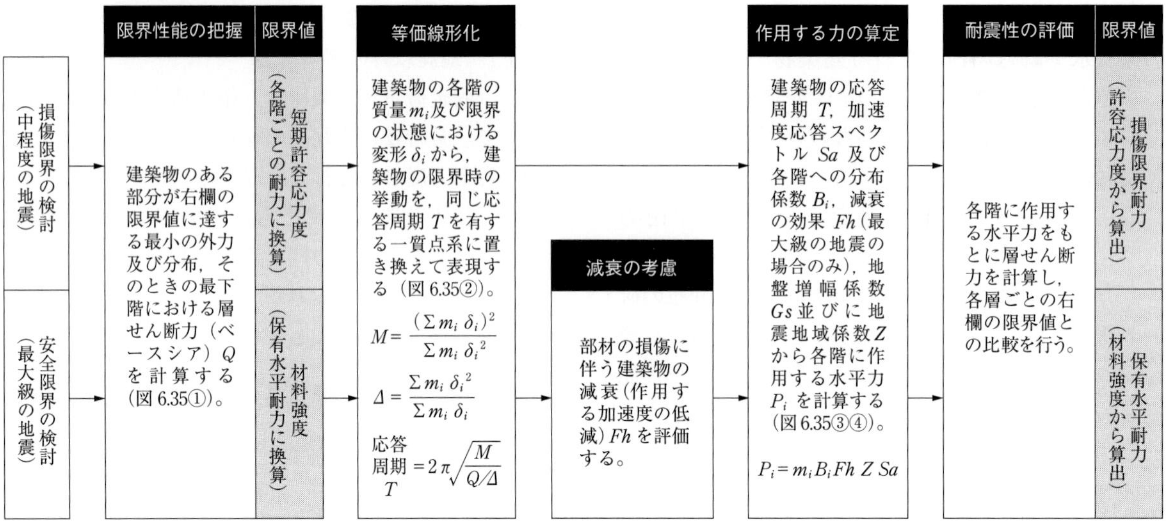

損傷限界の検討（中程度の地震）
安全限界の検討（最大級の地震）
限界性能の把握
建築物のある部分が右欄の限界値に達する最小の外力及び分布，そのときの最下階における層せん断力（ベースシア）Q を計算する（図 6.35①）。
限界値
短期許容応力度（各階ごとの耐力に換算）
材料強度（保有水平耐力に換算）
等価線形化
建築物の各階の質量 m_i 及び限界の状態における変形 δ_i から，建築物の限界時の挙動を，同じ応答周期 T を有する一質点系に置き換えて表現する（図 6.35②）。
$M=\frac{(\Sigma m_i\,\delta_i)^2}{\Sigma m_i\,\delta_i^2}$
$\Delta=\frac{\Sigma m_i\,\delta_i^2}{\Sigma m_i\,\delta_i}$
応答周期 $T=2\pi\sqrt{\frac{M}{Q/\Delta}}$
減衰の考慮
部材の損傷に伴う建築物の減衰（作用する加速度の低減）Fh を評価する。
作用する力の算定
建築物の応答周期 T，加速度応答スペクトル Sa 及び各階への分布係数 B_i，減衰の効果 Fh（最大級の地震の場合のみ），地盤増幅係数 Gs 並びに地震地域係数 Z から各階に作用する水平力 P_i を計算する（図 6.35③④）。
$P_i=m_iB_iFh\,Z\,Sa$
耐震性の評価
各階に作用する水平力をもとに層せん断力を計算し，各層ごとの右欄の限界値との比較を行う。
限界値
損傷限界耐力（許容応力度から算出）
保有水平耐力（材料強度から算出）

図 6.34　限界耐力計算の耐震計算のフロー

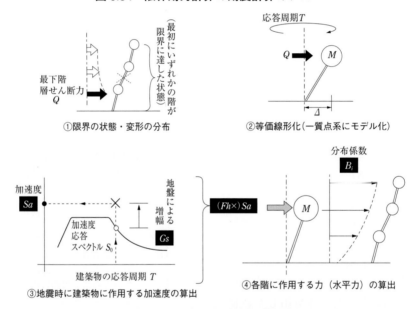

最下階
層せん断力
Q
（最初にいずれかの階が限界に達した状態）
①限界の状態・変形の分布
応答周期T
Q
M
Δ
②等価線形化（一質点系にモデル化）
加速度
Sa
加速度
応答
スペクトル S_0
地盤による増幅
Gs
建築物の応答周期 T
③地震時に建築物に作用する加速度の算出
(Fh×) Sa
分布係数
B_i
M
④各階に作用する力（水平力）の算出

図 6.35　限界耐力計算の考え方

（5）　時刻歴応答解析等

超高層建築物（高さ 60 m を超える建築物）の構造計算は，外力を受けている間の建築物の振動の性状を正確に把握することのできる時刻歴応答解析（令 81 条 1 項，平 12 建告 1461 号）を基本として行う。

- 限界耐力計算と同様に，構造方法規定を前提とせずに建築物の安全性を直接検証できるため，耐久性等関係規定を除く構造方法規定の適用を除外することができる。
- 高さ 60 m 以下の通常の建築物に対してこの構造計算を適用した場合も，同様に構造方法規定の適用除外が可能。
- 時刻歴応答解析等を行う全ての建築物については，指定性能評価機関において性能評価を実施し，その結果に基づき大臣の認定を受ける必要がある。
- 関東，静岡，中京，大阪の一部の地域においては，長周期地震動に対する検討が求められる。

表 6.29　超高層建築物に対する検証項目

荷重の種類	荷重のレベル（大きさ）	目標とする建築物の性能
常時	固定＋積載＋多雪区域の常時の積雪（実況を基本）	・損傷しない ・使用上の支障が生じない
中程度（積雪・風圧・地震）	積雪：50 年再現期待値 風圧：50 年再現期待値 地震：解放工学的基盤において限界耐力計算と同レベルの加速度応答スペクトル（地盤増幅等を適切に考慮）に適合	・損傷しない（エネルギー吸収に用いる制振部材を除く） ・屋根ふき材，特定天井等が構造耐力上安全である
最大級（積雪・風圧・地震）	積雪：中程度の 1.4 倍 風圧：中程度の風速の 1.25 倍（風速換算） 地震：中程度の 5 倍	・倒壊・崩壊等しない

（6）　その他の構造計算（令 81 条 2 項，3 項の規定に基づく大臣告示による構造計算）

　令 80 条の 2 に基づき定められた特殊な構造方法に関する大臣告示においては，それぞれの構造方法の特徴に合わせた構造計算が規定される場合がある（表 6.23 備考欄参照）。これらの構造計算の基準の特徴を表 6.30 に示す。

　また，すべての構造方法に適用できるものとして，エネルギーの釣合いに基づく耐震計算を中心とした構造計算（平 17 国交告 631 号）や，直交する主要な構面に対してそれぞれ異なる計算ルートを適用する場合の扱い（平 19 国交告 1274 号，平 27 国交告 189 号）についても規定が設けられている。

表 6.30　令 81 条 2 項，3 項の規定に基づく構造計算（構造方法に特有の計算）の基準

区分	構造方法等の名称	告示番号	構造計算の特徴・概要
木造	枠組壁工法（ツーバイフォー工法）・木質プレハブ工法	平 13 国交告 1540 号	・長期及び短期の検討にあたって，接合部が存在応力の伝達に支障のないことを確認する。 ・中程度の地震力のほか，風圧力に対しても各階の層間変形角が 1/200 以内であることを確かめる。 ・保有水平力の検討にあたって，耐力壁に木質接着複合パネルを用いる場合は，構造特性係数 D_s を原則として 0.55 以上とする。
	CLT パネル工法	平 28 国交告 611 号	・規模，CLT パネルの種別，接合部の仕様等に応じた耐震計算ルート（ルート 1〜ルート 3 に対応）が定められている。 ・ルート 1 では，標準せん断力係数を 0.3 以上とする。 ・ルート 2 では，接合仕様等に応じた存在応力の割り増し（接合仕様等に応じて 1.0〜2.5）を行う。 ・ルート 3 では，構造特性係数 D_s を 0.75 以上（一定の壁パネルの構造を満たす場合 0.4 又は 0.55）とする。
鉄骨造	薄板軽量形鋼造	平 13 国交告 1641 号	・鋼材の断面が薄肉（板厚 0.4 mm 以上 2.3 mm 未満）であることを考慮して，断面のうち有効に抵抗する部分（有効幅）を計算によって求めた上で断面算定を行う。 ・許容応力度の計算にあたって，部材の弾性座屈強度を考慮する。
鉄筋コンクリート造	壁式ラーメン鉄筋コンクリート造（HFW 構造）	平 13 国交告 1025 号	・はり間方向には耐力壁架構を，けた行方向にはラーメン架構を採用するものとして，それぞれの方向ごとに異なる考え方の計算が規定されている。 ・通常の一次設計に加えて，二次設計として必ず保有水平耐力の確認までの検討を行う。 ・各階の剛性率を 6/10 以上，偏心率を 45/100 以下とする。 ・必要保有水平耐力の計算にあたって，形状特性係数 F_{es} に代えて F_e を用いる。 ・けた行方向（ラーメン架構）の構造特性係数 D_s について，架構の性状と階数とを考慮した数値が定められている。
複数の構造方法	特定畜舎等建築物	平 14 国交告 474 号	・小規模であることを前提として規定されている。 ・屋根面の断熱性が低い，滑雪の妨げがない，屋根面の勾配が 11 度以上などの条件に応じ，積雪荷重を低減できる。 ・堆肥舎，飼養施設，搾乳施設等の畜舎等の種類に応じ，風圧力を低減できる。
その他の構造方法	プレストレストコンクリート造	昭 58 建告 1320 号	・荷重・外力の組合せにプレストレスによって生ずる力を考慮した計算を行う。 ・短期の荷重・外力に対する計算として，破壊に対する断面耐力の検討（終局強度設計）を行う。 ・耐震設計のルートは鉄筋コンクリート造に準じる。 ・限界耐力計算と同等の計算も定められている。
	免震建築物	平 12 建告 2009 号	・免震層より上の部分（上部構造）がおおむね剛体として挙動することを前提として，免震層について限界耐力計算と同様の計算を行う（図 6.36）。 ・地震については，最大級の地震時の計算のみを行い，以下の確認を行う。 　① 免震層については，免震材料（免震装置）が限界変形及び限界速度以内であること，周囲とのクリアランスが確保されていること，偏心率やせん断力分担率の検討などを行う。 　② 免震層以外の部分（上部構造と下部構造）については，短期の許容応力度以内であることを確認する。
	膜構造	平 14 国交告 666 号	・荷重・外力の組合せに膜面に導入した初期張力を考慮した計算を行う。 ・暴風時の膜面の局部的な検証として，膜面の支点及びその周辺部に外装材用の風圧力（平 12 建告 1458 号）を採用して安全性を確認する。 ・短期の積雪時及び暴風時に，膜面の相対変形量が支持スパンの 1/15（膜面の支点間距離（図 6.37）が 4 m 以下の場合には規定の 1/2 の風圧に対して 1/20）以下であることを確認する。
	テント倉庫	平 14 国交告 667 号	・一定以下の規模の簡易な構造であることを前提に，風圧力の数値を低減できる。

［注］　この表には一般に行われる構造計算の特徴的な部分を抽出して概要を掲載しており，それぞれの告示において，ここに掲げる以外にも必要な計算が規定されている。

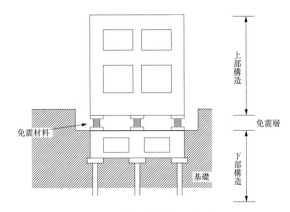

図 6.36　免震建築物の概念図

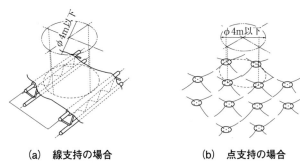

(a)　線支持の場合　　　　(b)　点支持の場合

図 6.37　支点間距離（出典　日本膜構造協会ほか「膜構造の建築物・膜材料等の技術基準及び同解説」）

1968 年十勝沖地震における柱の崩落

（出典　日本建築学会：1968 年十勝沖地震被害調査報告）

県沖地震などにおいて建築物に相当の被害が発生したことを契機として，建築基準法施行令の大改正が昭和 56 年に行われた。この改正では，大地震時において建築物の倒壊を防止するための構造計算（二次設計）を柱とする「新耐震設計法」が導入されたほか，数多くの構造関係規定の見直しが行われた。併せて，宮城県沖地震での倒壊・死亡事故の発生を教訓としたコンクリートブロック塀の規定の強化なども行われた。

（3）　平成 12 年（2000 年）の改正とその後の動き

平成 7 年に阪神・淡路大震災が発生し，建築物に甚大な被害が発生したが，その後の調査によって，上述の新耐震設計法導入以降の建築物の被害は比較的軽微だったことが明らかとなったため，平成 12 年の法令改正では，耐震基準の強化は木造建築物の接合部の規定など一部の規定についてのみ行われた。一方で，新耐震設計法導入前の既存建築物の耐震性の向上の重要性が認識され，耐震診断や耐震改修の促進のための法制度の新設などが行われた。

平成 23 年に発生した東日本大震災においても，津波による被害を除けば，阪神・淡路大震災と同様に，新耐震設計法導入以降の建築物の被害は比較的軽微だった。しかし，多数発生した天井の脱落被害などを踏まえて，そうした被害の再発防止のための基準の見直しが行われた。

平成 28 年熊本地震では，一部地域で前震と本震の 2 度にわたり震度 7 が観測されるなど，極めて大きな地震動が生じた。基準の見直しは行われていないが，新耐震設計法導入以降の建築物のうち，平成 12 年の基準改正前に建築された木造建築物に相当の被害が発生し，新耐震以降であっても一部の建築物については耐震性向上の必要性があることが認識された。

平成 30 年の大阪府北部地震では，それほど大きな地震動が発生しなかったにもかかわらず，昭和 56 年改正の基準に適合しないコンクリートブロック塀の倒壊などにより死者が発生し，ブロック塀などの安全対策の重要性が改めて認識された。（五條　渉）

コラム 2-5　震災と耐震基準の発展

大正 12 年（1923 年）の関東大震災において建築物に甚大な被害が生じたことを受け，その翌年に，建築基準法の前身である市街地建築物法に基づく基準が改正され，耐震計算の規定が初めて導入されたほか，石造やれんが造の建築物の高さ制限，構造種別ごとの規定が耐震性向上のため強化された。昭和 25 年（1950 年）の建築基準法の制定以降も，建築物の耐震基準は，以下に示すように，震災での被害を教訓に，繰り返し改正されている。

（1）　昭和 46 年の改正

昭和 43 年に十勝沖地震が発生し，特に，鉄筋コンクリート造の建築物の柱のせん断破壊による大きな被害が発生した（写真参照）。昭和 46 年には，その対策として鉄筋コンクリート造建築物の柱のせん断補強（帯筋の間隔）の規定の強化が行われるなど，施行令の構造関係規定の見直しが行われた。

（2）　昭和 56 年の改正

昭和 46 年に米国で発生したサンフェルナンド地震において各種の近代的な構造物に相当の被害が生じたことから，建築物や土木構造物の耐震基準の抜本的見直しの必要性に対する認識が高まった。昭和 47 年から 5 か年をかけて，建設省（現在の国土交通省）の研究プロジェクト「新耐震設計法の開発」が行われた。そして，翌昭和 53 年に日本でも宮城

6.2.4　荷重及び外力

（1）　固定荷重（令84条）

建築物の各部の固定荷重（自重）は，建築物の実況に応じて計算する。ただし，令84条の表に定められた部分の固定荷重は，単位面積あたり荷重の欄の数値に面積を掛けて計算できる。

（2）　積載荷重（令85条）

1）　積載荷重は建築物の実況に応じて計算する（倉庫業用倉庫は3 900 N/m²以上とする）。ただし，住宅の居室，事務室等の令85条の表に定められた用途の室の積載荷重については，構造計算の目的（床の計算，大ばり，柱又は基礎の計算，地震力の計算）ごとに，それぞれ同表の数値を用いて計算できる。

2）　柱・基礎の垂直荷重による圧縮力を計算する場合の積載荷重は，表6.31により，支える床の数に応じて低減することができる。

表6.31　積載荷重の低減

支える床の数	積載荷重を減らすために乗ずべき数値
1	1.00
2	0.95
3	0.90
4	0.85
5	0.80
6	0.75
7	0.70
8	0.65
9以上	0.60

［注］劇場等の床には適用することができない。

（3）　積雪荷重（令86条，平12建告1455号）

1）　積雪荷重は，次式によって求める。

$$
\begin{aligned}
&積雪荷重（N）\\
&=積雪の単位荷重（N/m²・cm）×屋根の水平投影面積\\
&\quad（m²）×垂直積雪量（cm）
\end{aligned}
$$

2）　積雪の単位荷重は，積雪量1 cmごとに20 N/m²以上とする。特定行政庁が「多雪区域」と指定した区域（3）の垂直積雪量が1 m以上か，又は積雪の日数が30日以上の区域）は，これと違う値を規則で定めることがある。

3）　垂直積雪量は，大臣が定める基準（平12告1455号）に従って気象観測資料の統計処理等に基づき特定行政庁が規則で定める数値とする。50年再現期待値が基本となる。

4）　雪止めのある場合を除き60度以下の勾配屋根では，屋根勾配βに応じた屋根形状係数μb＝$\sqrt{\cos(1.5\beta)}$を乗じた値とすることができる。

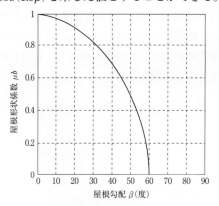

図6.38　屋根勾配と屋根形状係数

5）　雪下ろしを行う慣習のある地域では，垂直積雪量が1 mを超える場合でも垂直積雪量を1 mまで減らすことができる。この場合は，出入口等にその旨の表示をしなければならない。

（4）　風圧力（令87条，平12建告1454号）

1）　風圧力は，次式によって求める。

$$風圧力（N/m²）＝速度圧（N/m²）×風力係数$$

2）　速度圧は，次式によって求める。

速度圧（N/m²）＝$0.6\,EV_0^2$

E：建築物の屋根の高さ及び樹木等の周辺の状況に応じた数値で，次式による。

$E＝E_r^2 G_f$　（各記号の数値は表6.32による。）

V_0：その地方の台風の記録に基づき風害の程度その他の風の性状に応じて定められるその地方の風速（m/秒）。50年再現期待値を基準としたもので，例えば，東京23区では34 m/秒。

表6.32　E_rとG_fの数値

地表面粗度区分（地表面の状況の区分）	E_r			G_f		
	$Z_b \geqq H$	$E_r = 1.7\left[\dfrac{Z_b}{Z_G}\right]^\alpha$		(1)	(2)	(3)
	$Z_b < H$	$E_r = 1.7\left[\dfrac{H}{Z_G}\right]^\alpha$		Hが10 m以下の場合	Hが10 mを超え，40 m未満の場合	Hが40 m以上の場合
	Z_b (m)	Z_G (m)	α			
I	5	250	0.10	2.0	(1)と(3)の数値を直線的に補間した数値	1.8
II	5	350	0.15	2.2		2.0
III	5	450	0.20	2.5		2.1
IV	10	550	0.27	3.1		2.3

H：建築物の高さと軒の高さとの平均（m）

3） 表6.32の地表面粗度区分のうち，Ⅰは極めて平坦で障害物がないもの，Ⅳは都市化が極めて著しいものとして特定行政庁が規則で定める区域とされ，Ⅱ及びⅢは図6.39に示す建築物の高さと海岸線等からの距離による。Ⅱには上記のほか，極めて平坦で障害物が散在しているものとして特定行政庁が規則で定める区域も含む。

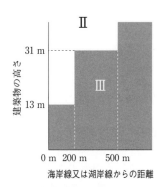

図6.39　地表面粗度区分ⅡとⅢの取扱い

4） 風力係数は，風洞試験によるほか，平12建告1454号に定める数値による。

例：閉鎖型の建築物（けた行方向に風を受ける場合）

風力係数 $= C_{pe} - C_{pi}$

C_{pe}：外圧係数……図6.40に示すとおり

C_{pi}：内圧係数……閉鎖型の場合0及び-0.2

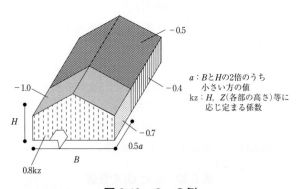

a：BとHの2倍のうち
　小さい方の値
kz：H, Z（各部の高さ）等に
　応じ定まる係数

図6.40　C_{pe}の例

（5）　地震力

1） 地上部分の地震力の大きさ

保有水平耐力計算等（ルート1〜3）の場合（令88条1〜3項，昭55建告1793号）：建築物の地上部分の各階に生じる地震力（層せん断力）は，その階より上部の荷重（固定荷重＋積載荷重（＋積雪荷重（多雪区域の場合）），に，地震層せん断力係数を掛けたものとする。

$Q_i = \Sigma w_i C_i$

$C_i = Z R_t A_i C_o$

Q_i：i階の地震力（kN）

Σw_i：i階より上部の荷重（kN）

C_i：i階の地震層せん断力係数

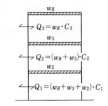

Z　：地域係数（1.0〜0.7）（図6.42）

R_t　：建築物の振動特性を表す係数（図6.43）

A_i　：C_iの高さ方向の分布係数（図6.41）

C_0　：標準せん断力係数

　　　許容応力度の計算の場合　0.2以上

　　　（軟弱地盤区域の木造の場合は0.3以上）

　　　保有水平耐力の計算の場合　1.0以上

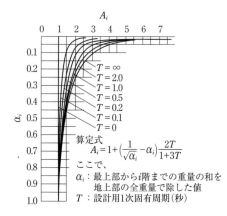

算定式

$$A_i = 1 + \left(\frac{1}{\sqrt{\alpha_i}} - \alpha_i \right) \frac{2T}{1 + 3T}$$

ここで，

　α_i：最上部からi階までの重量の和を
　　　地上部の全重量で除した値

　T：設計用1次固有周期（秒）

図6.41　A_i＝層せん断力係数(C_i)の分布係数（昭55建告1793号）

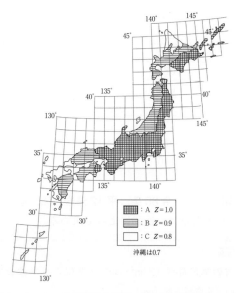

図6.42　Z＝地震地域係数（昭55建告1793号）

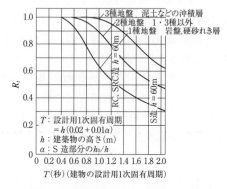

T：設計用1次固有周期
　　$= h(0.02 + 0.01\alpha)$

h：建築物の高さ（m）

α：S造部分のh_0/h

図6.43　T-R_t図（昭55建告1793号）

__限界耐力計算の場合（令82条の5・3号，5号，平12建告1457号）__：建築物の地上部分の各階に生じる地震力（層せん断力）は，次式によって計算した力を，その階以上について合計したものとする。

> 各階に水平方向に生ずる力（kN）
> （損傷限界の場合）
> ＝加速度応答スペクトル×mi×Bdi×Z×Gs
> （安全限界の場合）
> ＝加速度応答スペクトル×mi×Bsi×Fh×Z×Gs

mi：各階の質量（t）
Bdi（Bsi）：加速度の高さ方向の分布係数
Z：地震地域係数（図6.42）
Fh：振動の減衰による加速度の低減率
Gs：表層地盤による加速度の増幅率
「加速度応答スペクトル」は，解放工学的基盤（表層地盤の底部）における地震動を建築物に生じる加速度の大きさとして示したもので，建築物の周期に応じて図6.44に示す値となる。

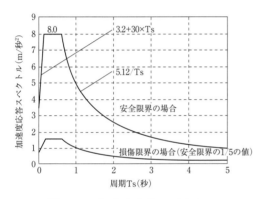

図6.44　加速度応答スペクトル

__2）　地下部分の地震力の大きさ（令88条4項，昭55建告1793号）__

地下部分の地震力は次式の水平震度（k）によって求める。

$k \geq 0.1(1 - H/40)Z$

H：地盤面からの深さ（m）…20を超えるときは20。

（6）　その他の荷重・外力（令83条2項）

固定荷重，積載荷重，積雪荷重，風圧力及び地震力のほか，建築物の実況に応じて，土圧，水圧，震動及び衝撃による外力を採用しなければならない。

6.2.5　許容応力度・材料強度

（1）　許容応力度・材料強度の概要

許容応力度は，木材，鋼材等（構造用鋼材，鉄筋，ボルト等），コンクリート，溶接，高力ボルト接合及び地盤及び基礎ぐいについて，材料強度は，木材，鋼材等，コンクリート，溶接について定められている。これらのほか，構造耐力上主要な部分の材料の許容応力度及び材料強度は，材料の種類及び品質に応じて大臣が定める数値による（令94条，99条）。

（2）　木材（令89条，95条，平12建告1452号，平13国交告1024号）

表6.33　木材の許容応力度と材料強度

単位：N/mm²	圧縮	引張り	曲げ	せん断
長期に生ずる力に対する許容応力度	$\dfrac{1.1Fc}{3}$	$\dfrac{1.1Ft}{3}$	$\dfrac{1.1Fb}{3}$	$\dfrac{1.1Fs}{3}$
短期に生ずる力に対する許容応力度	$\dfrac{2Fc}{3}$	$\dfrac{2Ft}{3}$	$\dfrac{2Fb}{3}$	$\dfrac{2Fs}{3}$
材料強度	Fc	Ft	Fb	Fs

Fc，Ft，Fb及びFsは，平12建告1452号に定める圧縮，引張り，曲げ及びせん断に対する基準強度（N/mm²）を表す。（例：すぎ（甲種構造材1級）Fc：21.6，Ft：16.2，Fb：27.0，Fs：1.8，べいまつ（甲種構造材1級）Fc：27.0，Ft：20.4，Fb：34.2，Fs：2.4，ひのき（甲種構造材1級）Fc：30.6，Ft：22.8，Fb：38.4，Fs：2.1等）

［注］1）　積雪時の構造計算をする場合，長期に生ずる力に対する許容応力度は1.3を，短期に生ずる力に対する許容応力度は0.8を掛けて得た数値としなければならない。
　　　2）　圧縮材の座屈及びめりこみの許容応力度・材料強度は，平13国交告1024号による。

（3）　コンクリート（令91条，97条，平12建告1450号）

表6.34　コンクリートの許容応力度と材料強度

単位：N/mm²	圧縮	引張り	せん断	付着	
長期に生ずる力に対する許容応力度	$\dfrac{F}{3}$	$\dfrac{F}{30}$*		普通	0.7*
				軽量	0.6*
短期に生ずる力に対する許容応力度	長期に生ずる力に対する圧縮，引張り，せん断又は付着の許容応力度のそれぞれの数値の2倍				
材料強度	F	$\dfrac{F}{10}$*		普通	2.1*
				軽量	1.8*

Fは，設計基準強度（N/mm²）を表す。
　＊印において，設計基準強度が21 N/mm²を超えるコンクリートのせん断に対する許容応力度及び材料強度，並びに異形鉄筋を用いる場合のコンクリートの付着に対する許容応力度及び材料強度は，表6.36による（平12建告1450号）。

表6.35　コンクリートのせん断（F>21の場合）と付着（異形鉄筋を用いる場合）に対する許容応力度と材料強度

単位：N/mm²	せん断	付着		
		位置	$F \leq 22.5$	F>22.5
長期に生ずる力に対する許容応力度	$0.49 + \dfrac{F}{100}$	はりの上端	$\dfrac{F}{15}$	$0.9 + \dfrac{2F}{75}$
		上記以外	$\dfrac{F}{10}$	$1.35 + \dfrac{F}{25}$
短期に生ずる力に対する許容応力度	長期に生ずる力に対するせん断，付着の許容応力度の数値の2倍			
材料強度	長期に生ずる力に対するせん断，付着の許容応力度の数値の3倍			

Fは，設計基準強度（N/mm²）を表す。

（4） 鋼材等（令90条，96条，平12建告2464号，平12建告1451号）

表6.36 鋼材等の許容応力度と材料強度

単位：N/mm²	種類		圧縮	引張り	曲げ	せん断
長期に生ずる力に対する許容応力度	炭素鋼	構造用鋼材	$\dfrac{F}{1.5}$	$\dfrac{F}{1.5}$	$\dfrac{F}{1.5}$	$\dfrac{F}{1.5\sqrt{3}}$
		ボルト 黒皮	—	$\dfrac{F}{1.5}$	—	—
		ボルト 仕上げ	—	$\dfrac{F}{1.5}$	—	$\dfrac{F}{2}$ *
		構造用ケーブル	—	$\dfrac{F}{1.5}$	—	—
		リベット鋼	—	$\dfrac{F}{1.5}$	—	$\dfrac{F}{2}$
		鋳鋼	$\dfrac{F}{1.5}$	$\dfrac{F}{1.5}$	$\dfrac{F}{1.5}$	$\dfrac{F}{1.5\sqrt{3}}$
	ステンレス鋼	構造用鋼材	$\dfrac{F}{1.5}$	$\dfrac{F}{1.5}$	$\dfrac{F}{1.5}$	$\dfrac{F}{1.5\sqrt{3}}$
		ボルト	—	$\dfrac{F}{1.5}$	—	$\dfrac{F}{1.5\sqrt{3}}$
		構造用ケーブル	—	$\dfrac{F}{1.5}$	—	—
		鋳鋼	$\dfrac{F}{1.5}$	$\dfrac{F}{1.5}$	$\dfrac{F}{1.5}$	$\dfrac{F}{1.5\sqrt{3}}$
	鋳鉄		$\dfrac{F}{1.5}$	—	—	—
短期に生ずる力に対する許容応力度及び材料強度	長期に生ずる力に対する圧縮，引張り，曲げ又はせん断の許容応力度のそれぞれの数値の1.5倍とする。					

　Fは平12建告2464号の基準強度（N/mm²）を表す。（例：JIS G 3101のSS400（厚さ40mm以下のもの）は235　等）

　［注］1）　＊印において，240 N/mm²を超える炭素鋼のボルトの許容応力度及び材料強度は，次による（平12建告1451号）。
　　　　　　長期に生ずる力に対する許容応力度
　　　　　　　240<F≦180√3の場合　120
　　　　　　　180√3<Fの場合　F/1.5√3
　　　　　　短期に生ずる力に対する許容応力度・材料強度
　　　　　　　上記の1.5倍の数値
　　　　2）　支圧及び圧縮材・曲げ材の座屈の許容応力度・材料強度は，大臣認定を受けた鋼材の接合等は，平13国交告1024号による。
　　　　3）　高力ボルトの引張り及びせん断の材料強度も規定されている。

（5） 鉄筋等（令90条，96条，平12建告2464号）

表6.37 鉄筋等の許容応力度と材料強度

単位 N/mm²	種類		圧縮	引張り	
				せん断補強以外に用いる場合	せん断補強に用いる場合
長期に生ずる力に対する許容応力度	丸鋼		$\dfrac{F}{1.5}$ *1	$\dfrac{F}{1.5}$ *1	$\dfrac{F}{1.5}$ *4
	異形鉄筋	径28mm以下	$\dfrac{F}{1.5}$ *2	$\dfrac{F}{1.5}$ *2	$\dfrac{F}{1.5}$ *5
		径28mm超	$\dfrac{F}{1.5}$ *3	$\dfrac{F}{1.5}$ *3	$\dfrac{F}{1.5}$ *5
	鉄線の径が4mm以上の溶接金網		—	$\dfrac{F}{1.5}$	$\dfrac{F}{1.5}$
短期に生ずる力に対する許容応力度及び材料強度	長期に生ずる力に対する圧縮，引張りの許容応力度の数値の1.5倍（ただし，溶接金網の引張りのせん断補強以外に用いる場合は床版に用いる場合に限る。）				

　Fは平12建告2464号の基準強度（N/mm²）を表す。（例：JIS G 3112のSD295A・Bは295，SD345は345，SD390は390等）
　＊1は長期許容応力度が155，＊2は長期許容応力度が215，＊3は長期許容応力度が195，＊4は長期許容応力度が195，短期許容応力度及び材料強度が295，＊5は長期許容応力度が195，短期許容応力度及び材料強度が390を上限値としている。

　［注］　SD490等の高強度鉄筋の許容応力度及び材料強度は，平13国交告1024号による。

（6） 溶接（令92条，98条）

表6.38 溶接部の許容応力度と材料強度

単位 N/mm²	継目の形式	圧縮	引張り	曲げ	せん断
長期に生ずる力に対する許容応力度	突合せ		$\dfrac{F}{1.5}$		$\dfrac{F}{1.5\sqrt{3}}$
	突合せ以外のもの		$\dfrac{F}{1.5\sqrt{3}}$		$\dfrac{F}{1.5\sqrt{3}}$
短期に生ずる力に対する許容応力度及び材料強度	長期に生ずる力に対する圧縮，引張り，曲げ，せん断の許容応力度のそれぞれの数値の1.5倍とする。				

　Fは平12建告2464号の溶接部の基準強度（N/mm²）を表す。（例：JIS G 3106のSM490B（厚さ40mm以下のもの）は325等）

（7）　高力ボルト接合（令92条の2, 平12建告2466号）

表6.39　高力ボルト接合部の許容応力度

種類 ＼ 許容せん断応力度 (N/mm^2)	長期に生ずる力に対する許容せん断応力度	短期に生ずる力に対する許容せん断応力度
一面せん断	$0.3\,T_0$	長期に生じる力に対する許容せん断応力度の数値の1.5倍とする。
二面せん断	$0.6\,T_0$	

T_0 は，平12建告2466号の基準張力 (N/mm^2) を表す。
（例：JIS B 1186の一種は400，二種は500，三種は535　等）

[注] 1)　上表は摩擦接合部の軸断面に対する許容せん断応力度の値。高力ボルトがせん断力の他，引張力を合わせて受ける場合の許容せん断応力度 (f_{st}) は次式による。

$$f_{st}=f_{s0}\left(1-\frac{\sigma_t}{T_0}\right)$$

f_{s0}：許容せん断応力度 (N/mm^2)
T_0：基準張力 (N/mm^2)
σ_t：外力によって生じる引張応力度 (N/mm^2)

2)　溶融亜鉛メッキ等を施した高力ボルト摩擦接合部の高力ボルトの軸断面に対する許容せん断応力度は，平13国交告1024号による。

（8）　地盤及び基礎ぐい（令93条, 平13国交告1113号）

・地盤調査（ボーリング調査，静的貫入試験等）の結果に基づくか，又は表6.40による。

・（地盤調査に基づく場合の）地盤の許容応力度及び基礎ぐいの許容支持力等は，平13国交告1113号に定められており，例えば支持ぐいの許容支持力は，表6.41による。

表6.40　地盤の許容応力度

地盤	長期に生ずる力に対する許容応力度 (kN/m^2)	
岩盤	1 000	
固結した砂	500	
土丹盤	300	
密実な礫層	300	
密実な砂質地盤	200	
砂質地盤（地震時に液状化のおそれのないものに限る）	50	短期に対しては長期の2倍
堅い粘土質地盤	100	
粘土質地盤	20	
堅いローム層	100	
ローム層	50	

表6.41　基礎ぐいの許容支持力

	長期	短期
(1)	$R_u/3$	$2R_u/3$
(2)	$q_p A_p + R_F/3$	$2q_p A_p + 2R_F/3$

R_u：載荷試験による極限支持力 (kN)
q_p：基礎ぐい先端の地盤の許容応力度 (kN/m^2)
A_p：基礎ぐいの先端の有効断面積 (m^2)
R_F：基礎ぐいとその周囲の地盤との摩擦力（液状化しやすい地盤を除く）(kN)

（9）　その他の許容応力度・材料強度

（2）から（8）までに掲げるもの以外についても，表6.42に掲げる材料の許容応力度と材料強度が規定されている。

表6.42　その他の許容応力度と材料強度

根拠規定	規定している大臣告示	材料の名称	備考
令94条，99条	平13国交告1024号	集成材等，ターンバックル，タッピンねじ等，アルミニウム合金材等，トラス用機械式継手，コンクリート充填鋼管造の充填コンクリート，組積体，鉄線，大臣認定を受けた鋼材の接合，あと施工アンカー，炭素繊維・アラミド繊維等，緊張材，軽量気泡コンクリートパネル，直交集成板（CLT）	炭素繊維・アラミド繊維に関しては原則として耐震補強に用いる場合に限る
	平13国交告1540号	木質接着成形軸材料等	
令94条	平12建告2466号	高力ボルトの引張り接合部	許容応力度のみ
	平13国交告1113号	地盤アンカー等	
令81条等	平12建告2009号	免震材料	
	平13国交告1641号	薄板軽量形鋼	
	平14国交告666号	膜材料，膜構造用フィルム	
	平14国交告667号	テント倉庫用膜材料等	許容応力度のみ

2章　建築基準法

6.3 防火・避難関係規定

　防火・避難関係規定のうち，材料（不燃，準不燃，難燃），構造（耐火，準耐火，防火，準防火），防火設備（防火戸等）等の諸規定については，それぞれの項目について，想定すべき火災の種類と，それに対する性能（要件と時間）が規定されている。その性能を有することとの判断は，告示で定められた仕様規定（例示仕様）に適合するか，試験等を行い大臣の認定を受けることとなっている。また，建築物の主要構造部の耐火性能や延焼防止性能，建築物の避難安全性能については，仕様規定（使用材料，廊下の幅，排煙設備の設置等）によらず，別に定められた検証法によることも認められている。以下，それらの主要項目について，要求される性能と，告示で定められている仕様規定の内容を中心に説明する。

6.3.1 用語の定義
（1）　主要構造部（法2条5号）（p.7参照）

（2）　延焼のおそれのある部分（法2条6号）（p.8参照）

（3）　不燃材料・準不燃材料・難燃材料（法2条9号，令1条5号，6号，平12建告1400〜1402号）

　火災時の火熱に対して，表6.43の時間，以下に示す全ての要件を満たす建築材料（令108条の2）
　① 燃焼しない
　② 防火上有害な変形や溶融，き裂を生じない
　③ 避難上有害な煙やガスを発生しない

（4）　耐火建築物・耐火構造（法2条9号の2・7号）
　1）　耐火建築物（法2条9号の2）
　　主要構造部*を耐火構造，又は火災が終了するまで耐える構造とした建築物で，外壁の開口部で延焼のお

表6.43　防火材料の要求性能

種別	時間	例
不燃材料	20分間	コンクリート，れんが，モルタル，鉄板，繊維強化セメント板，せっこうボード（12mm厚以上），壁土（10mm厚以上）等
準不燃材料	10分間	木毛セメント板（15mm厚以上），せっこうボード（9mm厚以上）等
難燃材料	5分間	難燃合板（5.5mm厚以上）等

（参考）　準不燃材料は難燃材料に，不燃材料は準不燃材料及び難燃材料にそれぞれ含まれる。

図6.45　防火材料の性能からみた包含関係

それのある部分に防火設備を設けたもの（6.3.11（1）耐火性能検証法　参照）。

　2）　耐火構造（法2条7号，令107条，平12建告1399号）

　　耐火性能（火災による倒壊，延焼を防止するために建築物の部分に必要な性能）を有する構造。階数，部位に応じて，必要とされる要件，時間が異なる。

［注］　*特定主要構造部と改正予定。2024年4月施行。特定主要構造部とは，当該区画外に延焼防止可能な区画内にあり，焼失しても支障のない主要構造部以外の主要構造部。

表6.44　耐火性能要求時間一覧（令107条）　　　　［単位：時間］

部分／要件（令107条）	最上階からの階数	壁 耐力壁 間仕切壁	壁 耐力壁 外壁	壁 非耐力壁 間仕切壁	壁 非耐力壁 外壁 延焼のおそれ 有	壁 非耐力壁 外壁 延焼のおそれ 無	柱	床	はり	屋根	階段
1号：非損傷性	1〜4	1	1				1	1	1		
	5〜9	1.5	1.5				1.5	1.5	1.5		
	10〜14	2	2	—	—		2		2	0.5	0.5
	15〜19	2	2				2.5	2	2.5		
	20〜						3		3		
2号：遮熱性		1	1	1	1	0.5	—	1			
3号：遮炎性		△	1	△	1	0.5	—	△	—	0.5	

（備考）　「—」は要求なし。「△」は遮熱性が遮炎性を含むもの。外壁で遮熱性と遮炎性に時間が記されている部分は，屋外において発生する通常の火災による屋内への遮熱性と，屋内において発生する通常の火災による屋外への遮炎性を示す。

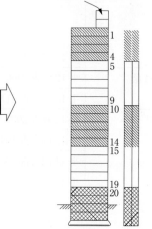

階数算入しない屋上部分は，最上階と同じ扱い

図6.46　階数による耐火性能要求時間の区分

2章 建築基準法

壁の例示仕様

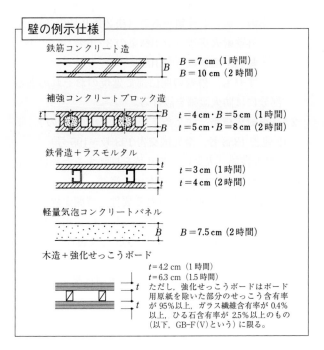

鉄筋コンクリート造

$B = 7\,\mathrm{cm}$（1時間）
$B = 10\,\mathrm{cm}$（2時間）

補強コンクリートブロック造

$t = 4\,\mathrm{cm} \cdot B = 5\,\mathrm{cm}$（1時間）
$t = 5\,\mathrm{cm} \cdot B = 8\,\mathrm{cm}$（2時間）

鉄骨造＋ラスモルタル

$t = 3\,\mathrm{cm}$（1時間）
$t = 4\,\mathrm{cm}$（2時間）

軽量気泡コンクリートパネル

$B = 7.5\,\mathrm{cm}$（2時間）

木造＋強化せっこうボード

$t = 4.2\,\mathrm{cm}$（1時間）
$t = 6.3\,\mathrm{cm}$（1.5時間）
ただし，強化せっこうボードはボード用原紙を除いた部分のせっこう含有率が95％以上，ガラス繊維含有率が0.4％以上，ひる石含有率が2.5％以上のもの（以下，GB-F(V)という）に限る。

はりの例示仕様

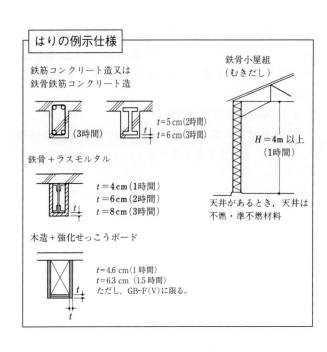

鉄筋コンクリート造又は鉄骨鉄筋コンクリート造

（3時間）

$t = 5\,\mathrm{cm}$（2時間）
$t = 6\,\mathrm{cm}$（3時間）

鉄骨＋ラスモルタル

$t = 4\,\mathrm{cm}$（1時間）
$t = 6\,\mathrm{cm}$（2時間）
$t = 8\,\mathrm{cm}$（3時間）

木造＋強化せっこうボード

$t = 4.6\,\mathrm{cm}$（1時間）
$t = 6.3\,\mathrm{cm}$（1.5時間）
ただし，GB-F(V)に限る。

鉄骨小屋組（むきだし）

$H = 4\,\mathrm{m}$以上（1時間）

天井があるとき，天井は不燃・準不燃材料

柱の例示仕様

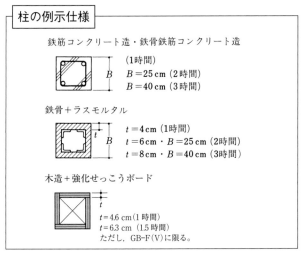

鉄筋コンクリート造・鉄骨鉄筋コンクリート造

（1時間）
$B = 25\,\mathrm{cm}$（2時間）
$B = 40\,\mathrm{cm}$（3時間）

鉄骨＋ラスモルタル

$t = 4\,\mathrm{cm}$（1時間）
$t = 6\,\mathrm{cm} \cdot B = 25\,\mathrm{cm}$（2時間）
$t = 8\,\mathrm{cm} \cdot B = 40\,\mathrm{cm}$（3時間）

木造＋強化せっこうボード

$t = 4.6\,\mathrm{cm}$（1時間）
$t = 6.3\,\mathrm{cm}$（1.5時間）
ただし，GB-F(V)に限る。

屋根の例示仕様

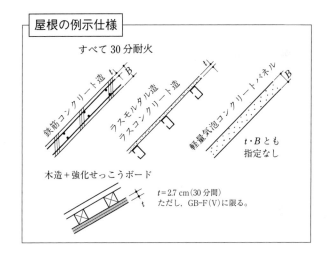

すべて30分耐火

鉄筋コンクリート造　ラスモルタル造　ラスコンクリート造　軽量気泡コンクリートパネル

$t \cdot B$とも指定なし

木造＋強化せっこうボード

$t = 2.7\,\mathrm{cm}$（30分間）
ただし，GB-F(V)に限る。

床の例示仕様

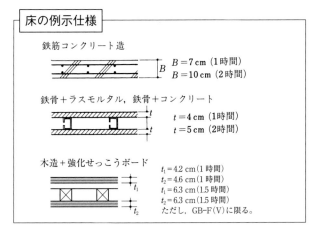

鉄筋コンクリート造

$B = 7\,\mathrm{cm}$（1時間）
$B = 10\,\mathrm{cm}$（2時間）

鉄骨＋ラスモルタル，鉄骨＋コンクリート

$t = 4\,\mathrm{cm}$（1時間）
$t = 5\,\mathrm{cm}$（2時間）

木造＋強化せっこうボード

$t_1 = 4.2\,\mathrm{cm}$（1時間）
$t_2 = 4.6\,\mathrm{cm}$（1時間）
$t_1 = 6.3\,\mathrm{cm}$（1.5時間）
$t_2 = 6.3\,\mathrm{cm}$（1.5時間）
ただし，GB-F(V)に限る。

階段の例示仕様

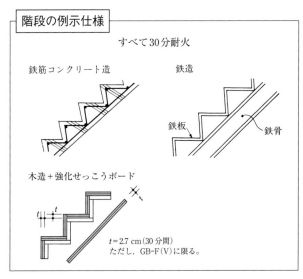

すべて30分耐火

鉄筋コンクリート造　　　鉄造

鉄板　　鉄骨

木造＋強化せっこうボード

$t = 2.7\,\mathrm{cm}$（30分間）
ただし，GB-F(V)に限る。

図 6.47　耐火構造の例示仕様

（5）準耐火建築物・準耐火構造（法2条9号の3，7号の2，令109条の2，令109条の3，令109条の5，令110条，令112条，平12建告1358号，令元国交告193号～195号）

1）準耐火建築物の種類

　　イ準耐＝主要構造部を準耐火構造とした建築物（法2条9号の3イ）

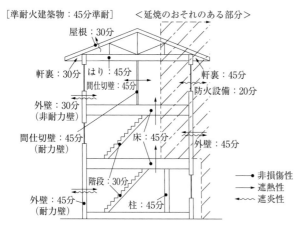

図6.48　準耐火建築物：45分準耐

ロ準耐＝次の2種類がある（法2条9号の3ロ）
・外壁耐火構造（令109条の3・1号）
・軸組不燃構造（令109条の3・2号）

　いずれも，外壁の開口部で延焼のおそれのある部分には防火設備を設ける。

2）準耐火構造（法2条7号の2，令107条の2，平12建告1358号，令元国交告193号～195号）

　準耐火性能（火災による延焼を抑制するために建築物の部分に必要な性能）を有する構造。

　部位に応じて，必要とされる要件，時間が異なる。

　一定の条件を満たす構造用集成材，構造用単板積層材，直交集成板（CLT）等は，耐火被覆なし（燃えしろ設計）とすることができる。

3）1時間準耐火基準に適合する準耐火構造（令112条，令元国交告195号）

4）特定準耐火構造（令元国交告195号）

　通常火災終了時間または特定避難時間が1時間以上である建築物の主要構造部*の構造方法

・75分準耐火構造（令元国交告193号）
・90分準耐火構造（令元国交告194号）

＊　特定主要構造部と改正予定。2024年4月施行

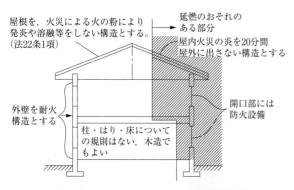

図6.49　外壁耐火構造（ロ準耐1号）

屋根を，火災による火の粉により発炎や溶融等をしない構造とする。（法22条1項）

延焼のおそれのある部分

屋内火災の炎を20分間屋外に出さない構造とする

外壁を耐火構造とする

柱・はり・床についての規則はない，木造でもよい

開口部には防火設備

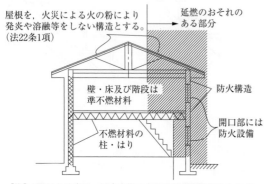

屋根を，火災による火の粉により発炎や溶融をしない構造とする。（法22条1項）

延焼のおそれのある部分

壁・床及び階段は準不燃材料

不燃材料の柱・はり

防火構造

開口部には防火設備

［注］3階以上の床は，屋内火災の火熱に30分間損傷を生じず，遮熱性を有するもの。

図6.50　軸組不燃構造（ロ準耐2号）

表6.45　準耐火構造の技術的基準（令107条の2，令112条，令元国交告195号） ［単位：分］

種別	部分	耐力壁 間仕切	耐力壁 外壁	非耐力壁 間仕切	非耐力壁 外壁 延焼有	非耐力壁 外壁 延焼無	柱	床	はり	軒裏 延焼有	軒裏 延焼無	屋根	階段
45分準耐	非損傷性	45	45	—	—	—	45	45	45	—	—	30	30
	遮熱性	45	45	45	45	30	—	45	—	45	30	—	—
	遮炎性	△	45	△	45	30	—	△	—	30	△	△	—
1時間準耐	非損傷性	60	60	—	—	—	60	60	60	—	—	30	30
	遮熱性	60	60	60	60	30	—	60	—	60	30	—	—
	遮炎性	△	60	△	60	30	—	△	—	30	△	△	—
特定準耐	非損傷性	特	特	—	—	—	特	特	特	—	—	30	30
	遮熱性	特	特	特	特	30	—	特	—	特	30	—	—
	遮炎性	特	特	△	特	30	—	特	—	30	△	△	—

（備考）「—」は要求なし。「△」は，遮熱性が遮炎性を含むもの。外壁で遮熱性と遮炎性に時間が記されている部分は，屋外において発生する通常の火災による屋内への遮熱性と，屋内において発生する通常の火災による屋外への遮炎性を示す。「特」は特定準耐火時間を示す。

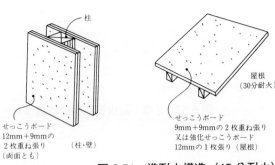
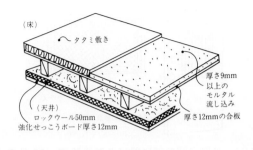

図 6.51　準耐火構造（45 分耐火）の例示仕様（平 12 建告 1358 号）

（6）　防火構造（法 2 条 8 号，令 108 条，平 12 建告 1359 号）

30 分の非損傷性（耐力壁の場合）及び遮熱性を有する外壁，軒裏の構造。

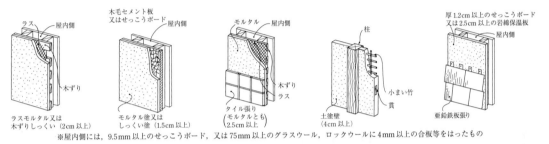

※屋内側には，9.5mm 以上のせっこうボード，又は 75mm 以上のグラスウール，ロックウールに 4mm 以上の合板等をはったもの

図 6.52　下地を木造とした場合の外壁の例示仕様

（7）　準防火性能を有する外壁の構造（準防火構造）（法 23 条，令 109 条の 6，平 12 建告 1362 号）

20 分の非損傷性（耐力壁の場合）及び遮熱性を有する外壁の構造。

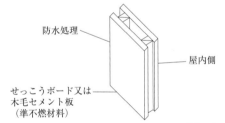

※屋内側には，9.5mm 以上のせっこうボード，又は 75mm 以上のグラスウール，ロックウールに 4mm 以上の合板等をはったもの

図 6.53　準防火構造の例示仕様

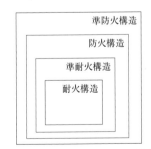

（参考）不燃材料等と同様に，耐火構造，準耐火構造，防火構造，準防火構造においても包含関係がある。

図 6.54　防耐火構造の性能から見た包含関係

（8）　防火設備（法 2 条 9 号の 2 ロ，法 61 条，令 109 条，令 109 条の 2，令 112 条，令 114 条，令 136 条の 2，令 137 条の 10，平 12 建告 1360 号，昭 48 建告 2564 号，平 12 建告 1377 号，平 27 国交告 255 号，令元国交告 196 号，令 2 国交告 198 号）

1）　10 分間火炎を遮る設備（令 112 条 12 項，令 2 国交告 198 号）

3 階建て 200 m² 未満の建築物（3 階を病院，診療所または児童福祉施設等（就寝あり）で SP を設置）の竪穴区画の開口部に設置。

2）　20 分間火炎を遮る設備（法 2 条 9 号の 2 ロ，法 61 条，令 109 条，令 109 条の 2，令 112 条，令 136 条の 2，令 137 条の 10，平 12 建告 1360 号，令元国交告 196 号）

防火戸，ドレンチャーその他で屋外側・屋内側からの加熱と屋外側からのみの加熱に対する遮炎性が要求されるものがある。

3）　30 分間火炎を遮る防火設備（令 136 条の 2，令元国交告 194 号）

防火地域・準防火地域における 3 階建ての耐火建築物相当の延焼防止性能を有する建築物の外壁開口部設備。

4）　45 分間火炎を遮る防火設備（令 114 条，平 12 年建告 1377 号，昭 48 建告 2564 号）

共同住宅等の界壁を給水管や風道が貫通する部分に設置。

5）　1 時間火炎を遮る防火設備（令 112 条，平 12 建告 1369 号）

防火区画に設置。

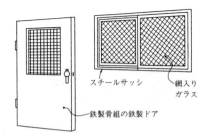

図 6.55　外壁の開口部に設ける防火設備（20 分の遮炎性能，準遮炎性能を有する）の例示仕様

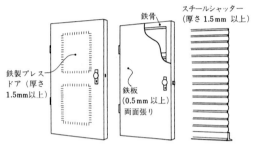

［注］　この他にも，大臣の認定を受けた木製防火戸などがある。

図 6.56　特定防火設備（1 時間の遮炎性能を有する）の例示仕様

6）　75 分間火炎を遮る防火設備（平 27 国交告 255 号）

　通常火災終了時間，特定避難時間が 75 分以下である建築物の防火区画及び外壁開口部に設置。

7）　90 分間火炎を遮る防火設備（平 27 国交告 250 号）

　通常火災終了時間，特定避難時間が 90 分以下である建築物や壁等の防火区画及び外壁開口部に設置。

6.3.2　耐火建築物・準耐火建築物等の義務づけ

（1）　特殊建築物（法 27 条，法別表第 1，令 110 条〜110 条の 5，令 112 条，令元国交告 198 号，令 115 条の 3，令 115 条の 4，平 27 国交告 255 号）

　特殊建築物のうち表 6.46 に示すものは，用途に供する階，床面積などに応じて，避難時対策建築物（特定避難時間（当該建築物に存する者の全てが地上までの避難を終了するまでに要する時間），主要構造部[*1] が通常の火災による建築物の倒壊及び延焼を防止する性能を有し，かつ，その外壁の開口部であって建築物の他の部分から当該開口部へ延焼するおそれがあるものとして政令で定めるものに防火設備を設けたもの），耐火建築物，又は準耐火建築物としなければならない[*2]。

　［注］　*1　特定主要構造部と改正予定。2024 年 4 月施行
　　　　　*2　防火上分棟的に区画された部分をそれぞれ別棟として扱う。2024 年 4 月施行

3 階以上の階を倉庫の用途に供するもので 200 m² 以上のもの
3 階以上の階を法別表第 1（い）欄 (6) の用途に供するもの

図 6.57　2 項：耐火建築物の義務づけ

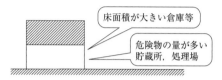

床面積が大きい倉庫等

危険物の量が多い貯蔵所，処理場

図 6.58　3 項：耐火・準耐火建築物の義務づけ

［例示仕様等］

①　避難時対策建築物の主要構造部[*] は，

　ａ．避難時倒壊防止構造

　ｂ．防火地域以外の 3 階建ての共同住宅等及び学校等については，1 時間準耐火構造

　ｃ．表 6.46 の用途 (2)〜(4) 項の「用途に供する床面積の合計」に該当するもの（(4) 項で 3 000 m² 以上のものを除く。）は，準耐火構造とすることができる。

［注］＊　特定主要構造部と改正予定。2024 年 4 月施行

②　簡易な構造の建築物（自動車車庫，スポーツ練習場等）は，避難時対策建築物，耐火・準耐火建築物の義務づけ（法 27 条 1 項，3 項）の適用が除外される（令 136 条の 10 の基準に適合するものに限る）（法 84 条の 2，令 136 条の 9）。

表 6.46 避難時対策建築物・耐火建築物・準耐火建築物の義務づけについて

区　分		1項：避難時対策建築物又は耐火建築物の義務づけ[*1]		2項：耐火建築物の義務づけ		3項：耐火建築物又は準耐火建築物の義務づけ
用　途 　　　　　基　準		用途に供する階（床面積にかかわらず）	用途に供する床面積の合計	用途に供する階（床面積にかかわらず）	用途に供する床面積の合計	用途に供する床面積の合計
(1)	劇場, 映画館, 演芸場	主階が1階にないもの 3階以上の階	客席床面積 200 m² 以上 （屋外観覧席は 1 000 m² 以上）	—	—	—
	観覧場, 公会堂, 集会場	3階以上の階				
(2)	病院, 診療所（患者の収容施設があるものに限る）, ホテル, 旅館, 下宿, 共同住宅, 寄宿舎, 児童福祉施設等（幼保連携型認定こども園を含む）	3階以上の階	2階が 300 m² 以上（病院, 診療所について, その部分に患者の収容施設があるもの）[*2]	—	—	—
(3)	学校, 体育館, 博物館, 美術館, 図書館, ボーリング場, スキー場, スケート場, 水泳場, スポーツの練習場	3階以上の階	2 000 m² 以上[*2]	—	—	—
(4)	百貨店, マーケット, 展示場, キャバレー, カフェー, ナイトクラブ, バー, ダンスホール, 遊技場, 公衆浴場, 待合, 料理店, 飲食店, 物品販売店舗（床面積 10 m² 超）	3階以上の階	3 000 m² 以上	—	—	—
			2階が 500 m² 以上[*2]			
(5)	倉庫	—	—	—	3階以上の部分が 200 m² 以上	1 500 m² 以上
(6)	自動車車庫, 自動車修理工場, 映画スタジオ, テレビスタジオ	—	—	3階以上の階	—	150 m² 以上（外壁耐火の準耐火建築物は不可）
	危険物の貯蔵場又は処理場	—	—	—	—	令 116 条の数量を超えるもの（消防法上の規制もあり）

［注］ ＊1　用途 (1)〜(4) の建築物で, 3階建てで延べ面積が 200 m² 未満のもの（用途 (2) には警報装置を設置）は除く
　　　 ＊2　準耐火構造とすることができる

2章 建築基準法

（2）　大規模建築物の主要構造部[*1]**（法 21 条，令 109 条の 4〜7**[*2]**，平 27 国交告 249・250 号，令元国交告 193 号）**

　主要構造部に木材など可燃材料を用いた以下のものは，周囲に空地（建物高さ以上）を有しない場合は，通常火災終了時間（通常の火災が消火の措置により終了するまでの時間）倒壊及び延焼を防止する構造（例示仕様又は国土交通大臣の認定を受けたもの）としなければならない。また，主要構造部[*1]を耐火構造としない場合は，3 000 m² 以内ごとに壁等により区画しなければならない[*3]。

　　［注］＊1：特定主要構造部と改正予定。2024 年 4 月施行
　　　　　＊2：令 109 条 4〜8 と改正予定。2024 年施行
　　　　　＊3：防火上分棟的に区画された部分をそれぞれ別棟として扱う。2024 年 4 月施行

・地階を除く階数が 4 以上

・高さが 16 m 超

・別表第 1（い）欄 5，6 項の用途（倉庫，自動車車庫等）で高さが 13 m 超

［例示仕様］通常火災終了時間倒壊及び延焼を防止する木造建築物[*1]

主要構造部[*9]への要求性能			主な条件となる仕様							
階数	壁，柱等	階段室の壁	外壁開口部[*4]	自動火災報知設備	内装制限	SP設備	内部の区画開口部	区画面積[*5]	敷地内通路の幅員	立地
制限なし	火災時倒壊防止構造	通常火災終了時間の 1.2 倍準耐火構造[*2]	必要遮炎時間上階延焼抑制防火設備	あり	天井のみ準不燃材料	なし	通常火災終了時間防火設備	100 m² 以下	3 m 以上	用途地域内，用途地域外（特定行政庁が常備消防機関の現地到着時間を定めた場合）
						あり		200 m² 以下		
		通常火災終了時間の 1.6 倍準耐火構造[*3]					通常火災終了時間防火設備（常時閉鎖）	500 m² 以下		
					天井・壁準不燃材料			600 m² 以下		
4 階以下	75 分準耐火構造	90 分準耐火構造[*2]	20 分防火設備	あり	天井のみ準不燃材料	あり	75 分防火設備	200 m² 以下	3 m 以上	用途地域内
		120 分準耐火構造[*3]					75 分防火設備（常時閉鎖）	500 m² 以下		
3 階以下	60 分準耐火構造	60 分準耐火構造	なし	なし	なし	なし		なし	3 m 以上[*6]	なし
2 階以下	外壁・軒裏：防火構造 柱・梁[*7]・床：30 分準耐火性能	なし	なし	なし	なし	なし	60 分防火設備（煙感知器連動閉鎖）[*8]	なし	なし	なし

　　［注］＊1　可燃物量の多い倉庫，自動車車庫等（法別表第 1（5），（6）項用途）を除く。
　　　　　＊2　荷重支持部分が木材以外である場合に限る。
　　　　　＊3　荷重支持部分が木材である場合に限る。
　　　　　＊4　他の外壁の開口部からの火炎が到達するおそれがある開口部に限る。
　　　　　＊5　令 112 条の要求を除くもの。
　　　　　＊6　200 m² 以内ごとの防火区画と上階延焼抑制措置による緩和あり。
　　　　　＊7　柱・梁は燃えしろが対象
　　　　　＊8　火気使用室を耐火構造・特定防火設備で区画
　　　　　＊9　特定主要構造部と改正予定。2024 年 4 月施行

（3）　立地による建築物の防火

　防火地域・準防火地域，屋根不燃化区域においては，周囲への延焼防止等の観点から定められた規定が適用される（7.13.1，7.13.2 参照）。

6.3.3 防火区画

大規模建築物等を防火上，有効に区画して火災の拡大を防ぎ，被害の軽減を図る。

（1）防火区画（令112条，令2国交告198・250・522号）

防火区画を必要とする建築物			区画部分	区画の構造	緩和・特例	
面積区画	主要構造部*を耐火構造とした建築物等（延べ面積1500 m²超）		床面積1500 m²以内ごと*1		*1 用途上やむを得ないもの（劇場，映画館，集会場等の客席，体育館，工場等）で義務準耐火のうち，内装を準不燃材料とした体育館又は工場等に限る。 ・階段室，昇降路の部分（乗降ロビーを含む）1時間準耐火構造の床・壁又は特定防火設備で区画したものは除く。 *2 一定規模以上の吹抜き空間を特定防火設備とする緩和あり。 *3 小屋裏又は天井裏に達せしめるが，天井を強化天井とした階は除く。	・スプリンクラー設備（又はその他の自動式消火設備）を設けた部分の床面積はその1/2を控除する。 （したがって区画全面にスプリンクラー等を設けた場合は2倍の面積までよい。）
	下記によらない準耐火建築物等（延べ面積1500 m²超）		1時間準耐火構造の床・壁，特定防火設備*2			
	準耐火建築物等	法21条，法27条又は法61条の規定によるもの	2号ロ準耐1000 m²超	床面積1000 m²以内ごと		
			2号ロ準耐500 m²超	床面積500 m²以内ごと		
			防火上主要な間仕切壁*3	準耐火構造		
高層部分の区画	11階以上の部分（各階の床面積100 m²以上）	内装が下地とも不燃材料	床面積500 m²以内ごと	耐火構造の床・壁，特定防火設備	・階段室，昇降路の部分（乗降ロビーを含む）又は廊下その他避難の用に供する部分，共同住宅の住戸（200 m²以内）で耐火構造の床・壁又は特定防火設備（又は防火設備）で区画したものは除く。	
		内装が下地とも準不燃材料	床面積200 m²以内ごと			
		上記以外	床面積100 m²以内ごと	耐火構造の床・壁，防火設備		
竪穴区画	地階または3階以上の階に居室がある主要構造部が準耐火構造のもの等		吹抜き 階段 エレベーター ダクトスペース など	準耐火構造の床・壁，防火設備	・避難階とその直上階または直下階とのみ通ずる吹抜き・階段などの部分の内装は，下地とも不燃材料であるものは除く。 ・階数3以下，延べ面積200 m²以内の住宅の吹抜き・階などの部分は除く。	・用途上区画できない劇場などでは，天井・壁の内装を下地とも準不燃材料とする。
	3階を病院等とした階数3以下，延べ面積200 m²以内のもの			間仕切壁，防火設備*4	・内装，消火設備，排煙設備の状況等を考慮して大臣が定める部分は除く。 *4 スプリンクラー等を設けた場合，10分間防火設備でよい。	
	3階をホテル，共同住宅などとした階数3以下，延べ面積200 m²以内のもの			間仕切壁，戸		
異種用途区画	建築物の一部が法27条の一に該当する建築物		その他の用途部分相互間及びその他の部分*5	1時間順耐火構造の床・壁，特定防火設備	*5 ホテル，旅館，児童福祉施設（通所のみ），飲食店，物品販売店舗の用途の部分と，同一階で警報設備（自動火災報知設備）を設けた部分（劇場等と宿泊を伴う病院や児童福祉施設を除く。）は除く。	

（略称）　特定防火設備：両面60分の遮炎性能を有する防火設備（令112条第1項）
　　　　　防火設備：両面20分の遮炎性能を有する防火設備（法2条9の2ロ）
［注］　＊　特定主要構造部と改正予定。2024年4月施行

（2） 防火壁・防火床（法26条，令113条，令元国交告197号）

延べ面積が1 000 m² を超える建築物等は，床面積1 000 m² 以内ごとに防火壁・防火床で区画する。

［緩和措置］*

① 耐火建築物又は準耐火建築物（令112条の防火区画が適用される）

② 火災発生のおそれが少ない建築物（卸売市場の上家，機械製作工場等）で次に該当するもの
　・主要構造部が不燃材料で造られたもの
　・防火上必要な技術基準（令115条の2）に適合するもの

③ 農村地域に設けられる畜舎等で，大臣が定める基準（平6建告1716号）に適合し避難上，延焼防止上支障がないもの

④ 簡易な構造の建築物（自動車車庫・スポーツ練習場等）で防火上必要な技術基準（令136条の10）に適合するもの

［注］＊他の部分と防火壁で区画された1 000 m² 超の耐火・準耐火構造部分には，防火壁の設置は要さない。2024年4月施行

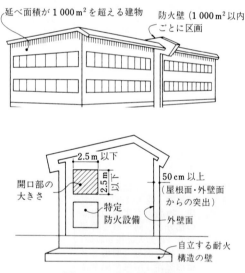

図 6.59　防火壁の構造

（3） 無窓の居室を区画する主要構造部（法35条の3，令111条，令2国交告249号）

以下の無窓の居室を区画する主要構造部は，耐火構造とするか，不燃材料で造る（表6.46の(1)の用途を除く）。ただし，小規模な居室等で警報設備を設けた場合は除く。

① 窓の有効採光面積が床面積の1/20未満であるもの

② 外気に接する窓等の大きさが，直径1 mの円が内接できず，かつ幅75 cm 未満で高さ1.2 m 未満のもの

（4） 防火隔壁・異種用途区画（令114条，112条18項）

・長屋又は共同住宅の各戸の界壁（1項），学校，病院，旅館，ホテル，児童福祉施設等の防火上主要な間仕切壁は準耐火構造（2項　ただし，100 m² 以下かつ3室以下に区画する間仕切壁，スプリンクラー設備を設けた200 m² 以下の区画内及び天井の全部を強化天井（令112条4項）とした階の間仕切壁は除く）

図 6.60　防火隔壁の例

・大規模木造（建築面積300 m² 超）は小屋組に防火隔壁を設ける。準耐火構造，けた行12 m 以内ごと

図 6.61　小屋組の防火隔壁の例

・異種用途間（法27条1〜3項に該当する場合）は，区画する。→準耐火構造，防火設備（ただし，同一階で警報設備を設けた部分は除く）

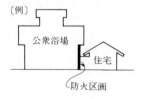

図 6.62　異種用途区画の例

（5） 防火区画に用いる防火設備の構造（令112条19項，昭48建告2563号，2564号）

表6.47 自動閉鎖式防火設備（熱感知器又は煙感知器連動）

自動閉鎖の方式	使用できる区画
熱感知器連動 煙感知器連動	面積区画部分・高層区画部分 （緩和措置・特例によるものを除く）
煙感知器連動	竪穴区画部分・異種用途区画 （緩和措置・特例によるものを含む）

図6.63 常時閉鎖式防火設備

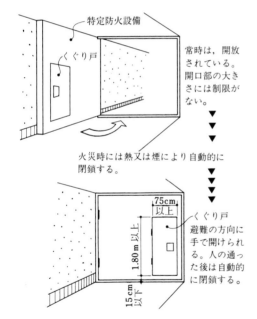

図6.64 随時閉鎖式防火設備

（6） 防火区画の周辺部の対策（令112条16項）

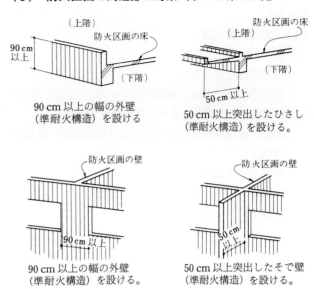

図6.65 防火区画の周辺部の対策

（7） 防火区画・防火壁を貫通する配管・ダクトの対策（令112条20項，21項，113条2項，114条5項）

・管の場合

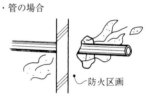

防火区画・防火壁を貫通する配管類があると，その周辺のすき間から火が回るおそれがある。

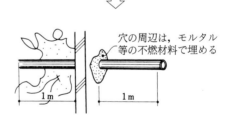

区画の両側1m以内の配管は不燃材料で造ること。ただし，管の太さによっては，不燃材料でないものを用いることができる（令129条の2の4・1項7号，平12建告1422号）。

・ダクトの場合

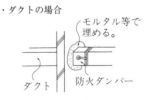

ダクトの場合は，防火区画の近くに防火ダンパーを設ける。
（昭48建告2565号，平12建告1376号）

図6.66 防火区画の貫通部の対策

6.3.4 避難施設（廊下・階段・出入口）（令117条～126条）

（1） 避難の考え方

- ・廊下の幅を広くとる。
- ・直通階段を設ける。
- ・直通階段までの歩行距離を短くする。（階段の配置）
- ・2方向避難ができるように階段を配置する。
- ・階段の構造を安全なものとする（避難階段・特別避難階段）。
- ・階段の扉を避難の方向に開く。
- ・出口はかぎを用いなくても出られること。

（2） 廊下の幅（令119条）

表 6.48

用　　途	廊 下 の 幅	
	中廊下	片廊下
・小・中学校，義務教育学校，高等学校の児童・生徒用	2.3 m 以上	1.8 m 以上
・病院の患者用廊下 ・共同住宅の共用廊下（住戸・住室の床面積が100 m² を超える階のもの） ・居室の床面積が200 m²（地階において100 m²）を超える階（3室以下の専用のものを除く）	1.6 m 以上	1.2 m 以上

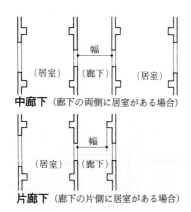

中廊下（廊下の両側に居室がある場合）

片廊下（廊下の片側に居室がある場合）

図 6.67　廊下の幅のとり方

（3） 出入口の構造（令118条，123条，125条，125条の2）

- ・客席（劇場・映画館・演芸場・観覧場・公会堂・集会場）からの出口及び屋外への出口……内開き禁止
- ・避難階段・特別避難階段への出入口，避難階における屋外への出口……避難の方向に開く。
- ・物品販売店舗の出入口（避難階）の幅の合計……床面積（最大階）100 m² につき 60 cm 以上

（4） 避難階段・特別避難階段の設置及び構造（令122条，123条）

表 6.49　避難階段・特別避難階段の設置

区　　分	地　上　階		地階
	物品販売店舗 （床面積1 500 m² 超）	その他	
避難階段（又は特別避難階段）としなければならない直通階段	3階以上の階に通ずる直通階段	5階以上の階に通ずる直通階段[1]	地下2階に通ずる直通階段[3]
特別避難階段としなければならない直通階段	・5階以上の売場に通ずる直通階段のうち1以上 ・15階以上の売場に通ずる直通階段はすべて	15階以上の階に通ずる直通階段[2]	地下3階以下の階に通ずる直通階段[2]

［注］ 1) 主要構造部が準耐火構造であるか不燃材料で造られている建築物においては，5階以上の階の床面積の合計が100 m² 以下の場合を除く。

　　　 2) 主要構造部*が耐火構造である建築物で床面積の合計が100 m² 以内（共同住宅の住戸部分は200 m² 以内）ごとに，耐火構造の床・壁又は特定防火設備で防火区画されている場合を除く。

　　　 3) 主要構造部*が準耐火構造であるか，又は不燃材料で造られている建築物においては，地下2階以下の階の床面積の合計が100 m² 以下の場合を除く。

［注］ *　特定主要構造部と改正予定。2024年4月施行

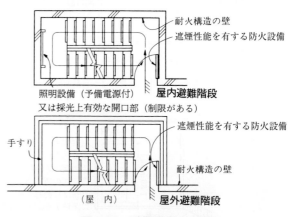

図 6.68　避難階段の仕様

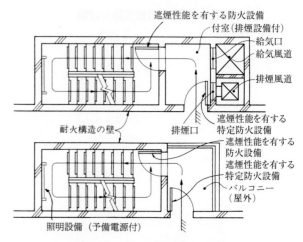

図 6.69　特別避難階段の仕様
（上：付室（排煙設備付）のある場合，下：バルコニー（屋外）のある場合）

写真 6.2　屋外避難階段の例（令122条，123条）
〈5階以上の階には，屋内避難階段又は屋外避難階段を設ける〉

2章 建築基準法

（5）　直通階段の配置（歩行距離・2方向避難）（令120条，121条）

1）　居室の各部分から直通階段（直接，避難階又は地上に達する階段）までの歩行距離が，表6.50を満たすように配置する。

表 6.50　歩行距離の制限

居室の種類（主たる用途に供する居室とする）	歩行距離		その他の場合
	主要構造部*準耐火構造，不燃材料		
	内装不燃化しないもの	内装不燃化1)	
(1) 有効採光面積が床面積の 1/20 未満の居室	2)	2)	30 m 以下
百貨店，マーケット，展示場，キャバレー，カフェー，ナイトクラブ，バー，ダンスホール，遊技場，公衆浴場，待合，料理店，飲食店，物品販売店（床面積 10 m² 超のもの）	30 m 以下（20 m 以下）	40 m 以下（30 m 以下）	
(2) 病院，診療所(患者の収容施設のあるもの)，ホテル，旅館，下宿，共同住宅，寄宿舎，児童福祉施設等	2),3) 50 m 以下（40 m 以下）	2),3) 60 m 以下（50 m 以下）	
(3) その他の居室			40 m 以下

［注］1）　居室及び廊下・階段の内装（天井・1.2 m 以上の壁）を準不燃材料としたもの。
　　　2）　15階以上の居室については，（ ）内の数値による。
　　　3）　メゾネット型の共同住宅では，居室の各部分から直通階段までの歩行距離を 40 m 以下とする。
［注］＊　耐火構造の場合は特定主要構造部と改正予定。2024年4月施行

2）　次の場合には，直通階段を少なくとも2以上設置しなければならない。（令121条）……いずれか1の直通階段が表6.50の（1）の歩行距離を満足していることが必要である。

表 6.51　直通階段を 2 以上設置する条件

階の用途（居室の種類）		主要構造部*準耐火構造不燃材料	その他の場合
(1)	劇場，映画館，演芸場，観覧場，公会堂，集会場，物品販売店舗（床面積 1 500 m² を超えるもの）	客席・集会室・売場等を有する場合	
(2)	キャバレー，カフェー，ナイトクラブ，バー，個室付浴場業を営む施設，ヌードスタジオなど	客席を有する場合（緩和措置1)）	
(3)	病院，診療所　　　（病室の床面積）	100 m² 超	50 m² 超（緩和措置2)）
	児童福祉施設等(主たる用途に供する居室の床面積)		
(4)	ホテル，旅館，下宿　　（宿泊室の床面積）	200 m² 超	100 m² 超（緩和措置2)）
	共同住宅　　　　　（居室の床面積）		
	寄宿舎　　　　　　（寝室の床面積）		
(5) その他の階	6 階以上の階	居室を有する場合（緩和措置3)）	
	5 階以下の階　避難階の直上階（居室の床面積）	400 m² 超	200 m² 超
	その他の階（居室の床面積）	200 m² 超	100 m² 超

［注］＊　特定主要構造部と改正予定。2024 年4月施行
［緩和措置］
［注］1）　次のいずれかの場合には，直通階段を1とすることができる。
　　　・5階以下の階で，その階の居室の床面積が 100 m²(主要構造部が準耐火構造又は不燃材料の場合 200 m²) 以下，かつ直通階段が屋外避難階段又は特別避難階段であり，それに至るバルコニー，屋外通路等を有するもの。
　　　・避難階の直上階又は直下階で居室の床面積が 100 m²（主要構造部が準耐火構造又は不燃材料の場合 200 m²）以下のもの。
　　　2）　小規模なもの（3階以下，延べ面積 200 m² 未満）は，階段室を区画する場合は，直通階段を1とすることができる。
　　　3）　(1)から(3)の用途に供しない場合に限り，注1)に該当する場合は直通階段を1とすることができる。

3）　2方向避難の確保（令121条3項）
　　2以上の直通階段を設ける場合は，歩行距離の重複を 1）の歩行距離の1/2以下としなければならない（図6.70参照）。
　　ただし，重複区間を経由しないで，バルコニー，屋外通路から避難できる場合を除く。

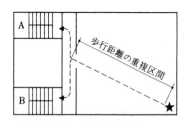

2方向避難といえるかどうか
・A, B両直通階段に至る歩行距離
のうち, 重複区間は1)の歩行距離
の1/2以下とする。

図6.70 歩行距離の重複区間の考え方

4) 物品販売店舗における階段幅等（令124条, 126条）

・各階における避難階段, 特別避難階段の幅の合計
　その階の上階にある床面積が最大の階の床面積100 m^{2}につき60 cm以上

・各階における避難階段, 特別避難階段への出入口幅の合計
　その階の床面積100 m^{2}につき27 cm以上（地階では36 cm以上）

・5階以上の階を百貨店とする場合は, 避難に利用できる屋上広場を設ける。

6.3.5 排煙設備

（1） 排煙設備の設置が必要な建築物（法35条, 令126条の2）

表6.52 排煙設備を設置しなければならない建築物等

排煙設備を設置しなければならない建築物等		設置を免除される建築物又は部分
建築物	1. 延べ面積が500 m^{2}を超える次の特殊建築物 （1）劇場, 映画館, 演芸場, 観覧場, 公会堂, 集会場 （2）病院, 診療所（患者収容施設のあるもの）, ホテル, 旅館, 下宿, 共同住宅, 寄宿舎, 児童福祉施設等 （3）博物館, 美術館, 図書館（これら以外の学校等は適用除外） （4）百貨店, マーケット, 展示場, キャバレー, カフェー, ナイトクラブ, バー, ダンスホール, 遊技場, 公衆浴場, 待合, 料理店, 飲食店, 物品販売店舗（床面積10 m^{2}以内を除く）	1. 左記1.（2）の特殊建築物に限り, 準耐火構造の床・壁又は防火設備で100 m^{2}以内ごとに区画された部分（ただし, 共同住宅の住戸では200 m^{2}以内ごと） 2. 学校等（学校（幼保連携型認定こども園を除く）, 体育館, ボーリング場, スキー場, スケート場, 水泳場又はスポーツの練習場） 3. 階段の部分, 昇降路の部分（ロビーを含む） 4. 主要構造部を不燃材料で造った機械製作工場, 不燃物保管倉庫等 5. 避難上支障のある高さまで煙又はガスの降下が生じない建築物の部分（平12告1436号より抜粋） ①仕上げを準不燃材料とし, 防火設備を設けた室（居室を除く） ②100 m^{2}以下の室で, 防煙壁により区画された室（居室を除く） ③仕上げを準不燃材料とし, 100 m^{2}以内ごとに準耐火構造の壁等により防火区画をした室 ④高さ31 mを超える建築物の100 m^{2}以下の室のうち, 仕上げを準不燃材料とし, 耐火構造の壁等により防火区画をした室 6. 別棟扱い ①準耐火構造の壁等と煙感知器運動閉鎖式防火設備により区画した部分 ②令2国交告522号に定める特定空間部分で防煙壁で区画した部分
居室	2. 階数が3以上で, 延べ面積が500 m^{2}を超える建築物	
	3. 無窓の居室（天井又は天井から下方80 cm以内の開口部が床面積の1/50未満のもの）	
	4. 延べ面積が1 000 m^{2}を超える建築物の200 m^{2}以上の居室	

（2） 排煙設備の構造*（令126条の3, 昭45建告1829号）

・床面積500 m^{2}以内ごとに防煙壁で区画する。

・防煙壁は, 間仕切壁又は天井から下方へ50 cm以上突出した垂れ壁とする。不燃材料で造り, 又は覆ったもの。ただし, 機械排煙方式と自然排煙方式が隣接する場合は, 間仕切壁としなければならない。

・防煙区画の各部から30 m以内ごとに排煙口を設け, 排煙できるように排煙風道に直結する。

・排煙風道には排煙機を設ける（ただし, 排煙口の開口面積が防煙区画部分の床面積の1/50以上あり, かつ, 直接外気に接する場合を除く）。

［注］ * 左記のほか, 押出式の排煙設備の構造によってもよい（（3）参照）。

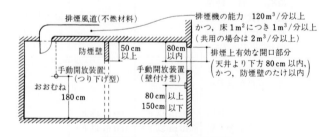

図6.71 排煙設備の構造

（3）　特殊な構造の排煙設備（押出式排煙）の構造（平12建告1437号）

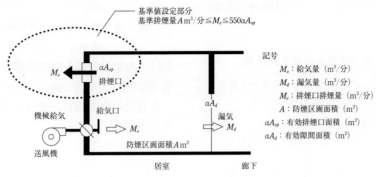

・準耐火構造の壁若しくは床又は防火設備で区画された，床面積 1 500 m² 以内の室に設けること。
・排煙口の有効開口面積が，床面積の 550 分の 1 以上で，かつ 60 分の 1 以下であること。
・排煙量（M_e）は，当該室の床面積 1 m² につき 1 分あたり 1 m³ 以上，かつ有効排煙口面積（αA_{op}）に 550 を乗じた数値以下とする。
・送風機の給気量（M_o）は，排煙量（M_e）と漏気量（M_d）とを合算したものである。

図 6.72　特殊な構造の排煙設備（押出式排煙）の構造（各室ごとに給気と排煙を行う基本形式）

（4）　特別避難階段付室及び非常用エレベーター乗降ロビーの排煙設備（令 123 条，令 129 条の 13 の 3，平 12 建告 1437 号，平 28 国交告 696 号）
　特別避難階段付室や非常用エレベーター乗降ロビー

は，避難や消防活動上の拠点となるもので，火災時に長時間にわたり煙からの安全を確保する必要があり，一般室の基準とは異なる内容の排煙設備が設けられる。

表 6.53　特別避難階段付室及び非常用エレベーター乗降ロビーの排煙設備

排煙設備の方式	開口面積・風量等	特別避難階段付室及び非常用エレベーター乗降ロビー	特別避難階段付室兼用非常用エレベーター乗降ロビー
スモークタワー	給気口面積	1 m² 以上	1.5 m² 以上
	給気風道断面積	2 m² 以上	3 m² 以上
	排煙口面積	4 m² 以上	6 m² 以上
	排煙風道断面積	6 m² 以上	9 m² 以上
機械排煙	給気口面積	1 m² 以上	1.5 m² 以上
	給気風道断面積	2 m² 以上	3 m² 以上
	機械排煙風量	4 m³/秒以上	6 m³/秒以上
平 12 建告 1437 号	機械給気量	押出排煙量＋漏気量	同左
	押出排煙量	1 m³/m²/分以上	同左
加圧防排煙	遮煙開口部通過風速 V	2.7 m $\sqrt{H}$/秒以上[1]	同左
		3.3 m $\sqrt{H}$/秒以上[2]	同左
		3.8 m $\sqrt{H}$/秒以上[3]	同左
	空気逃し口面積	$(V \times H - Ve)$ m² 以上[4]	同左
	圧力調整装置面積	$0.04 \times V \times H$ m² 以上	同左

　記号　H：遮煙開口部の高さ（m）
　　　　Ve：機械排煙風量（m³/秒）
　［注］1）　隣接の廊下が一般室とは防火区画されている場合
　　　　2）　隣接の廊下が不燃材料で一般室とは区画されている場合
　　　　3）　廊下がなく，付室が一般室に隣接している場合
　　　　4）　廊下と外気間又は一般室と外気間に設置

2章 建築基準法

6.3.6 非常用の照明装置
（1） 非常用の照明装置の設置が必要な建築物（法35条，令126条の4）

表6.54 非常用の照明装置が必要な建築物

非常用の照明装置を設置しなければならない居室等		設置を免除される建築物又は部分
居室	1. 次の特殊建築物の居室 表6.52中1.（1）～（4）項の特殊建築物	1. 一戸建の住宅 2. 長屋又は共同住宅の住戸 3. 病院の病室，下宿・寄宿舎の寝室等 4. 学校等（表6.52参照） 5. 避難上支障のないものとして国土交通大臣が定めるもの（平12建告1411号）
	2. 階数が3以上で，延べ面積が500 m² を超える建築物の居室	
	3. 無窓の居室（窓の有効採光面積が床面積の1/20未満のもの）	
	4. 延べ面積が1 000 m² を超える建築物の居室	
その他	5. 上記の居室から地上に通ずる廊下・階段その他の通路（直接外気に開放され，採光上有効な通路は除く） 6. その他通常照明装置の設置を必要とする部分	

（2） 非常用の照明装置の構造（令126条の5，昭45建告1830号）

非常用の照明装置とは通常時は点灯していなくてもよいが，停電になると自動的に点灯する照明装置をいう。

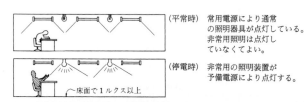

（平常時）	常用電源により通常の照明器具が点灯している。非常用照明は点灯していなくてよい。
（停電時）	非常用の照明装置が予備電源により点灯する。

［注］通常時及び非常時を通して点灯していても差し支えない。

図6.73 非常用の照明装置の構造

6.3.7 非常用の進入口
（1） 非常用の進入口の設置（法35条，令126条の6）

建築物の高さ31 m以下の階（1階及び2階を除く）には，火災時に消防隊が，はしご付消防自動車等により消火・救助活動を行うための「非常用の進入口」を設ける。

（適用除外）
- 不燃性の物品を保管する階等
- 非常用エレベーターを設置している場合
- 高い開放性を有する通路や吹抜き等
- 道又は道に通ずる幅員4 m以上の通路に面する外壁面10 m以内ごとに，次の開口部を有している場合

大きさ：幅75 cm以上×高さ1.2 m以上又は直径1 m以上の円が内接することができるもの。

構　造：格子その他の屋外からの侵入を妨げる構造を有していないこと。

（2） 非常用の進入口の構造（令126条の7，昭45建告1831号）

非常用の進入口は，道又は4 m以上の通路などに面する外壁面に，図6.74に示すような構造で40 m以下の間隔で設けること。

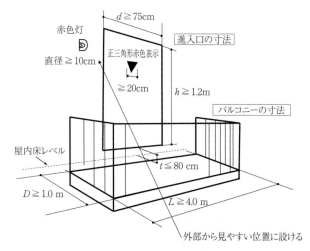

図6.74 非常用の進入口の構造

6.3.8 非常用エレベーター
（1） 非常用エレベーターの設置（法34条，令129条の13の2）

高さ31 mを超える建築物には，非常用エレベーターを設置する。

（適用除外）……高さ31 mを超える部分が次のいずれかに該当する建築物
- 階段室，昇降機その他の建築設備の機械室，装飾塔，物見塔，屋窓等に供するもの。
- 各階の床面積の合計が500 m²以下の建築物
- その部分の階数が4以下の耐火建築物で，床面積100 m²以内ごとに防火区画（耐火構造の床・壁・特定防火設備）されているもの。
- 主要構造部が不燃材料の不燃性の物品の保管倉庫等，火災発生のおそれの少ないもの。

（2） 非常用エレベーターの構造等（令129条の13の3）

- 設置台数は，31 mを超える階の最大床面積による。1 500 m²以下の場合，1基。1 500 m²を超える場合は，3 000 m²以内を増すごとに1基を追加。
- かごの寸法等は図6.75の数値以上とする。
- 原則として各階において乗降ロビーを設け，屋内と連絡すること。

・乗降ロビーの大きさは1基につき10 m² 以上（特別
避難階段の付室と兼用する場合15 m² 以上）

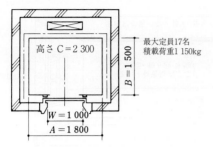

JIS A 4301　E-17-CO

図6.75　非常用エレベーターの構造の例

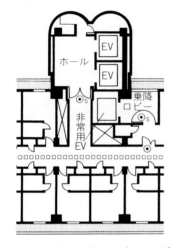

図6.76　専用乗降ロビーの例*

記号　⇨　自然排気口
　　　⊙s　煙感知器連動式防火戸
　　　⊙　防火戸

図6.77　特避兼用ロビーの例*

＊出典：建築防災計画実例図集（日本建築センター編集・発行）

**6.3.9　敷地内の避難上・消火活動上必要な通路等（法
35条，令128条，128条の2，平27国交告255号，
令元国交告193号）**

・建築物の出入口及び屋外避難階段の出口から道路，
公園，空地などに通じる通路の幅員は，1.5 m 以上
とする。ただし，3階以下で延べ面積が200 m² 未

満の建築物の敷地内は90 cm 以上（令128条）。
・大規模な木造建築物（準耐火建築物を除く）には，
その周囲に道まで通ずる一定の幅員の通路を設けな
ければならない（令128条の2）。
・3階建て以上の特殊建築物（階数が3以下で一定の
条件に適合するものを除く。）には，建築物の周囲
に3 m 以上の通路を設けなければならない（平27
国交告255号，令元国交告193号）。

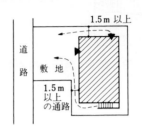

図6.78　敷地内の避難上・消火活動上必要な通路等

6.3.10 建築物の内装の不燃化（内装制限）

（1） 内装不燃化の対象部分

図 6.79 廊下・階段の内装不燃化

・天井・壁（腰壁を含む）の
内装は，準不燃材料とする。
・避難階段・特別避難階段の
場合は，下地とも不燃材料
とする（令 123 条）。

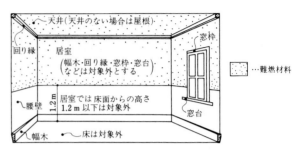

・居室の内装（天井，1.2 m 以上の壁）には難燃材料を使用する。
ただし，3 階以上の居室の天井は準不燃材料とする。
幅木・回縁・窓枠・窓台などは対象外（廊下・階段とも）
（天井・壁に使う材料は，大臣が別に定める組合せとすることも
できる（平12建告1439号））。

図 6.80 居室の内装不燃化

（2） 内装制限を受ける特殊建築物又は大規模建築物（法 35 条の 2，令 128 条の 4，令 128 条の 5，令 2 国交告 251 号）

表 6.55

	用 途・規 模	耐火建築物等[注1]	準耐火建築物等	その他の建築物	内 装 制 限
(1)	劇場，映画館，演芸場，観覧場，公会堂，集会場	客席床面積 400 m² 以上	客席床面積 100 m² 以上	客席床面積 100 m² 以上	・居室の天井・壁（難燃材料。3 階以上に居室がある場合，天井については準不燃材料） ・廊下等の天井・壁（準不燃材料）
(2)	病院，診療所（患者の収容施設があるものに限る），ホテル，旅館，下宿，共同住宅，寄宿舎，児童福祉施設等	3 階以上の部分の床面積の合計 300 m² 以上 （注2）	2 階部分床面積 300 m² 以上 （病院・診療所では病室がある場合）	床面積の合計 200 m² 以上	
(3)	百貨店，マーケット，展示場，キャバレー，カフェー，ナイトクラブ，バー，ダンスホール，遊技場，公衆浴場，待合，料理店，飲食店，物品販売店舗	3 階以上の部分の床面積の合計 1 000 m² 以上	2 階部分の床面積の合計 500 m² 以上	床面積の合計 200 m² 以上	
(4)	地階又は地下工作物内に設ける上記(1)～(3)の用途の居室	全 部 適 用			居室・廊下等の天井・壁（すべて準不燃材料）
(5)	自動車車庫・自動車修理工場	全 部 適 用			
(6)	大規模建築物（学校等の部分及び高さ 31 m 以下の部分にある(2)の用途部分を除く）	階数 3 以上で延べ面積 500 m² 超 階数 2 で延べ面積 1 000 m² 超 階数 1 で延べ面積 3 000 m² 超			(1)の制限と同じ （注3）

［注］1) 1 時間準耐火建築物は耐火建築物とみなす。
2) (2)の耐火建築物又は準耐火建築物（法 2 条 9 号の 3・イ）の場合は，100 m² 以内ごと（共同住宅にあっては 200 m² 以内ごと）に一定の防火区画がされている居室を除く。
3) 法別表第 1 の特殊建築物以外にあっては，高さ 31 m 以下の部分に限り，床面積 100 m² 以内ごとに一定の防火区画がされている居室を除く。
※ 火災が発生した場合に避難上支障がある高さまで煙又はガスが降下しない建築物の部分（令 2 国交告 251 号）は除く。
※ 簡易な構造の建築物（自動車車庫，スポーツ練習場等）で防火上必要な技術基準（令 136 条の 10）に適合するものは除く。

コラム 2-6　近年の大規模木造建築物の防火基準の見直しについて

　近年，二酸化炭素排出の低減や森林資源の保全に資する木造建築物の普及を進めるため，木材を活用する新技術の導入や多様な計画・設計の採用に対する社会的な要請が高まっている。こうしたニーズに応えるため，平成22年（2010年）5月の「公共建築物等における木材の利用の促進に関する法律」の成立を契機に，国土交通省では建築基準法の大規模な木造建築物の規定の見直しを推進することとし，実大建築物の火災実験を行うなど関連する調査研究を実施するとともに，その成果を踏まえて平成27年に，
・法21条第2項（耐火構造以外の主要構造部*による3000 m² 超の木造建築物）
・法27条（特殊建築物の避難安全上の性能規定化・3階建て学校等の仕様）
の法改正が行われた。

　平成28年3月には直交集成板（CLT）等の準耐火構造方法が，火災実験等の結果を基に告示へ追加される等，大規模木造建築物の防火基準見直しが行われた。

　平成30年6月には，火災実験等の結果を基に，
・法21条第1項（耐火構造以外の主要構造部*による16 m 超・4階以上の木造建築物）
・法26条（防火床による1000 m² 超の木造建築物の区画）
・法27条（3階建て200 m² 未満の建築物の要求緩和）
・法61条（防火地域・準防火地域における3階建て延焼防止建築物の例示）
の改正が行われ，従来にない地域，規模（高さ），用途の建築物が木造準耐火建築物等により実現できるようになった。この改正では，従来法の各条文（要求内容は異なる）において「耐火建築物」という共通の適合仕様が要求されてきたものから，下図に示すように各条文を性能規定化して，それぞれの要求性能を満たすことを確認する内容になった。法21条と法27条の性能検証方法を定める告示が令和2年（2020年）2月26日に改正された結果，より自由度の高い木造建築物が実現可能となった。

　民間建築物については，木造率の高い低層の住宅以外にも木材の利用の動きが広がりつつあるものの，非住宅分野や中高層建築物の木造率は低位にとどまることから，政府の「2050年カーボンニュートラル」の実現には森林資源の循環利用を進めることが必要不可欠であること等の背景の下，「公共建築物等における木材の利用の促進に関する法律」が，「脱炭素社会の実現に資する等のための建築物等における木材の利用の促進に関する法律」（令和3年10月1日施行）に改正され，対象が公共建築物等から民間建築物を含む建築物一般に拡大された。

　令和4年6月には温室効果ガスの吸収源対策の強化を図る上で建築物分野における木材利用の更なる促進に資する規制の合理化などを講じるために，耐火建築物の定義，法21条，法26条，法27条，法61条の改正が行われ，より一層木造が実現しやすくなった。

　今後も引き続き，木造建築物の防火研究の蓄積をもとに基準見直しも行われる見通しである。

［注］＊　特定主要構造部と改正予定。2024年4月施行

（成瀬友宏）

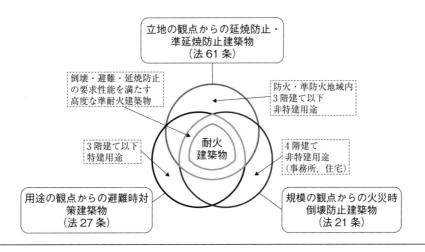

2章
建築基準法

（3） 無窓の居室の内装（令128条の3の2，令128条の5・5項，令128条の6)

以下に示す無窓の居室（天井の高さが6mを超えるものを除く）は，居室・廊下等の天井・壁を準不燃材料とする。ただし，区画避難検証法により安全性が確認されたものは免除される。

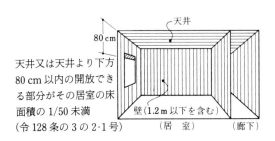

天井

80 cm

天井又は天井より下方80 cm 以内の開放できる部分がその居室の床面積の1/50 未満
（令128条の3の2・1号）

壁（1.2 m以下を含む）

（居　室）　　（廊下）

図6.81　排煙上の無窓居室
（床面積50 m² を超えるもの）

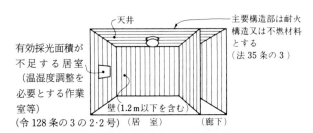

天井

主要構造部は耐火構造又は不燃材料とする
（法35条の3）

有効採光面積が不足する居室（温湿度調整を必要とする作業室等）
（令128条の3の2・2号）

壁（1.2 m以下を含む）

（居　室）　　（廊下）

図6.82　採光上の無窓居室

（4） 火気を使用する室（調理室・浴室等）の内装（令128条の4・4項，令128条の5・6項）

壁，天井を準不燃材料とする。

1）　住宅（耐火構造のものを除く）（平21国交告225号）

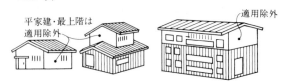

平家建・最上階は適用除外

適用除外

最上階以外の調理室・浴室が対象
（併用住宅は，住宅として適用する）

図6.83　内装制限の適用除外について（住宅）

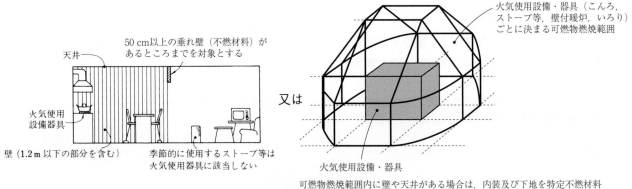

天井

50 cm以上の垂れ壁（不燃材料）があるところまでを対象とする

火気使用設備器具

壁（1.2 m以下の部分を含む）

季節的に使用するストーブ等は火気使用器具に該当しない

又は

火気使用設備・器具（こんろ，ストーブ等，壁付暖炉，いろり）ごとに決まる可燃物燃焼範囲

火気使用設備・器具

可燃物燃焼範囲内に壁や天井がある場合は，内装及び下地を特定不燃材料（平12建告1400号で9号と11号以外）としなければならない。

図6.84　内装制限の範囲について（住宅）

2）　住宅以外の建築物（耐火構造のものを除く）

すべての階にある調理室・浴室・乾燥室・ボイラー室・作業室等でこんろ，ストーブ，炉，ボイラー，内燃機関等の火気使用設備・器具を設けたものが対象

図6.85　内装制限の適用範囲について（住宅以外）

＊図6.84右の「火気使用設備・器具」の可燃物燃焼範囲のみの内装制限は，住宅以外の建築物（（2）及び（3）の適用を受ける室，ホテル，飲食店等の厨房等を除く）にも適用可能。

6.3.11　耐火性能検証法，避難安全検証法

個々の建築物の設計に応じて火災時における建物や避難の安全性を検証する「耐火性能検証法」及び「避難安全検証法」を適用することができる。

（1）　耐火性能検証法（法2条9号の2，令108条の3[*1]，平12建告1433号）

耐火建築物の主要構造部[*2]が「火災が終了するまで耐える」ことを個々の建築物の設計に応じて検証する方法。

［注］　＊1　令109条の4と改正予定。2024年4月施行
　　　　＊2　特定主要構造部と改正予定。2024年4月施行

表 6.56　耐火性能検証法の流れ

① 火災の継続時間を計算
　可燃物の量，開口部の大きさ等から，火災が発生してから終了するまでの予測時間（火災の継続時間）を計算
② 主要構造部の保有耐火時間を計算
　主要構造部が火災に対して耐えることのできる時間（保有耐火時間）を，主要構造部の構造方法や火災の温度等に応じて計算
③ ①と②を比較
　主要構造部の保有耐火時間が火災の継続時間よりも長いことを確認することにより，火災が終了するまで主要構造部が耐えることを検証

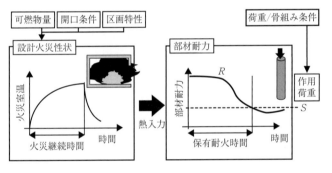

図 6.86　耐火性能検証法の流れ

（2）　避難安全検証法（令128条の6，令129条，令129条の2，平12建告1441，1442号，令2国交告509号，令3国交告474～476号）

個々の建築物の設計から，在館者の避難行動や，避難の妨げとなる煙の状態を予測することで，各階の区画ごと（区画避難安全検証法），階ごと（階避難安全検証法），全館（全館避難安全検証法）について，

1）避難を終了するまでの時間と避難上危険となる煙の降下時間の比較（時間による方法）

2）避難を終了する時点における煙高さと避難上危険となる煙高さの比較（高さによる方法）

のいずれかにより，避難の安全性を検証する方法。安全性が検証された建築物は，避難施設や排煙設備の設置，内装制限などの規定の適用が免除される。

表 6.57　避難安全検証法（時間による方法）の流れ

① 在館者が避難を終了するまでの時間を計算
　在館者の避難に要する時間を，⒤火災発生から在館者が避難を開始するまでの時間（覚知時間），⒤出口に至るまでの歩行時間，⒤出口を通過する時間を合計することにより算出
② 煙・ガスにより避難上危険となる時間を計算
　火災により生じた煙・ガスが天井よりしだいに降下し，避難上危険となる高さに降下するまでの時間を，室の用途，天井の高さ，排煙設備等に応じて算出
③ ①と②を比較
　在館者が避難を終了する時間が，火災により発生した煙・ガスにより危険な状態となる時間よりも短いことを確認することにより，火災時の避難の安全性を検証

表 6.58　避難安全検証法（高さによる方法）の流れ

① 在館者が避難を終了するまでの時間を計算
　在館者の避難に要する時間を⒤火災発生から在館者が避難を開始するまでの時間（覚知時間），⒤出口に至るまでの歩行時間，⒤出口を通過する時間を合計することにより算出
② ①の時間経過時における煙・ガスの高さを計算
　火災により生じた煙・ガスが天井よりしだいに降下し，①の時間経過時における煙・ガスの下端高さを，室の用途，天井の高さ，排煙設備等に応じて算出
③ ②の高さと避難上支障のある高さとを比較
　在館者が避難を終了する時点における煙・ガスの高さが，避難上支障のある高さを下回らないことを確認することにより，火災時の避難の安全性を検証

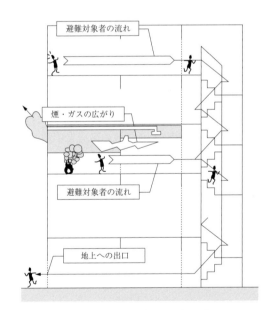

図 6.87　避難安全検証法の流れ

コラム2-7　防火避難規定の歴史について

　江戸開府から明治維新までの約270年間に江戸市街では，長さ2km近くに及ぶ大火が100回近く発生しており，特に日本橋や京橋などは2，3年に一度は大火にあったといわれている。建物の大火への対策は，屋根を土塗・板ぶき・瓦ぶきとし，土蔵が奨励される程度であり，道路幅員の拡大，防火堤や火除け地の設置，消防の組織化といった対策と併せても，大火防止に必ずしも十分な効果は見られず，大火が頻発する結果となった。

　わが国の都市の近代化が進み，大正8年（1919年）に制定された市街地建築物法では，市街地大火防止のため，防火地域内にある建物を耐火・不燃化することを規定した。しかし，各地に残る木造市街地ではその後も大火が発生した。昭和25年（1950年）に建築基準法が公布・施行されて，補助事業とともに都市の不燃化が一層進み，消防の近代化と相まって，大火はようやく減少していった。

　昭和30年代に入り経済の急成長とともに建物の高層化が進むと，火災の性状，被害も従来とは変化し，新たな社会問題となった。火災による被害は，燃えている場所ではなく，その上階に拡がる煙によって起きるようになったため，防火避難規定は，市街地大火から建物単体火災へと主眼が移っていった。

　昭和41年川崎市金井ビル火災（死者12名）では，3階でたばこの不始末により出火し，6階寄宿舎に居住する従業員12名が階段を通じて上昇した煙により死亡した。また同年，群馬県水上温泉菊富士ホテル火災（死者30名），昭和43年神戸市池坊満月城火災（死者30名），昭和44年郡山市磐光ホテル火災（死者30名）など，耐火建築物であっても防火区画の不備等で多くの被害者を出した。これらの火災を受けて，昭和44年に防火区画，内装制限，避難施設等に関する法令改正が行われ，昭和46年にも排煙設備，非常用進入口・昇降機等の設置が義務化（施行）された。このような改正後の昭和47年大阪市千日デパート火災（死者118名），昭和48年熊本市大洋デパート火災（死者103人）が発生し，煙対策を重点とした法令改正が行われた。

　この後も，昭和50年代には中小雑居ビル火災や昭和55年栃木県川治プリンスホテル雅苑火災（死者45人），昭和57年東京都ホテルニュージャパン火災（死者32人）などのホテル火災が相次いで発生し，多くの死者が発生した。また，近年でも平成13年（2001年）東京新宿区の雑居ビル火災（死者44名）や平成20年大阪市の雑居ビル火災（死者15名）などが発生している。これらの火災で被害を大きくした原因には，避難路に可燃物を置くこと，避難口をふさぐこと，可燃物等を設置して防火シャッター閉鎖の障害となることや設備の維持管理不足，消防への通報や避難誘導が正しく実行されなかったことなど防火管理上の問題点が挙げられ，緊急に立入検査等を実施して問題点の把握を行った。

　平成25年10月には診療所で死者10名，負傷者5名を出す火災が発生し，防火扉が閉鎖されていなかったことが被害を拡大した原因と考えられた。そのため，この調査等を踏まえ，全国で緊急点検を実施して問題点を把握し，関係特定行政庁に是正指導の徹底を依頼，防火設備に関する作動状況も含めた点検を定期に実施して報告する改正建築基準法が平成26年6月に公布された。

　平成29年2月には物流倉庫で鎮火までに約12日間を要する火災が発生し，焼損床面積は約45000m²に及んだ。防火シャッターの不作動等で防火区画がほとんど形成されなかったことが延焼拡大の主原因となったため，大規模倉庫の防火シャッターが確実に作動するよう感知器の電気配線の基準が見直された（平成30年3月公布・平成31年4月施行）。

　これまでに，多くの被害を出した火災をもとに防火避難規定の改正が行われてきた。われわれは，これらの犠牲から多くを学ぶことが重要である。

（成瀬友宏）

昭和57年ホテルニュージャパン火災（毎日新聞社提供）

6.4　一般構造・設備

　一般構造・設備関係規定のうち，長屋・共同住宅の界壁の遮音構造，浄化槽等の多くの項目について，必要な性能に関する基準が定められ，その性能を有することについての判断は，仕様規定への適合によるほか，試験等を行い大臣の認定を受けることとなっている。以下は，それらの主要項目について，要求性能の規定と仕様規定の内容を中心に説明する。

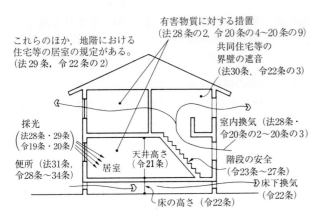

図 6.88　一般構造の主な規定

6.4.1　天井の高さ（令 21 条）

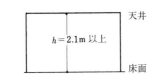

図 6.89　一般居室の天井の高さ

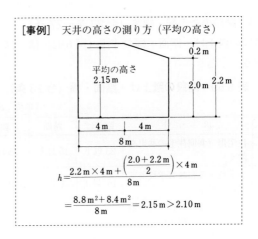

[事例]　天井の高さの測り方（平均の高さ）

$$h = \frac{2.2\,\mathrm{m} \times 4\,\mathrm{m} + \left(\dfrac{2.0 + 2.2\,\mathrm{m}}{2}\right) \times 4\,\mathrm{m}}{8\,\mathrm{m}}$$

$$= \frac{8.8\,\mathrm{m}^2 + 8.4\,\mathrm{m}^2}{8\,\mathrm{m}} = 2.15\,\mathrm{m} > 2.10\,\mathrm{m}$$

6.4.2　床の高さ・床下換気（令 22 条）

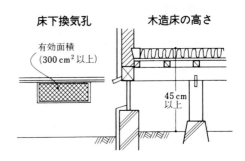

図 6.90　床下換気孔と床の高さ

図 6.91　床の高さ・床下換気に関する規定の適用除外

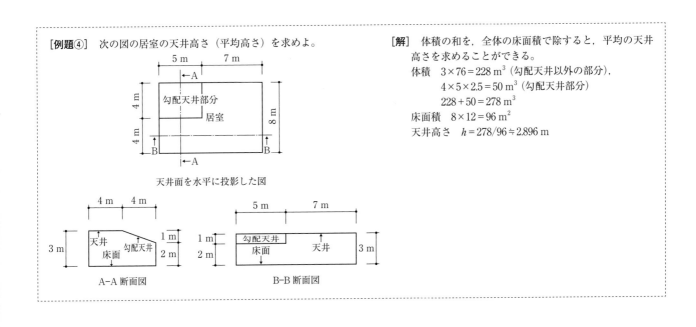

[例題④]　次の図の居室の天井高さ（平均高さ）を求めよ。

天井面を水平に投影した図

A-A 断面図　　B-B 断面図

[解]　体積の和を，全体の床面積で除すると，平均の天井高さを求めることができる。
　　　体積　$3 \times 76 = 228\,\mathrm{m}^3$（勾配天井以外の部分），
　　　　　　$4 \times 5 \times 2.5 = 50\,\mathrm{m}^3$（勾配天井部分）
　　　　　　$228 + 50 = 278\,\mathrm{m}^3$
　　　床面積　$8 \times 12 = 96\,\mathrm{m}^2$
　　　天井高さ　$h = 278/96 \fallingdotseq 2.896\,\mathrm{m}$

6.4.3 階段のこう配・幅等（令23条～27条）

階段の蹴上げ・踏面・幅の寸法（図6.92）は，以下のとおりとする。

表 6.59　階段の蹴上げ・踏面・幅（令 23 条）

(単位：cm)

	区　分	蹴上げ	踏面	幅
(1)	住宅用（共同住宅の共用を除く）	23 以下	15 以上	75 以上
(2)	小学校・義務教育学校前期課程（児童用）	16*以下	26 以上	140 以上
(3)	中学校・義務教育学校後期課程・高等学校・中等教育学校（生徒用） 物品販売店舗（床面積1 500 m² 超） 劇場・映画館・演芸場・観覧場・公会堂・集会場（客用）	18*以下	26*以上	140 以上
(4)	（地上階）居室の床面積（直上階）が 200 m² を超える階 （地　階）居室の床面積が 100 m² を超える階	20 以下	24 以上	120 以上
(5)	その他の階段	22*以下	21*以上	75 以上

［注］　*　両側に手すりを設け，表面をすべりにくくした場合，(2) は 18 以下，(3) は 20 以下・24 以上，(5) は 23 以下・19 以上，2 階建 200 m² 未満の建築物は (1) の寸法

① 屋外階段の特例

・幅を 60 cm 以上としてよい（直通階段（6.3.4(5) 参照）では 90 cm 以上）。

・屋外に設ける直通階段は，木造としてはならない（準耐火構造とし，有効な防腐措置を講じたものを除く）（令 121 条の 2）。

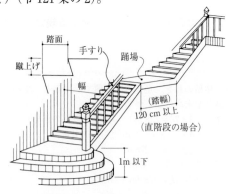

図 6.92　階段の各部の規定

② 回り階段の踏面の寸法

・踏面の狭い方の端から 30 cm の位置で測る。

③ 踊場（令 24 条）（図 6.92 参照）

・階高 4 m 以上の場合，4 m 以内ごとに設ける（表6.60(2)・(3) の用途は 3 m 以内ごと）。

・直階段では，踏幅を 1.2 m 以上とする。

④ 手すり等（令 25 条）

・階段には手すりを設ける（高さ 1 m 以下の部分を除く）（図 6.92 参照）。

・幅 3 m を超える場合，中間に手すりを設ける（蹴上げ 15 cm 以下かつ踏面 30 cm 以上のものを除く）。

・10 cm を限度に階段の幅に算入してよい（図 6.93,6.94 参照）。

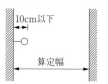 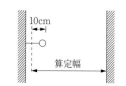

図 6.93　手すりと階段の幅(1)（突出部長さ≦10 cm）　**図 6.94　手すりと階段の幅(2)（突出部長さ＞10 cm）**

6.4.4 居室の採光（法 28 条，令 19～20 条）

（1） 自然採光を必要とする居室及びその有効採光面積/居室の床面積（法 28 条，令 19 条）

次の居室には，原則として自然採光とし，その採光上有効な開口部の面積を居室の床面積に対して一定割合以上としなければならない（緩和規定あり。6.4.4(4) 参照）。

表 6.60　各種用途における有効採光面積/居室の床面積

居室の種類		割合
住宅	居室	1/7
幼稚園，小・中学校，義務教育学校，高等学校，中等教育学校，幼保連携型認定こども園	教室	1/5
その他の学校	教室	1/10
病院・診療所	病室	1/7
	入院患者の談話室，娯楽室等	1/10
寄宿舎・下宿	寝室・宿泊室	1/7
保育所	保育室	1/5
児童福祉施設等（保育所を除く）（令 19 条第 1 項）	入所する者，又は通う者に対する主たる用途に供する居室	1/7
	入所する者の談話室，娯楽室等	1/10

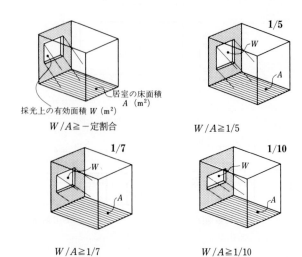

図 6.95　各種用途における有効採光面積/居室の床面積

（2）採光上の有効面積の算定（令20条）

窓の有効面積は，次の式で求める。

> 窓の有効面積＝採光補正係数×窓の実面積

採光補正係数は，次の式で求める（さらに，天窓の場合は3，縁側等に面する場合は0.7を乗じる。ただし，上限は3.0とする）。この式で計算した結果が1未満となる場合においても開口部が道に面する場合，開口部から隣地境界線等までの距離が7m（工業系地域の場合は5m，商業系地域の場合は4m）以上離れている場合には，採光補正係数は1とし，この式で計算した結果が0未満となる場合は0とする。

表6.61 採光補正係数の算定式

	採光補正係数の算定式
住居系地域	$6d/h-1.4$
工業系地域	$8d/h-1$
商業系地域	$10d/h-1$

d：水平距離（開口部の真上にある軒先などから敷地境界線までの水平距離）
h：垂直距離（軒先高さから開口部中心までの垂直距離）
d/h：採光関係比率

（例えば，住居系地域において，$d=4$，$h=10$，工業系地域において，$d=2.5$，$h=10$，商業系地域において，$d=2$，$h=10$をそれぞれ代入すると，採光補正係数「1」が得られる。）

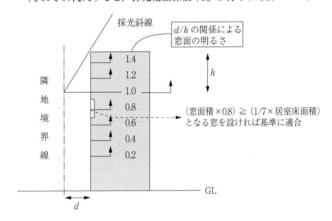

図6.96 採光上の有効面積

[例題⑤] 第一種低層住居専用地域において下図のような隣地境界線に面する居室の窓がある。この居室の窓の採光上有効な部分の面積を求め，あわせて採光上，開口部の面積が不足していないかどうかを判定せよ（居室の用途は住宅とする）。

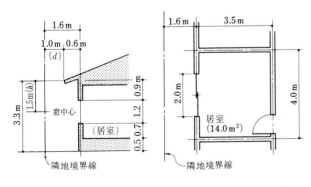

[解] 第一種低層住居専用地域であるから採光補正係数（S）は$6d/h-1.4$
ここで$d=1.0$m，$h=1.5$mであるので
$S=6×1/1.5-1.4=2.6$
必要な採光上有効な開口部の面積は
14.0m²$×1/7=2.0$m²
となる。一方，採光上有効な開口部の面積は
2.0m$×1.2$m$×2.6=6.24$m²>2.0m²
であるから，開口部の面積は適切である。

[例題⑥] 第一種住居地域内にある下図のような隣地境界線に面する住宅の居室の1階の開口部の採光補正係数を求めよ。

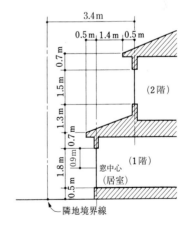

[解] 第一種住居地域であるから採光補正係数（S）は，
$6d/h-1.4$
2階軒について
$h=0.7+1.5+1.3+0.7+0.9(=1.8/2)=5.1$m
$d=3.4-0.5=2.9$m
$S=6×2.9/5.1-1.4≒2.01$
次に1階軒について
$h=0.7+0.9=1.6$m
$d=3.4-(0.5+1.4+0.5)=1.0$m
$S=6×1/1.6-1.4=2.35$
したがって，1階の開口部の採光補正係数は2階軒の数値を採用し2.01となる。

［例題⑦］　第一種低層住居専用地域内において，川（幅 4.0 m）に面して図のような断面をもつ住宅の 1 階の居室の開口部（幅 2.0 m，面積 4.0 m²）の採光に有効な部分の面積を求めよ。

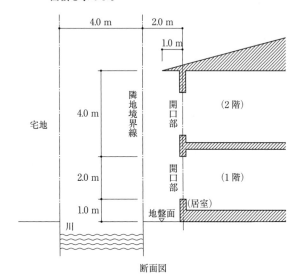

断面図

［解］　令第 20 条第 1 項により，採光に有効な部分の面積は，開口部の面積に採光補正係数を乗じて算定する。
　第一種低層住居専用地域内であるから，採光補正係数は，
$$d/h \times 6 - 1.4$$
　ここで，$d = 3$ m（川の幅の 1/2 の距離 2 m＋隣地境界線から軒までの距離 1 m）
　　　　　$h = 5$ m（軒下から 1 階開口部の中心線までの距離 4 m＋1 m）
$$d/h = 3/5 = 0.6$$
・採光補正係数は，$d/h \times 6 - 1.4 = 0.6 \times 6 - 1.4 = 2.2$
　採光に有効な部分の面積は
・採光に有効な部分の面積＝開口部の面積×採光補正係数
　　∴　$4 \text{ m}^2 \times 2.2 = 8.8 \text{ m}^2$

［例題⑧］　下図のような住宅の居室に必要な採光上有効な開口部の大きさを求めよ。ただし，住居系地域で，$d/h = 4/10$ とする。

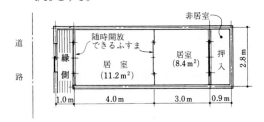

［解］　居室 2 室は随時開放できるふすまで仕切られているので，この 2 室は 1 室とみなしてよい。
　したがって，必要な採光面積は，
$$(11.2 \text{ m}^2 + 8.4 \text{ m}^2)/7 = 2.8 \text{ m}^2$$
採光補正係数は $6 \times 4/10 - 1.4 = 1.0$ だが，居室の外側に縁側があるため 0.7 を乗ずる。よって，必要な採光上有効な開口部（A）は次の式で求められる。
$$A \times 1.0 \times 0.7 = 2.8 \text{ m}^2 \qquad A = 2.8 \times 1/0.7 = 4.0 \text{ m}^2$$

（3）　採光規定の特例（平 15 国交告 303 号）

1）採光に有効な部分の面積の算定方法

次の全ての条件を満たす建築物の開口部の面積は，採光に有効な開口面積とする。

① 「商業地域・近隣商業地域」の住宅の居室に設けるものであること

② 外壁の開口部を有する居室（同一住宅内のものに限る）と区画する壁に設けられるものであること

③ ②の外壁の開口部の面積は，外壁の開口部ごとの面積に補正係数を乗じたものの合計が，外壁の開口部を有する居室と他の居室との床面積の合計に 1/7 を乗じた面積以上であること

2）土地利用の現況に応じた採光補正係数

特定行政庁が土地利用の現況に応じて採光補正係数の算定方法を指定した場合，それによる。

3）一体利用される複数居室の有効採光面積の計算方法

特定行政庁が衛生上支障ないものとして規則で指定した場合，一体利用される複数の居室を一の居室とみなして有効採光面積を算定する。

［例］　1）の措置により次の室 A を新たに住宅の居室とすることができる。

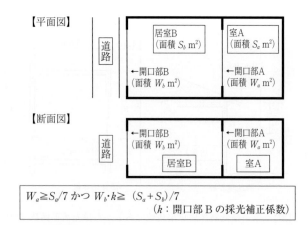

$$W_a \geqq S_a/7 \text{ かつ } W_b \cdot k \geqq (S_a + S_b)/7$$
$$(k：開口部 B の採光補正係数)$$

（4）　採光規定の緩和

1）保育所の保育室等の実態に応じた採光規定の緩和（昭和 55 建告 1800 号）

一定の照明設備を設置した保育所の保育室等における採光有効面積の緩和規定において，床面からの高さが 50 cm 未満の部分の開口部の面積も採光有効面積に算入する。

2）照明設備を設けた住宅の居室における採光規定の

2章
建築基準法

緩和（昭 55 建告 1800 号）

　住宅の居室において，床面の照度が 50 Lx 以上となる照明設備を設けた場合，（有効採光面積／居室の床面積）の値を 1/7 から 1/10 まで，緩和することが認められている。

6.4.5　地階における住宅等の居室（法 29 条，令 22 条の 2，平 12 建告 1430 号）

　住宅の居室等を地階に設ける場合は，防湿のための措置を講ずる必要がある（地階とは，床が地盤面下にある階で床面から地盤までの高さが，その階の天井の高さの 1/3 以上のものをいう）。

① 防湿のための措置（次のいずれか）
・一定の大きさのからぼりの設置
・換気設備の設置
・除湿設備の設置

② 防水のための措置
　　次のいずれかとする。ただし，外壁等のうち常水面以上の部分については，耐水材料で造り，材料の接合部等に防水の措置を講ずればよい。
・外壁等に防水層を設ける。
・外壁等に二重壁（有効に排水設備を設けたものに限る）を設ける。

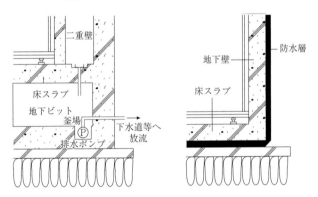

図 6.97　防水のための措置

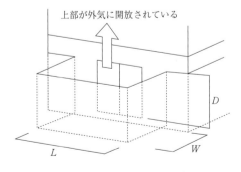

当該居室の壁に沿った水平方向の長さ（＝ L）居室の外壁からその壁の面するからぼりの周壁までの水平距離（＝ W）について
　　$W \geqq 1\,\mathrm{m}$ かつ $W \geqq (4/10) \cdot D$
　　$L \geqq 2\,\mathrm{m}$ かつ $L \geqq D$

図 6.98　からぼりの設置方法

6.4.6　長屋・共同住宅の界壁の遮音（法 30 条，令 22 条の 3）

（1）遮音構造（昭 45 建告 1827 号）

　長屋・共同住宅の界壁は，遮音上，次のような構造とする。

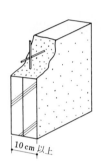

鉄筋コンクリート造
鉄骨鉄筋コンクリート造
鉄骨コンクリート造
コンクリートブロック造[注]
無筋コンクリート造[注]
れんが造[注]
石造[注]
[注] 肉厚及び仕上げ材料の厚さの計とする。

図 6.99　下地のない界壁の構造

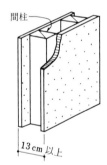

大壁造
（両面の仕上げの構造は，下のいずれかとする。）

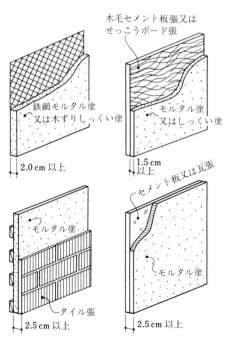

図 6.100　下地を有する界壁の構造

（2） 遮音性能

(1)の構造によらないときは，次の遮音性能を有する構造として大臣の認定を受けたものとする。

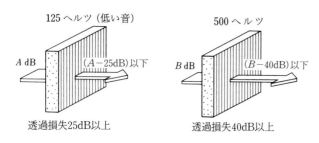

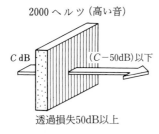

図 6.101　遮音性能

6.4.7　在室者による室内空気汚染防止のための換気設備及び換気設備の一般構造

（1）　換気設備が必要な室とその種類（法28条，令20条の2～20条の3)

表 6.62

区　　分	適応する換気設備の種類			
	自然換気設備	機械換気設備	中央管理方式の空気調和設備	所要の性能を有するものとして大臣認定を取得したもの
一般の建築物の居室（換気上有効な開口部が不足するもの）	○	○	○	○
劇場，映画館，演芸場，観覧場，公会堂，集会場の居室	―	○	○	○

（2）　一般建築物の居室の換気設備（法28条2項，令20条の2, 129条の2の5, 昭45建告1826号, 1832号)

在室者による空気汚染を防止するため，居室には換気のための有効な開口部を，その居室の床面積の1/20以上設けなければならない。換気のための有効な開口部が不足する場合は，次の換気設備のいずれかを設けなければならない。

なお，設置義務がなく，任意に設置される換気設備についても，①の有効断面積 A_v，②の有効換気量 V に関する規定以外の規定は適用され，③の規定は，設置義務の有無にかかわらず，すべての中央管理方式の空気調和設備に適用される。

① 自然換気設備

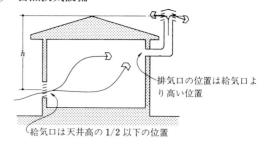

図 6.102　自然換気設備

排気筒は不燃性の立上り部分を有するものとすること。
給気口は，常時，直接外気に開放されていること。
排気筒の有効断面積（A_v）は下式による。

$$A_v \geqq \frac{A_f - 20A_w}{250\sqrt{h}} \ (\text{m}^2)$$

A_f：居室の床面積（m²）

h：給気口の中心から排気筒の外部開放部分の中心までの高さ（m）

A_w：換気上有効な開口部があればその面積（m²）

A_v：0.00785 以上

なお，給気口及び排気口の有効開口面積は，排気筒の有効断面積以上としなければならない。

② 機械換気設備

　次の組合せのいずれかとする。

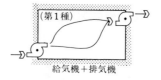

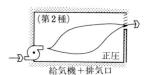

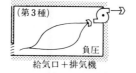

有効換気量 V

$$V \geqq \frac{20(A_f - 20A_w)}{N} \ (\text{m}^3/\text{h})$$

$N \leqq 10$（実況に応じた1人あたりの占有面積 m²）

図 6.103　機械換気設備

③ 中央管理方式の空気調和設備

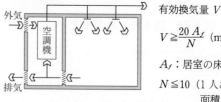

有効換気量 V

$$V \geqq \frac{20 A_f}{N} \ (\text{m}^3/\text{h})$$

A_f：居室の床面積（m²）

$N \leqq 10$（1人あたりの占有面積 m²）

図 6.104　中央管理方式の空気調和設備

表 6.63　空気の浄化レベル（令129条の2の5・3項）

浮遊粉じんの量	0.15 mg/m³ 以下
CO 含有率	60 ppm 以下
CO₂ 含有率	1 000 ppm 以下
温　　度	18～28 ℃（外気温より低くする場合はその差を著しくしないこと）
相 対 温 度	40～70 %
気　　流	気流 0.5 m/秒以下

（3） 映画館等の換気設備（法28条3項，令20条の2，129条の2の5，昭45建告1826号，1832号）

・機械換気設備

有効換気量 $V \geqq 20 A_f/N$　ただし，A_f：居室の床面積（m²），$N \leqq 3$ とする。その他は上記と同じ。

・中央管理方式の空気調和設備

上記（2）の例による。ただし $N \leqq 3$ とする。

（4） 居室の換気に関する大臣の認定

上記（1）～（3）の基準に適合しない換気設備であっても，当該居室で想定される通常の使用状態において，当該居室内の人が通常活動することが想定される空間の炭酸ガスの含有率をおおむね1 000 ppm，一酸化炭素の含有率をおおむね10 ppm以下に保つ換気ができること等の基準に適合するものとして，大臣の認定を取得した換気設備を使用することができる。

6.4.8　火気使用室の換気設備（法28条3項，令20条の3，昭45建告1826号）

（1） 設置義務

火気を使用する調理室，浴室等には，次の換気設備を設ける。ただし，以下の室には，換気設備を設けないでよい。

1） 密閉式燃焼器具等だけを設けている室

「密閉式燃焼器具等」とは，直接屋外から空気を取り入れ，かつ廃ガスその他の生成物を直接屋外へ排出する構造を有するもの，その他室内の空気を汚染するおそれがない設備又は器具をいう。

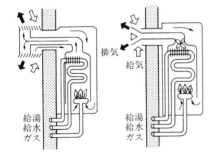

図6.105　密閉式燃焼器具の例

2） 床面積が100 m²以内の住宅又は住戸に設けられた調理室で，床面積の1/10以上の換気上有効な開口部（0.8 m²以上）を設けたもの

ただし，発熱量の合計が12 kW以下の設備又は器具を設けたものに限る。

3） 調理室以外の室で，発熱量の合計が6 kW以下で，換気上有効な開口部を設けたもの

［注］ 発熱量の合計には，密閉式燃焼器具等又は煙突を設けた設備・器具に係るものを除く。

換気設備（機械換気設備）の基準

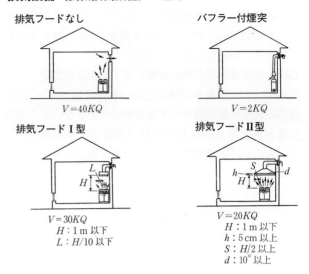

V：有効換気量（m³/h）
K：燃料の単位燃焼量あたりの理論廃ガス量
Q：燃焼消費量（kW 又は kg/h）

図6.106　火気使用室の換気設備（機械換気設備）における必要有効換気量

表6.64　各種燃料の単位燃焼あたりの理論廃ガス量

燃料の種類		理論廃ガス量
燃料の名称	発熱量	
都市ガス		0.93 m³/kWh
LPガス（プロパンガス）	50.2 MJ/kg	0.93 m³/kWh
灯　油	43.1 MJ/kg	12.1 m³/kg

排気口等の構造は，廃ガスを逆流させたり，他の部屋へ流入させることのないように設ける必要がある。

① 煙突には，防火ダンパーその他温度の上昇により排気を妨げるおそれのあるものを設けないこと。

② 火気使用設備の排気筒又は煙突は，他の換気設備等の風道等と連結しないこと。

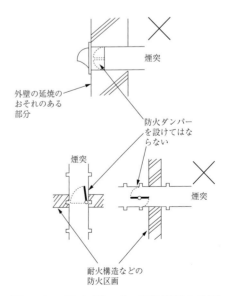

図6.107　防火ダンパーの取付禁止の例

③ 排気筒に煙突を接続する場合は，防火ダンパーの誤作動による事故を防止するため，有効な排気ファンを設置し，煙突の排ガス温度を65℃以下とするほか，自動停止装置を設けること等

（2） 火気使用室の換気設備に関する大臣の認定

上記（1）の基準に適合しない換気設備であっても，通常の使用状態において不完全燃焼が生じないよう室内の酸素濃度を20.5％以上に保つ換気ができるものとして，大臣の認定を取得した換気設備を使用することができる。

6.4.9 換気設備全般に関する規定

① 1つの換気設備が2以上の居室に係る場合の有効換気量は，それぞれの居室に必要な有効換気量の合計以上とすること（令20条の2・1号ロ(2)）。

② 非常用エレベーターの設置が必要な建築物等に設ける機械換気設備及び中央管理方式の空気調和設備の制御及び作動状況の監視は，中央管理室においてできること（令20条の2・2号）。

③ 換気設備の吸気機又は排気機は，原則として換気経路の全圧力損失を考慮した計算により確かめられた必要な能力を有するものであること（昭45建告1826号第2・1号）。

6.4.10 石綿の飛散に対する衛生上の措置（法28条の2・1号，2号，令20条の4）

石綿を添加した建築材料（吹付け石綿及び石綿含有吹付けロックウール）を用いないこととしており，増改築時における除去等を義務づけている（飛散のおそれがある場合の勧告・命令，報告聴取，立入検査の実施等についても規定している）。

6.4.11 居室内における化学物質の発散に対する衛生上の措置（法28条の2・3号，令20条の5～20条の9）

（1） 規制対象物質（令20条の5）

政令で定める化学物質は，クロルピリホス及びホルムアルデヒドとする。

（2） クロルピリホスに関する建築材料の規制（令20条の6・1号，2号）

クロルピリホスを添加した建築材料を用いないこと。

※ クロルピリホスが添加された建築材料のうち，建築物の部分として5年以上使用したものは除外。

（3） ホルムアルデヒドに関する建築材料及び換気設備の規制

1） 内装の仕上げの制限（令20条の7）

① 建築材料の区分（令20条の7・1項～4項）
表6.65のとおり。

② 第1種ホルムアルデヒド発散建築材料の使用禁止（令20条の7・1項1号）

第1種ホルムアルデヒド発散建築材料については，居室の内装の仕上げへ使用を禁止する。

※ 「居室」には，常時開放された開口部を通じて居室と相互に通気が確保される廊下等が含まれる（以下，同じ。）。

※ 「内装」とは，壁，床及び天井（天井がない場合は屋根）とこれらの開口部に設ける建具（戸等）の室内に面する部分であるが，回り縁，窓台等の部分を除く面的な部分を対象とする（以下，同じ。）。

③ 第2種・第3種ホルムアルデヒド発散建築材料の使用面積の制限（令20条の7・1項2号）

第2種ホルムアルデヒド発散建築材料及び第3種ホルムアルデヒド発散建築材料については，次の式を満たすように，居室の内装の仕上げの使用面積を制限する。

表6.65 ホルムアルデヒドに関する建築材料の区分

ホルムアルデヒドの発散速度*1	告示で定める建築材料		大臣認定を受けた建築材料	内装の仕上げの制限
	名 称	対応する規格		
0.005 mg/m²h 以下		JIS，JASのF☆☆☆☆	令20条の7・4項の認定	制限なし
0.005 mg/m²h 超 0.02 mg/m²h 以下	第3種ホルムアルデヒド発散建築材料	JIS，JASのF☆☆☆	令20条の7・3項の認定（第3種ホルムアルデヒド発散建築材料とみなす）	使用面積を制限
0.02 mg/m²h 超 0.12 mg/m²h 以下	第2種ホルムアルデヒド発散建築材料	JIS，JASのF☆☆	令20条の7・2項の認定（第2種ホルムアルデヒド発散建築材料とみなす）	
0.12 mg/m²h 超	第1種ホルムアルデヒド発散建築材料	JIS，JASの旧 E_2，Fc_2 相当		使用禁止

[注] *1 測定条件：温度28℃，相対湿度50％，ホルムアルデヒド濃度0.1 mg/m³（＝指針値）
 *2 建築物の部分に使用して5年経過したものについては，制限なし。

表 6.66　N_2, N_3 の数値

居室の種類	換気	N_2	N_3
住宅等の居室 *1	0.7 回/h 以上 *2	1.2	0.20
	その他（0.5 回/h 以上 0.7 回/h 未満）*2	2.8	0.50
住宅等の居室以外の居室	0.7 回/h 以上 *2	0.88	0.15
	0.5 回/h 以上 0.7 回/h 未満 *2	1.4	0.25
	その他（0.3 回/h 以上 0.5 回/h 未満）*2	3.0	0.50

［注］　*1　住宅等の居室とは，住宅の居室，下宿の宿泊室，寄宿舎の寝室，家具その他これ
に類する物品の販売業を営む店舗の売場をいう。
　　　　*2　換気について，表に示す換気回数の機械換気設備を設けた場合と同等以上の換気
が確保されるものとして大臣が定めた構造方法を用いるもの，又は大臣の認定を
受けたものを含む。

表 6.67　設置すべき換気設備の種類

a	b	c
機械換気設備（b 以外）	空気を浄化して供給する方式の機械換気設備	中央管理方式の空気調和設備
○機械換気設備の一般的な技術的基準（令 129 条の 2 の 5・2 項）に適合すること。		○中央管理方式の空気調和設備の一般的な技術的基準（令 129 条の 2 の 5・3 項）に適合すること。
○住宅等の居室で換気回数 0.5 回/h 以上，その他の居室で換気回数 0.3 回/h 以上の換気が確保できる有効換気量を有すること。	○住宅等の居室で換気回数 0.5 回/h 以上，その他の居室で換気回数 0.3 回/h 以上の有効換気量に相当する有効換気換算量（次の式により計算）を有することについて，告示基準に適合するもの又は大臣認定を受けたものとすること。 $Vq = Q(C - C_P)/C + V$ $\begin{cases} Vq：有効換気換算量 \\ Q：浄化して供給する空気の量 \\ C_P：浄化した空気に含まれるホルムアルデヒドの量 \\ C：居室内の空気に含まれるホルムアルデヒドの量 \\ V：有効換気量 \end{cases}$	○原則として，次の式によって計算した数値以上の有効換気量を換気する能力を有するものであること。 $V = 10(E + 0.02nA)$ $\begin{cases} V：有効換気量 \\ E：内装の仕上げのホルムアルデヒドの発散量 \\ n：住宅等の居室の場合は 3，その他の居室の場合は 1 \\ A：居室の床面積 \end{cases}$

○居室の通常の使用時に，作動等の状態の保持に支障が生じないものであること。

$N_2 S_2 + N_3 S_3 \leqq A$

$\begin{cases} N_2：上の表の数値 \\ N_3：上の表の数値 \\ S_2：第 2 種ホルムアルデヒド発散建築材料の使用面積 \\ S_3：第 3 種ホルムアルデヒド発散建築材料の使用面積 \\ A：居室の床面積 \end{cases}$

④　適用除外

以下の居室は，別途の基準等により判断するため，内装の仕上げの制限について適用除外とする。

・一定の基準（令 20 条の 8・1 項 1 号ハ）に適合する中央管理方式の空気調和設備を設ける居室（令 20 条の 7・5 項）

・1 年を通じて，居室内の人が通常活動することが想定される空間のホルムアルデヒドの濃度を 0.1 mg/m³ 以下に保つことができるものとして大臣の認定を受けた居室（注：換気設備の基準も適用除外）（令 20 条の 9）

2）　換気設備の設置の義務づけ（令 20 条の 8）

①　表 6.66 のいずれかの換気設備の設置を義務づけ（令 20 条の 8・1 項）

②　適用除外（令 20 条の 8・2 項，令 20 条の 9）

以下の居室は，別途の措置が講じられているため，①に適合する換気設備を設けなくともよいこととする。

表 6.68 天井の高さが高い居室の換気回数

〈換気回数 0.7 回/h 相当の換気が確保される居室/天井の高さ 2.7 m 以上〉

天井の高さ（m）	2.7 以上 3.3 未満	3.3 以上 4.1 未満	4.1 以上 5.4 未満	5.4 以上 8.1 未満	8.1 以上 16.1 未満	16.1 以上
換気回数（回/h）	0.6	0.5	0.4	0.3	0.2	1.61/天井の高さ（m）

〈換気回数 0.5 回/h 相当の換気が確保される居室/天井の高さ 2.9 m 以上〉

天井の高さ（m）	2.9 以上 3.9 未満	3.9 以上 5.8 未満	5.8 以上 11.5 未満	11.5 以上
換気回数（回/h）	0.4	0.3	0.2	1.15/天井の高さ（m）

〈換気回数 0.3 回/h 相当の換気が確保される居室/天井の高さ 3.5 m 以上〉

天井の高さ（m）	3.5 以上 7.0 未満	7.0 以上
換気回数（回/h）	0.2	0.7/天井の高さ（m）

表 6.69 天井裏等の制限

建築材料による措置	・天井裏等に第 1 種，第 2 種ホルムアルデヒド発散建築材料を使用しないこと。	（適用除外） ・天井裏等と居室の間に気密層（建築物省エネ法に基づく告示の仕様又はこれと同等以上のもの）を設けた部分 ・間仕切壁と天井及び床との間に合板等による通気止めを設けた部分
換気設備による措置	・第 1 種機械換気設備を設ける場合で居室内部の空気圧が天井裏等の空気圧を下回らないものであること。 ・第 2 種機械換気設備を設けること。 ・第 3 種機械換気設備を設ける場合で居室内部と併せて，又は別の換気設備により天井裏等の換気も行うものであること。	

（イ）開口部・すき間による換気が確保される居室（換気回数 0.5 回/h 相当）
・常時外気に開放された開口部とすき間の換気上有効な面積の合計が，床面積 1 m² あたり 15 cm² 以上設けられた居室
・就寝系用途の居室（住宅の居室，ホテル・旅館・下宿の宿泊室等）以外の居室で，使用時に外気に開放される開口部とすき間の換気上有効な面積の合計が，床面積 1 m² あたり 15 cm² 以上設けられた居室
・真壁造（壁に合板等の面材を用いないものに限る）の建築物の居室で，外壁等の開口部の建具に木製枠（通気が確保できるすき間を有するものに限る）を用いた居室

（ロ）天井の高さが高い居室で換気回数の緩和を受けるもの
・天井の高さが一定の高さ以上の居室で，天井の高さに応じて表 6.68 の換気回数の有効換気量又は有効換気換算量が確保された機械換気設備を設ける居室

（ハ）1 年を通じて，居室内の人が通常活動することが想定される空間のホルムアルデヒドの濃度を 0.1 mg/m³ 以下に保つことができるものとして大臣の認定を受けた居室（注：建築材料の使用制限も適用除外）

3）天井裏等の制限（令 20 条の 8・1 項 1 号等）
機械換気設備又は中央管理方式の空気調和設備を設ける場合には，天井裏等（天井裏，小屋裏，床裏，壁，物置その他これらに類する部分）から居室へのホルムアルデヒドの流入を抑制するため，表 6.69 のいずれかの措置が講じられていること。

〈参考〉シックハウス対策に係わる住宅のタイプ別の対応方法の例

① 一戸建て住宅

次のⅠ～Ⅲの対策が必要。

② 共同住宅の住戸

次のⅠ～Ⅲの対策が必要。

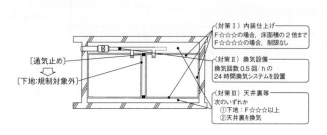

※伝統家屋（土壁真壁造でサッシを用いないもの）等については，内装仕上げの面積制限（対策Ⅰ）のみを適用する。

※旧E₂，F_{C2}相当及び無等級の建材については，内装仕上げ材への使用を禁止する。F☆☆の建材については，局部的な内装仕上げに限定する。

6.4.12 便所（便所・浄化槽）

（1） 便所（建築基準法31条，下水道法11条の3）

便所 ─ 水洗便所 ─ 下水道処理区域内……水洗便所の義務づけ（くみ取便所は3年以内に水洗化）（法31条1項，下水道法11条の3）
下水道処理区域外……合併処理浄化槽設置の原則義務づけ（法31条2項，浄化槽法3条の2）
くみ取便所（一般のくみ取便所，改良便槽をもつくみ取便所）

便所に関しては，採光・換気のため直接外気に接する窓の設置が要求されるが，水洗便所については，適当な照明・換気設備が設置されていれば，これを要しない。

くみ取便所の構造については，井戸との離隔距離（5m以上），漏れ，臭気の防止等衛生上必要な基準が定められている。

（2） 浄化槽

浄化槽法により，新たに設置する浄化槽は，浄化槽法3条の2の規定により原則として合併処理浄化槽とすることが義務づけられている（下水道の事業認可区域以外）。この場合，処理水のBOD 20 mg/l以下，BODの除去率90％以上の処理性能が要求される（浄化槽法4条1項に基づく水質基準）。

また，令32条では，表6.70に示すとおり，区域と規模によって要求性能が区分している。浄化槽は，浄化槽法，水質汚濁防止法，令32条に基づく要求性能を満足するものとして，

・大臣の認定を受けた浄化槽
・大臣が定めた構造方法に適合する浄化槽
のいずれかとしなければならない（表6.70右欄に要求性能に対応する浄化槽の処理方法を示す）。

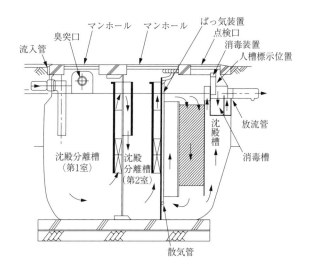

図6.108 合併処理浄化槽の構造の例（分離接触ばっ気方式）

表 6.70　浄化槽に要求される性能（令 32 条）

令32条	屎尿浄化槽を設ける区域	処理対象人員（単位 人）	要求性能		昭55建告1292号の区分
			BODの除去率(%)	放流水のBOD(mg/l)	
1項	特定行政庁が衛生上特に支障があると認めて規則で指定する区域	50 以下	65 以上	90 以下	—
		51 以上 500 以下	70 以上	60 以下	—
		501 以上	85 以上	30 以下	—
	特定行政庁が衛生上特に支障がないと認めて規則で指定する区域	—	55 以上	120 以下	第4
	その他の区域	500 以下	65 以上	90 以下	—
		501 以上 2 000 以下	70 以上	60 以下	—
		2 000 以上	85 以上	30 以下	—
2項	特定行政庁が地下浸透方式により汚物を処理することとしても衛生上支障がないと認めて指定する区域	—	●一次処理装置による SS 除去率 55 % 以上 ●一次処理装置からの流出水の SS 250 mg/l 以下 ●一次処理装置からの流出水を有効に土壌に浸透させる能力		第5
3項	浄化槽法又は水質汚濁防止法の規定に基づき， ・BOD に関して 1 項よりも厳しい排水基準が定められている場合 ・BOD 以外の水質項目に関して排水基準が定められている場合	（浄化槽法）	BOD　20 mg/l 以下，BOD の除去率 90 % 以上		第1, 第6〜第11
		201 人以上（水質汚濁防止法）	BOD　20 mg/l 以下		第6
			BOD　10 mg/l 以下		第7
			BOD　10 mg/l 以下 COD　10 mg/l 以下		第8
			BOD　10 mg/l 以下 T-N　20 mg/l 以下 T-P　1 mg/l 以下		第9
			BOD　10 mg/l T-N　15 mg/l 以下 T-P　1 mg/l 以下		第10
			BOD　10 mg/l 以下 T-N　10 mg/l 以下 T-P　1 mg/l 以下		第11
			COD, SS, n-Hex, pH, 大腸菌群数に関する基準		第12
			更に厳しい基準		大臣の認定

(1) BOD（生物化学的酸素要求量）の除去率とは，$\dfrac{流入水の BOD - 放流水の BOD}{流入水の BOD} \times 100$（%）をいう。

　SS（浮遊物質量）とは，水中に浮遊する物質の量をいう（一定量の水をろ紙でこして乾燥後，質量を測定）。

　COD（化学的酸素要求量）とは，水中の有機物を酸化剤で酸化するのに消費される酸素の量をいう。

　T-N（全窒素）とは，水中に含まれるすべての窒素の量をいう。

　T-P（全リン）とは，水中に含まれるすべてのリンの量をいう。

　n-Hex（ノルマルヘキサン抽出物質含有量）とは，水中に含まれる油分を表す指標をいう（溶媒のノルマルヘキサンによって抽出された不揮発性物質の量）。

(2) 要求性能を満足する浄化槽として，大臣の認定を受けた浄化槽，又は大臣が定めた構造方法（昭 55 建告 1292 号）に適合する浄化槽を設置しなければならない。

6.4.13 建築設備に関する規定（5章の4第1節）

第5章の4第1節では，建築設備に関する一般的な事項と，任意に設置される（基準法令上設置が義務づけられていない）ガス設備，給排水設備，換気設備，冷却塔に関する規定が設けられている。

義務設置における自然換気設備及び機械換気の基準が換気量の要求を主眼とした規定であるのに対して，任意設置における基準は，換気機能の確保のための構造的要件，換気設備の設置に伴う支障の防止を主眼としている点が異なる。

冷却塔に関しては，専ら建築物への延焼抑制を目的とした規定が設けられている。

（1）建築設備の構造強度（令129条の2の3）

① 昇降機を構造耐力上安全なものとするため，次の基準がある（令129条の3～129条の5，129条の8，129条の12）。

・エレベーターのかご及びかごを支え，又は吊る構造上主要な部分等に関する基準（構造方法，エレベーター強度検証法等）

・エレベーターの駆動装置及び制御器に関する基準（移動，転倒を防止するための設置方法等）

・エスカレーターの脱落防止に関する基準（地震その他の震動によって脱落するおそれがない構造方法等）

② 建築設備（昇降機を除く）を構造耐力上安全なも

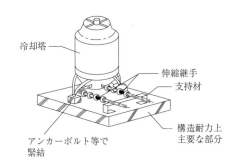

図6.109 冷却塔における構造強度の確保

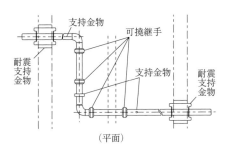

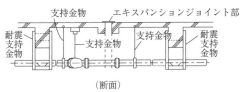

図6.110 可撓継手による耐震対策

のにするため，次の基準がある（平12建告1388号）。

・支持構造部及び緊結金物のさび止め，防腐措置の実施

・屋上から突出する水槽等は建築物の構造耐力上主要な部分に緊結

・給排水の配管設備は配管スリーブ，伸縮継手，可撓（かとう）継手，防震ゴム等を設け損傷を防止すること等

③ 構造計算を行うことを求められる建築物（法20条2号イ又はロに規定する建築物）の屋上に突出する水槽，煙突等は構造計算を行うことが求められる（平12建告1389号）。

（2）設備に関する一般基準（令129条の2の4，平12建告1412号，1422号，平17国交告570号）

政令では「給水，排水その他の配管設備」と記述されているが，給水，排水，電気，ガス，換気，冷却塔等，設備全般を対象として，次のとおり包括的に規定している。

① 腐食の防止

② 梁貫通等による建築物の構造耐力上の支障の防止

③ エレベーター及び小型荷物用エレベーターの昇降路への配管設備設置の原則禁止

・平17国交告570号に適合する配管設備及び地震時等においても昇降機の機能及び配管の機能に支障がないものとして国土交通大臣の認定を受けた配管設備については，昇降路内に設置可能

④ 圧力タンク等に対する安全装置の要求（爆裂防止）

⑤ 安全，防火，衛生上の支障の防止

⑥ 地階を除く階数が3以上の建築物，地階に居室を有する建築物，延べ面積が3000 m²を超える建築物に設ける換気，冷房又は暖房の設備の風道等に対する防火上の措置

・風道等の屋内に面する部分を不燃材料で造ることを要求

・平成12建告1412号に適合する構造上軽微な部分，専有部分のみに係る換気設備等に対する，上記要求の緩和

⑦ 配管の防火区画貫通部分に対する措置

・配管の区画貫通部前後1 mを不燃材料で造ることを要求

・平12建告1422号に適合する小口径配管に対する，上記要求の緩和

（3）ガス設備に関する基準（令129条の2の4，昭56建告1099号）

3階以上の階を共同住宅の用途に供する建築物に設けられるガス設備を対象として，ガス漏れによる事故防止のため，ガス漏れ警報機，配管，ガス栓等に関する規定

が設けられている。

（4） 給水設備（飲料水）に関する基準（令129条の2の4，平12建告1390号，昭50建告1597号）

水道法上「給水装置」に該当するものを除き，飲料水の衛生，安全を確保するため，飲料水の配管設備に関する基準が次のとおり設けられている。

- クロスコネクションの禁止（飲料水系統以外の配管との接続の禁止）
- 有効な逆流防止措置
- 配管等から溶出する物質による汚染の防止
- 漏水の防止
- 凍結による破損の防止
- 給水タンクにおける飲料水の汚染防止（防蝕，六面点検等）
- その他，配管の破損防止，汚染物からの離隔等に関する規定

（5） 排水設備に関する基準（法19条，令129条の2の4，昭50建告1597号）

建築物及び敷地の衛生，安全を確保するため，排水設備に関する基準が次のとおり設けられている。

- 敷地内の排水に支障がない場合又は建築物の防湿の必要がない場合を除き，建築物の敷地はこれに接する道の境より高くなければならず，建築物の地盤面は，これに接する周囲の土地より高くなければならないこと。
- 建築物の敷地には，雨水及び汚水を排出し，又は処理するための排水設備，ためます等を設けること。
- 有効に排水を排出できる能力を有するものとすること。
- 排水トラップ，通気管等を設け，室内への臭気の逆流等を防止すること。
- 排水設備の末端は，公共下水道，都市下水路等の排水施設に排水上有効に接続すること。
- その他，機具類との連結禁止，排水槽，阻集器，排水再利用設備等に関する規定。

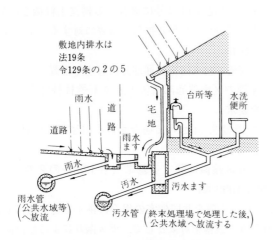

図6.111 下水道と排水設備

6.4.14 昇降機（法34条，令129条の3～129条の13の3）

エレベーター，エスカレーター，小荷物専用昇降機は，基準に従い安全の確保が必要となる。また，荷物用の昇降機であっても，かごの水平投影面積が1 m² 以上又は天井の高さが1.2 mを超えるものは，エレベーターの基準に適合する必要がある。

高さ31 mを超える建築物には非常用エレベーターを設置しなければならない（6.3.8参照）。

（エレベーターの基準の内容）

- 主索等の構造上主要な部分……摩損等による強度の低下を踏まえた強度の確保
- 制動装置……異常等が生じた場合においても，かご内の人に1G以上の衝撃を与えることなく停止できる性能の確保
- 閉じこめ事故や重大事故の防止などの安全対策……地震時等管制運転装置及び戸開走行保護装置の設置
- その他……かご・昇降路の防火性能，機械室における管理の容易性，かごと扉の連動等に関する基準

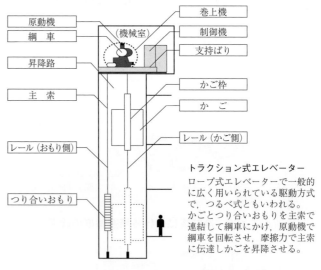

図6.112 ロープ式エレベーター（トラクション式）の模式図

6.4.15 煙突（令115条）

　火気使用室に設ける換気設備に関する基準に加えて，煙突については，令115条により，次のような基準が定められている。

① 煙突からの排気による延焼の防止を目的とする，立上り高さ，離隔距離等に関する規定（1項1号，2号，7号）

　・煙突の屋上突出部は，屋根面からの垂直距離を60 cm 以上とすること。

　・煙突の高さは，その先端からの水平距離1 m 以内に建築物がある場合で，その建築物に軒がある場合においては，その建築物の軒から60 cm 以上高くすること。

　・防火上支障がない場合を除き，ボイラーの煙突の高さは，地盤面から15 m 以上（火粉を排出しない構造のボイラーについては9 m 以上）とすること（昭56建告1112号）。

② 煙突からの熱による着火の防止を目的とする，断熱又は離隔距離に関する規定（1項3号）

　・煙突の隠蔽部分は，金属又は金属以外の不燃材料で覆うか，厚さ10 cm 以上の金属以外の不燃材料で造ること。

　・煙突は，木材等の可燃材料から15 cm 以上離隔するか，厚さ10 cm 以上の金属以外の不燃材料で覆うこと。

③ 壁付暖炉の煙突に関する仕様規定（燃焼生成物による劣化の防止，すすによる閉塞を防止するための清掃を可能とする構造に関する規定）（1項4号，5号）

④ 腐食等に伴う漏れ，閉塞等による煙突機能の劣化防止を目的とする防腐・防食に関する規定（1項6号）

⑤ 防火上支障がない場合，1項1号から3号までの規定を適用しない条件を定める規定（2項）

　・排ガスが火粉を含まず排気温度が低い（260 ℃又は100 ℃以下）煙突に関して，煙突の立上り高さ，離隔距離，断熱等に関する基準の適用除外を規定（昭56建告1098号）

6.4.16 電気設備（法32条）

　法32条により，建築物の電気設備は，法律又はこれに基づく命令の規定で電気工作物に係る建築物の安全及び防火に関するものの定める工法によって設けなければならないと規定されている。

　これは，電気を用いる建築設備に関して，建築物の安全及び防火のために設けられている法令のすべてを含むことを意味しており，したがって，排煙設備，非常用の照明装置，予備電源，避難施設，地下道の非常用の照明設備等のみならず，配管設備等に対する令129条の2の4の規定等は本規定にいう法律又はこれに基づく命令の範囲に属する。

　一般的な電気工作物に関する基準としては，電気事業法39条1項に定める経済産業省令で定める技術基準「電気設備に関する技術基準を定める省令」があり，平成9年に全面改正が行われ，基準の性能規定化により，基準そのものは非常に簡素なものとなっている。

　この基準を補完するため，法的拘束力のない技術的な判断基準として，「電気設備の技術基準の解釈」が経済産業省より示されている。

6.4.17 避雷設備（法33条）

　高さ20 m を超える建築物には，有効に避雷設備を設けることが義務づけられるが（法33条），避雷設備とは，受雷部，引下げ導線，接地極等からなり，雷撃によって生ずる火災，破損等を防止することを目的として設置されるものである。

　避雷設備の構造方法は，雷撃によって生ずる電流を建築物に被害を及ぼすことなく安全に地中に流すことができるものとして，大臣が定めた構造方法を用いるもの又は大臣の認定を受けたものであることが規定されている（令129条の14，129条の15）。このうち，大臣が定めた構造方法については，平12建告1425号の規定により，JIS A 4201（建築物等の雷保護）−2003に規定する外部雷保護システムに適合する構造としなければならない。なお，JIS A 4201（建築物等の避雷設備（避雷針））−1992に適合する構造の避雷設備は，JIS A 4201（建築物等の雷保護）−2003に規定する外部雷保護システムに適合するものとみなされる。

6.5 その他の単体規定

6.5.1 敷地の衛生及び安全（法19条）

建築物の敷地について，その衛生及び安全上の規定が表6.71のとおり定められている。

表6.71 敷地の衛生及び安全

項目	規定の内容
敷地・地盤面の高さ	原則として，敷地は接する道の高さより高く，地盤面は接する周囲の土地よりも高くする。
湿潤な土地，ゴミ等の埋め立て地等	盛土，地盤改良等の安全上・衛生上必要な措置を講じる。
敷地の排水	雨水・汚水を排出・処理する下水管等を設ける。
がけ崩れ等のおそれのある場合	擁壁の設置等安全上適当な措置を講じる。

6.5.2 建築材料の品質に関する規定（法37条，令144条の3，平12建告1446号）

法37条の規定により，建築物の基礎，主要構造部，その他の政令で定める部分に使用する建築材料について，大臣が指定した場合は，大臣の指定する日本産業規格（JIS）又は日本農林規格（JAS）に適合するか，又は大臣の定める品質基準に適合することについて大臣の認定を受けなければならない。

① この規定の対象となる「政令で定める部分」は，令144条の3で，以下のとおり定められている（これらのほか，法で定められている基礎及び主要構造部も対象となる）。
  ・構造耐力上主要な部分
  ・耐火構造，準耐火構造の構造部分
  ・令109条に定める防火設備又はその部分
  ・内装又は外装の部分で大臣が指定するもの
  ・間仕切り壁，揚げ床，最下階の床，小ばり，ひさし，局部的な小階段，屋外階段，バルコニーその他で大臣が指定するもの
  ・建築設備又はその部分（他法令に基づく規制を受けるもの等の一定のものを除く）

② この規定の対象となる建築材料は，平12建告1446号で，以下のとおり指定されている。構造計算の大臣認定を受けた建築物や，一定の仮設建築物・既存建築物に用いられる場合は，対象から除外されている。
  ・構造用鋼材及び鋳鋼
  ・高力ボルト及びボルト
  ・構造用ケーブル
  ・鉄筋
  ・溶接材料（炭素鋼，ステンレス鋼及びアルミニウム合金材の溶接）
  ・ターンバックル
  ・コンクリート
  ・コンクリートブロック
  ・免震材料
  ・木質接着成形軸材料
  ・木質複合軸材料
  ・木質断熱複合パネル
  ・木質接着複合パネル
  ・タッピンねじその他これに類するもの
  ・打込み鋲
  ・アルミニウム合金材
  ・トラス用機械式継手
  ・膜材料，テント倉庫用膜材料及び膜構造用フィルム
  ・セラミックメーソンリーユニット
  ・石綿飛散防止剤
  ・緊張材
  ・軽量気泡コンクリートパネル
  ・直交集成板（CLT）

③ その他，適合すべきJIS及びJAS，認定のための品質の基準についても，建築材料の種類ごとに，平12建告1446号で定められている。

コラム 2-8　感染症と建築物

　2019 年 11 月に中国で初の感染者が出て，2020 年 1 月に新型のコロナウィルスであることが確認された COVID-19（以下「新型コロナ」という）は，世界的に感染拡大し，全世界の経済活動，社会生活に激甚な影響を与えた。

　現在（2023 年 10 月 16 日），わが国では新型コロナ感染症も 5 類に移行し（2023 年 5 月 8 日），社会もようやく落ち着いてきたようであるが，わが国における新型コロナ対策としては，「新型コロナウイルス感染症対策の基本対処方針」（2020 年 3 月 28 日，2021 年 9 月最終改定）が示されており，三密（密閉，密集，密接）の回避，手洗い，咳エチケット等が提唱されていた。

　この三密のうち，「密閉」とは「換気の悪い密閉空間」を言うこととされており，厚生労働省は，『「換気の悪い密閉空間」を改善するための換気の方法』（2020 年 3 月 30 日）を公表している。日本建築学会と空気調和・衛生工学会も「新型コロナウイルス感染症制御における「換気」に関して緊急会長談話」等の情報発信を行ってきた。

　これらにおいては，「換気」に関する既往の基準・規準（建築物衛生法令，建築基準法令に基づく換気の技術基準，学会規準等）の適確な運用を図るべきことが提唱されている。具体的には，建築物衛生法で想定している換気量 30 m^3・h^{-1}・人$^{-1}$（建築基準法令では 20 m^3・h^{-1}・人$^{-1}$）を遵守すべきことを指摘しているが，現時点においても，新型コロナの感染に関する科学的知見が不十分なため，新型コロナの感染と換気の関係を定量的に示すには至っていない。

　従来，新型コロナについては，飛沫感染，接触感染が主な感染経路であるとされ，空気感染（飛沫核感染）はしないとされてきたが，エアロゾルによる感染については，情報が交錯している。

　「咳やくしゃみとともに放出される大きな粒子」（飛沫）は短い距離しか飛ばず，短時間で床に落ちるが，小さくなった粒子＝エアロゾルは比較的長時間空気中に留まり続け，部屋中に広がって感染を引き起こす」ことが懸念されているが，「エアロゾル」の評価については様々な意見がある。

　建築物の換気設備において，合理的な新型コロナ対策を立案するためには，エアロゾルによる感染も含めて，その性状，感染のメカニズム，感染に寄与する程度等について科学的知見が必要となるが，現時点においても，これらに関する知見が決定的に不足している。

　また，「接触感染」についても，建築物のドアノブ，スイッチ類，床・壁面に付着したウィルスによる感染拡大防止対策は，建築物の計画（扉の構成，動線，トイレの飛沫，壁・床，上履きゾーンの設定等）に多大な影響を及ぼすこととなるが，これらについても，科学的知見が不十分である。

　残念なことに，新型コロナによる感染については，事象の複雑さ，倫理的制約等により，単純な実験科学的アプローチを適用できず，今後も引き続き科学的知見の不足は十分に解消されないようである。

　しかし，科学的知見が不足しているとしても，生活の基盤である建築物の計画・設計・運用の各場面においては，さまざまな物事を決定し，実行することが必要となる場面がある。

　建築物の「衛生」においては，歴史的にも感染症対策は重要な課題であったが，かつて「感染症に関する科学的知見」が十分であったことなどほとんどなかったし，そもそも通常の建築物の設計においてさえ，建築物に関わるすべてについて科学的知見が網羅されているわけではない。

　したがって，建築物における感染症対策（特に今回の新型コロナ対策）においては，得られている科学的知見で説明可能な領域をしっかり認識し，その限界を踏まえた上で，過去の経験と観察された事象から帰納される事項を慎重に吟味しつつ手探りで検討を進めるという方法こそが，建築系の技術者にとって有益な選択肢となる。

　医学・感染症領域における科学的知見の充足を待つだけでなく，都市・建築における今までの感染症対策を徹底的に研究・検証することが特に重要と考えられる。

（山海敏弘）

7. 集団規定

7.1 集団規定のあらまし

7.1.1 集団規定とは

建築基準法の第3章は，都市の機能確保や生活環境の確保を図るための規定で，都市計画で求める環境の実現のため，交通上，安全上，防火上及び衛生上の観点から，都市計画区域及び準都市計画区域内の地域地区，道路関係などの立地条件によって，建築物の接道，用途，形態等を制限している。これらの制限による規定を，「集団規定」と呼び，建築する場所にかかわらず適用される「単体規定」と区分している。

なお，法第4章の建築協定及び法86条の一団地の総合的設計・連担建築物設計制度は集団規定ではないが，まちづくりのための規定であり，本節に加えている。

7.1.2 集団規定の構成

（1）道路関係

　道路の定義，敷地等と道路との関係，道路内の建築制限，私道の変更等，壁面線

（2）用途地域関係

　用途地域（13種類）内等の建築制限，特別用途地区，特定用途制限地域，卸売市場等の位置

（3）面積制限等

　容積率，建蔽率，敷地面積の最低限度，外壁の後退距離

（4）高さの制限

　高さの限度，各部分の高さ（斜線制限等），日影規制

（5）防火地域関係

　防火地域・準防火地域内の建築制限，特定防災街区整備地区

（6）各種地区・誘導制度

　特例容積率適用地区，高層住居誘導地区，高度地区，高度利用地区，総合設計制度，特定街区，都市再生特別地区，居住環境向上用途誘導地区，特定用途誘導地区，景観地区，地区計画等（5種類），建築協定，一団地の総合的設計，連担建築物設計制度

7.1.3 都市計画と建築基準法

（1）土地利用の計画

　都市計画法により市街化区域，地域地区等の土地利用にかかわる計画を定める。それぞれの地域等の目的は都市計画法に明記され，建築基準法では，それぞれの地域等に応じた制限及び例外許可の要件としてこれら地域等の目的に沿った基準が示される。

（2）建築基準法で定めるもの

　都市計画で定めた市街地の計画内容を担保するための具体的な規制は，ほとんど建築基準法が定めている。政令に委ねているものは，きわめて軽微な事項か緩和・誘導的なもので，財産権の保護，営業の自由などから規制的なものは国会の議決を得た法律によっている。

　また，特別用途地区，地区計画等の建築制限の内容は法に基づき，それぞれ地方公共団体，市町村の条例で定める。

　建築基準法の道路の構造，接道義務，用途の制限，形態の規制などのいわゆる集団規定と呼ばれるものが都市計画法による都市計画と一体となって機能する。

（3）都市計画区域及び準都市計画区域外における集団規定の適用（法68条の9）

　建築基準法の集団規定の規制内容の一部を都市計画区域以外の区域でも適用できる仕組みは，リゾート開発のコントロールを必要とした平成4年（1992年）に設けられた。都市計画区域及び準都市計画区域外では，都市計画の手続きによらず，集団規定の一部について，地方公共団体の条例で規制できる。

　また，準景観地区内においても同様であり，市町村の条例で規制できる。

コラム 2-9　よりよいまちづくりのための制度と建築法規の役割・限界

　まちづくりとは，住民が主体となって住みよいまちをつくり，運営していく一切の活動と言える。都市計画はまちづくりの中に含まれる。建築基準法・集団規定と都市計画法は，具体的なまちづくりを進めていく上での両輪となる基本的な法律であり，共に原則として都市計画区域内で適用される。集団規定では，道路や道路と敷地，市街化区域内や都市計画区域内の13の用途地域，用途地域内に二重に制限がかかる特別用途地区，容積率と建蔽率，高さ制限，外壁の後退，防火・準防火地域などがある。都市計画法では，土地利用の制限，都市施設の配置，都市計画事業の三本柱が基礎となり，この両輪の法がまちづくりの実施に欠かすことができない。また，地区単位で必要となる地区計画制度や建築協定及びまちづくり協定，敷地単位で必要な総合設計制度，街区単位で関係する特定街区などもまちづくりの重要な手法となる。

　「計画なき所に開発なし」という原則があるが，道路や上下水道などのインフラが整備されていないにもかかわらず無秩序に建物が建つと取り返しがつかなくなるので，さまざまな土地利用上の規制が必要になり，周辺環境に配慮しながら，適切な計画の下にまちづくりを進めていかねばならない。

　また，建築基準法や都市計画法で原則禁止されている建築申請や開発申請であっても，特に周辺に問題を起こす

ものでなければ特定行政庁の許可と建築審査会や開発審査会の同意を得て，建築や開発を許可し得ることが可能であることも念頭においておく必要がある。

　建築法規の役割・限界としては，それぞれの水準の最低限を守る基準であることから，建築基準法や都市計画法等の基準値を最低限に守っていただけでは最低限の建物やまちづくりになるおそれがあり，注意が必要である。また，まちづくりの関連法規は多岐にわたり，国土全体の土地利用にかかわる国土利用計画法，景観の保全と規制に関わる景観法，都市の緑地の保全や緑化の推進のための都市緑地法，積極的な都市計画事業を進める土地区画整理法や都市再開発法，中心市街地を活性化させる目的の中心市街地活性化法や大規模小売店舗立地法，バリアフリー化を進める高齢者，障害者等の移動等の円滑化の促進に関する法律など建設系の法規はすべて包含しており，さまざまな法規の関連性にも配慮がいる。

　時代背景の様々な動向や事情に応じて法は適宜制定・改正されていくので，業務に携わる者としては，関係する法律の改正動向等を毎年確認して法律順守に努めることが肝要となる。　　　　　　　　　　　　（熊野　稔）

7.2　道路と敷地・建築物等

7.2.1　道路の定義・種類・位置指定

（1）道路・道・通路

　「道路」は法第3章の集団規定に関して用いられる用語で，単体規定では「道」という（法19条，令20条

等）。また，敷地内は「通路」という。これらの幅を特に「幅員」という。

（2）道路の種類

　建築基準法上，「道路」とは表7.1の道をいう。①〜⑤の道は地下のものを除く（法42条1項，2項）。

表7.1　道路の定義

	幅員[*1]	条項号	内容
①		法42条1項1号	道路法による道路（高速自動車道，国道，都道府県道，市町村道，特別区道）
②		法42条1項2号	都市計画法，土地区画整理法，旧住宅地造成事業に関する法律，都市再開発法，新都市基盤整備法，大都市地域における住宅及び住宅地の供給の促進に関する特別措置法又は密集市街地における防災街区の整備に関する法律（法第6章に限る）による道路（例えば，開発許可により築造した道路等）
③	4m以上	法42条1項3号	法第3章の規定（集団規定）が適用された際[*2]，現に存在した道（私道を含む）（例えば，法が施行された際，都市計画区域内に存在した道や法施行後，都市計画区域に指定された際，その区域内に存在していた道等）
④		法42条1項4号	道路法又は上記②の法律（下線の法律を除く）による新設又は変更の事業計画のある道路で，2年以内に事業が執行される予定のものとして特定行政庁が指定したもの
⑤		法42条1項5号	土地を建築物の敷地として利用するため，①と②の法律（下線の法律を除く）によらないで築造する道で，特定行政庁から位置の指定を受けたもの
⑥	4m未満	法42条2項[*3]	法第3章の規定（集団規定）が適用された際[*2]，現に建築物が立ち並んでいる道で，特定行政庁が指定したもの

［注］ *1　特定行政庁が指定する「6m道路区域」内では，6m
　　　 *2　都市計画区域又は準都市計画区域の指定又は変更，法68条の9.1項の条例（都道府県知事が関係市町村の意見を聴いて指定する区域内で定められる条例）の制定又は改正によって法第3章の規定が適用された際をいう。
　　　 *3　道の中心線から左右それぞれ2m（*1の区域では3m）の線を道路境界線とみなす。道の反対側が，崖地，川，線路敷地などの時は，崖地等の道の側の境界線から4mの線を道路境界線とみなす。

（3）水平距離の指定

　特定行政庁は，建築審査会の同意を得て，道の中心線からの振り分け幅を2m未満1.35m以上と縮小して指定することができる。道の反対側が川や崖であるときは，崖地等の境界線から道路境界線とみなされる線までの水平距離は4m未満2.7m以上となる（法42条3項・6項）。

　なお，その敷地がこの道路にのみ2m以上接する建築物については，地方公共団体が，敷地，構造，用途等について制限を条例で付加することができることとされている（法43条の2）。

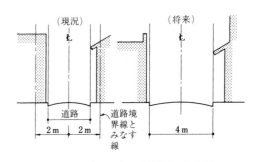

図7.1　法42条2項道路（原則）

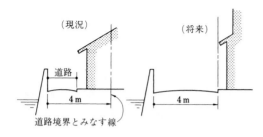

図7.2　法42条2項道路（一方後退）

［注］　特定行政庁が指定する6m道路区域内においては，道路
　　　　の幅員は「6m以上」とする。その場合，上記の「4m」
　　　　は「6m」と，「2m」は「3m」と読み替えるものとす
　　　　る。なお，指定の際，すでに幅員4m以上であった道路
　　　　等については，適用されない（法42条4項，5項）。

写真7.1　幅員4m未満の道路（法42条2項）

（4）　道路の幅員

　一般に路面と側溝の幅の合計で，法敷は含まない。道
路の幅員の捉え方を明確にする通達（昭和58年8月2
日建設省計民発第54号）がある。

（5）　道路位置指定・変更・廃止

1）　道路位置指定の手続き

　道路敷地の土地所有者，土地・建物の関係権利者
の承諾書を添えて特定行政庁に申請する。

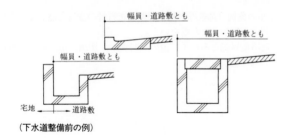

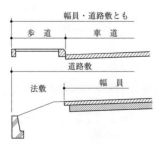

図7.3　道路の幅員の捉え方

2）　道路位置指定の基準（令144条の4）

①　構　造

a．砂利敷その他ぬかるみとならない構造とする。

b．階段状でなく，かつ縦断勾配は12％以下とす
る。

c．必要な側溝，街渠その他の施設を設けたもの。

d．道が交差し，接続し，又は屈曲する箇所には，
すみ切りを設ける（内角120°以内の場合）。

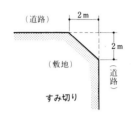

図7.4　道路位置指定のすみ切り

②　道路位置指定の築造方法

　新たに築造する道は，両端が他の道路に接続し
たものとする（図7.5）。ただし，延長が35m以
下の場合（図7.6），終端に広場等がある場合（図
7.7），自動車の転回広場がある場合（図7.8），幅

図7.5　道路位置指定（両端が道路に接続）

〔袋路状道路〕……原則禁止。ただし下記の場合は差し支えない。

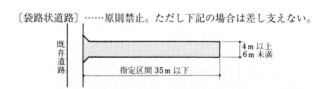

接続道路の幅員が6m未満の袋路状道路の場合は，その
道路が他の道路に接続するまでの延長を含む。

図7.6　袋路状の道路位置指定（延長35m以下）

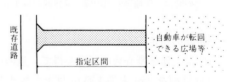

終端に広場等があって支障がないもの

図7.7　袋路状の道路位置指定（終端に広場等）

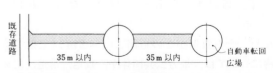

終端及び35m以内ごとに自動車転回広場を設けた場合

図7.8　袋路状の道路位置指定（自動車転回広場設置）

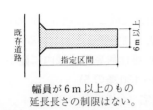

幅員が6m以上のもの
延長長さの制限はない。

図7.9　袋路状の道路位置指定（幅員6m以上）

写真7.2　道路位置指定の例

（法42条1項5号による道路の位置指定）

員が6m以上ある場合（図7.9）は，袋路状道路とすることができる。

③　地区計画等との適合（法68条の6）
　　地区計画等の区域内では，道路の位置の指定は，地区計画等に即して行う。

3）　私道の変更・廃止の制限（法45条）
　　私道に接する敷地が接道基準に適合しなくなるときは，特定行政庁はその変更や廃止を禁止又は制限できる。

7.2.2　接道義務（法43条，規則10条の3）
（1）　接道基準の原則
　建築物の敷地は原則として道路に2m以上接しなければならない。
　この場合の道路として，次のものは認められない。
　　a．自動車専用道路
　　b．地区計画の区域*内の道路
　*　地区整備計画に道路の上空又は路面下において，建築物その他の工作物の敷地として併せて利用すべき区域として定められている区域

（2）　接道基準の緩和
　①　交通上，安全上，防火上，衛生上支障がなく，特定行政庁が認定した次の建築物には前項（1）の基準が適用されない。
　　a．幅員4m以上の道*に2m以上接する建築物
　　b．延べ面積（同一敷地内に複数棟ある場合は延べ

面積の合計）が200 m²以内の一戸建ての住宅
　*　道路に該当するものではなく，農道等の公共の用に供する道又は令144条の4，1項各号の基準（道に関する基準7.2.1（5）2）参照）に適合する道

　②　交通上，安全上，防火上，衛生上支障がなく，建築審査会の同意を得て特定行政庁が許可した次の建築物には前項（1）の基準が適用されない。
　　a．その敷地の周囲に公園，緑地，広場等広い空地を有する建築物
　　b．その敷地が農道等公共の用に供する道（幅員4m以上のものに限る）に2m以上接する建築物
　　c．その敷地が，用途，規模，位置，構造に応じ，避難，通行の安全等のため十分な幅員を有し，道路に通ずる通路に有効に接する建築物

（3）　条例による制限の付加
　次の建築物については，その用途，規模に応じて避難，通行の安全のための制限を地方公共団体の条例で強化できる。
　　a．特殊建築物
　　b．階数3以上の建築物
　　c．無窓の居室のある建築物
　　d．延べ面積が1000 m²を超える建築物
　　e．敷地が袋状道路にのみ接し，延べ面積が150 m²を超える建築物（一戸建ての住宅を除く）

7.2.3　道路内の建築制限（法44，68条の7・4項）
　道路内には建築物を建築したり，擁壁を築造してはならない。地区計画の予定道路内も同様とする。
　〔許可不要の例外〕　地盤面下の建築物（地下街等），7.2.2（1）bの道路の上空又は路面下等に設ける建築物（特定行政庁の認定）
　〔許可による例外〕　公益上必要な建築物（公衆便所，巡査派出所等）で通行上支障がないもの，公共用歩廊（アーケード），道路上空の渡り廊下等（令145条）

写真7.3　道路内に建築できる公益上必要な建築物（巡査派出所）

写真 7.4 道路上空に設けられた通路
（法 44 条 1 項 4 号，令 145 条 2 項，3 項）

写真 7.5 立体道路（法 44 条 1 項 3 号，令 145 条 1 項）

7.2.4 壁面線（法 46, 47 条）

　街区内の建築物の位置を整え，その環境の向上を図るため，特定行政庁は，壁面線を指定することができる。

　建築物の壁，柱，高さ 2 m を超える門・塀は，壁面線を越えて建築することができない。

7.3 建築物の用途の制限（法 48 条，法別表第 2）

7.3.1 用途地域制による制限

　法別表第 2 に用途地域等ごとの建築物の用途制限が定められている。第一種低層住居専用地域，第二種低層住居専用地域，第一種中高層住居専用地域，田園住居地域については，これら地域内に建築できるものを示し，その他の用途地域等については建築できないものを示している。この概要は表 7.2 にまとめている。

　準工業地域は，危険性が大きい又は著しく環境を悪化させるものを除き建築できるが，ここで建築できないものは商業地域で建築できない（個室付浴場等を除く）。商業地域で建築できないものは近隣商業地域で建築できない。以下同様に表の左に向かって田園住居地域を除き第一種低層住居専用地域まで順次制限が厳しくなる。工業地域で建築できないものは工業専用地域で建築できない。

　以下には，用途地域ごとに政令で定められている詳細を含め，この表を補完することとする。

（1） 第一種低層住居専用地域内に建築できる建築物（令 130 条の 3〜130 条の 5）

　1） 兼用住宅（令 130 条の 3）

　　延べ面積の 1/2 以上を居住の用に供し，かつ次の用途を兼ねるもの（兼用部分の面積は 50 m² 以下とする）

　① 事務所（汚物運搬用自動車，危険物運搬用自動車等の駐車施設を有するものを除く）

　② 日用品の販売を主たる目的とする店舗，食堂，喫茶店

　③ 理髪店，美容院，クリーニング取次店，質屋，貸衣裳屋，貸本屋等

　④ 洋服店，畳屋，建具屋，自転車店，家庭電気器具店等（原動機の出力 0.75 kW 以下）

　⑤ 自家販売のための食品製造業を営むパン屋，米屋，豆腐屋，菓子屋等（原動機の出力 0.75 kW 以下）

　⑥ 学習塾，華道教室，囲碁教室等

　⑦ 美術品又は工芸品を製作するためのアトリエ又は工房（原動機の出力 0.75 kW 以下）

　2） 公益上必要な建築物（令 130 条の 4）

　① 延べ面積 500 m² 以下の郵便業務用施設

　② 延べ面積 600 m² 以下の地方公共団体の支庁・支所，老人福祉センター，児童厚生施設等

　③ 近隣に居住する者の利用に供する公園に設ける公衆便所又は休憩所

　④ 路線バスの停留所の上家

　⑤ 認定電気通信事業，電気事業（小売電気事業を除く），ガス・上下水道施設，都市高速鉄道事業の施設，熱供給事業

　3） 附属建築物の限度（令 130 条の 5）

　① 自動車車庫（工作物を含む）で 600 m² 以下のもの（敷地内の延べ面積（車庫部分を除く）以下，2 階以上は不可）

　② 床面積 15 m² 以下の畜舎

　③ 一定数量以下の危険物貯蔵庫（ガソリン 1 000 l，灯油 5 000 l，重油 10 000 l，動植物油 30 000 l 等）

写真 7.6 用途地域の例（第一種低層住居専用地域）

表7.2　用途地域による建築物の用途制限 (法48条・別表第2)

凡例: □ 建てられる用途　■ 建てられない用途（※網掛け＝建てられない用途。以下の表では空欄は建てられる用途、( )内数字は脚注による制限を示す）

建築物の用途	第一種低層住居専用地域	第二種低層住居専用地域	第一種中高層住居専用地域	第二種中高層住居専用地域	第一種住居地域	第二種住居地域	準住居地域	田園住居地域	近隣商業地域	商業地域	準工業地域	工業地域	工業専用地域
住居系 住宅, 共同住宅, 寄宿舎, 下宿													
老人ホーム, 福祉ホーム等													
兼用住宅のうち店舗・事務所等が一定規模以下のもの													
公益施設系 神社・寺院・教会等													
巡査派出所, 公衆電話所等													
保育所, 公衆浴場, 診療所													
老人福祉センター, 児童厚生施設等	(1)	(1)						(1)					
幼稚園, 小学校, 中学校, 高等学校, 中等教育学校, 特別支援学校													
大学, 高等専門学校, 専修学校等													
図書館, 郷土資料館等													
病院													
商業系 店舗・飲食店等(6)　床面積の合計が150 m²以下の一定のもの													(5)
〃　500 m²以下の一定のもの								(9)					(5)
上記以外の店舗・飲食店等				(2)	(3)	(4)	(4)					(4)	(5)
事務所等				(2)	(3)								
ボーリング場, スケート場, 水泳場等					(3)								
ホテル, 旅館					(3)								
自動車教習所, 畜舎 (床面積の合計が15 m²以上のもの)					(3)								
マージャン屋, ぱちんこ屋, 射的場, 勝馬投票券発売所等(6)						(4)	(4)					(4)	
カラオケボックス等						(4)	(4)					(4)	(4)
自動車車庫　2階以下, かつ床面積の合計が300 m²以下のもの													
自動車車庫　3階以上, 又は床面積の合計が300 m²超のもの (一定規模以下の付属車庫等を除く)													
営業用倉庫								(10)					
劇場, 映画館, 演芸場, 観覧場, ナイトクラブ等(6)　客席部分の床面積が200 m²未満のもの													
〃　200 m²以上のもの													
キャバレー, 料理店等													
個室付浴場業に係る公衆浴場等													
工業系 工場 (p.103〜104参照)　作業場の床面積の合計が50 m²以下, かつ危険性・環境悪化のおそれが非常に少ないもの				(7)				(11)					
作業場の床面積の合計が150 m²以下, かつ危険性・環境悪化のおそれが少ないもの													
作業場の床面積の合計が150 m²超, 又は危険性・環境悪化のおそれがやや多いもの													
危険性が大きい又は著しく環境を悪化させるもの													
自動車修理工場　作業場の床面積の合計が150 m²以下のもの													
〃　300 m²以下のもの													
日刊新聞の印刷所													
火薬類, 石油類, ガス等の危険物の貯蔵・処理施設 (p.104参照)　量が非常に少ないもの				(2)	(3)								
量が少ないもの													
量がやや多いもの													
量が多いもの													
特殊建築物 卸売市場・と畜場・火葬場・処理施設					(8)	(8)	(8)	(8)	(8)	(8)	(8)	(8)	(8)

□建てられる用途　■建てられない用途

(1) 一定規模以下のものに限り建築することができる。　(2) 当該用途に供する部分が2階以下, かつ1500 m²以下の場合に限る。

(3) 当該用途に供する部分が3000 m²以下の場合に限る。　(4) 当該用途に供する部分が10000 m²以下の場合に限る。

(5) 物品販売店舗及び飲食店は禁止されている。　(6) 用途地域無指定区域 (市街化調整区域を除く) では10000 m²を超えるものは建築できない。

(7) 食品製造業に限り建築することができる。　(8) 都市計画による位置の決定等の手続きが必要である。

(9) 地域農業の利便増進のための店舗, 飲食店等に限り建築することができる。

(10) 農産物, 農業の生産資材の貯蔵用の自家用倉庫に限り建築することができる。

(11) 農産物の生産, 集荷, 処理, 貯蔵用で, 著しい騒音を発生しないものに限り建築することができる。

（2）　第二種低層住居専用地域内に建築できる建築物（令130条の5の2）

　1）　日用品の販売を主たる目的とする店舗，食堂，喫茶店

　2）　理髪店，美容院，クリーニング取次店，質屋，貸衣装屋，貸本屋等

　3）　洋服店，畳屋，建具屋，自転車店，家庭電気器具店等

　4）　自家販売のために食品製造業を営むパン屋，米屋，豆腐屋，菓子屋等

　5）　学習塾，華道教室，囲碁教室等

　・1）～5）はいずれも2階以下，床面積150 m² 以下に限る。

　・3）4）は作業場の床面積50 m² 以下，原動機の出力0.75 kW 以下に限る。

（3）　第一種中高層住居専用地域内の建築制限（令130条の5の3～130条の5の5）

　1）　店舗，飲食店等……店舗等の床面積は500 m² 以下，かつ2階以下に制限されている。

　①　第二種低層住居専用地域内において建築できる店舗等（ただし，物品販売店においては，専ら性的好奇心をそそる写真等の販売を除く）

　②　銀行の支店，損害保険代理店，宅地建物取引業等のサービス業を営む店舗

　2）　公益上必要な建築物……税務署，警察署，保健所，消防署等の建築物（ただし4階以下）

　3）　附属建築物

　①　自動車車庫……工作物を含め3 000 m² 以下（敷地内の延べ面積（車庫部分を除く）以下），3階以上不可

　②　畜舎……床面積15 m² 以下

　③　危険物貯蔵庫……一定数量以下，上記（1）3）③と同じ

（4）　第二種中高層住居専用地域内の建築制限（令130条の6～130条の7）

　1）　建築できる工場
　　パン屋，米屋，豆腐屋，菓子屋等の食品製造業の工場で，作業場の床面積が50 m² 以下，かつ原動機の出力0.75 kW 以下のもの

　2）　建築できない運動施設……スキー場，ゴルフ練習場，バッティング練習場

　3）　建築できない畜舎……床面積15 m² を超えるもの

（5）　第一種住居地域内に建築できる大規模建築物（令130条の7の2）

　・延べ面積が3 000 m² の制限を超えることができる建築物

　1）税務署，警察署，保健所，消防署等の公益的建築物

　2）附属自動車車庫（敷地内の延べ面積（車庫部分を除く）以下，3階以上不可）

（6）　第二種住居地域内の建築制限（令130条の7の3～130条の8の2）

　1）　建築できる附属自動車車庫
　　第一種住居地域内で建築できる附属自動車車庫の範囲で建築できる。

　2）　建築できない店舗等の類似用途（法別表第2（へ）項6号，令130条の8の2）
　　店舗，飲食店，展示場，遊技場，勝馬投票券発売所，場外車券売場，勝舟投票券発売所の床面積の合計が10 000 m² を超えるものは建築してはならない。

（7）　準住居地域内の建築制限（令130条の8の2～130条の8の3，令130条の9の2）

　1）　営むことができる事業
　　法別表第2（と）項3号(11)で禁止されている原動機の出力1.5 kW を超える空気圧縮機を使用する作業のうち，大臣が防音上有効と認める空気圧縮機を使用する場合は，原動機の出力の合計は7.5 kW 以下とすることができる。

　2）　建築できない店舗等

　①　劇場・映画館・演芸場・観覧場の客席部分，ナイトクラブ等の床面積の合計が200 m² 以上のもの

　②　劇場・映画館・演芸場・観覧場の客席部分，ナイトクラブ等店舗，飲食店，展示場，遊技場，勝馬投票券発売所，場外車券売場，勝舟投票券発売所の床面積の合計が10 000 m² を超えるもの

（8）　田園住居地域内の建築制限（令130条の9の3～130条の9の4）

　1）　建築できる店舗，飲食店等

　①　田園住居地域及びその周辺の地域で生産された農産物の販売を主たる目的とする店舗

　②　①の農産物を材料とする料理の提供を主たる目的とする飲食店

　③　自家販売のために食品製造業を営むパン屋，米屋，豆腐屋，菓子屋等（①の農産物を原材料とする食品の製造，加工を主たる目的とするもの）で作業場の床面積の合計が50 m² 以内のもの（原動機を使用する場合は，その出力の合計が0.75 kW 以下）

　2）　建築できない生産，集荷等の建築物
　農産物の乾燥その他の農産物の処理に供する建築物のうち著しい騒音を発生するもので国土交通大臣が定めるもの

（9）　近隣商業地域及び準工業地域内の建築制限（令130条の9の5）
　ヌードスタジオ，のぞき劇場，ストリップ劇場，専ら異性を同伴する客の休憩用施設等は建築できない。

写真 7.7　用途地域の例（工業専用地域）

(10)　工業地域内の建築制限（令 130 条の 8 の 2）

上記（6）2）のものは建築してはならない。

(11)　工業専用地域内に建築できない運動施設（令 130 条の 6 の 2）

・スキー場，ゴルフ練習場，バッティング練習場

(12)　用途地域無指定区域（市街化調整区域を除く）内の建築制限（令 130 条の 8 の 2）

上記（7）2）②のものは建築できない。

(13)　工場の規制から見た用途地域

法別表第 2 において，工場をおおむね次の 4 種類に区分して規制している。

工場 A：危険性が大きいか又は著しく環境を悪化させるおそれがある工場（別表第 2（ぬ）項 1 号）

工場 B：作業場の床面積が 150 m² を超える工場又は危険性や環境を悪化させるおそれがやや多い工場（別表第 2（り）項 2 号及び 3 号）

工場 C：作業場の床面積が 50 m² を超え 150 m² 以下の工場又は危険性や環境を悪化させるおそれが少ない工場（別表第 2（と）項 2 号及び 3 号）

工場 D：作業場の床面積が 50 m² 以下の工場で危険性や環境を悪化させるおそれが極めて少ないもの

1）　工場 A（法別表第 2（る）項 1 号）

建築することができる用途地域

——工業・工業専用の各地域

法別表第 2（る）項 1 号（1）〜（31）の事業を営む工場（令 130 条の 9 の 7 の特殊の方法による事業は準工業地域において建築できる。）

2）　工場 B（法別表第 2（ぬ）項 2 号，3 号）

建築することができる用途地域

——準工業・工業・工業専用地域

第 2 号

原動機を使用する工場で作業場の床面積の合計が 150 m² を超えるもの（日刊新聞の印刷所及び作業場の床面積の合計が 300 m² を超えない自動車修理工場を除く）

第 3 号

（1）〜（20）の事業を営む工場

3）　工場 C（法別表第 2（と）項 2 号，3 号）

建築することができる用途地域——近隣商業・商業・準工業・工業・工業専用地域の各地域

第 2 号

原動機を使用する工場で作業場の床面積の合計が 50 m² を超えるもの（作業場の床面積の合計が 150 m² を超えない自動車修理工場を除く）

第 3 号

（1）〜（16）の事業を営む工場（令 130 条の 8 の 3 の特殊の方法による事業は準住居地域において建築できる。）

4）　工場 D

建築することができる用途地域——第一種住居・第二種住居・準住居・近隣商業・商業・準工業・工業・工業専用の各地域

①　原動機を使用する工場で作業場の床面積の合計が 50 m² 以下のもの

②　原動機を使用しない工場（ただし，工場 A，工場 B 又は工場 C に該当しないものに限る）

表 7.3　用途地域による工場の用途制限

区　分	低層住居専用地域 田園住居地域	中高層住居専用地域	住居・準住居地域	近隣商業地域	商業地域	準工業地域	工業地域	工業専用地域
工場 A							○	○
工場 B						○	○	○
工場 C				○	○	○	○	○
工場 D			○	○	○	○	○	○

［注］　○印は建築又は用途変更が認められるもの

低層住居専用地域・中高層住居専用地域・準住居地域・田園住居地域内に建築できる工場は 7.3.1（1）〜（4），（7），（8）による。

（14）　危険物の規制から見た用途地域

　1）　危険物の定義

　　法別表第2（と）項4号により，次のものが危険物とされている。

　①　火薬類取締法の火薬類

　②　消防法2条7項に規定する危険物

　③　マッチ

　④　可燃性のガス

　⑤　圧縮ガス，液化ガス

　　このうち②消防法の危険物は，その性状により区分され，第一類（酸化性固体），第二類（可燃性固体），第三類（自然発火性物質及び禁水性物質），第四類（引火性液体），第五類（自己反応性物質），第六類（酸化性液体）がある。

　2）　貯蔵又は処理の規制

　　準住居地域，商業地域，準工業地域の用途地域ごとに貯蔵又は処理のできない数量が令130条の9で定められている。

（15）　許可による制限の緩和（法48条1項～16項）

　各用途地域及び用途地域無指定区域において，建築ができない用途の建築物であっても，所定の条件に該当すると特定行政庁が認め，許可を受けることにより建築が可能となる。許可にあたっては，原則として利害関係者の出頭を求めて公開による意見の聴取，かつ建築審査会の同意が必要である。

　ただし，次の1）の場合には聴取及び建築審査会の同意を要せず，2）の場合には建築審査会の同意を要しない。

　1）　意見の聴取及び建築審査会の同意を要しない場合（同条16項1号，令130条1項）

　①　許可を受けた敷地内での増築等であること

　②　増・改築後の用途規制に適合しない部分の床面積の合計（例えば工場の作業場の床面積の合計）が，許可を受けたその床面積の合計を超えないこと

　③　増改築後の用途規制に適合しない原動機の出力等が，許可を受けたその出力等を超えないこと

　2）　建築審査会の同意を要しない場合（同条16項2号），令130条2項）

　　騒音・振動の発生等による住居の環境の悪化を防止するために必要な規則10条の4の3の措置がされた日常生活に必要な次の建築物

　①　日用品販売を主たる目的とする店舗で第一種・第二種低層住居専用地域内のもの

　②　給食調理場（複数の学校で給食を実施するために必要な施設）で第一種・第二種中高層住居専用地域，第一種・第二種住居地域又は準住居地域内のもの

　③　自動車修理工場で第一種・第二種住居地域又は準住居地域内のもの

［例題⑨］　過半の用途地域に新築できる建築物

　図のような敷地及び建築物の配置において，建築基準法上，新築してはならない建築物は，次のうちどれか。ただし，特定行政庁の許可は受けないものとし，用途地域以外の地域，地区等は考慮しないものとする。

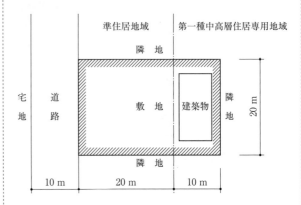

1.　旅館
2.　3階建ての共同住宅（1階が損害保険代理店）
3.　延べ面積300 m² の飲食店
4.　客席の部分の床面積の合計が200 m² の映画館
5.　作業場の床面積の合計が150 m² の自動車販売店舗兼自動車修理工場

［解］　4. 客席の部分の床面積の合計が200 m² の映画館

　法91条により，敷地の過半の属する地域の規定が適用される。法別表2（と）項五号により，客席部分の床面積の合計が200 m² の映画館は，準住居地域に新築できない。

7.3.2　その他の用途の制限

（1）　卸売市場・火葬場等の規制（法51条，令130条の2の2，令130条の2の3）

　1）　都市計画区域内では，卸売市場，火葬場，と畜場，汚物処理場，ごみ焼却場及び所定の各種処理施設，産業廃棄物処理施設は，その敷地の位置が都市計画で決定していなければ建築できない。

　2）　暫定的なもの，比較的小規模なものは，特定行政庁が都道府県都市計画審議会の議を経て都市計画上支障がないと認めて許可した場合，建築できる。この許可には，建築審査会の同意は必要ない。

　3）　用途変更及び工作物としての施設にも準用される（法87条・88条2項）。

　4）　さらに次のような小規模なものは許可を要せず建築できる（令130条の2の3）。

　①　卸売市場

　　延べ面積500 m² 以下（所定の用途地域以外の区域内の新築・増築・用途変更）

　②　汚物処理場・ごみ焼却場その他のごみ処理施設

　　処理能力3 000人以下（一団地住宅施設10 000人以下）

　③　産業廃棄物処理施設

　　工業・工業専用地域内での新築・増築・用途変更

で汚泥, 廃油等の処理能力が一定規模以下のもの

④ と畜場, 火葬場

既に法51条ただし書の許可を受けたものの増築・用途変更で, 許可規模の 1.5 倍かつ 750 m² 以下

（2） 特別用途地区 （法 49 条）

特別用途地区は, 用途地域内の一定の地区内において, 地区の特性にふさわしい土地利用の増進, 環境の保護等の特別の目的の実現を図るため用途地域の指定を補完して都市計画で指定される。この地区内の建築物の建築の制限又は禁止の内容は, 地方公共団体の条例で定める。

（3） 特定用途制限地域 （法 49 条の 2）

特定用途制限地域は, 市街化調整区域を除く用途地域未指定の区域内に都市計画で指定されるもので, 建築物の用途の制限内容は地方公共団体の条例で定める。

7.4 建蔽率

7.4.1 建蔽率の表示

$$建蔽率 = \frac{建築面積の合計}{敷地面積} （\times 100 \%）$$

法律上は, 6/10 のように分数で表すが, 通常はそれを 60 % という。

7.4.2 建蔽率の制限 （法 53 条 1 項）

建蔽率の最高限度は, 用途地域を都市計画で指定するときに建築基準法に定める数値のメニューの中から選択した数値を都市計画で決める。ただし, 商業地域では都市計画で選択の余地がなく, 8/10。

表 7.4 用途地域等による建蔽率の限度

用途地域等	建蔽率の限度
第一種低層住居専用地域 第二種低層住居専用地域 第一種中高層住居専用地域 第二種中高層住居専用地域 田園住居地域 工業専用地域	3/10, 4/10, 5/10, 6/10 のうち都市計画で定められたもの
第一種住居地域 第二種住居地域 準住居地域 準工業地域	5/10, 6/10, 8/10 のうち都市計画で定められたもの
近隣商業地域	6/10, 8/10 のうち都市計画で定められたもの
商業地域	8/10
工業地域	5/10, 6/10 のうち都市計画で定められたもの
用途地域の指定のない区域	3/10, 4/10, 5/10, 6/10, 7/10 のうち特定行政庁が定めるもの

7.4.3 建蔽率の緩和 （法 53 条 3 項, 6〜9 項）

（1） 次の建築物の建蔽率は 1/10 を緩和する（法 53 条 3 項）。

① 建蔽率の限度が 8/10 の地域外で, かつ防火地域内の耐火建築物等（耐火建築物又は耐火建築物と同等以上の延焼防止性能を有する建築物（令 135 条の 20, 1 項））

② 準防火地域内の耐火建築物等（上記①と同じ）

③ 準防火地域内の準耐火建築物等（準耐火建築物又は準耐火建築物と同等以上の延焼防止性能を有する建築物（令 135 条の 20, 2 項））

④ 街区の角にある敷地又はこれに準ずる敷地で特定行政庁が指定するものの内にある建築物

（2） 上記の①〜③のいずれかと④に該当する建築物の建蔽率は 2/10 を緩和する（法 53 条 3 項）。

（3） 次の建築物には, 建蔽率の規定は適用しない（法 53 条 6 項）。

① 建蔽率の限度が 8/10 の地域で, 防火地域内にある耐火建築物等

② 巡査派出所, 公衆便所, 公共用歩廊その他これらに類するもの

③ 公園, 広場, 道路, 川その他これらに類するものの内にある建築物で特定行政庁が安全上, 防火上及び衛生上支障がないと認めて建築審査会の同意を得て許可したもの

［注］ 建築物の敷地が防火地域の内外にわたっていても, その敷地内の建築物の全部が耐火建築物等であるときは, 上記の緩和措置を適用する（法 53 条 7 項）。
建築物の敷地が準防火地域と防火地域及び準防火地域以外の区域とにわたっていても, その地域内の建築物の全部が耐火建築物等又は準耐火建築物等であるときは, その敷地を全て準防火地域内とみなして上記の緩和措置を適用する（法 53 条 8 項）。

（4） 壁面線指定等による緩和 （法 53 条 4 項, 5 項）

次の壁面線等の限度を越えない建築物（ひさし等を除く）で, 特定行政庁が, 安全上, 防火上及び衛生上支障がないと認めて建築審査会の同意を得て許可したものは, 許可の範囲で緩和される。

① 隣地側に壁面線の指定があり, その壁面線を越えない建築物

② 地区計画等による条例により隣地側に壁面の位置の制限の指定があり, その壁面の位置の制限の限度の線を越えない建築物

③ 道路側に壁面線の指定（特定行政庁が街区における避難上・消火上必要な機能の確保を図るため必要と認めて指定したもの）があり, その壁面線を越えない建築物

④ 特定防災街区整備地区に関する都市計画で道路側に壁面の位置の制限があり, その壁面の位置の

制限の限度の線を越えない建築物
⑤　特定建築物地区整備計画，防災街区整備地区整備計画が定められている防災街区整備地区計画の区域で壁面の位置の制限があり，その壁面の位置の制限の限度の線を越えない建築物
⑥　建築物のエネルギー消費性能の向上のため外壁等の工事を行う建物（規則 10 条の 4 の 8）

7.4.4　敷地が制限の異なる区域にわたる場合

建築できる建築面積の限度は，制限の異なるそれぞれの敷地面積にそれぞれの建蔽率の限度を乗じて算定された建築面積の合計である。すなわち面積加重で，用途の制限のように敷地の過半にはよらない。これは容積率の場合と同様である。

[事例]

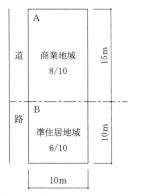

上図のような敷地の建築面積の限度を求める。建蔽率の限度は，加重平均によるので，
$(8/10) \times (150/250) + (6/10) \times (100/250)$
$= 7.2/10 \ (= 72 \%)$
建築面積の限度
$(7.2/10) \times 250 \ \mathrm{m}^2 = 180 \ \mathrm{m}^2$

$\begin{pmatrix} 部分ごとによっても算定できる。\\ A \ 部分 \quad 150 \ \mathrm{m}^2 \times 8/10 = 120 \ \mathrm{m}^2 \\ B \ 部分 \quad 100 \ \mathrm{m}^2 \times 6/10 = 60 \ \mathrm{m}^2 \\ 120 \ \mathrm{m}^2 + 60 \ \mathrm{m}^2 = 180 \ \mathrm{m}^2 \end{pmatrix}$

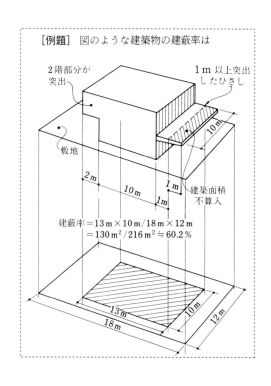

[例題]　図のような建築物の建蔽率は

建蔽率 $= 13 \ \mathrm{m} \times 10 \ \mathrm{m} / 18 \ \mathrm{m} \times 12 \ \mathrm{m}$
$= 130 \ \mathrm{m}^2 / 216 \ \mathrm{m}^2 \fallingdotseq 60.2 \%$

7.5　容積率

容積率は建築物の延べ面積の限度を設け，建築物の利用による都市活動の総量のコントロールを図っている。建蔽率，斜線制限等の形態規制の範囲内で，ある程度，建築物の形態に選択を与える。

[例]　同じ容積（率）であっても，敷地内空地の取り方に差がでる。

7.5.1　容積率の表示

$$容積率 = \frac{延べ面積}{敷地面積} (\times 100 \%)$$

法律上は，20/10 のように分数で表すが，通常はそれを 200 % という。

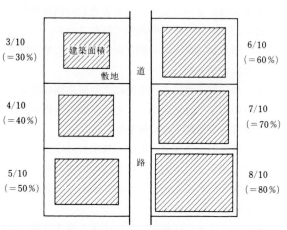

建蔽率は，面積の割合であって辺の割合でないことに注意

図 7.10　建蔽率の例

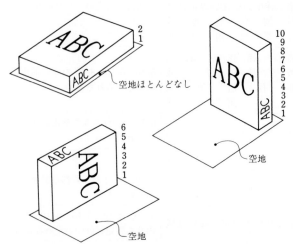

図 7.11　敷地と同容積の建築物の関係

写真 7.8　容積率の限度一杯に建築した例

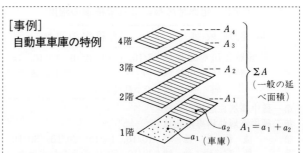

[事例]
自動車車庫の特例

・一般の延べ面積（確認申請手数料等）は、図のように、各階の床面積の合計となる（車庫部分の床面積を含む）。

・容積率を算定する上での延べ面積は、車庫部分の床面積（a_1）を差し引いてよい。

　ただし、床面積の合計（ΣA）の 1/5 を限度とする。
$$\Sigma A - a_1 \quad (a_1 \leqq \Sigma A/5)$$
　もしも 1/5 を超えるときは、1/5 だけを差し引く。
$$\Sigma A(1 - 1/5) = \Sigma A \times 4/5$$

7.5.2　延べ面積の算定（令2条1項4号，2条3項，法52条3項，5項，6項）

（1）　延べ面積の定義（一般の場合）

延べ面積とは、建築物の各階の床面積の合計をいう。床面積とは、建築物の各階又はその一部で壁その他の区画の中心線で囲まれた部分の水平投影面積による（2章4.1　敷地面積の算定　参照）。

　[注]　建築基準法上「階数」に含まれない屋上部分又は地階部分（建築面積の1/8以下）にあっても、延べ面積には含まれる。

（2）　容積率算定上の自動車車庫等の特例

容積率を算定する場合に用いる延べ面積には、自動車車庫その他の専ら自動車又は自転車の停留又は駐車のための施設（誘導車路，操車場所及び乗降場を含む）の用途に供する部分（自動車車庫等部分という）など表7.5の建築物の部分の床面積は、敷地内の建築物の各階の床面積の合計に対して、表7.5の割合の面積を限度として算入しない（令2条1項4号，3項）。

表 7.5　容積率算定上の自動車車庫等の特例

建築物の部分	割合
自動車車庫等部分	1/5
備蓄倉庫部分（専ら防災のために設ける備蓄倉庫の用途に供する部分）	1/50
蓄電池設置部分（床に据え付けるものに限る）	1/50
自家発電設備設置部分	1/100
貯水槽設置部分	1/100
宅配ボックスの設置部分	1/100

（3）　容積率算定上の住宅の地階の特例

容積率を算定する場合に用いる延べ面積には、建築物の地階でその天井が地盤面からの高さ1m以下にあるものの住宅，老人ホーム，福祉ホーム等の用途に供する部分（エレベーターの昇降路の部分又は共同住宅の共用廊下・階段を除く）の床面積は算入しない。

ただし、その床面積がその建築物の住宅，老人ホーム，福祉ホーム等の用途に供する部分（共同住宅の共用廊下・階段を除く）の床面積の合計の1/3を超える場合は、1/3を限度として適用する（法52条3項）。

なお、地盤面について、地方公共団体は土地の状況等により必要と認める場合においては、斜面地などの区域を限り、条例で厳しく定めることができる（法52条5項）。

（4）　容積率算定上のエレベーターの昇降路，共同住宅等の廊下・階段又は住宅等の給湯設備等の特例

容積率を算定する際の延べ面積には、次の部分の床面積は算入しない。

　①　エレベーターの昇降路

　②　共同住宅，老人ホーム，福祉ホーム等の共用の廊下・階段の用に供する部分

　③　住宅，老人ホーム，福祉ホーム等に設ける規則10条の4の4に定める給湯設備で、規則10条の4の5の基準に適合し、特定行政庁が交通上，防火上及び衛生上支障がないと認めるもの

7.5.3　容積率の限度

容積率の最高限度は、指定容積率によるが、前面道路の幅員が12m未満の敷地の場合には、この幅員に一定の係数を乗じたもの（算定容積率）と指定容積率のうち、小さいほうが適用される。

表 7.6　用途地域等による容積率の限度

用 途 地 域 等	容 積 率 の 限 度
第一種低層住居専用地域 第二種低層住居専用地域 田　園　住　居　地　域	5/10, 6/10, 8/10, 10/10, 15/10, 20/10 のうち都市計画で定められたもの
第一種中高層住居専用地域 第二種中高層住居専用地域 第　一　種　住　居　地　域 第　二　種　住　居　地　域 準　住　居　地　域 近　隣　商　業　地　域 準　工　業　地　域	10/10, 15/10, 20/10, 30/10, 40/10, 50/10 のうち都市計画で定められたもの
商　業　地　域	20/10, 30/10, 40/10, 50/10, 60/10, 70/10, 80/10, 90/10, 100/10, 110/10, 120/10, 130/10 のうち都市計画で定められたもの
工　業　地　域 工　業　専　用　地　域	10/10, 15/10, 20/10, 30/10, 40/10 のうち都市計画で定められたもの
高　層　住　居　誘　導　地　区 （住宅が 2/3 以上*1）	指定容積の 1.5 倍以内，かつ住宅比率により定まる政令基準以内で都市計画で定められたもの
居住環境向上用途誘導地区 （誘導すべき用途に供する建築物*2）	居住環境向上用途誘導地区に関する都市計画で定められたもの
特定用途誘導地区（誘導すべき用途に供する建築物*3）	特定用途誘導地区に関する都市計画で定められたもの
用途地域の指定のない区域	5/10, 8/10, 10/10, 20/10, 30/10 又は 40/10 のうち特定行政庁が定めるもの

　[注]　*1～*3 に該当する建築物には，各用途地域で定められた容積率の限度は適用されない。

7.5.4　指定容積率（法 52 条 1 項）

　「指定容積率」は，用途地域を都市計画で指定するときに建築基準法に定める数値のメニューの中から選択されて都市計画で指定された数値である。

7.5.5　前面道路の幅員による制限（法 52 条 2 項）

　前面道路（2 以上の前面道路がある場合は広い方）の幅員が 12 m 未満の敷地に対しては，前面道路の幅員（メートル）に表 7.7 の係数を乗じた数値（算定容積率）が指定容積率より小さいときはこの数値が適用される。

　Aが 12 m 未満の場合には，指定容積率まで建てられないことがある。

表 7.7　前面道路幅員に乗ずる係数

用 途 地 域 等	係 数
第一種低層住居専用地域，第二種低層住居専用地域，田園住居地域	4/10
第一種中高層住居専用地域，第二種中高層住居専用地域，第一種住居地域，第二種住居地域，準住居地域（下欄を除く）	4/10 特定行政庁が指定する区域内は 6/10
その他の区域及び住居系用途地域内の高層住居誘導地区で住宅が 2/3 以上のもの	6/10 特定行政庁が指定する区域内は 4/10, 8/10

［事例］　指定容積率は 30/10 であるが前面道路の幅員（広い方）が 5 m であるから容積率の限度は 5 m×4/10＝20/10 となる。

7.5.6　特定道路による前面道路の幅員の緩和（法 52 条 9 項，令 135 条の 18）

　建築物の敷地が特定道路（幅員 15 m 以上の道路）からの延長 70 m 以内であって，その前面道路の幅員が 6 m 以上 12 m 未満の場合は，下記によって算出した数値（W_a）を前面道路の幅員に加えることができる（その結果，容積率の限度が緩和されることがある）。

$$W_a = \frac{(12 - W_r)(70 - L)}{70}$$

　W_r：実際の前面道路の幅員（6～12 m）
　L：特定道路から敷地までの直近距離の延長

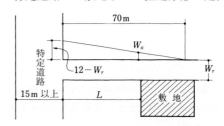

図 7.12　特定道路による道路幅員の緩和

　[例題⑩]　図のような敷地において，建築基準法上，新築することができる建築物の延べ面積（同法 52 条 1 項に規定する容積率の算定の基礎となる延べ面積）の最高限度を求めよ。ただし，図に記載されているものを除き，地域，地区等及び特定行政庁の指定等はないものとする。

準住居地域
（都市計画で定められた容積率　50/10）

[解]
- 敷地面積 20×20＝400 m²
- 都市計画で定める容積率 50/10（500 %）
  法52条2項・9項，令135条の18により
- 特定道路による前面道路幅員緩和
  $W_a=(12-6)(70-56)/70=1.2$
- 前面道路幅員による容積率
  $(6+1.2)×4/10=28.8/10$（288 %）
- 容積率の限度の決定 28.8/10（＜50/10）
- 敷地面積×容積率の限度
  400 m²×28.8/10＝1 152 m²
- ∴延べ面積の最高限度は，1 152 m²

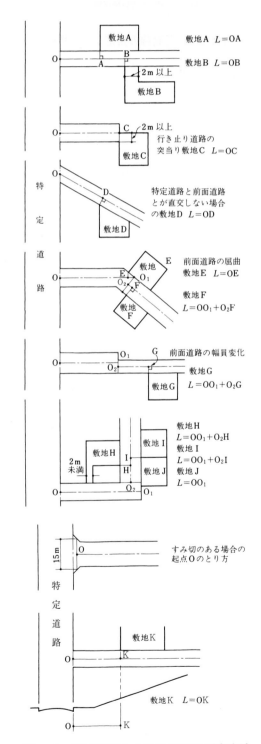

図7.13　特定道路から敷地までの測定方法

7.5.7　住宅の緩和（法52条8項）

　一定の用途地域内にあっては，その敷地内に一定の空地を有し，この空地基準の1/2以上の空地が道路に接するものであり，一定の敷地規模があれば，住宅の比率に応じ，最大，指定容積の1.5倍までの容積緩和がある。空地の規模要件，敷地面積の規模要件は表7.8，7.9のとおり。ただし，居住環境向上用途誘導地区内及び特定用途誘導地区内では，都市計画で定められた誘導すべき用途の建築物は除外。

- 緩和倍率の算出式：$3Vc/(3-R)$
  Vc：指定容積率
  R：建築物の住宅の用途に供する部分の床面積の合計のその延べ面積に対する割合
- 対象用途地域：第一種住居地域，第二種住居地域，準住居地域，近隣商業地域，準工業地域，商業地域

表7.8　住宅の緩和における空地の規模要件

（イ）建蔽率の最高限度（A）	（ロ）建築物の敷地面積に乗ずべき数値	（ハ）条例で定めることができる乗ずべき数値（S）
$A≦4.5/10$	$(1-A)+1.5/10$	$(1-A)+1.5/10<S≦8.5/10$
$4.5/10<A≦5/10$		$(1-A)+1.5/10<S≦(1-A)+3/10$
$5/10<A≦5.5/10$	$6.5/10$	$6.5/10<S≦(1-A)+3/10$
$5.5/10<A$	$(1-A)+2/10$	$(1-A)+2/10<S≦(1-A)+3/10$
定められていない場合	$2/10$	$2/10<S≦3/10$

表7.9　住宅の緩和における敷地面積の規模要件

（イ）地域	（ロ）敷地面積の規模	（ハ）条例で定めることができる敷地面積の規模
第一種住居地域，第二種住居地域，準住居地域又は準工業地域（高層住居誘導地区及び特定行政庁が都道府県都市計画審議会の議を経て指定する区域（以下「高層住居誘導地区等」という）を除く）	2 000 m²	500 m² 以上4 000 m² 未満
近隣商業地域（高層住居誘導地区等を除く）又は商業地域（特定行政庁が都道府県都市計画審議会の議を経て指定する区域を除く）	1 000 m²	500 m² 以上2 000 m² 未満

7.5.8 敷地内に計画道路又は予定道路がある場合（法52条10項，68条の7・5項）

特定行政庁が交通上，安全上，防火上及び衛生上支障がないと認めて許可した場合は，都市計画で定められた計画道路（法42条1項4号に該当するものを除く）又は予定道路（地区計画等で指定されたもの）を前面道路とみなして容積率の制限を行う。ただし，図7.14の斜線部分は，敷地面積に算入することはできない。

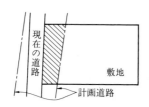

図7.14　敷地内に計画道路等がある場合

7.5.9 壁面線の指定がある場合（法52条11，12項）

特定行政庁が交通上，安全上，防火上及び衛生上支障がないと認め，かつ壁面線と道路との間の敷地の部分が一体的，連続的に有効な空地として確保される等により許可した場合は，前面道路の境界線は壁面線にあるものとみなす。

ただし，図7.15の斜線部分は敷地面積に算入することはできない。

また，前面道路の幅員による容積率の制限で幅員に乗ずる数値が4/10とされている区域内にあって建築物の壁面の位置の制限を受け，建築物がその制限を越えていないときも前面道路の境界線は壁面線等にあるものとみなす（道路幅員×0.6を限度とする）。

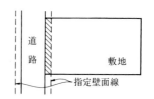

図7.15　壁面線の指定がある場合

7.5.10 特定行政庁の許可による緩和（法52条14項）

次の建築物で，特定行政庁が交通上，安全上，防災上及び衛生上支障がないと認めて建築審査会の同意を得て許可したものは，許可の範囲内で緩和される。

① 同一敷地内の建築物の機械室等の床面積が延べ面積に対して著しく大きい建築物
② 敷地の周囲に広い公園，広場，道路等の空地を有する建築物
③ 建築物のエネルギー消費性能の向上のため構造上やむを得ない外壁等の工事を行う建築物（規則10条の4の6）

7.5.11　敷地が制限の異なる区域にわたる場合（法52条7項）

　敷地のうち同じ制限に属する部分ごとにその面積により獲得した容積率を求め，これら異なる区域の容積率を合計して，当該敷地の容積率の限度を算出する。

[例題⑪]　図のような敷地において，建築基準法上，新築することができる建築物の建築面積の最高限度及び延べ面積（同法52条1項に規定する容積率の算定の基礎となる延べ面積）の最高限度を求めよ。ただし，図に記載されているものを除き，地域，地区等及び特定行政庁の指定・許可等はなく，また，特定道路の影響はないものとする。

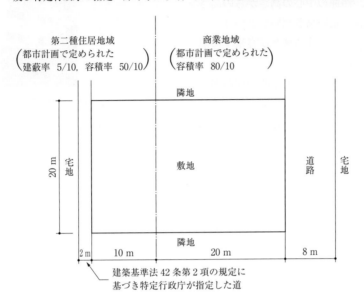

[解]

	第二種住居地域	商業地域
敷地面積（法42条第2項道路による後退部分は算入しない）	$20 \times (10\,\mathrm{m} - 1\,\mathrm{m}) = 180\,\mathrm{m}^2$	$20 \times 20 = 400\,\mathrm{m}^2$
都市計画で定める建蔽率	5/10	8/10
都市計画で定める容積率	50/10	80/10
緩和規定	なし	なし
建蔽率の限度の決定	5/10	8/10
容積率の限度の決定	$8 \times 4/10 = 32/10\,(<50/10)$	$8 \times 6/10 = 48/10\,(<80/10)$
敷地面積×建蔽率の限度	$180 \times 5/10 = 90\,\mathrm{m}^2$	$400 \times 8/10 = 320\,\mathrm{m}^2$
敷地面積×容積率の限度	$180 \times 32/10 = 576\,\mathrm{m}^2$	$400 \times 48/10 = 1\,920\,\mathrm{m}^2$
建築面積の最高限度	\multicolumn{2}{c}{$90 + 320 = 410\,\mathrm{m}^2$}	
延べ面積の最高限度	$576 + 1\,920 = 2\,496\,\mathrm{m}^2$	

[例題⑫]　2階建て，延べ面積300 m^{2}の次の建築物のうち，建築基準法上，新築することができるものはどれか。ただし，特定行政庁の許可は受けないものとし，用途地域以外の地域，地区等は考慮しないものとする。
（1）第一種低層住居専用地域内の工芸品工房兼用住宅で，工芸品工房の部分の床面積を150 m^{2}とし，出力の合計が0.75 kWの原動機を使用するもの
（2）第二種低層住居専用地域内の税務署
（3）第二種中高層住居専用地域内の自家用の倉庫
（4）第一種住居地域内の演芸場
（5）工業専用地域内の劇場

[解]　3.　倉庫業を営む倉庫は，法別表第2（に）項一号，（へ）項五号に該当するので，第二種中高層住居専用地域内に新築できないが，自家用の倉庫なので新築できる。

7.6 前面道路による斜線制限

7.6.1 道路斜線制限 (法 56 条, 法別表第 3)

ある地点からの離隔距離に応じて一定の倍率の高さまで建築できる制限は, 各地点の許容高さを結ぶと斜めの線になる。法では「建築物の各部分の高さ」を制限しているが, これを一般に斜線制限という。

前面道路による斜線制限は, 前面道路の反対側の境界線からの離隔距離に応じ, 路面の中心の高さからの高さを制限している。政令では「道路高さ制限」という。

用途地域ごとの斜線の勾配, 用途地域及び容積率の限度ごとの適用距離が定められている。

前面道路の反対側の境界線から一定の距離の範囲内では, 容積率の限度に応じ斜線制限を受ける (法 56 条 1 項 1 号, 法別表第 3)。

写真 7.9 前面道路による斜線制限

表 7.10 道路斜線制限における適用距離と勾配

用 途 地 域 等	容 積 率 の 限 度 に 応 じ た 斜 線 制 限			
第一種低層住居専用地域 第二種低層住居専用地域 第一種中高層住居専用地域 第二種中高層住居専用地域 第 一 種 住 居 地 域 第 二 種 住 居 地 域 準 住 居 地 域 田 園 住 居 地 域 [注] 第一種・第二種低層住居専用地域・田園住居地域以外では, ①前面道路幅員 12 m 以上のときの緩和がある。②特定行政庁が指定する区域では, 容積率 20/10 超のとき適用距離 5 m 減, 勾配は 1.5/1 とする緩和がある (中高層住居専用地域では容積率 40/10 以上の地域に限る)。	20/10 以下 20 m 1.25 1.0 25 m	20/10 超 30/10 以下 25 m 1.25 1.0 31.25 m	30/10 超 40/10 以下 30 m 1.25 1.0 37.5 m	40/10 超 35 m 1.25 1.0 43.75 m
近 隣 商 業 地 域 商 業 地 域	40/10 以下 20 m 1.5 1.0 30 m	40/10 超 60/10 以下 25 m 1.5 1.0 37.5 m	60/10 超 80/10 以下 30 m 1.5 1.0 45 m	80/10 超 100/10 以下 35 m 1.5 1.0 52.5 m
	100/10 超 110/10 以下 40 m 1.5 1.0 60 m	110/10 超 120/10 以下 45 m 1.5 1.0 67.5 m	120/10 超 50 m 1.5 1.0 75 m	
準 工 業 地 域 工 業 地 域 工 業 専 用 地 域 用途地域の指定のない区域 (この区域の勾配は, 1.25 又は 1.5 のうち特定行政庁が定めるもの。適用距離は 30/10 超はすべて 30 m)	20/10 以下 20 m 1.5 1.0 30 m	20/10 超 30/10 以下 25 m 1.5 1.0 37.5 m	30/10 超 40/10 以下 30 m 1.5 1.0 45 m	40/10 超 35 m 1.5 1.0 52.5 m

[注] 1) 敷地が 2 以上の地域又は区域に属する場合の特例は, 7.6.9 を参照のこと。
　　 2) 高層住居誘導地区内の特例は, 7.11.2 を参照のこと。

7.6.2　適用距離（法別表第3）

道路斜線制限は，前面の道路の反対側の境界線からの離隔距離の一定範囲にのみにかかるもので，この距離は法別表第3に，用途地域等及び容積率の限度に応じて定められている。したがって，前面道路の幅員により敷地内に適用される範囲は異なる。

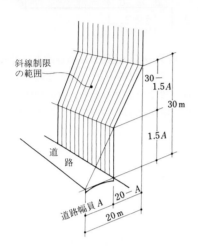

〔商業地域内・容積率の限度40/10以下の場合〕

図7.16　道路斜線制限（適用距離20mの例）

斜線制限を受ける範囲は，前面道路の反対側から一定の距離内（上記例では20m以内）に限られる。

したがって，前面道路の幅員が広くなるほど，斜線制限を受ける範囲が少なくなる（上記の例では，前面道路の幅員が20m以上であれば，斜線制限の適用はないこととなる）。

7.6.3　セットバックによる緩和（法56条2項，令130条の12）

建築物の外壁面を前面道路の境界線から後退（セットバック）して建てた場合には，その後退距離（最小水平距離）だけ，道路の反対側の境界線から外側に道路境界線があるものとみなして適用距離，道路斜線制限を適用する（法56条2項）。

セットバックの判定において，地盤面下にある部分及び政令（令130条の12）で定める建築物の部分は，適用除外（突出してよい）とする。

〔セットバックの外壁から突出してよい部分〕（令130条の12）

・物 置 等：軒の高さ2.3m以下，床面積5 m² 以内，敷地の前面道路長さの1/5以下（水平投影線），道路境界線から最小1m以上後退すること

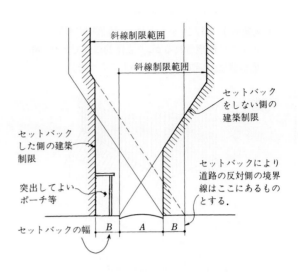

図7.17　道路斜線制限（後退緩和）

・ポーチ等：高さ5m以下，敷地の前面道路長さの1/5以下，道路境界から1m以上後退
・門，　塀：隣地境界に設けるものは適用除外，道路に沿って設けるものは高さ2m以下（塀の1.2mを超える部分は網状であること）
・歩 廊 等：特定行政庁が規則で定めたもの
・その他高さ1.2m以下の建築物の部分（高さは前面道路の路面の中心からの高さ）

7.6.4　前面道路が2以上ある場合（令132条）

建築物の前面道路が2以上ある場合においては，幅員の最大な前面道路の境界線からの水平距離がその前面道路の幅員の2倍以内で，かつ35m以内の区域及びその他の前面道路の中心線からの水平距離が10mを超える区域については，すべての前面道路が幅員の最大な前面道路と同じ幅員を有するものとみなす（令132条1項）。

さらに3本，4本の前面通路がある場合においては，この考え方を適用していけばよい。

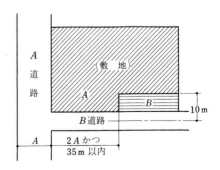

Aの区域は前面道路をAとし，Bの区域は前面道路をBとしての道路斜線制限を受ける。

図7.18　2の道路がある場合の道路斜線制限

[**例題⑬**] 図7.19をもとに，建築物の形態がどのように制限されるか，立体的に図で示せ(隣地斜線については考えないものとする)。

[**解**]

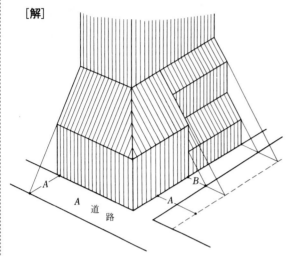

[注] 実際には，地域-容積率等によって，これと異なる形態となることがあるが，一般的には上記のようになる。

[**例題⑭**] 図のような四方道路の敷地において，敷地の各部分は，どの前面道路の斜線制限を受けるか，敷地をそれによって区分せよ。

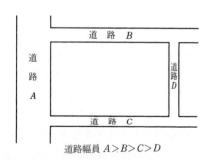

道路幅員 $A>B>C>D$

[**解**]

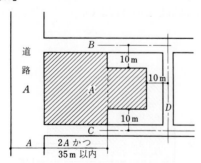

①まず，最大幅員の道路Aから，$2A$かつ35 mの線($2A$又は35 mのうち少ない方)を引き，次に他の幅員の道路中心から10 mの線を引く。これでAの領域が固まる。

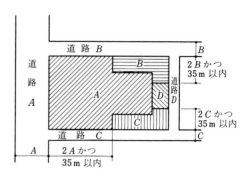

②次に幅員の広い道路Bから道路Dに沿って$2B$，かつ35 m以内がBの道路幅員によって斜線制限を受ける，すなわち，Bの領域となる。
③残る道路CとDについて，Cの方が幅員が広いので，同じように$2C$，かつ35 m以内がCの道路幅員による斜線制限を受ける，すなわち，Cの領域となる。
④残る部分はDの領域となる。

7.6.5 計画道路による緩和 (令131条の2)

敷地に接して，又は敷地内に計画道路がある場合には，特定行政庁が交通上，安全上，防火上及び衛生上支障がないと認めた場合は，計画道路を前面道路とみなしてよい。

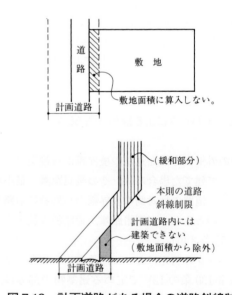

図 7.19 計画道路がある場合の道路斜線制限

7.6.6　前面道路の反対側に公園等がある場合（令134条）

前面道路の反対側に公園，広場，水面等がある場合には，道路の反対側の境界線は公園等の反対側の境界線にあるものとみなす。

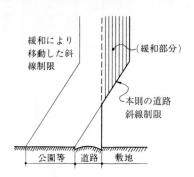

図7.20　公園等がある場合の道路斜線制限

7.6.7　前面道路より敷地が高い場合（令135条の2）

敷地が前面道路よりも1m以上高い場合，その高低差をH(m)としたとき，$(H-1)/2$だけ道路が高い位置にあるものとみなす。

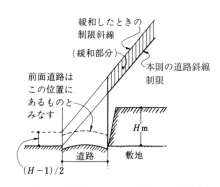

図7.21　敷地が道路より高い場合の道路斜線制限

7.6.8　住居系用途地域内の緩和（法56条3，4項）

低層住居専用地域以外の住居系用途地域内における前面道路幅員が12m以上である場合の道路斜線制限の勾配は，前面道路の反対側から（道路幅員×1.25）以上の区域においては1.5とする（本来の制限斜線である1.25/1が1.5/1に緩和される）。

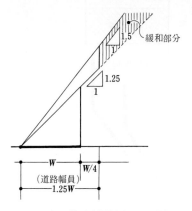

図7.22　道路斜線制限の緩和

7.6.9　敷地が制限の異なる地域等にわたる場合の扱い（法別表第3備考，令130条の11）

建築物が制限の異なる地域又は区域の2以上にわたる場合においては，法別表第3の「建築物」とあるのは「建築物の部分」として適用する（法別表第3備考1）。

建築物の敷地が制限の異なる地域又は区域の2以上にわたる場合における法別表第3（は）欄の距離〔適用距離〕の適用については，同別表中「建築物がある地域又は区域」とあるのは「建築物又は建築物の部分の前面道路に面する方向にある当該前面道路に接する敷地の部分の属する地域又は区域」として適用する（法別表第3備考2，令130条の11）。

[**事例**]　商業地域及び第一種住居地域にまたがる容積率の限度 350 % の敷地を例に示す。道路斜線制限の適用距離は，商業地域で 20 m，第一種住居地域で 30 m となる。

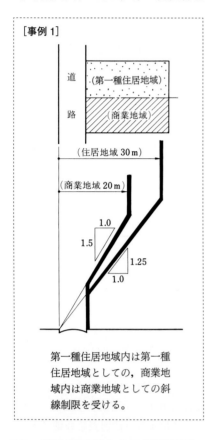

第一種住居地域内は第一種住居地域としての，商業地域内は商業地域としての斜線制限を受ける。

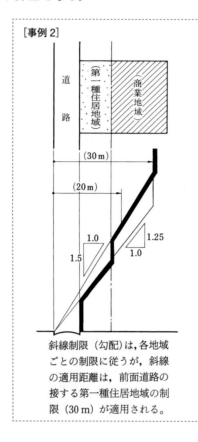

斜線制限（勾配）は，各地域ごとの制限に従うが，斜線の適用距離は，前面道路の接する第一種住居地域の制限（30 m）が適用される。

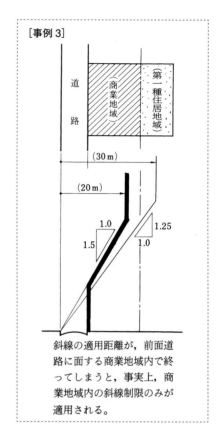

斜線の適用距離が，前面道路に面する商業地域内で終ってしまうと，事実上，商業地域内の斜線制限のみが適用される。

7.7　隣地境界線からの斜線制限

7.7.1　隣地斜線制限（法 56 条 1 項 2 号）

政令では「隣地高さ制限」という。

表 7.11　用途地域等における隣地斜線制限

	用 途 地 域 等	斜 線 制 限
(1)	第一種低層住居専用地域 第二種低層住居専用地域 田 園 住 居 地 域	―
(2)	第一種中高層住居専用地域* 第二種中高層住居専用地域* 第 一 種 住 居 地 域 第 二 種 住 居 地 域 準 住 居 地 域	$20 m+1.25 l$ 特定行政庁の指定する区域（*の地域で容積率 30/10 以下の地域を除く）では $31 m+2.5 l$ l：隣地境界線からの水平距離
(3)	近 隣 商 業 地 域 商 業 地 域 準 工 業 地 域 工 業 地 域 工 業 専 用 地 域	$31 m+2.5/l$
(4)	高 層 住 居 誘 導 地 区 （住宅が 2/3 以上）	$31 m+2.5/l$
(5)	用途地域の指定のない区域	$20 m+1.25/l$ 又 は $31 m$ $+2.5/l$ のうち特定行政庁が定めるもの

［注］ (3)，(4)の地域地区で特定行政庁の指定する区域には適用されない。すなわち，隣地斜線制限がない。

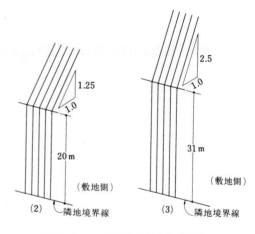

図 7.23　2 種類の隣地斜線制限

7.7.2 セットバック（建築物の外壁面が後退している場合）による緩和

表 7.12　隣地斜線制限（後退緩和）

用 途 地 域 等		斜線の起点高さ
(1)	第一種中高層住居専用地域 第二種中高層住居専用地域 第 一 種 住 居 地 域 第 二 種 住 居 地 域 準 住 居 地 域	$20\,\mathrm{m}+1.25\,A\,\mathrm{m}$
(2)	近 隣 商 業 地 域 商 業 地 域 準 工 業 地 域 工 業 地 域 工 業 専 用 地 域	$31\,\mathrm{m}+2.5\,A\,\mathrm{m}$
(3)	用途地域の指定のない区域	(1)，(2)のうち特定行政庁が定めるもの

［注］　A m は 20 m 又は 31 m を超える建築物の部分が面する隣地境界線までの水平距離のうち最小のもの

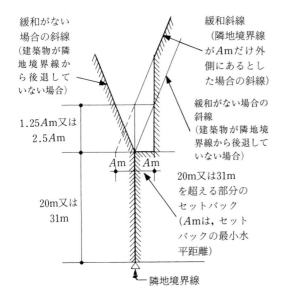

図 7.24　隣地斜線制限（後退緩和）

7.7.3　その他の緩和（令 135 条の 3）

・敷地が公園（街区公園を除く），広場，水面その他これらに類するものに接する場合は，隣地境界線は，その公園等の幅の 1/2 だけ外側にあるとみなす。
・敷地の地盤面が隣地の地盤面よりも 1 m 以上低い場合は，その高低差が H m のとき，$(H\mathrm{m}-1\,\mathrm{m})/2$ だけ，敷地の地盤面が高いものとみなす。

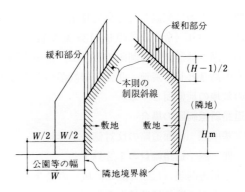

図 7.25　隣地斜線制限の緩和

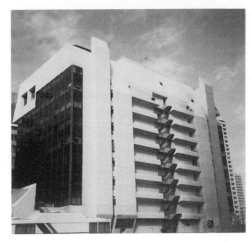

写真 7.10　屋上に突出するペントハウスの高さの特例

（令 2 条 1 項 6 号）建築面積の 1/8 以内の屋上突出部（階段室，昇降機の機械室等）は，高さ 12 m までは，建築物の高さに算入しない。
〈写真は隣地斜線からの突出例〉

7.8　天空率による斜線制限の特例（法 56 条 7 項）

　前面道路斜線制限，隣地斜線制限，北側斜線制限（7.9.4 参照）に関し，これらの制限に適合する建築物と同程度以上の採光，通風等が確保できるものについては，これら斜線制限規定が適用されない。

　採光等の確保を算定する位置が規定され，この算定位置における天空率が同一敷地内において各高さ制限に適合するものとして想定する建築物の天空率以上であることで判断することとされている（令 135 条の 5～135 条の 8）。

・天空率：$(As-Ab)/As$

As：地上のある位置を中心としてその水平面上に想定する半球の水平投影面積

Ab：建築物及びその敷地の地盤を As の想定半球と同一の想定半球に投影した投影面の水平投影面積

天空率算定位置　敷地の両端から基準線に垂直（北側斜線制限の場合は真北）に下ろした 2 点と，その間に所

定の間隔で均等に配置した各点で算定する。基準線，間隔は次のとおり（令135条の9～135条の11）。

なお，高さは道路斜線制限のときは，前面道路の路面の中心の高さとし，隣地，北側斜線制限のときは当該建築物の敷地の地盤面とする。

- ・道路斜線制限の場合
  基準線：前面道路の反対側の境界線
  間　隔：道路幅員の1/2以下
- ・隣地斜線制限（1.25勾配の区域）の場合
  基準線：隣地境界線から外側16mの線
  間　隔：8m以下
- ・隣地斜線制限（2.5勾配の区域）の場合
  基準線：隣地境界線から外側12.4mの線
  間　隔：6.2m以下
- ・北側斜線制限（低層住居専用地域等）の場合
  基準線：隣地境界線から真北方向外側4mの線
  間　隔：1m以下
- ・北側斜線制限（中高層住居専用地域）の場合
  基準線：隣地境界線から真北方向外側8mの線
  間　隔：2m以下

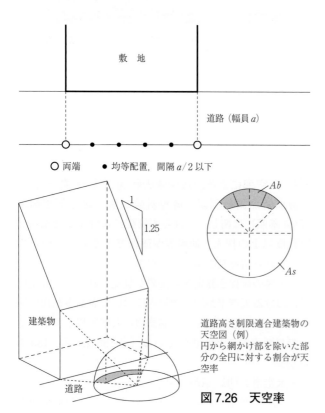

図7.26　天空率

7.9　住居専用地域等における特例・敷地面積の制限

第一種・第二種低層住居専用地域，田園住居地域では，その環境の保全のため，外壁の後退距離，絶対高さの制限及び北側からの斜線制限がある。

なお，北側からの斜線制限は第一種中高層住居専用地域，第二種中高層住居専用地域にも適用される。

7.9.1　外壁の後退（法54条）

（1）　第一種・第二種低層住居専用地域，田園住居地域では，都市計画で外壁の後退距離（1m又は1.5m）が定められることがある。

表7.13　低層住居専用地域，田園居住地域の外壁後退

区　　分	定められた場合		定められない場合
外壁後退距離	1m	1.5m	制限なし

［注］外壁の後退距離を都市計画で定める場合は「低層住宅に係る良好な住居の環境を保護するために必要な場合に限る。」（都計法8条3項2号ロ）

（2）　外壁の後退距離が定められたときは，「建築物の外壁又はこれに代わる柱の面から敷地境界線までの距離」は都市計画で定められた限度以上とする（小規模なものを除く，令135条の21）。

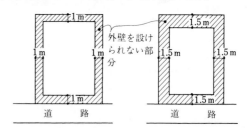

図7.27　低層住居専用地域等の外壁後退

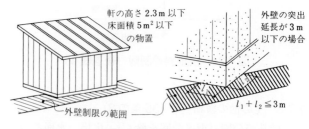

図7.28　外壁後退制限がある場合の突出例
（令135条の21）

7.9.2　高さの制限（法55条）

（1）　第一種・第二種低層住居専用地域，田園住居地域内では，都市計画で建築物の高さの限度が10m又は12mと定められる。原則として，建築物は，その限度を超えることができない。

［注］その限度内であっても，前面道路からの斜線制限や北側斜線制限が適用される（法56条）。
　　なお，道路高さ制限では，建築面積の1/8以内の屋上突出部分（階段室等）は，5mまでは高さに算入しない（令2条1項6号ロ）。

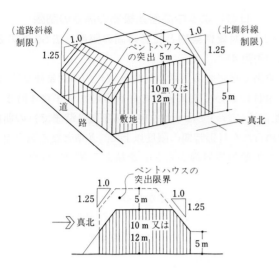

第一種・第二種低層住居専用地域，田園住居地域では，ペントハウス（建築面積の1/8以内）の突出限界（高さ不算入）は5mとなる。ただし，その場合でも，北側斜線制限からの突出は認められない。

図7.29　低層住居専用地域等の高さ制限

[例題⑮]　建築物の地盤面からの高さの最高限度

　図のような敷地において建築物を新築する場合，建築基準法上，A点における地盤面からの建築物の高さの最高限度を求めよ。ただし，敷地は平坦で，敷地，隣地及び道路の相互間の高低差並びに門及び塀はなく，また，図に記載されていないものを除き，地域，地区等及び特定行政庁の指定・許可等はないものとし，日影規制（日影による中高層の建築物の高さの制限）及び天空率は考慮しないものとする。なお，建築物は，全ての部分において，高さの最高限度まで建築されるものとする。

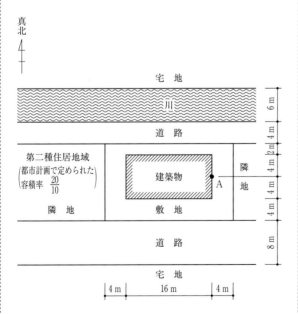

※第二種住居地域の建築物の高さの限度は，道路高さ制限，隣地高さ制限を検討し，いずれか厳しい方の値となる。

[解]・道路高さ制限

　①前面道路の反対側に川（水面）があるので，法56条6項及び令134条1項により，北側の前面道路の反対側の

境界線は，川の反対側の境界線にあるものとみなすことができる。

②前面道路が2以上あるので，法56条6項，令134条2項により，幅員の最大の前面道路（北側のみなし10m道路）の境界線からの水平距離が，その幅員の2倍以内（10m×2＝20m），かつ35m以内の区域においては，南側道路幅員を10mとみなすことができる。A点は北側道路境界線から6mの位置（2m＋4m）にあるので，A点における南側道路の幅員は10mとみなすことができる。

③建築物の後退距離は，法56条2項により，北側前面道路の境界線から2m後退しているので，北側前面道路の反対側の境界線は2m外側に，また，南側前面道路の境界線から4m後退しているので，南側前面道路の境界線から4m外側にあるものとみなす。

④道路の反対側とみなす境界線までの水平距離は，
　（北側道路）4＋2＋10＋2＝18m
　（南側道路）4＋4＋10＋4＝22m
　このうち，厳しいほうの北側道路の道路高さ制限（$l = 18$m）について検討する。

⑤法別表3（は）欄1の項により，適用距離の最小範囲は20m以下であるので，北側道路からのA点は道路高さ制限を受ける。

⑥法56条1項一号，法別表3（に）欄1の項により，A点における道路高さ制限は，
　1.25×18m＝22.5m

・隣地高さ制限
　住居系地域の隣地斜線制限は，法56条1項二号により，
　（隣地境界線までの水平距離＋高さ20mを超える部分の後退距離）×1.25＋20mで求める。
　東側の隣地境界線からの高さの限度は，
　（4m＋4m）×1.25＋20m＝30m
　∴A点の高さの最高限度は，道路高さ制限により，22.5m

7.9.3　高さの限度（10m又は12m）の認定又は許可

① 高さの限度10mを12mに緩和（認定）（法55条2項，令130条の10）

　敷地内に政令で定める空地（建蔽率の制限を1/10以上厳しくしたもの）を有し，かつ，敷地面積が政令で定める規模（1 500 m²，ただし，750 m²まで緩和されることがある）以上である建築物で，特定行政庁が低層住宅に係る良好な住居の環境を害するおそれがないと認めるもの

② 特例許可（法55条，4項）

　次の特定行政庁が建築審査会の同意を得て認めて許可した建築物は，10m又は12mの限度を超えることができる。

・再生可能エネルギー源の利用に資する設備の設置のための屋根工事等を行う構造上やむを得ない建築物で，低層住宅に係る良好な住居の環境を害するおそれのないもの（規則10条の4の9）

・敷地の周囲に広い公園，広場，道路その他の空地を有する建築物で，低層住宅に係る良好な住居の環境を害するおそれのないもの

・学校その他の建築物で，その用途によってやむを得ないもの

7.9.4 北側からの斜線制限（法56条1項3号）

政令では「北側高さ制限」という。

表7.14 北側斜線制限

	用 途 地 域	斜線制限
(1)	第一種・第二種低層住居専用地域 田園住居地域	5 m + 1.25/1 勾配
(2)	第一種・第二種中高層住居専用地域	10 m + 1.25/1 勾配

［注］ 1) 第一種・第二種中高層住居専用地域内においては，日影による中高層の建築物の高さの制限（条例指定）の区域内では適用がない。
2) 敷地の真北方向の前面道路の反対側の境界線又は隣地境界線からの斜線による高さの制限である。
3) 道路高さ制限や隣地高さ制限では高さに算入しない建築物の屋上部分（ペントハウス等）も，この場合は高さに算入され，高さの制限を受ける（令2条1項6号ロ）。
4) 緩和措置（令135条の4）
　・敷地の北側の前面道路の反対側に水面，線路敷等（公園，広場は除く，以下同じ）がある場合又は敷地の北側でそれらに接する場合は，前面道路の反対側の境界線又は隣地境界線は，当該水面，線路敷等の1/2だけ外側にあるものとみなす。
　・敷地の地盤面が北側の隣地（北側に前面道路がある場合は前面道路の反対側の隣接地をいう）の地盤面より1 m以上低い場合は，その高低差がH mのとき，(H m−1 m)/2だけ敷地の地盤面が高いものとみなす。

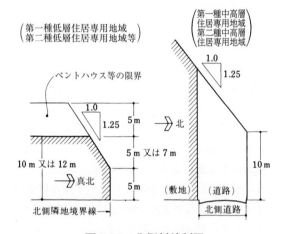

図7.30 北側斜線制限

7.9.5 敷地面積の最低限度（法53条の2）

都市計画で敷地面積の最低限度が定められることがある。住居専用地域に限らず全ての用途地域で定めることができる。ただし，その最低限度は200 m²を超えて定められることはない。

この制限が適用除外となる場合は，①都市計画で建蔽率の限度が8/10とされた地域内で防火地域内の耐火建築物等，②公益上必要な建築物（公衆便所，巡査派出所等），③敷地周囲に広い空地があり市街地の環境を害するおそれがないとして特定行政庁の許可を得た建築物，④用途上又は構造上やむを得ないとして特定行政庁の許可を得た建築物である。

7.10 日影による中高層建築物の高さの制限

7.10.1 対象建築物と日影時間の限度（法56条の2，法別表第4）

条例で指定する区域（対象区域）内の対象建築物は，冬至日において真太陽時の午前8時から午後4時まで（北海道においては午前9時から午後3時まで）の間に定められた日影時間の限度以上に，基準となる測定面の高さで敷地境界線から5 mを超える範囲に日影を落としてはならない。

ただし，次のものは除かれる。

① 特定行政庁が土地の状況から周囲の居住環境を害するおそれがないと認めて建築審査会の同意を得て許可した場合

② ①の許可を受けた建築物で，許可を受けた際の敷地の区域で，基準となる測定面に新たな日影が測定線5 mを超えて生じない増築，改築，移転の場合

［注］ 真太陽時…各地点ごとに太陽が真南に来る時を正午をする時刻法をいう。

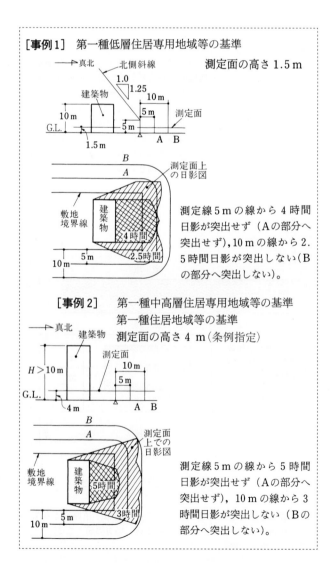

7.10.2　日影時間の算出方法

（1）　冬至の太陽方位，太陽高度，影の長さ

太陽方位，太陽高度により影の長さが決まるため，各地域の時刻ごとに影の長さは異なる。

表7.15　日影規制の概要

地域・区域	制限を受ける建築物（対象建築物）	基準となる測定高さ H	日影時間の限度			摘要
			敷地境界線からの距離			
			5 m〜10 m A	10 mを超える部分 B		
第一種低層住居専用地域 第二種低層住居専用地域 田園住居地域 用途地域の指定のない区域：イ	○軒の高さが7 mを超えるもの ○地上3階以上のもの	1.5 m	(1)	3時間（2時間）	2時間（1.5時間）	日影時間の限度は気候風土，土地利用状況等を勘案して，基準となる測定高さ H は土地利用の状況等を勘案して地方公共団体の条例で指定する
			(2)	4時間（3時間）	2.5時間（2時間）	
			(3)	5時間（4時間）	3時間（2.5時間）	
第一種中高層住居専用地域 第二種中高層住居専用地域 用途地域の指定のない区域：ロ	○高さが10 mを超えるもの	4 m 又は6.5 m	(1)	3時間（2時間）	2時間（1.5時間）	
			(2)	4時間（3時間）	2.5時間（2時間）	
			(3)	5時間（4時間）	3時間（2.5時間）	
第一種住居地域，第二種住居地域，準住居地域，近隣商業地域，準工業地域	○高さが10 mを超えるもの	4 m 又は6.5 m	(1)	4時間（3時間）	2.5時間（2時間）	
			(2)	5時間（4時間）	3時間（2.5時間）	

用途地域の指定のない区域イ又はロでは，対象区域を条例で指定する。
（　）内は北海道の区域に適用
用途地域の指定のない区域ロでは基準となる測定高さ H は4 mとする。

（2）　真北方向の決定方法

① 磁石による方法（磁北と真北の修正が必要）
② 地図による方法（正確な目標物より決定）
③ 星の位置による方法
④ 任意の時刻の影の方向による方法（緯度，経度，太陽赤緯，均時差，正確な時刻などのデータ必要）
⑤ 南中時の影の方向による方法（経度，均時差，正確な時刻などのデータ必要）

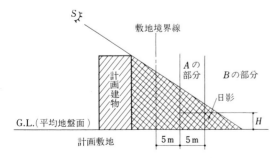

図7.31　日影規制の測定高さ（H）

表7.16　日影規制における影の長さ

地域	真太陽時 午前8：00 午後4：00		9：00 3：00	10：00 2：00	11：00 1：00	12：00（南中）
東京付近（35°40′N）	太陽方位	53°22′ 0″	42°45′30″	30° 4′50″	15°47′ 0″	0°
	太陽高度	8° 5′ 0″	17° 9′20″	24°25′10″	29°12′ 0″	30°53′ 0″
	影の倍率	7.041	3.240	2.203	1.790	1.672
札幌付近（43°10′N）	太陽方位	52°45′35″	41°29′ 3″	28°50′ 3″	14°48′38″	0°
	太陽高度	3°38′36″	11°40′37″	17°59′18″	22° 5′11″	23°30′ 0″
	影の倍率	15.705	4.957	3.079	2.464	2.299
鹿児島付近（31°35′N）	太陽方位	53°54′10″	43°42′ 0″	31°16′30″	16°28′10″	0°
	太陽高度	10°30′20″	20° 7′50″	27°55′40″	33° 7′30″	34°57′50″
	影の倍率	5.393	2.729	1.887	1.533	1.430

（3）　日影図

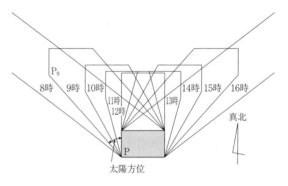

PP₉（午前9時の影の長さ）：P（建物の高さ）×倍率

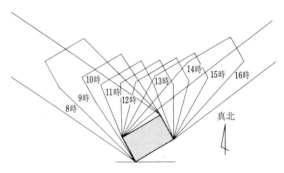

図7.32　日影図（時間別）

（4）　等時間日影図

各時刻の影の輪郭を2時間ごとに連絡してできる交点の曲線は2時間日影曲線（以下，3時間，4時間日影曲線）といい，2時間日影曲線内は2時間以上日影となることを示す。

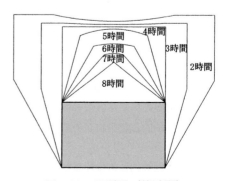

図7.33　日影図（等時間）

7.10.3　適用と緩和

（1）　適用の原則（法56条の2）

○同一の敷地内に2以上の建築物がある場合，これらは1の建築物とみなす。

○対象区域外にある高さ10mを超える建築物で冬至日に対象区域内に日影を生じさせるものは，対象区域内にあるものとみなす。

○第一種・第二種中高層住居専用地域内で日影規制が適用された区域では，北側斜線制限は適用されない（法56条1項3号）。

○高層住居誘導地区内の建築物については，対象区域外にあるとみなして適用する（法57条の5，4項）。

（2）　緩和（令135条の12）

○敷地が道路，水面，線路敷その他これらに類するものに接する場合，これらに接する敷地境界線は，これらの幅の1/2だけ外側にあるものとみなす。

○ただし，これらの幅が10mを超えるときは，これらの反対側境界線から敷地側へ5mの線を敷地境界線とみなす。

○敷地の平均地盤面が隣地又は日影の生ずるものの地盤面より1m以上低い場合，敷地の平均地盤面は，その高低差から1mを引いたものの1/2だけ高い位置にあるとみなす。

○地域の特殊性により規定をそのまま適用することが著しく不適当であると特定行政庁が認める場合，特定行政庁は規則で適当と認める高さに定めることができる。

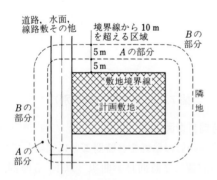

l≦10m　敷地境界線は*l*/2だけ外にあるものとみなす。

l＞10m　敷地境界線は反対側境界線から敷地側へ5mの線にあるものとみなす

図7.34　日影規制における敷地境界線のとり方

7.10.4　建築物やその日影が制限の異なる区域にわたる場合等の扱い（法56条の2・4項，5項，令135条の13）

対象建築物が制限の異なる区域の内外にわたる場合には，それぞれの区域内に建築物があるものとみなす。冬至日の日影が，対象建築物がある区域外に生じる場合は，日影の生じる区域内に対象建築物があるものとみなす。

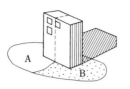

〔対象建築物がまたがるとき〕
対象建築物は，A地域内の制限にもB地域内の制限にも適合しなければならない。

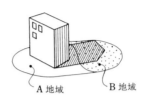

〔日影（冬至日）がまたがるとき〕
A地域内の日影については，対象建築物はA地域にあり，B地域内の日影については，対象建築物がB地域にあるものとみなす。

図7.35　制限の異なる区域がある場合の日影規制

7.11　良好な環境の市街地創出などの制度

7.11.1　特例容積率適用地区（法57条の2〜57条の4，都計法9条16項）

特例容積率適用地区は，一般の容積率の限度からみて未利用となっている容積の活用を促進して土地の高度利用を図るもので，都市計画の一つである。

第一種・第二種中高層住居専用地域，第一種・第二種住居地域，準住居地域，近隣商業地域，商業地域，準工業地域，工業地域内の適正な配置及び規模の公共施設を備えた区域に指定できる。

この地区内では，2以上の建築敷地に適用する特例容積率を，土地所有者等の申請により，特定行政庁が指定できる。特例容積率は，これによる延べ面積が指定容積率計算によるものの合計以下，現存する建築物の容積率以上と条件はあるが，ある敷地の余剰容積率を他の敷地に移転できる。連担建築物設計制度と異なり，敷地は連続していなくてもよい。なお，指定容積率に代えて適用されるもので前面道路幅員による制限等は一般の場合と同様である。

7.11.2　高層住居誘導地区（法57条の5，都計法9条17項）

高層住居誘導地区は容積率の最高限度，建蔽率の最高限度，敷地面積の最低限度を定めるもので都市計画の一つである。

第一種住居地域，第二種住居地域，準住居地域，近隣商業地域，準工業地域の容積率40/10又は50/10の区域に指定できる。

容積率の限度は，住宅の用途に供する部分の床面積が延べ面積の2/3以上のものについてその定め方の基準が建基法に示され，最高で指定容積率の1.5倍までの数値で都市計画として決める。また，前面道路の幅員による容積の制限に用いる係数は，第一種住居地域，第二種住居地域，準住居地域においても6/10とする。

住宅の用途に供する部分の床面積が2/3以上の場合，

道路斜線制限，隣地斜線制限は住居系用途地域のような制限が緩和され，傾斜は道路斜線で1.5，隣地斜線で2.5，隣地斜線の起点は高さ31mとなる。道路斜線の適用距離は35m。

日影規制は，日影を生じさせる建築物としても，日影が生じた区域としても適用されない。

7.11.3　高度地区（法58条，都計法9条18項）

高度地区は建築物の高さの最高限度又は最低限度を定めるもので都市計画の一つである。その制限内容も，都市計画で定める。この場合容積率のように建築基準法でメニューが示されその中から選択するのではなく，都市計画区域ごとに「市街地の環境を維持し，又は土地利用の増進を図る」目的に沿って自由に決められる。複数の種類の規制内容のとき，第一種高度地区，第二種高度地

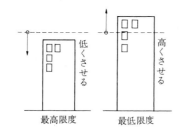

図7.36　高度地区の制限の例

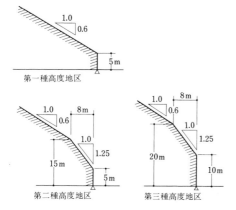

図7.37　東京都における高度地区による北側高さ制限の例（最高限度として絶対高さ制限を併用する場合もある）

写真7.11　高度地区による北側高さ制限の適用例

区等の呼称を用いるが，ある都市計画区域での第二種の規制内容を他の都市計画区域で第一種として定めうるということである。

絶対高さに限らず，各部分の高さも制限でき，北側からの斜線制限の例が多く見られる。

高さの最高限度が定められた場合において，再生可能エネルギー源の利用に資する設備の設置のための屋根工事等を行う構造上やむを得ない建築物（規則10条の4の15）で，特定行政庁が市街地の環境を害するおそれがないと認めて建築審査会の同意を得て許可した場合には，最高限度を超えることができる。

7.11.4　高度利用地区（法59条，都計法9条19項）

高度利用地区は容積率の最高限度及び最低限度，建蔽率の最高限度，建築面積の最低限度，壁面の位置の制限を定めるもので都市計画の一つである。土地の高度利用と都市機能の更新を目的に容積率の最低限度を定めているほか，容易に除却できるもの等以外は都市計画への適合を求めている。

一般の容積制限は適用されず，道路斜線制限は特定行政庁の許可により緩和される。

7.11.5　総合設計制度（法59条の2，令136条）

総合設計制度は，敷地内に所定の空地があり所定の敷地面積規模を有する建築物について，交通上，安全上，防火上，衛生上支障がなく，建蔽率，容積率，各部分の高さについて総合的な配慮がなされていることにより市街地の環境の整備改善に資するものとして特定行政庁が許可したものには，容積率の制限，低層住居専用地域の高さの限度，斜線制限の一般規制を適用しないという制度の通称。法では，「敷地内に広い空地を有する建築物の容積率等の特例」という。

特定街区に類似した緩和であるが都市計画によらない点が異なり，機動的に活用できる。

政令で敷地面積の規模，建蔽率の限度に応じた空地率（空地面積の敷地面積に対する割合）が決められている。

表7.17　総合設計制度の敷地規模（令136条3項）

地域・区域	敷地面積の最低規模	特定行政庁の規則で緩和することができる敷地面積の最低規模
第一種・第二種低層住居専用地域，田園住居地域	3 000 m²	1 000 m²
第一種・第二種中高層住居専用地域，第一種・第二種住居地域，準住居地域，準工業地域，工業地域，工業専用地域	2 000 m²	500 m²
近隣商業地域，商業地域	1 000 m²	500 m²
用途地域の指定のない区域	2 000 m²	1 000 m²

表 7.18　総合設計制度の空地率（令 136 条 1 項）

建蔽率の限度（A）	所要の空地率（注）	解説
─　〜50 %	$(100-A+15)$ %	低層住専で $A=40$ % ならば，75 % の空地が必要。
50 %〜55 %	65 %	2 地域にまたがる敷地では，端数の付く建蔽率も生じる。
55 %〜　─	$(100-A+20)$ %	商業地域内（$A=80$ %）であれば，40 % の空地が必要。
限度なし（100 %）	20 %	商業・防火地域内の耐火建築物等でも 20 % の空地が必要。

［注］　高さの制限のみを緩和する場合は，空地率を 5 % 緩和。

写真 7.12　総合設計制度による公開空地

7.11.6　特定街区（法 60 条，都計法 9 条 20 項）

　特定街区は，市街地の整備改善を図るために，街区の整備又は造成が行われる地区について，一般の制限と異なる容積率等を定めるもので都市計画の一つである。

　すでにプロジェクト（建築計画）が固まった街区について，都市計画的な見地から検討を加え，適切なプロジェクトに対して一般的な規制をはずし，その街区にふさわしい規制を行うもの。

表 7.19　特定街区の建築規制（法 60 条）

都市計画で 定められるもの	・容積率 ・建築物の高さ ・壁面の位置
建築基準法の 一般的規定が適用 されないもの	・容積率 ・建蔽率 ・低層住専等の外壁後退，高さの制限 ・建築物の高さの斜線制限 ・日影による高さの制限 ・高度地区 ・高度利用地区など （法 52 条〜59 条の 2，60 条の 3・1 項・2 項）

7.11.7　都市再生特別地区（法 60 条の 2），居住環境向上用途誘導地区（法 60 条の 2 の 2），特定用途誘導地区（法 60 条の 3）

　都市再生特別措置法に基づき，都市再生特別地区，居

写真 7.13　特定街区の指定により建築された
超高層建築物群

住環境向上用途誘導地区及び特定用途誘導地区が都市計画で定められる。

　都市再生特別地区では，当該地区の都市計画に適合する建築物については，建築基準法の用途制限，容積率制限，斜線制限，日影規制，高度地区の高さ制限が適用されない。

　居住環境向上用途誘導地区では，都市計画で建蔽率及び高さの最高限度が定められたときは，その限度以下でなければならない。壁面の位置の制限が定められたときは，建築物の壁及びこれに代わる柱は制限に反して建築してはならない。また，地方公共団体は，条例で用途制限を緩和することができる。

　特定用途誘導地区では，都市計画で容積率及び建築面積の最低限度，高さの最高限度が定められたときは，その限度以下でなければならない。また，地方公共団体は，条例で用途制限を緩和することができる。

7.11.8　景観地区（法 68 条）

　景観地区は，景観法に基づき，都市計画区域又は準都市計画区域内の市街地の良好な景観の形成を図るため，都市計画で指定できる。

　この地区内では，都市計画において高さの最高限度又は最低限度，壁面の位置の制限，敷地面積の最低限度が定められたときは，それぞれ適合させなければならない。

　都市計画において高さの最高限度，壁面の位置の制限及び敷地面積の最低限度が定められた景観地区では，当該地区の都市計画の内容に適合し，敷地内に有効な空地が確保されていること等により特定行政庁が交通上，安全上，防火上及び衛生上支障がないと認める建築物には，法 56 条の各種斜線制限が適用されない。

7.11.9　建築協定 (法69条〜77条)

　建築協定は，建築基準法で定められた基準に上乗せする形で地域の特性等に基づく一定の制限を地域住民等が自ら設けることができる制度である。住宅地としての環境や商店街の利便を維持増進するなどのため，建築物の敷地，位置，構造，用途，形態，意匠，設備に関する基準を住民等が自発的に定める協定となる。建築協定を締結する場合は，土地所有者等が，区域，建築物の基準，協定期間，協定違反の措置を定めた建築協定書を作成して全員の合意を得て特定行政庁の認可を受ける。建築確認の対象ではなく，建築基準法に根拠規定をおき，特定行政庁の認可等の手続きを定めて公的な拘束とするものである。都市計画区域外でも適用できる。

```
┌─────────────────────────────────┐
│     協定できる事項 (法69条)        │
├─────────────────────────────────┤
│ 建築物の敷地，位置，構造，用途，形  │
│ 態，意匠又は建築設備の基準          │
└─────────────────────────────────┘
```

〔協定の手続き〕

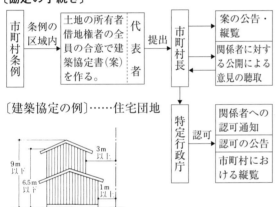

〔建築協定の例〕……住宅団地

・建物は，1戸建専用住宅とする。
・地上の階数は2以下とする。
・高さ9m以下，軒の高さ6.5m以下。
・北側隣地から2階は3m後退。
・隣地及び道路境界から1m後退。
・建蔽率は30〜50%とする。

7.11.10　一の敷地とみなすこと等による特例 (法86〜86条の6)

（1）　一団地の総合的設計 (法86条1項)

　　建築物の敷地は，一敷地一建築物が原則であるが，敷地について，建築物の敷地又は建築物の敷地以外の土地 (防災空間など) で複数のものが一団地を形成し，この一団地に建築される建築物について，一つの建築物又は総合的設計による複数の建築物の位置及び構造が，安全上，防火上，衛生上支障がないと特定行政庁が認め，公告したものには，原則が解除となる。

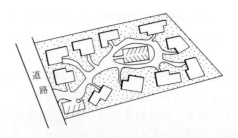

図7.38　一団地の総合的設計

　法の特例として，接道，容積率，建蔽率，外壁後退，建築物の斜線制限，日影規制などの規定は，一団地を一つの建築物又は複数の建築物の一つの敷地とみなして適用される。これにより，道路高さ制限の緩和，容積の移転などが可能となる。

　図7.38のように一団地として設計されたタウンハウスも各住戸ごとに敷地を分割して道路に接するようにすると，かえって設計上の配慮による環境を損なうおそれがある。

（2）　連担建築物設計制度 (法86条2項)

　　一団地の総合的設計と同様の制度であるが，一団地の土地の区域に既存建築物があることが前提となっており，その現に存する建築物の位置，構造を前提とした総合的見地からした設計によるものが対象となる。特定行政庁の認定は公告される。

　　この制度の適用により，容積率の低い既存建築物の容積を移転できる。幅員の狭い道路に接する敷地は，広い道路に接する敷地と一団にすることにより容積率の限度は拡大する。

```
［事例］
　指定容積率400%の商業地域とする。一般にはA,Bを
別敷地として扱うが，その場合，敷地Aでは広い道路に
面するため，指定容積率400%まで建てられるが，敷地B
では狭い道路に面するために，4m×6/10＝240%までしか
建てられない。
```

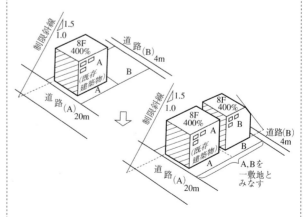

```
　これを連担建築物設計制度を適用するとすれば，A，B
両敷地は一敷地とみなされる。そのため，B敷地部分も道
路Aに接する敷地とみなされ，建蔽率，容積率ともA，B
部分を合算して適用される (B敷地でも400%の容積率を
得る)。
```

（3）　総合設計制度との併用（法86条3項，4項）

　　「一団地の総合的設計制度」，「連担建築物設計制度」について，これが広い空地を有し，かつ面積が一定規模以上であれば，総合設計制度と同様に，許可による容積率，斜線制限の緩和ができる。

　　その空地，面積の条件は，総合設計制度（7.11.5参照）と同一である（令136条各項準用，令136条の12）。

（4）　一団地の住宅施設（法86条の6）

　　都市計画で定める都市施設の一つで，この計画に沿って総合的設計のなされた建築物には，認定で容積率，建蔽率，外壁の後退距離，高さの限度につき一般の規制は適用されない。

　　第一種，第二種低層住居専用地域，田園住居地域に限って適用される特例である。

7.12　地区計画等（法68条の2〜68条の8）

　地区計画とは，都計法12条の4・1項1号に定められ（3章2節参照），それぞれの地区の特性にふさわしいまちづくりを誘導するための計画である。建築物の建築形態，公共施設その他の施設の配置等からみて，一体としてそれぞれの区域の特性にふさわしい態様を備えた良好な環境の各街区の整備，開発及び保全のための計画となる。

　地区計画，防災街区整備地区計画，歴史的風致維持向上地区計画，沿道地区計画及び集落地区計画を総称して地区計画等といい（法2条33号），地区レベルでの街づくり手法として都市計画で定められる。都市計画法ではこの計画への適合を「届出・勧告」で誘導する緩やかな制度となっているが，市区町村が建築基準法に基づく条例で定めることにより，強制力を付与できる。一方，これら制限を条件として，多様なまちづくりニーズに対応した様々なタイプの集団規定緩和等の措置がある。

7.12.1　市区町村の条例に基づく制限（法68条の2）

　地区整備計画が定められた区域については，その計画内容として定められた建築物の敷地，構造，建築設備又は用途に関する事項を市区町村の条例で制限できる。この制限は建築確認の対象となる。このため，制限できる範囲は表7.20のとおり限定されている。

7.12.2　地区計画等による誘導
（1）　誘導容積型地区計画の特例（法68条の4）

　条例で目標容積率と，これより低い暫定容積率を定め，公共施設の整備に応じて「特定行政庁の認定」により，暫定容積率を適用しないとすることができる。歴史的風致維持向上地区計画及び集落地区計画ではできない。

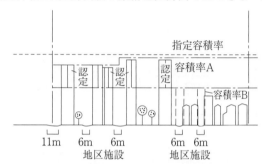

目標容積率（A）と暫定容積率（B）とを併せ定める。
公共施設の整備に応じて容積率Aを適用する。

図7.39　誘導容積型地区計画

表7.20　地区整備計画区域に対する建築条例による制限範囲（令136条の2の5）

建築条例で定めることができる事項	建築条例で定めることができる範囲
建築物の用途の制限	当該区域の用途構成の適正化，各街区ごとの住居の環境の保持，商業その他の業務の利便の増進等による良好な環境の街区の形成に貢献するなど合理的な制限であることが明らかなもの
容積率の最高限度	5/10以上の数値
建蔽率の最高限度	3/10以上の数値
敷地面積の最低限度	当該区域の良好な住居等の環境の維持増進又は保持に貢献する合理的な数値
壁面の位置の制限	建築物の壁若しくはこれに代わる柱の位置の制限又は当該制限と併せて定められた建築物に附属する門若しくは塀で高さ2mを超えるものの位置の制限
建築物の高さの最高限度	地階を除く階数が2である建築物の通常の高さを下回らない数値
建築物の高さ・容積率・建築面積の最低限度	土地の合理的で健全な高度利用を促進するための合理的な数値
敷地の地盤面の高さ・居室の床面の高さの最低限度	洪水等による被害が生ずるおそれのある土地の区域で，洪水等による被害を防止し，又は軽減するための合理的な数値
建築物の形態・意匠の制限	屋根・外壁の形態又は意匠を形状・材料によって定めた制限
垣・柵の構造と制限	建築物に附属する門・塀の構造を高さ・形状・材料によって定めた制限
その他，建築物の建築の限界，特定地区防災施設に係る間口率の最低限度など	道路の整備上合理的に必要な建築の限界，特定地区防災施設に係る間口率について7/10以上9/10以下の範囲内の数値など

（2）　容積適正配分型地区計画の特例（法68条の5, 68条の5の2）

　容積率の最低限度，敷地面積の最低限度，道路に面する壁面の位置の制限を条例で定めた区域では，地区内の総容積の範囲で容積の配分ができる。指定容積率より大きくても許容される部分がある一方，小さく制限されるところがある。集落地区計画ではできない。

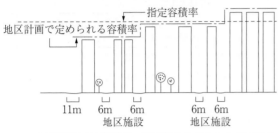

図7.40　容積適正配分型地区計画

（3）　高度利用・都市機能更新型地区計画の特例（法68条の5の3）

　容積率の最高限度・最低限度，建蔽率の最高限度，建築面積の最低限度，壁面の位置の制限を条例で定めた区域では，地区計画で定められた容積率の最高限度を指定容積率とみなす。また，道路に接して有効な空地がある等の場合，特定行政庁の許可により道路斜線制限が緩和される。防災街区整備地区計画，集落地区計画ではできない。

（4）　用途別容積型地区計画の特例（法68条の5の4）

　条例で容積率の最低限度，敷地面積の最低限度及び壁面の位置の限度を定めた区域では，指定容積率の1.5倍以下で定められた地区計画の容積率の最高限度はこれを指定容積率とみなす。第一種住居地域，第二種住居地域，準住居地域，近隣商業地域，商業地域，準工業地域に限る。歴史的風致維持向上地区計画及び集落地区計画ではできない。

（5）　街並み誘導型地区計画の特例（法68条の5の5）

　条例で壁面の位置の制限，建築物の高さの最高限度，敷地面積の最低限度を定めた区域では，前面道路が12m未満のときに適用される規定を適用せず指定容積率によることができる。また，敷地内に有効な空地がある等の場合，法56条の高さの制限の規定が適用されない。これらの緩和は，いずれも特定行政庁の認定を必要とする。集落地区計画ではできない。

（6）　再開発等促進区，沿道再開発等促進区内の制限の緩和（法68条の3）

　これらの区域では，特定行政庁の認定により，①指定容積率によらず，地区整備計画で定められた容積率の最高限度によることができる。②建蔽率の規定を適用しない。③低層住居専用地域等の絶対高さ制限の規定を適用

しない。また，特定行政庁の許可により，④敷地内に有効な空地が確保されている等の場合，斜線制限の規定を適用しない。

7.13　防火上の地域区分による建築物の制限

　「防火地域」「準防火地域」は，都市計画で市街地における火災の危険を防除するため定められる地域（都計法9条21項）で，その建築物の制限は，建築基準法による。

　「法22条区域」は，防火地域，準防火地域以外の市街地について特定行政庁が指定する区域。都市計画区域内で指定するときは都市計画地方審議会の意見を聞く。都市計画区域外で指定するときは市町村の同意を得る。

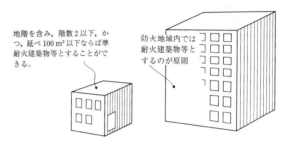

図7.41　防火地域内の建築制限のイメージ

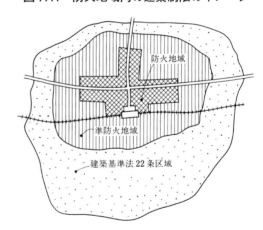

図7.42　防火地域等の指定のイメージ

7.13.1　防火・準防火地域内の建築物の制限

（1）　建築物の屋根（法62条）

　防火地域及び準防火地域内の建築物の屋根は，火の粉により，①防火上有害な発炎をしない，②屋内に達する防火上有害な溶融，亀裂等を生じない性能の構造としなければならない（法62条，令136条の2の2）。

　この性能を有する例示仕様は（平12建告1365号）

①　不燃材料で造るか，又は葺く。

②　準耐火構造（屋外に面する部分は準不燃材料で造る）とする。

③　耐火構造の屋外面に断熱材・防水材等を張ったものとする。

である。なお，不燃性の物品保管倉庫等では次の④も可。

④　難燃材料で造るか，又は葺く。

（2）　建築物の部分及び外壁開口部の制限（法61条，62条，64条，令136条の2，令元国交告194号）

　防火地域・準防火地域内の建築物*は，立地の観点から，その規模に応じて，壁，柱，床その他の建築物の部分及び外壁開口部の防火設備を通常の火災による周囲への延焼防止に必要な性能をもつ構造方法（例示仕様又は国土交通大臣の認定を受けたもの）とする（表7.21）。門又は塀は表7.22による。

　［注］＊　防火上分棟的に区画された部分をそれぞれ別棟として扱う。2024年4月施行。

表7.21　防火・準防火地域内の建築物への要求

地階を除く階数	防火地域		準防火地域		
	延べ面積100 m² 以下	延べ面積100 m² 超	延べ面積500 m² 以下	延べ面積500 m² 超 1500 m² 以下	延べ面積1500 m² 超
4階以上	令136条の2・1号（耐火建築物（同号イ）又は延焼防止建築物（同号ロ））		令136条の2・1号（耐火建築物（同号イ）又は延焼防止建築物（同号ロ））		
3階			令136条の2・2号（準耐火建築物（同号イ）又は準延焼防止建築物（同号ロ））		
2階以下	令136条の2・2号（準耐火建築物（同号イ）又は準延焼防止建築物（同号ロ））		木造等：令136条の2・3号（外壁・軒裏防火構造＋片面防火設備（同号イ）又は木造延焼防止建築物（同号ロ）） 木造等以外：令136条の2・4号（片面防火設備（同号イ）又は非木造延焼防止建築物（同号ロ））		

表7.22　防火・準防火地域内の門・塀への要求

門	・不燃材料で造り又は覆う。 ・道に面する部分を厚さ24 mm以上の木材で造る。
塀	・不燃材料で造り又は覆う。 ・厚さ24 mm以上の木材で造る。 ・塗厚さ30 mm以上の土塗真壁造とする。

高さ2 m以下のもの又は準防火地域内にある建築物（木造建築物等を除く。）に附属するものには適用されない。

　看板，広告塔，装飾塔その他これらに類する工作物で，建築物の屋上に設けるもの又は高さ3 mを超えるものは，主要部分を不燃材料で造り又は覆う（法64条）。

写真7.14　防火地域内の工作物
〈屋上に設ける工作物は不燃材料で造り又は覆ったもの〉

表7.23　延焼防止建築物の例示仕様

用途*1	主な主要構造部*4 等への要求性能			主な条件となる仕様			
	外殻		内部	延べ面積	外壁開口部の開口率	スプリンクラー設備	区画面積
	外壁，軒裏	外壁開口部の防火設備	間仕切壁，柱など				
共同住宅，ホテル等*2	90分準耐火構造	20分防火設備	60分準耐火構造	3 000 m² 以下	セットバック距離 s（m）に応じた開口率制限 s≦1 → 0.05 1＜s≦3 → s/10−0.05 3＜s → 0.25	あり	100 m² 以下
物販店舗		30分防火設備					500 m² 以下
事務所/劇場等/学校等/飲食店*3	75分準耐火構造	20分防火設備					500 m² 以下
戸建住宅			45分準耐火構造	200 m² 以下		なし	なし

　［注］　＊1　可燃物量の多い倉庫，自動車車庫等（表6.47の（5），（6）項用途）を除く。
　　　　＊2　表6.47の（2）項用途
　　　　＊3　表6.47の（1），（3）又は（4）項用途（物販店舗以外）
　　　　＊4　特定主要構造部と改正予定。2024年4月施行。

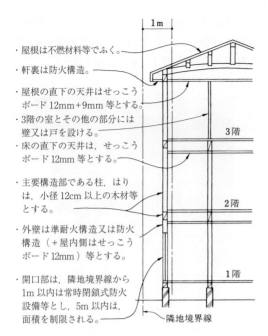

- ・屋根は不燃材料等でふく。
- ・軒裏は防火構造。
- ・屋根の直下の天井はせっこうボード12mm＋9mm等とする。
- ・3階の室とその他の部分には壁又は戸を設ける。
- ・床の直下の天井は，せっこうボード12mm等とする。
- ・主要構造部である柱，はりは，小径12cm以上の木材等とする。
- ・外壁は準耐火構造又は防火構造（＋屋内側はせっこうボード12mm）等とする。
- ・開口部は，隣地境界線から1m以内は常時閉鎖式防火設備等とし，5m以内は，面積を制限される。

図 7.43　準延焼防止建築物の例示仕様
（階数 3 で延べ面積 500 m² 以下の場合）

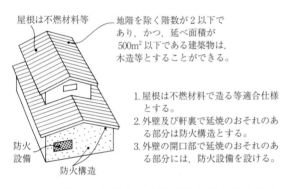

屋根は不燃材料等

地階を除く階数が 2 以下であり，かつ，延べ面積が500m² 以下である建築物は，木造等とすることができる。

1. 屋根は不燃材料で造る等適合仕様とする。
2. 外壁及び軒裏で延焼のおそれのある部分は防火構造とする。
3. 外壁の開口部で延焼のおそれのある部分には，防火設備を設ける。

防火設備

防火構造

図 7.44　準防火地域内の木造建築物等の例示仕様

写真 7.15　準防火地域内の木造 2 階建建築物
〈延焼のおそれのある外壁・軒裏を防火構造とする〉

（3）　隣地境界線に接する外壁（法 63 条）

　防火地域又は準防火地域内にある建築物（外壁が耐火構造のもの）は，外壁を隣地境界線に接して設けることができる。

（4）　建築物が制限の異なる地域にわたる場合の扱い（法 65 条）

　1）　敷地が防火地域の内外にわたる場合，その部分の地域指定に従う（法 91 条の「敷地の過半の属する地域」の規定の適用がない）。

　2）　建築物が防火地域の内外にわたる場合，その全部が制限の厳しい地域の制限を受ける。ただし，防火壁外の部分は，その地域の制限に従う（図 7.46参照）。

　3）　準防火地域の内外にわたる場合（敷地，建築物）も上記にならう。

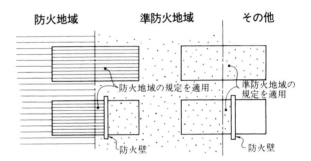

図 7.45　建築物が制限の異なる地域にわたる場合

7.13.2　法 22 条区域（屋根不燃化区域）

　（1）　法 22 条区域内の建築物の屋根は，不燃材料で造る等，防火，準防火地域内の屋根と同様の制限がある（法 22 条）。

　（2）　法 22 条区域内の木造建築物等の外壁で，延焼のおそれのある部分は，準防火性能を有する構造とする（法 23 条，令 109 条の 8*）。

　［注］＊　令 109 条の 9 と改正予定。2024 年 4 月施行。

7.13.3　特定防災街区整備地区（法 67 条）

　密集市街地整備法にもとづき，都市計画で防火地域又は準防火地域内に定められた特定防災街区整備地区については，地区内の建築物は耐火建築物等又は準耐火建築物等としなければならない。都市計画で定められた敷地面積の最低限度が適用され，壁面の位置の制限，間口率の最低限度，高さの最低限度が定められているときは，これに従う。

2章 建築基準法

7.14　敷地が2以上の地域地区にわたる場合の扱い（法91条）

（1）　敷地の過半を占める地域・地区の規定による（原則）……用途地域等に適用

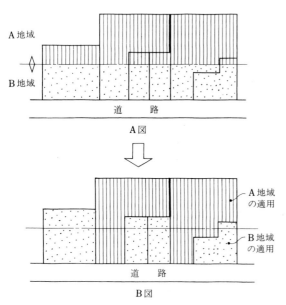

実際の地域・地区の指定は，A図のようであっても，建築基準法の適用上は，B図のような指定があるものとみなされる。

図7.46　敷地が2以上の地域等にわたる場合（原則）

（2）　建築物の高さの制限（高度地区による制限を含む）は，建築物の部分ごとに制限に従う。

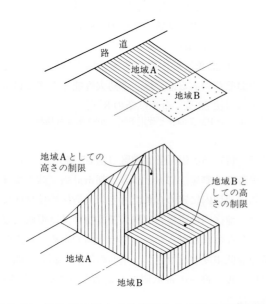

図7.47　敷地が2以上の地域にわたる場合の高さ制限

（3）　建蔽率，容積率，日影による高さ，防火地域の制限の扱いについては，それぞれ7.4.4，7.5.11，7.10.4及び7.13.1（4）に示した。

写真7.16　2つの高度地区にまたがる建築物
〈それぞれの地区の高さ制限に従う〉

8. 建築基準法のその他の規定（雑則）

8.1 工作物への準用（法88条）

　政令で指定する用途，規模等の工作物は，その安全性や良好な市街地環境を確保するため建築物の確認申請，検査，構造強度，避雷設備，用途制限などの規定が準用される（表8.1参照）。準用される工作物には1項準用工作物と2項準用工作物がある。

表 8.1　準用工作物（法 88 条，令 138 条）

法 88 条	令 138 条	高　さ	工作物の種類	技術的基準
1項　準用工作物	1 項指定　(1)	6 m 超	煙突（支枠及び支線を含む，ストーブの煙突を除く）※	令 139 条
		15 m 超	独立柱（旗ざお，電柱等を除く）平 23 国交告 1002 号※	令 140 条
		4 m 超	広告塔，広告板，装飾塔，記念塔等※	令 141 条
		8 m 超	高架水槽，サイロ，物見塔等※	
		2 m 超	擁壁	令 142 条
	2 項指定　(2)	—	観光用昇降機（エレベーター，エスカレーター）※	令 143 条
			高架遊戯施設（ウォーターシュート，コースター）※	令 144 条
			回転遊戯施設（メリーゴーラウンド，観覧車等）※	
2項　準用工作物	3 項指定　(3)	—	製造施設，貯蔵施設，自動車車庫（表 8.2 参照），住居専用地域内等のセメントサイロ，2 項指定の遊戯施設等（令 144 条の 2 の 2）	—
			汚物処理場，ごみ焼却場等（都市計画区域内等）特定用途制限条例指定の工作物（令 144 条の 2 の 3・4）	—

[注]　※高さが 60 m を超えるものは，構造方法・構造計算について国土交通大臣の認定が必要（存続期間が 2 年以内で大臣が定める基準に適合する風況観測塔等を除く）。

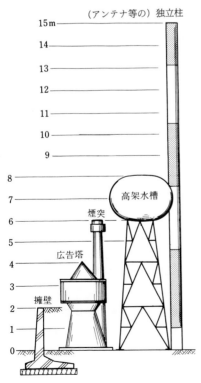

図 8.1　高さによる工作物の指定
（この規模を超えると確認申請が必要となる）

表 8.2　自動車車庫（工作物）に対する制限（令138条3項2号）

用途地域	対象となる自動車車庫（工作物）の規模	
	建築物に附属するもの	附属しないもの
第一種低層住居専用地域 第二種低層住居専用地域 田園住居地域	同一敷地内にある建築物に附属する自動車車庫部分の床面積と工作物である自動車車庫の築造面積との合計が 600 m² を超えるもの。 　ただし，同一敷地内にある建築物の延べ面積（自動車車庫部分を除く）の合計が 600 m² 以下の場合は，その延べ面積（築造面積50 m² 以下の場合を除く）。 [注] 法86条の総合的設計の場合においては，2 000 m² までの緩和措置がある。	築造面積が 50 m² を超えるもの [注] 築造面積は工作物の水平投影面積による（令2条1項5号）。 　ただし，機械式自動車車庫にあっては，収容台数1台につき 15 m² とする（昭50建告644号）。この表において同じ。
第一種中高層住居専用地域 第二種中高層住居専用地域	同一敷地内にある建築物に附属する自動車車庫部分の床面積と工作物である自動車車庫の築造面積との合計が 3 000 m² を超えるもの。 　ただし，同一敷地内にある建築物の延べ面積（自動車車庫部分を除く）の合計が 3 000 m² 以下の場合は，その延べ面積（築造面積300 m² 以下の場合を除く）。 [注] 法86条の総合的設計の場合においては，10 000 m² までの緩和措置がある。	築造面積が 300 m² を超えるもの
第一種住居地域 第二種住居地域	同一敷地内にある建築物に附属する自動車車庫部分の床面積と工作物である自動車車庫の築造面積との合計が自動車車庫部分を除く敷地内の建築物の延べ面積の合計を超えるもの（築造面積300 m² 以下の場合を除く）。 [注] 法86条の総合的設計の場合においては，緩和措置の適用がある。	

8.2　型式適合認定

（1）　型式適合認定（法68条の10）

技術基準を満たす標準設計仕様等を認定する制度。大臣は，建築材料又は主要構造部，建築設備その他の建築物の部分で一定の型式のものについて，基準に適合するものであることの認定を行うことができる。

（2）　型式部材等製造者認証（法68条の11，13）

大臣は，型式部材等の製造又は新築をする者で，一定の水準が確保された製造設備等と適切な品質管理体制等を有する者の認証を行う。認証を取得した部材等は，マーク等の表示をチェックすることにより，確認審査や検査を省略できる。

表 8.3　工作物に準用される主な規定（法88条）

区分	内容
手続き関係	1 (1), (2) 及び (3) の工作物への主な準用規定 　法3条（既存不適格工作物の適用除外），法6条・法6条の2（確認申請及び確認。このうち，建築士資格要件及び構造計算適合性判定に関する部分は適用されない。確認申請の標準処理期間は，(1) の工作物は7日，(2) 及び(3) は35日），法7条から7条の4（完了検査・中間検査［(3) の工作物を除く］），法8条から11条（維持保全，違反建築物に対する措置など），法12条5項，6項から9項（報告，立ち入り検査等），法15条の2（報告，検査等），法18条（計画通知） 2 (2) の昇降機等への主な準用規定 　法7条の6（検査済証の交付を受けるまでの使用制限），法12条1項から4項（定期報告・定期点検），法18条24項（計画通知の仮使用の認定）
構造関係	(1) 及び(2) の工作物への主な準用規定 　法20条（構造耐力），法28条の2（石綿その他の飛散・発散に対する衛生上の措置），法32条（電気設備），法33条（避雷設備），法34条（昇降機の構造），法37条（建築材料の品質），法38条（特殊の構造方法等），法40条（条例による制限の附加），法86条の7・1項（既存建築物に対する制限緩和。石綿その他の飛散・発散に対する衛生上の措置の部分のみ），法86条の7・2項（構造関係規定の独立部分への遡及適用），法86条の7・3項（電気設備関係及び昇降機の構造関係規定の遡及適用），法87条の4（建築設備への準用）
用途関係	(3) の工作物（製造施設，貯蔵施設等）に限り適用される主な準用規定 　法48～49条〔用途地域・特別用途地区の制限〕 　法50条〔条例による用途制限〕 　法51条〔汚物処理施設等の都市計画上の制限〕 　その他，「建築設備，用途変更への準用」や用途規制に関する「既存建築物に対する制限の緩和」などが準用され，法20条（構造耐力），法37条（建築材料の品質）の規定は適用されない。

[注]　(1)，(2) 及び(3) の工作物は，表8.1「準用工作物」の表における区分を参照。

（3）　確認・検査の特例（法6条の4，法7条の5，法68条の20，令10条，令138条の2，令144条の2）

認定を受けた型式に適合するものを用いた建築物や建築物の部分等については，確認の審査・検査の一部が省略される（5.1.6 参照）。

（4）　指定認定機関（法68条の24，法77条の36から39まで）

大臣は，指定する者に型式適合認定，型式部材等製造者認証等を行わせることができる。指定したときはその旨を公示しなければならない。

8.3　構造方法等及び特殊構造方法等の認定

（1）　構造方法等の認定（法68条の25・1項及び2項）

大臣は，一般的な検証方法以外の高度な方法で検証した構造方法，建築材料又は構造計算プログラムについて，性能に関する評価に基づき認定を行う。認定の根拠は，防火避難関係規定や構造耐力関係規定等の各条項ごとに定められており，これらの手続きが本条に定められている。

（2）　指定性能評価機関（法68条の25・3項，法77条の56）

大臣は，指定する者に（1）の認定審査に必要な評価を行わせることができる。

2章
建築基準法

（3） 特殊の構造方法等の認定（法38条，法66条，法67条の2，法68条の26）

大臣は，現行の建築基準法令が想定していないような特殊の構造方法又は建築材料を用いる建築物について，現行法令の規定と同等以上の効力があるとする認定を行う。建築基準法第2章の単体規定は原則として適用されないが，防火地域等の構造方法・材料においては準用される（法66条，法67条の2）。なお，認定申請に必要な書類は，省令（規則10条の5の23）に定められている。

8.4 罰 則（法7章，法98条～107条）

罰則は，おおよそ次のような違反行為・違反者について規定されている（表8.4参照）。

1 法の規定に違反した建築物に対する措置命令に従わない場合の建築主，工事の請負人，現場管理者等。

2 法令の規定に違反した設計があった場合については，建築物，工作物又は建築設備の設計者（設計図書に記載された認定建築材料等としてそれと異なる建築材料等を引き渡した者，設計図書を用いないで施工し，又は設計図書に従わないで施工した場合は施工者も同様）。建築主，築造主又は建築設備の設置者の故意による違反の場合は，その当事者を含む。

3 工事が完了して使用されている建築物に関して用途変更を行う場合などの違反については，建築物等の所有者，管理者，占有者

罰則は，法の基準に適合していない設計・施工等の違反行為の場合と，これに対して行った特定行政庁等の措置命令等に従わない場合などが規定され，工作物，建築設備等の準用規定に違反した場合においても定められている。

その他，指定資格者検定機関，指定確認検査機関，指定構造計算適合性判定機関，指定認定機関，指定性能評価機関，認証型式部材等製造者などがその業務を公正かつ公平に行うために必要な，守秘義務その他の義務違反等に関する罰則が規定されている。

表8.4 建築基準法に定める罰則一覧

根拠条文	罰則の内容	罰則の対象となる主な違反の内容	罰則の対象者
法98条	3年以下の懲役刑[*3]又は300万円以下の罰金	1. 違反建築物，工作物，工事現場又は許可条件違反について，特定行政庁又は建築監視員の命令（工事停止，除却，移転等の措置命令）に従わない場合。違反が明らかな工事中の建築物について，緊急の工事停止命令に従わない場合。	建築主工事請負人，現場管理者所有者，管理者，占有者
		2. 法20条（構造耐力），法21条（大規模建築物の主要構造部），法26条（防火壁），法27条（耐火建築物等の特殊建築物），法35条（特殊建築物等の避難及び消火），法35条の2（特殊建築物等の内装）の規定に違反した場合。法36条（防火壁，防火床及び防火区画の設置及び構造）の規定に基づく政令の規定に違反した場合。	建築物又は建築設備の設計者[*1]
		3. 法87条3項（用途変更）で準用する法27条（耐火建築物等の特殊建築物），法35条（特殊建築物等の避難及び消火），法35条の2（特殊建築物等の内装）の規定，法36条（防火壁，防火床及び防火区画の設置及び構造）の規定に基づく政令の規定に違反した場合	所有者，管理者，占有者
法99条	1年以下の懲役刑[*3]又は100万円以下の罰金	1. 法6条（建築等に関する申請及び確認）1項の手続き規定に違反して建築した場合，法7条の6（検査済証の交付を受けるまでの使用制限）1項の手続き規定に違反して使用した場合，法68条の19（認証の表示等）2項の規定に基づく，認証の偽装表示をした場合	建築主認証表示の偽装を行った者
		2. 法6条（建築等に関する申請及び確認）8項の手続き規定に違反して工事をした場合，法7条の3（建築物に関する中間検査）6項の中間検査合格証の交付を受けずに後続の工事をした場合	建築物，工作物又は建築設備の工事施工者
		3. 工事が完了又は特定工程に達してから4日以内に完了検査申請又は中間検査申請をしなかった場合（虚偽申請の場合も同様）	建築主
		4. 違反建築物の工事に従事する者に対する緊急作業停止命令，保安上危険な建築物，公益上著しく支障がある建築物又は工事中の特殊建築物等で安全上・防火上・避難上著しく支障があるものに対する特定行政庁又は建築監視員の命令（工事停止，除却，移転，使用禁止等の措置命令）に従わない場合	建築主工事施工者，工事の従事者所有者，管理者，占有者
		5. 法12条5項（1号に係る部分に限る），法15条の2・1項の報告をせず，又は虚偽の報告をした者	所有者，管理者，占有者，建築主，設計者，建築材料等を製造した者，工事監理者，工事施工者，建築物に関する調査をした者，型式適合認定等を受けた者[*2]
		6. 法12条6項，法15条の2・1項の規定による物件の提出をせず，又は虚偽の物件の提出をした者	
		7. 法12条7項，法15条の2・1項の規定による検査・試験を拒み，妨げ若しくは忌避し，又は質問に対して答弁せず，若しくは虚偽の答弁をした者	

根拠条文	罰則の内容	罰則の対象となる主な違反の内容	罰則の対象者
法99条	1年以下の懲役刑[*3]又は100万円以下の罰金	8. 法98条に規定していない小規模建築物の構造耐力関係，防火・避難関係，衛生関係，設備関係，建築材料の品質関係の規定に違反した場合。法36条（設備関係の設置，構造）の規定に基づく政令の規定に違反した場合。	建築物，工作物又は建築設備の設計者[*1]
		9. 用途変更により準用される防火関係，設備関係の規定に違反した場合	所有者，管理者，占有者
法101条	100万円以下の罰金	1. 建築士法上必要な設計資格のない者の設計による建築物の工事を行った場合	工事施工者
		2. 建築物又は建築設備の定期報告をせず，又は虚偽の報告をした場合	所有者，管理者
		3. 建築物の単体規定又は集団規定（道路，面積，高さ，容積，制限地区，防火地域関係）に違反した場合	建築物又は建築設備の設計者[*1]
		4. 用途関係に違反した建築物・工作物	建築主，築造主
		5. 用途変更で準用する居室の採光・換気，用途地域の用途規制，避難規定等に違反した場合	所有者，管理者，占有者
		6. 仮設建築物の許可条件に違反した場合又は被災地における建築制限に違反した場合	建築主
		7. 特定行政庁が定めた期間を超えて，応急仮設建築物や仮設興行場等を存続させた場合	所有者，管理者，占有者
		8. 用途の変更を完了した後3カ月を超えて災害救助用建築物等として使用する際，許可申請をしなかった場合	所有者，管理者，占有者
		9. 特定行政庁が定めた期間を超えて，災害救助用建築物や公益的建築物，興行場等として使用した場合	所有者，管理者，占有者
		10. 工事現場の危害防止措置に違反した場合	工事施工者
法103条	50万円以下の罰金	1. 建築工事届，用途変更の工事が完了したときの届出をせず，又は虚偽の届出をした場合	建築主
		2. 建築物除却届をせず，又は虚偽の届出をした場合	工事施工者
		3. 工事現場における確認の表示，確認申請書類等の保存をしなかった場合	工事施工者
		4. 既存不適格建築物の段階改修における報告をせず，又は虚偽の報告をした場合	建築主
法105条	法人は1億円以下，人は該当各本条の罰金刑	1. 特殊建築物等に関する特定行政庁又は建築監視員の命令（工事停止，除却，移転等の措置命令）に従わない場合（本表の法98条欄の1）。その他本表の法98条欄の2〜3の違反，特殊建築物等に関して本表の法99条の欄の8〜9に違反した場合。	法人又は人（法人の代表者，代理人，使用人その他の従業者）
	法人，人ともに該当各本条の罰金刑	2. 上記1以外の法98条，法99条，法101条，法103条関係に違反した場合	法人又は人（法人の代表者，代理人，使用人その他の従業者）
法107条	（建築基準法に基づく地方公共団体の附加条例）違反した者に対し50万円以下の罰金を科す規定を，条例内に設けることができる。		

［注］ この表では，指定資格者検定機関，指定確認検査機関，指定構造計算適合性判定機関，指定認定機関，指定性能評価機関，認証型式部材等製造者等に関する罰則は省略している。
　*1　建築主，築造主又は建築設備の設置者の故意による違反の場合は，これらの当事者も罰則の対象となる。
　　　「設計者」には，設計図書に記載された認定建築材料等としてそれと異なる建築材料等を引き渡した場合には引き渡した者，設計図書を用いないで施工し，又は設計図書に従わないで施工した場合（設計図書に記載された認定建築材料等と異なる建築材料等を引き渡され，その材料等を使用して施工した場合を除く）は施工者，が含まれる。
　*2　型式適合認定等を受けた者は，法15条の2・1項による場合にのみ，対象者となる。

9. その他（工事現場の安全）

9.1　工事用仮設建築物

9.1.1　工事現場用仮設建築物の特例（法85条2項）

工事を施工するため現場に設ける事務所，下小屋，材料置場等の仮設建築物には確認申請及び定期報告等の手続き（6条～7条の6，12条1項～4項，15条，18条）が不要になるほか，次の規定が適用されない。

〔不適用となる規定〕　建築基準法19条（敷地の衛生・安全），21条～23条（建築物の主要構造部等），26条（防火壁），31条（便所），33条（避雷設備），34条2項（昇降機），35条（避難施設等），36条（技術的基準），37条（建築材料の品質），39条（災害危険区域），40条（条例の単体規定）及び3章の規定（集団規定）

[注]　規模により62条の規定の適用がある。

9.1.2　工事中の仮設店舗等の特例（法85条5項）

工事期間中必要となる仮設店舗等は，施工上必要な期間，特定行政庁の許可を受けて仮設建築物として建築することができる。

仮設店舗等には，定期報告等の手続き（12条1項～4項）が不要となるほか，次の規定は適用されない。

〔不適用となる規定〕　21条～27条（建築物の主要構造部等），31条（便所），34条2項（昇降機），35条の2（建築物の内装），35条の3（無窓居室の構造），37条（建築材料の品質）及び3章の規定（集団規定）

9.1.3　道路の使用許可（道路交通法77条）

コンクリート打設作業や，足場組立て作業など，道路において工事若しくは作業をしようとする者又は請負人は管轄する警察署長の許可を受けなければいけない。

9.1.4　仮設建築物の道路占用の許可（道路法32条）

道路に次の工作物，物件又は施設を設け，継続して道路を使用しようとする場合においては，道路管理者の許可を受けなければならない（道路法施行令7条2号～7号，11号）。

- a．太陽光発電設備及び風力発電設備
- b．津波からの一時的な避難場所としての機能を有する堅固な施設
- c．工事用板囲い，足場，詰所その他の工事用施設
- d．土石，竹木，瓦その他の工事用材料
- e．防火地域内に存する建築物を除去して，当該防火地域内にこれに代わる建築物として耐火建築物を建築する場合において，当該耐火建築物の工事期間中，当該既存建築物に替えて必要となる仮設店舗その他の仮設建築物
- f．都市再開発法による市街地再開発事業に関する都

市計画において定められた施行区域内の建築物に居住する者で，同法に規定する施設建築物に入居することとなるものを一時収容するため必要な施設

9.2　工事現場の危害の防止（法90条）

9.2.1　仮囲い（令136条の2の20）

木造の建築物で高さが13m若しくは軒の高さが9mを超えるもの又は木造以外で階数が2以上の建築物の工事現場の周囲には，原則として，高さ1.8m以上の仮囲いを設けなければならない。

9.2.2　工事用シート等による覆い（令136条の5，2項）

工事を行う部分が，工事現場の境界線より5m以内で，かつ地上7m以上の高さである場合には，落下物による被害を防止するため，工事現場の周囲その他危害防止上必要な部分を鉄網，工事用シート等により覆わなければならない（昭39建告91号）。

[注]　工事用シートは防炎性のあるものとすること（消防令4条の3，3項）。

9.2.3　工事用材料の集積（令136条の7）

工事用材料の集積は，倒壊，崩落のないように，かつ山留めや架構に予定荷重以上の荷重を与えないようにしなければならない。

9.2.4　火災の防止（令136条の8）

火気使用の場合は，周囲を不燃材料で囲む等，火災の発生を予防する。

9.2.5　根切り工事，山留め工事等（令136条の3）

- a．根切り，山留め工事等を行う場合は，地下埋設のガス管，水道管，下水管等を損傷しない措置を講じる。
- b．地階等の深い根切り工事は，地盤調査を行い，その状況に応じて作成した施工図に基づいて行う。
- c．隣接する建築物が傾斜したり，倒壊による危害の防止を講じる（急激な排水を避ける等）。
- d．深さ1.5m以上の根切りには山留めを設ける（図9.1）。
- e．山留めの部材（切ばり，矢板，腹起し等）は，構造計算によって安全を確かめる（図9.2）。
  この場合の許容応力度は，次による。

（木材）許容応力度 $= \dfrac{長期許容応力度＋短期許容応力度}{2}$

（鋼材）許容応力度＝短期許容応力度（令90条参照）

[注]　日本建築学会「山留め設計指針」又は「JASS3」では中期許容応力度（長期と短期の中間）を推奨しており，現場における山留め部材の構造計算は中期許容応力度を採用している。

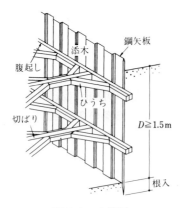

図 9.1　山留め

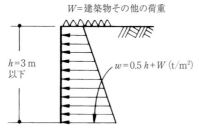

図 9.2　深さ 3 m 以下の土圧略算

f．根切り及び山留め工事は，施工中は必要に応じて点検を行い，安全な状態に維持するための措置を講じる。

9.2.6　基礎工事用機械等の転倒による危害の防止（令136 条の 4）

基礎工事用機械や移動式クレーンを使用する場合，その転倒による工事現場の周辺への危害を防止するため，敷板，敷角を使用するなどの措置を講じる。

9.2.7　建て方工事（令136 条の 6）

仮筋かい等を設けて倒壊を防止，仮締ボルトは荷重・外力に対して安全なものとする。

9.3　工事中の安全

9.3.1　コンクリート工事（令75 条，76 条）……コンクリートの養生，型わく及び支柱の除去

a．コンクリート打込み中及び打込み後 5 日間は温度が 2℃を下回らないように養生する。

b．構造耐力上主要な部分に係る型わく及び支柱は，コンクリートが自重及び工事の施工中の荷重によって著しい変形又はひび割れその他の損傷を受けない強度になるまで，取り外してはならない。

c．せき板は表 9.1（A）の存置日数以上又は（B）の圧縮強度以上になるまで取り外さない。圧縮強度確認方法は，JIS による圧縮強度試験か積算温度の影響を踏まえた強度計算による。

d．支柱の存置期間は，表 9.1（A）の存置日数以上を経過するまで取り外さない。ただし，JIS による圧縮強度試験かコア供試体の強度が（B）の圧縮強度以上又は 12 N/mm^2 以上であり，かつ施工中の外力により亀裂が生じないことが構造計算により確認された場合は，この限りではない。

表 9.1　型わくの存置日数とコンクリート強度

区分	部分	存置日数（A）			コンクリートの圧縮強度（B）
		存置期間中の平均気温			σ：設計基準強度
		15℃以上	5～15℃	5℃未満	
せき板	基礎・梁側柱・壁	3	5	8	5 N/mm^2
	版下・梁下	6	10	16	0.5 σ
支柱	版下	17	25	28	0.85 σ
	梁下	28	28	28	σ

（平 28 国交告 503 号）

［注］この表は，普通ポルトランドセメント，高炉セメント A 種，フライアッシュセメント A 種及びシリカセメント A 種を使用した場合とする。

建築関連法規

1. 消防法（昭23年法律第186号）

1.1 消防法のあらまし

（1） 消防法の構成

表1.1　消防法の構成

法　律	政　令	省　令	（関連する部分）
消　防　法	消　防　法　施　行　令	消　防　法　施　行　規　則　等	消防設備設置基準等
	危険物の規制に関する政令	危険物の規制に関する規則等	危険物貯蔵施設の基準

（2） 消防法の目的（消防法1条）

　消防法は，「火災を予防し，警戒し及び鎮圧し，国民の生命，身体及び財産を火災から保護するとともに，火災又は地震等の災害による被害を軽減するほか，災害等による傷病者の搬送を適切に行い，もって安寧秩序を保持し，社会公共の福祉の増進に資すること」を目的とする。

（3） 消防法における建築物の防火安全措置の概要

　消防法では，映写室規制（15条）を含む危険物規制に加え，以下のようなソフトとハードの両面からの対策により建築物の防火安全性を向上させている。

　　1） ソフト面の対策（8条関係）

　　　一定の用途・規模に該当する建築物の管理権原者に対し，防火管理者を選任させ，消防計画の作成やこれに基づく訓練実施等の防火管理業務を実施させる義務を課している。

　　2） ハード面の対策

　　　・消防用設備等の設置・維持（17条関係）

　　　・住宅用防災機器の設置・維持（9条の2）

　　　・火を使用する設備・器具等に対する規制（9条）

　　※この他に防炎規制（8条の3（カーテン，じゅうたん等に防炎性能を求めるもの））がある。

　　9条，9条の2，15条及び17条が建築基準関係規定となっている（2章5.1.2参照）。

（4） 建築設備又は建築基準法の規定との関連

　　1） 消火器，簡易消火用具，動力消防ポンプ設備，非常警報器具，避難器具（一部），誘導標識は，建築基準法の建築設備に該当しない。

　　2） 建築基準法の建築設備に該当する消火設備としては，防火区画の緩和等のために設けられるスプリンクラー等がある。

　　［注］ ドレンチャーは，建築基準法上，防火戸の代わりに用いる防火設備であって，消火設備ではない。

　　3） 警報設備の一部である感知器と連動して自動閉鎖する防火戸が建築基準法上，採用されている。

　　4） 避難設備と関連して建築基準法上，排煙設備，非常用の照明装置がある。

　　［注］ 排煙設備は，消防法上，消火活動上必要な設備として位置づけられている。

　　5） 消火活動上必要な施設に関連して，建築基準法上，非常用の進入口，非常用エレベーターがある。

　　6） 高層建築物や地下街には，防災上の諸設備を有機的，効果的に発揮させるための「中央管理室」を設ける。

（5） 消防法上の用途分類（防火対象物の分類）（消防令別表第1）

　消防法においては，建築物を「防火対象物」（建築物以外には山林等がある）と位置づけ，その用途や規模等による分類に応じてさまざまな規制措置が講じられることとなる（表1.2参照）。

（6） 特定防火対象物（消防法17条の2の5，2項4号，消防令34条の4，2項）

防火対象物 ｛ 特定防火対象物（消防令別表(1)項から(4)項まで，(5)項イ，(6)項，(9)項イ，(16)項イ，(16の2)項及び(16の3)項に掲げる防火対象物をいう。表1.2右欄○印）

特定防火対象物以外の防火対象物

　特定防火対象物においては，既存のものにあっても消防用設備等の設置及び維持に関する規定が遡って適用（既存遡及適用）となる。したがって，特定防火対象物においては，つねに現行の規定に基づいて消防用設備等を設置し，維持しなければならない。

表1.2　防火対象物の用途区分

項	防火対象物（建築物）の用途	特定防火対象物（○印）
(1)	イ　劇場，映画館，演芸場又は観覧場 ロ　公会堂又は集会場	○
(2)	イ　キャバレー，カフェー，ナイトクラブその他これらに類するもの ロ　遊技場又はダンスホール ハ　風俗営業等の規制及び業務の適正化等に関する法律2条5項に規定する性風俗関連特殊営業を営む店舗（ニ並びに(1)項イ，(4)項，(5)項イ及び(9)項イに掲げる防火対象物の用途に供されているものを除く）その他これに類するものとして総務省令で定めるもの ニ　カラオケボックスその他遊興のための設備又は物品を個室（これに類する施設を含む）において客に利用させる役務を提供する業務を営む店舗で総務省令で定めるもの	○
(3)	イ　待合，料理店その他これらに類するもの ロ　飲食店	○
(4)	百貨店，マーケットその他の物品販売業を営む店舗又は展示場	○
(5)	イ　旅館，ホテル，宿泊所その他これらに類するもの	○
	ロ　寄宿舎，下宿又は共同住宅	―
(6)	イ　①次のいずれにも該当する病院（火災発生時の延焼を抑制するための消火活動を適切に実施することができる体制を有するものとして総務省令で定めるものを除く。） (i) 診療科名中に特定診療科名（内科，整形外科，リハビリテーション科その他の総務省令で定める診療科名をいう。②(i)において同じ。）を有すること。 (ii) 医療法7条2項4号に規定する療養病床又は同項5号に規定する一般病床を有すること。 ②次のいずれにも該当する診療所 (i) 診療科名中に特定診療科名を有すること。 (ii) 4人以上の患者を入院させるための施設を有すること。 ③病院（①に掲げるものを除く。），患者を入院させるための施設を有する診療所（②に掲げるものを除く。）又は入所施設を有する助産所 ④患者を入院させるための施設を有しない診療所又は入所施設を有しない助産所 ロ　①老人短期入所施設，養護老人ホーム，特別養護老人ホーム，軽費老人ホーム（介護保険法7条1項に規定する要介護状態区分が避難が困難な状態を示すものとして総務省令で定める区分に該当する者（以下「避難が困難な要介護者」という）を主として入居させるものに限る），有料老人ホーム（避難が困難な要介護者を主として入居させるものに限る），介護老人保健施設，老人福祉法5条の2・4項に規定する老人短期入所事業を行う施設，同条5項に規定する小規模多機能型居宅介護事業を行う施設（避難が困難な要介護者を主として宿泊させるものに限る），同条6項に規定する認知症対応型老人共同生活援助事業を行う施設その他これらに類するものとして総務省令で定めるもの ②救護施設 ③乳児院 ④障害児入所施設 ⑤障害者支援施設（障害者の日常生活及び社会生活を総合的に支援するための法律4条1項に規定する障害者又は同条2項に規定する障害児であって，同条4項に規定する障害支援区分が避難が困難な状態を示すものとして総務省令で定める区分に該当する者（以下「避難が困難な障害者等」という）を主として入所させるものに限る）又は同法5条8項に規定する短期入所若しくは同条15項に規定する共同生活援助を行う施設（避難が困難な障害者等を主として入所させるものに限る。ハ⑤において「短期入所等施設」という） ハ　①老人デイサービスセンター，軽費老人ホーム（ロ①に掲げるものを除く），老人福祉センター，老人介護支援センター，有料老人ホーム（ロ①に掲げるものを除く），老人福祉法5条の2・3項に規定する老人デイサービス事業を行う施設，同条5項に規定する小規模多機能型居宅介護事業を行う施設（ロ①に掲げるものを除く）その他これらに類するものとして総務省令で定めるもの ②更生施設 ③助産施設，保育所，幼保連携型認定こども園，児童養護施設，児童自立支援施設，児童家庭支援センター，児童福祉法6条の3・7項に規定する一時預かり事業又は同条9項に規定する家庭的保育事業を行う施設その他これらに類するものとして総務省令で定めるもの ④児童発達支援センター，情緒障害児短期治療施設又は児童福祉法6条の2の2・2項に規定する児童発達支援若しくは同条4項に規定する放課後等デイサービスを行う施設（児童発達支援センターを除く） ⑤身体障害者福祉センター，障害者支援施設（ロ⑤に掲げるものを除く），地域活動支援センター，福祉ホーム又は障害者の日常生活及び社会生活を総合的に支援するための法律5条7項に規定する生活介護，同条8項に規定する短期入所，同条12項に規定する自立訓練，同条13項に規定する就労移行支援，同条14項に規定する就労継続支援若しくは同条15項に規定する共同生活援助を行う施設（短期入所等施設を除く） ニ　幼稚園又は特別支援学校	○

(7)	小学校，中学校，義務教育学校，高等学校，中等教育学校，高等専門学校，大学，専修学校，各種学校その他これらに類するもの	—
(8)	図書館，博物館，美術館その他これらに類するもの	—
(9)	イ　公衆浴場のうち，蒸気浴場，熱気浴場その他これらに類するもの	○
	ロ　イに掲げる公衆浴場以外の公衆浴場	—
(10)	車両の停車場又は船舶若しくは航空機の発着場（旅客の乗降又は待合いの用に供する建築物に限る）	—
(11)	神社，寺院，教会その他これらに類するもの	—
(12)	イ　工場又は作業場　　ロ　映画スタジオ又はテレビスタジオ	—
(13)	イ　自動車車庫又は駐車場　　ロ　飛行機又は回転翼航空機の格納庫	—
(14)	倉庫	—
(15)	前各項に該当しない事業場	—
(16)	イ　複合用途防火対象物のうち，その一部が(1)項から(4)項まで，(5)項イ，(6)項又は(9)項イに掲げる防火対象物の用途に供されているもの	○
	ロ　イに掲げる複合用途防火対象物以外の複合用途防火対象物	—
(16の2)	地下街（地下の工作物内に設けられた店舗，事務所その他これらに類する施設で連続して地下道に面して設けられたものと当該地下道とを合わせたものをいう）（消防法8条の2）	○
(16の3)	建築物の地階（(16の2)項に掲げるものの各階を除く）で連続して地下道に面して設けられたものと当該地下道とを合わせたもの（(1)項から(4)項，(5)項イ，(6)項又は(9)項イに掲げる防火対象物の用途に供される部分が存するものに限る）〔準地下街〕	○
(17)	文化財保護法の規定によって重要文化財，重要有形民俗文化財，史跡若しくは重要な文化財として指定され，又は旧重要美術品等の保存に関する法律の規定によって重要美術品として認定された建造物	—
(18)	延長50m以上のアーケード	—
(19)	市町村長の指定する山林	—
(20)	総務省令の定める舟車	—

［注］1）地下街内に存する各建築物の部分は，その用途にかかわらず地下街の用途に供するものとみなす。
　　　2）準地下街内に存する各建築物の部分は，準地下街という用途に供しているとともに，その個々の用途にも供しているものとみなす。

1.2　消防用設備等の設置基準
（1）　消防法（17条関係）に規定する消防用設備等の種類（消防令7条）

表1.3　消防用設備等の種類

設　備　の　分　類		設　備　の　名　称
消防の用に供する設備	消火設備〔水その他消火剤を使用して消火を行う機械器具又は設備〕	1）消火器及び簡易消火用具（水バケツ，水槽，乾燥砂，膨張ひる石又は膨張真珠岩） 2）屋内消火栓設備 3）スプリンクラー設備 4）特殊な消火設備（水噴霧消火設備，泡消火設備，不活性ガス消火設備，ハロゲン化物消火設備，粉末消火設備） 5）屋外消火栓設備 6）動力消防ポンプ設備
	警報設備〔火災の発生を報知する機械器具又は設備〕	1）自動火災報知設備 2）ガス漏れ火災警報設備 3）漏電火災警報器 4）消防機関へ通報する火災報知設備 5）非常警報器具（警鐘，携帯用拡声器，手動式サイレン） 6）非常警報設備（非常ベル，自動式サイレン，放送設備）
	避難設備〔火災時の避難に用いる機械器具又は設備〕	1）避難器具（すべり台，避難はしご，救助袋，緩降機，避難橋等） 2）誘導灯および誘導標識
消　防　用　水		防火水槽又はこれに代わる貯水池その他の用水
消火活動上必要な施設		1）排煙設備 2）連結散水設備 3）連結送水管 4）非常コンセント設備 5）無線通信補助設備

3章　建築関連法規

写真 1.1　避難器具の例（バルコニーに設けた避難はしご）

（2）　屋内消火栓設備（消防令 11 条，消防規 12 条）

1）　設置しなければならない防火対象物の例

表 1.4　屋内消火栓設備の設置基準

用　途		(1)項	(2)項〜(10)項，(12)項，(14)項	(11)項，(15)項	(16 の 2)項
規　模	一　般	500 m² 以上 （1 000 m² 以上） 〔1 500 m² 以上〕	700 m² 以上 （1 400 m² 以上） 〔2 100 m² 以上〕	1 000 m² 以上 （2 000 m² 以上） 〔3 000 m² 以上〕	150 m² 以上 （300 m² 以上） 〔450 m² 以上〕
	地階・無窓階 4 階以上の階	100 m² 以上 （200 m² 以上） 〔300 m² 以上〕	150 m² 以上 （300 m² 以上） 〔450 m² 以上〕	200 m² 以上 （400 m² 以上） 〔600 m² 以上〕	

［注］　（　）内は，主要構造部を耐火構造とした建築物又は内装制限した主要構造部を準耐火構造とした建築物の，〔　〕内は内装制限した主要構造部を耐火構造とした建築物の場合に規制を受ける規模を示す。ただし，(6)項イ①②の用途，(6)項ロの用途にあっては，別途の規模が適用される。

2）　屋内消火栓設備の概要

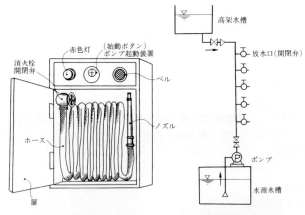

図 1.1　屋内消火栓のイメージと設備系統図の例

写真 1.2　屋内消火栓の内部の例

3）　主な設置基準・使用方法

屋内消火栓を各階に設置しておいて，火災時には放水口を開き，ホースから放水して消火する設備。

消火栓（放水口）は，消火栓箱内に設け，約 30 m のホースを接続してある。始動ボタンを押すと，ポンプが回り出し，あわせて火災報知機のベルが鳴り出す。

ホースを延伸してから放水口の開閉弁を開放する。

消火栓を中心に半径 25 m 又は 15 m の円で各階を覆うように，消火栓を配置する。

（3）　屋外消火栓設備（消防令 19 条，消防規 22 条）

消火栓を屋外に設けたもの

1）　設置しなければならない建築物の例

表 1.5　屋外消火栓設備の設置基準

用　途	規　模	
関係なく	1 階及び 2 階の床面積の合計	耐火建築物……9 000 m² 以上 準耐火建築物……6 000 m² 以上 その他の建築物……3 000 m² 以上

2）　主な設置基準・使用方法

消火栓を中心に半径 40 m の円で，建築物の各部分を覆うように配置する。ホースは消火栓に接続しておかないで，近くに別に設けておくことがある。その場合は，ホースを接続して用いる。

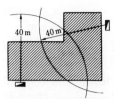

図 1.2　屋外消火栓の配置のイメージ

屋外消火栓を中心に半径 40 m の円
で建築物を覆うように配置する

（4）　消防用水（消防令 27 条）

1）　設置しなければならない建築物の例

表 1.6　消防用設備の設備基準

用　途	規　　模
関係なく	敷地が 20 000 m² 以上で1～2階の床面積合計　耐 火 建 築 物……15 000 m² 以上　準耐火建築物……10 000 m² 以上　その他の建築物…… 5 000 m² 以上
	高さが 31 m を超え，かつ，延べ面積（地階を除く）が 25 000 m² 以上のもの

2）　確保すべき水量

1 個の消防用水の有効水量は最低 20 m³ 以上（流水の場合は，毎分 0.8 m³ 以上の流量のあるもの（断面×流速/分で計算する））。

（5）　スプリンクラー設備（消防令 12 条，消防規 13 条～15 条）

スプリンクラー設備は，自動消火設備として効果的である。建築基準法上の防火区画緩和に用いられている。

1）　設置しなければならない防火対象物の例

表 1.7　スプリンクラー設備の設置基準

区　　分	規　模　等
高層建築物（11 階以上のもの）	特定防火対象物……すべての階　その他の建築物……11 階以上の階
地下街・準地下街	地下街………延べ 1 000 m² 以上（(6)項ロの用途では面積によらず設置が必要）　準地下街……延べ 1 000 m² 以上で特定用途部分が 500 m² 以上
大規模な建築物	特定防火対象物　①延べ 6 000 m² 以上（平家建を除く。ただし，病院・店舗等では延べ 3 000 m² 以上）　②地階・無窓階………1 000 m² 以上の階　③4～10 階……………1 500 m² 以上の階（(2)項又は(4)項では 1 000 m² 以上）　※①～③いずれの場合も，(6)項イ①②の用途，(6)項ロの用途では面積によらず設置が必要　複合用途防火対象物　①特定用途部分が 3 000 m² 以上の場合（特定用途部分が存在する階に限る）　②特定用途部分が 1 000 m² 以上の階など
特殊用途部分	(1)項のうち 500 m² 以上の舞台部（地階，無窓階，4 階以上に存する時は 300 m² 以上）　(14)項のうちラック式倉庫（700 m² 以上，天井高 10 m 超）　指定数量の 1 000 倍以上の指定可燃物を貯蔵等する建築物等

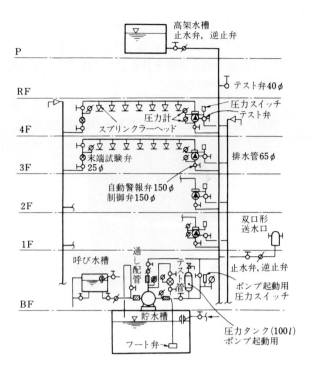

図 1.3　スプリンクラー設備の設備系統図の例

2）　スプリンクラーヘッドの配置（正方形配置・標準型ヘッドの場合）

スプリンクラーヘッドの配置は，原則として格子配置（正方形又は矩形）とすること。

表 1.8　スプリンクラー設備の技術基準（スプリンクラーヘッドについての概要）

防火対象物の種類		半径（R）	ヘッドの間隔（A）	ヘッド1個あたりの面積（A^2）
舞台部，地下街・準地下街(火気設備を設置する部分)，指定可燃物を貯蔵等する部分		1.7 m	2.40 m	5.76 m²
上記以外の防火対象物	地下街及び耐火建築物以外	2.1 m	2.96 m	8.76 m²
	耐火建築物	2.3 m	3.25 m	10.56 m²

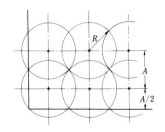

図 1.4　スプリンクラーヘッドの格子配置（正方形）のイメージ

（6）　その他の消火設備（消防令 13 条～18 条，消防規 16 条～21 条）

1）　その他の消火設備の種類（いずれも，スプリンクラー設備と似ているが，消火剤等が異なる）

水噴霧消火設備，泡消火設備，不活性ガス消火設備，ハロゲン化物消火設備，粉末消火設備

2） その他の消火設備を設置しなければならない建築物（特定の用途部分）

自動車駐車場，飛行機の格納庫，ボイラー室，電気室，通信機器室，指定可燃物等の貯蔵室など

写真1.3　水噴霧消火設備（上）と泡消火設備（下）の例

（7）　自動火災報知設備（消防令21条，消防規23条～24条の2）

1） 設置しなければならない防火対象物

表1.9　自動火災報知設備の設置基準

区　　分	用　　途	規　　模
特定防火対象物	(2)項ニ，(5)項イ，(6)項イ①～③・ロ，(6)項ハ（※1利用者を入居させ，又は宿泊させるもの），(16の2)項（※2上記の用途部分に限る）	すべて
	(9)項イ	延べ200 m² 以上
	(1)項，(2)項イ～ハ，(3)項，(4)項，(6)項イ④・ニ，(6)項ハ（※1以外），(16)項イ，(16の2)項（※2以外）	延べ300 m² 以上
	(16の3)項	延べ500 m² 以上で特定用途部分が300 m² 以上
その他の防火対象物	(13)項ロ，(17)項	すべて
	(5)項ロ，(7)項，(8)項，(9)項ロ，(10)項，(12)項，(13)項イ，(14)項	延べ500 m² 以上
	(11)項，(15)項	延べ1 000 m² 以上
特定一階段等防火対象物	(1)～(4)項，(5)項イ，(6)項，(9)項イの用途が避難階以外にある場合	すべて
地　　階無　窓　階3 階～10 階	(2)項イ～ハ，(3)項，(16)項イで(2)項又は(3)項の用途部分が100 m² 以上（地階，無窓階）	100 m² 以上の階
	その他	300 m² 以上の階
11階以上の階	用途に関係なく	すべて
特殊用途部分	通信機器室等	500 m² 以上の室
	車庫・駐車場（除1階）	200 m² 以上のある階
指定可燃物	貯蔵・処理部分	指定数量の500倍以上

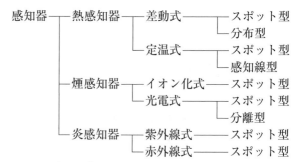

*1　スポット型は一局所に設置され，それ以外は一定範囲にわたって設置される。

*2　定温式は一定温度以上で作動し，差動式は一定速度以上の温度上昇で作動する。

*3　各機能を複合させたタイプもある。

2） 感知器の主な種別（火災報知設備の感知器及び発信機に係る技術上の規格を定める省令）

3） 主な感知器の設置場所（消防規23条4項1号）

煙を感知するタイプは，平常時も煙が滞留する厨房等の場所では設置できない。また，設置箇所まで熱が届かない天井高20 m以上の大空間では炎を感知するタイプが採用されるが，障害物により赤外線等が遮蔽されないように配慮が必要となる。このように，設置場所により，その特性に応じた感知器の選択が必要となる。

4） 自動火災報知設備のシステム

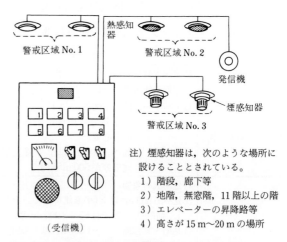

注）煙感知器は，次のような場所に設けることとされている。

1）階段，廊下等
2）地階，無窓階，11階以上の階
3）エレベーターの昇降路等
4）高さが15 m～20 mの場所

図1.5　自動火災報知設備のシステムのイメージ

5） 警戒区域の設定（消防令21条2項）

〔警戒区域〕 火災の発生した区域を他の区域と区別して識別することができる最小単位の区域

① 2以上の階にわたらないこと，すなわち，各階ごとに区域を区分する。ただし，床面積の合計が500 m² 以下の場合は，2の階にわたってよい。

② 警戒区域の面積は600 m² 以下（主要な出入口から当該防火対象物内部を見通すことができる場合は，1 000 m² 以下）。かつ，一辺の長さは50 m以下とする。

6）　感知器の感知区画（消防規 23 条 4 項 3 号ロ）

　　感知区域（感知器によって火災の発生を有効に感知できる区域として，壁又は天井より 0.4 m 以上突出したはり等によって区切られた部分）ごとに，感知器の種別，取付け面の高さ及び感知区域の面積に応じた個数の感知器を設置する。

（8）　非常警報器具・設備（消防令 24 条，消防規 25 条の 2）

1）　非常警報器具・設備

　・非常警報器具（携帯用拡声器，手動式サイレン，警鐘等）

　・非常警報設備（非常ベル，自動式サイレン，放送設備）

　　非常ベル・自動式サイレン……自動火災報知設備により代替できる場合がある

2）　放送設備を設置する防火対象物

表 1.10　非常警報設備（放送設備）の設置基準

用途（消防令別表第 1）	規　模
(1)項から(4)項まで，(5)イ項，(6)項，(9)項イ	収容人員 300 人以上
(5)項ロ，(7)項，(8)項	800 人以上
(16)項イ	500 人以上
(16 の 2)項，(16 の 3)項	すべて
高層建築物	地上階数 11 以上
地下建築物	地階階数 3 以上

3）　非常警報器具・設備の設置

　・原則として，当該建築物の全区域に火災の発生を有効に報知することができるように設ける（各階ごとに音響装置を中心に半径 25 m の円でその階の平面を覆うように配置）。

　・起動装置は，多数の者の目にふれやすく，火災に際してすみやかに操作することができる箇所に設ける（各階ごとに，その階の各部分からの歩行距離が 50 m 以下となるように配置し，直近の箇所に表示灯を設ける）。

4）　パニック防止のための部分鳴動

　　大規模建築物（地上 5 階以上，かつ，延べ 3 000 m² 超）では，1 度に非常ベル（自動火災報知設備）を鳴らすと，かえってパニックを生じるので，部分鳴動とすることができる。

（★は出火階，▨は鳴動階）

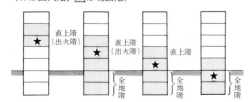

図 1.6　部分鳴動のイメージ

（9）　誘導灯・誘導標識（消防令 26 条，消防規 28 条の 3）

1）　誘導灯・誘導標識を設置する防火対象物

表 1.11　誘導灯・誘導標識の設置基準

区　分	誘導灯	誘導標識
特定防火対象物及び(9)項ロ	各階	各階（ただし誘導灯を設置した部分については設置免除）
その他の防火対象物	地階・無窓階 11 階以上の階	

2）　誘導灯の例

通路誘導灯　　　　避難口誘導灯

図 1.7　誘導灯の例

3）　避難口誘導灯及び通路誘導灯の設置

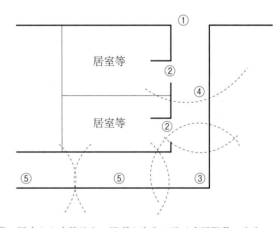

① 屋内から直接地上へ通ずる出入口又は直通階段の出入口に避難口誘導灯設置

② ①の出入口に通ずる廊下又は通路に通ずる出入口及び①の出入口に通ずる廊下又は通路に設ける防火戸（手で開放可能）に避難口誘導灯設置

③ 曲り角に通路誘導灯を設置

④ ①の出入口に設置される避難口誘導灯の有効範囲内に通路誘導灯を設置

⑤ 廊下又は通路の各部分に，①〜④の誘導灯の有効範囲外となる部分がある場合，当該部分をその有効範囲内に含むように通路誘導灯を設置

図 1.8　避難誘導灯及び通路誘導灯の設置イメージ

(10) 連結送水管（消防令 29 条）・連結散水設備（消防令 28 条の 2）

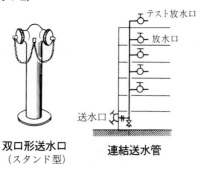

双口形送水口
（スタンド型）　　　　連結送水管

図 1.9　連結送水管のイメージと設備系統図の例

1）　連結送水管を設置する防火対象物

> 地上階の床面積の合計が 700 m² 以上のもの
> 延べ面積が 700 m² 以上の地下街　　　　　　　等

写真 1.4　連結送水管の送水口の例

2）　連結散水設備を設置する防火対象物

> 地階の床面積が 700 m² 以上の建築物

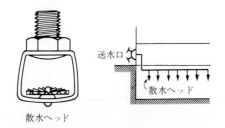

散水ヘッド

図 1.10　連結散水設備のイメージ

1.3　消防用設備等の技術上の基準に対する性能に着目した法令適合方法（消防法 17 条）

　消防用設備等の技術上の基準について，仕様規定による場合（いわゆる「ルート A」）に加え，総務省令で定めるところにより地方消防機関が防火安全性能の確保を認める方法（「ルート B」）及び総務大臣の認定による方法（「ルート C」）が認められている。

1.4　住宅用防災機器の設置・維持（消防法 9 条の 2）

　新築，既存を問わず全ての住宅の所有者，管理者又は占有者は，住宅用防災機器（いわゆる「住宅用火災警報器」）を設置し，維持することが義務づけられている。

　また，消防令 5 条の 7 において，住宅用防災機器を設置及び維持すべき住宅の部分として，①就寝の用に供する居室，②①のある階（避難階を除く）の階段（屋外にあるものを除く）等が定められている。

　新築住宅については，消防法 9 条の 2 の規定が建築基準法施行令 9 条に規定する建築基準関係規定（消防法関係では，他に消防法 9 条，15 条，17 条が対象）に該当することから，住宅用防災機器の設置等が建築確認及び完了検査の対象となることに留意する必要がある。

1.5　火気使用設備等に対する規制

　厨房コンロや給湯器，ボイラー，燃料電池発電設備といった火災の発火源となるおそれのある設備・器具については，可燃物等との間に一定以上の距離（離隔距離）の確保や不燃性の床等への設置などの措置が求められる。具体的な事項は，消防令 5 条〜5 条の 5 及び対象火気設備等の位置，構造及び管理並びに対象火気器具等の取扱いに関する条例の制定に関する基準を定める省令（平 14 総務省令第 24 号）による基準に従い，市町村条例で定められている。

1.6　防火対象物に係る表示制度

　防火基準への適合性について，利用者等に情報提供し，利用者の選択を通じて防火安全体制の確立を促すことを目的とし，平成 26 年（2014 年）4 月より，ホテル・旅館等からの申請に対して消防機関が審査を行い，消防法令及び建築基準法令の防火基準に適合している建物に「表示マーク」（適マーク）を交付する防火対象物に係る表示制度を運用している。

年　月　表示基準適合
○○消防本部

図 1.11　表示マーク（適マーク）のイメージ

表 1.12　消防用設備等の消防法令への適合方法

	関係法令	概　要
ルートA 仕様規定	消防法 17 条 1 項 消防令 7 条〜29 条の 3	従来規定等（通常用いられる消防用設備等の設置） （消防令 10 条〜29 条の 3）
ルートB 性能規定	消防法 17 条 1 項 消防令 7 条〜29 条の 4	必要とされる防火安全性能を有するものとして総務省令で定めるところにより地方消防機関が認めるもの ・消防令 29 条の 4 第 1 項の規定により，「通常用いられる消防用設備等」に代えて用いられることができるとされている必要とされる防火安全性能を有する消防の用に供する設備等である。
ルートC 大臣規定	消防法 17 条 3 項	性能評価を踏まえて総務大臣の認定を受けた消防用設備等（特殊消防用設備等） ・消防法 17 条 3 項の規定により「消防用設備等」に代えて用いられることができるとされている「特殊消防用設備等」→通常の排煙設備に代わる加圧排煙システムによる排煙設備の例などがある。

［注］1)　防火安全性能とは，火災の拡大を初期に抑制する性能，火災時に安全に避難することを支援する性能又は消防隊による活動を支援する性能をいうものであり，総務省令では以下の性能が規定されている。
　　①必要とされる防火安全性能を有する消防の用に供する設備等に関する省令（平 16 省令 92 号）
　　　→屋内消火栓設備に代わるパッケージ型消火設備，スプリンクラー設備に代わるパッケージ型自動消火設備を設置する
　　②特定共同住宅等における必要とされる防火安全性能を有する消防の用に供する設備等に関する省令（平 17 省令 40 号）→共同住宅用スプリンクラー設備，住戸用自動火災報知設備等を設置する
　　③特定小規模施設における必要とされる防火安全性能を有する消防の用に供する設備等に関する省令（平 20 省令 156 号）→特定小規模施設用自動火災報知設備を設置する
　　④排煙設備に代えて用いることができる必要とされる防火安全性能を有する消防の用に供する設備等に関する省令（平 21 省令 88 号）→加圧防排煙設備を設置する
　　⑤複合型居住施設における必要とされる防火安全性能を有する消防の用に供する設備等に関する省令（平 22 省令 7 号）→複合型居住施設用自動火災報知設備を設置する
　　⑥特定駐車場における必要とされる防火安全性能を有する消防の用に供する設備等に関する省令（平 26 省令 23 号）→特定駐車場用泡消火設備を設置する

2. 都市計画法

2.1　都市計画のあらまし

（1）　都市計画の目的（都計法 1 条）

　都市計画法は，都市計画の内容及びその決定手続き，都市計画制限，都市計画事業その他都市計画に関し必要な事項を定め，都市の健全な発展と秩序ある整備を図り，国土の均衡ある発展と公共の福祉の増進に寄与する。

（2）　都市計画の基本理念（都計法 2 条）

　都市計画は，農林漁業との健全な調和を図りつつ，健康で文化的な都市生活及び機能的な都市活動を確保すべきこと並びにこのためには適正な制限のもとに土地の合理的な利用が図られるべきことを基本理念とする。

（3）　都市計画の定義（都計法 4 条）

　都市の健全な発展と秩序ある整備を図るための土地利用，都市施設の整備及び市街地開発事業に関する計画。

（4）　都市計画区域の指定（都計法 5 条）

　都市計画を実施するため「一体の都市として総合的に整備し，開発し及び保全する必要のある区域」を，都道府県は都市計画区域として指定する。区域は，市の中心部又は一定要件の町村の中心市街地を含み，自然的条件，社会的条件，人口，土地利用，交通量等の現況及び推移を勘案して定める。この他，首都圏整備法等による都市開発区域や新住居都市，工業都市等として開発及び保全する区域も都市計画区域として指定される。

（5）　準都市計画区域の指定（都計法 5 条の 2）

　都道府県は，都市計画区域外の区域のうち，相当数の建築物，工作物の建築等又はこれらの敷地造成が現に行

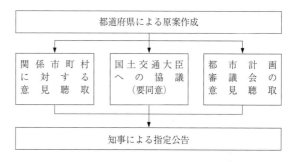

図 2.1　都市計画区域の指定手続

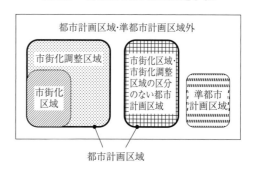

図 2.2　各区域の関係図

われ，又は行われると見込まれる区域を含み，かつ，そのまま土地利用を整序し，又は環境保全措置を講ずることなく放置すれば，将来における一体の都市としての整備，開発及び保全に支障が生じるおそれがある一定の区域を準都市計画区域として指定することができる。

（6）　都市計画の内容（11 種類）

　1）　都市計画区域の整備，開発及び保全の方針（都計法 6 条の 2）

　　都市計画区域に定める都市計画は当該都市計画区域の整備，開発，保全の方針に即し，方針として次

の事項を定める。
① 都市計画の目標
② 区域区分（市街化区域と市街化調整区域に区分すること）の決定の有無及び区域区分を定めるときはその方針
③ その他，土地利用，都市施設の整備及び市街地開発事業に関する主要な都市計画の決定方針
2） 市街化区域・市街化調整区域の区分（都計法7条）
無秩序な市街化を防止し，計画的な市街化を図るため必要があるときは，都市計画区域を，市街化区域と市街化調整区域に区分することができる。
3） 都市再開発方針等（都計法7条の2）
都市計画区域に定める都市計画は，都市再開発方針等に即したものでなければならない。都市計画に次に掲げる方針で必要なものを定める。
① 都市再開発方針
② 住宅市街地の開発整備の方針
③ 拠点業務市街地の開発整備の方針
④ 防災街区整備方針
4） 地域・地区（都計法8条～10条）
適正な土地利用計画に基づき，地域・地区を定めて都市機能を維持増進し，又は環境を保護する。
用途地域（商業地域，工業地域等），防火地域，風致地区等
5） 促進区域（都計法10条の2）

一定の区域について都市計画に基づく積極的土地利用を図るため，土地所有者等に一定期間（おおむね5年）内に定められた土地利用を実現させる。
土地区画整理促進区域等
6） 遊休土地転換利用促進地区（都計法10条の3）
市街化区域内にある5 000 m² 以上の遊休地について計画的な土地利用の促進を図る。
7） 被災市街地復興推進地域（都計法10条の4）
建築を制限して被災市街地の復興の推進を図る。
8） 都市施設（都計法11条）
交通施設（道路，都市高速鉄道等），公共空地（公園，広場等），供給処理施設等の施設
9） 市街地開発事業（都計法12条）
土地区画整理事業，新住宅市街地開発事業，市街地再開発事業等の開発事業
10） 市街地開発事業等予定区域（都計法12条の2等）
大規模な用地買収を伴う市街地開発事業を定める以前に予定区域を定めて，その後，3年以内に都市計画を定め，施行予定者により，計画後2年以内（都計法60条の2）に事業許可申請を行わせる。
11） 地区計画等（都計法12条の4）
その地区のあるべき姿を示して建築行為等を誘導する。
地区計画等には地区計画，防災街区整備地区計画，歴史的風致維持向上地区計画，沿道地区計画，集落地区計画がある（第2章7.12及び本章2.2(9)参照）。

（7） 都市計画を定める者（都計法15条）
次に掲げる都市計画は都道府県が，その他の都市計画は市町村が定める。
1） 都市計画区域の整備，開発及び保全の方針
2） 区域区分
3） 都市再開発方針等

4） 都市再生特別地区，一定の臨港地区，一定の緑地保全地域，近郊緑地特別保全地区，流通業務地区等
5） 一の市町村の区域を超える地域地区・都市施設・市街地開発事業等予定区域，大規模な市街地開発事業

（8） 都市計画の決定手続き
（6）で記した11種類の都市計画は次のようにして決定する。

都道府県及び市町村は，土地所有者，まちづくりNPO，都市再生機構，地方住宅供給公社等からの都市計画の提案に基づき都市計画を定めることもできる。

1） 都道府県が決定する場合（都計法18条）

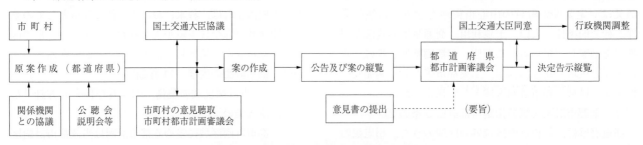

図2.3 都道府県が決定する場合の手続き

2） 市町村が決定する場合（都計法 19 条）

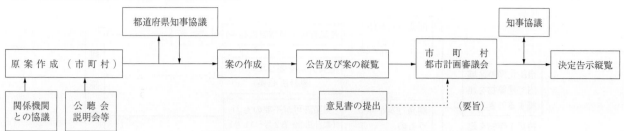

図 2.4　市町村が決定する場合の手続き

2.2　都市計画と建築・開発行為の規制

　都市計画に関連する建築・開発行為の規制に関する規定は，以下に示すとおりである。なお，都計法 29 条 1 項・2 項，35 条の 2・1 項，41 条 2 項（35 条の 2・4 項で準用する場合を含む），42 条，43 条 1 項，53 条 1 項（都市再生特別措置法 36 条の 4 により読み替え適用を含む）及び 52 条の 2・2 項（53 条 2 項で準用する場合）は，建築基準関係規定となっている（2 章 5.1.2 参照）。

（1）　市街化区域・市街化調整区域による規制
　1）　市街化区域・市街化調整区域（都計法 7 条）
　　①　市街化区域　　すでに市街地を形成している区域及びおおむね 10 年以内に優先的，かつ計画的に市街化を図るべき区域
　　②　市街化調整区域　　市街化を抑制すべき区域
　2）　開発行為（都計法 4 条 12 項）
　　開発行為の概要は下図のとおり

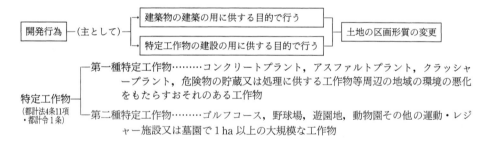

図 2.5　開発行為の概要

　3）　開発行為の許可（都計法 29 条）
　　知事又は指定都市等の長の許可を受ける
　　①　市街化区域内の場合

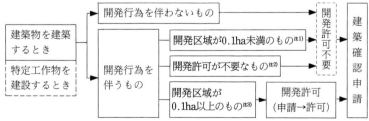

　［注］ 1）　下記 4）の①を参照
　　　　 2）　下記 4）の③から⑧までに掲げる開発行為を参照
　　　　 3）　下記 4）の①の注 1）及び 2）を参照。都道府県知事が，規則で異なる規定を定めている場合は，その規模以上の開発行為は，開発許可が必要となる。

図 2.6　市街化区域内の場合の開発行為の許可

② 市街化調整区域内の場合

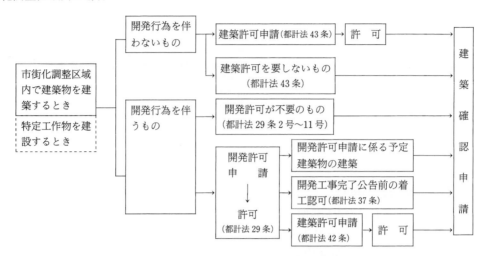

図2.7　市街化調整区域内の場合の開発行為の許可

4）　開発許可が不要である開発行為（都計法29条1項1号〜11号）

①　市街化区域，区域区分が定められていない都市計画区域又は準都市計画区域内において行う開発行為でその規模が 0.1 ha 未満であるもの

[注] 1)　都道府県知事が，無秩序な市街地化を防止するため特に必要と認めたときは，規則で，0.03 ha 以上 0.1 ha 未満の範囲内で，この規模を別に定めることができる（都計令19条1項）。

2)　東京都（23区）等及び市町村で，次の a.〜c. の区域内については，0.05 ha 以上の開発行為は，開発許可が必要となる。また，都道府県知事が，上記1）の理由で 0.03 ha 以上 0.05 ha 未満の範囲内で規模を定めることができる（都計令19条2項）。

a．東京都（23区），武蔵野市並びに三鷹市，横浜市，川崎市及び川口市の一部（首都圏整備法2条3項に規定する既成市街地）又は同法2条4項に規定する近郊整備地帯

b．大阪市並びに神戸市，京都市，守口市，布施市（現・東大阪市），堺市，尼崎市，西宮市及び芦屋市の一部（近畿圏整備法2条3項に規定する既成都市区域）又は同法2条4項に規定する近郊整備区域

c．名古屋市，岡崎市，一宮市，瀬戸市，四日市市，桑名市等（中部圏開発整備法2条3項に規定する都市整備区域）

②　市街化調整区域，区域区分が定められていない都市計画区域又は準都市計画区域内において行う開発行為で，農林漁業用に供する建築物（畜舎，堆肥舎等及び建築面積 90 m² 以内のもの・都計令20条）又はこれらの業務を営む者の居住の用に供する建築物の建築の用に供する目的で行うもの

③　駅舎その他の鉄道の施設，図書館，公民館，変電所その他これらに類する公益上必要な建築物（公園施設である建築物，郵便事業用の建築物等・都計令21条）の建築目的で行う開発行為

④　都計令21条26号の具体例：国，都道府県等，市町村又は市町村が加入している一部事務組合又は広域連合が設置する研究所，試験所等（ただし，幼稚園，小学校，中学校，義務教育学校，高等学校，中等教育学校，特別支援学校，大学及び高等専門学校，専修学校，各種学校，家庭的保育事業，小規模保育事業，事業所内保育事業，社会福祉事業，更生保護事業の建築物，病院，診療所，助産所，多数の者のための庁舎，宿舎等を除く。）の建築目的で行う開発行為

⑤　都市計画事業，土地区画整理事業，市街地再開発事業，住宅街区整備事業，防災街区整備事業の施行として行う開発行為

⑥　公有水面埋立法2条1項の免許を受けた埋立地で，まだ，同法22条2項の告示がないものの開発行為

⑦　非常災害のための応急措置としての開発行為

⑧　通常の管理行為，軽易な行為その他の行為，（都計令22条）

5）　開発許可を受けるための技術的基準（市街化区域・市街化調整区域とも）（都計法33条）

劣悪な市街地の形成を防止するため最低限必要な整備水準を，表2.1 の各観点から基準を定めている。なお，自己の住宅や自己の業務用の建築物・特定工作物のための開発行為は，限定的なものに限り本条を適用している。

6）　市街化調整区域内においても許可されることのある開発行為（都計法34条）

本条は，市街化を抑制すべき区域としての市街化調整区域内において，スプロール化＊防止の観点から，例外的に許容される開発行為を限定したものである。

[注] ＊　市街地が無計画に郊外に拡大し，虫食い状態の無秩序な市街地を形成すること。

前記 5）の許可基準に該当するほか，次に掲げる内容に該当する目的で行う開発行為について許可される。なお，主として第二種特定工作物の建設の用に供する目的で行う開発行為については，この規定は適用されない。

表 2.1　開発許可の許可基準（都計法 33 条，都計令 23 条の 2〜29 条）

許　可　基　準		建　築　物		第一種特定工作物（コンクリートプラント等）		第二種特定工作物（ゴルフコース等）	
		自己用	その他	自己用	その他	自己用	その他
1. 用途地域，特別用途地区，特定用途制限地域，居住環境向上用途誘導地区，特定用途誘導地区，流通業務地区，港湾法の分区制限への適合		○	○	○	○	○	○
2. 道路，公園等の配置等（都計令 25 条）	注2)	○	○	○	○	○	○
3. 排水施設の配置等（都計令 26 条）		○	○	○	○	○	○
4. 給水施設の配置等	注2)	○	○	○	○	○	○
5. 地区計画等への適合		○	○	○	○	○	○
6. 公共・公益的施設の配分	注3)	○	○	○	○	○	○
7. 軟弱地盤，がけ崩れ等への安全措置（都計令 28 条）		○	○	○	○	○	○
8. 災害危険区域等の除外（都計令 23 条の 2）		×	○	×	○	×	○
9. 樹木の保存等（都計令 23 条の 3，28 条の 2）1 ha 以上の開発行為		○	○	○	○	○	○
10. 緩衝帯の配置（都計令 23 条の 4，28 条の 3）1 ha 以上の開発行為		○	○	○	○	○	○
11. 輸送の能力（都計令 24 条）40 ha 以上の開発行為		○	○	○	○	○	○
12. 申請者の資力・信用（都計令 24 条の 2）	注4)	×	○	×	○	×	○
13. 工事施工者の能力（都計令 24 条の 3）	注4)	×	○	×	○	×	○
14. 関係権利者の同意		○	○	○	○	○	○

［注］1) 上記の表で○印は適用があるもの，×印は適用がないものを示す。また「自己用」とは，自己の居住又は業務の用に供する目的のものを，「その他」とは，それ以外のものを示す。

　　2) 主として，自己の居住の用に供する住宅の建築の用に供する目的で行う開発行為は，適用がない（都計法 33 条 1 項 2 号・4 号）。

　　3) 公共・公益施設の用途の配分は，その開発行為の目的に照らして判断することとなる（都計法 33 条 1 項 6 号）。また，主として住宅の建築の用に供する目的で行なう 20 ha 以上の開発行為にあっては，その開発行為の規模に応じ必要な教育施設，交通施設等を原則として配置しなければならない（都計令 27 条）。

　　4) 1 ha 以上の開発行為は，自己用の住宅を建築する場合を除き適用がある（都計法 33 条 1 項 12 号・13 号）。

① 主として，その開発区域の周辺地域の居住者の利用に供する公益上必要な建築物（病院等，幼稚園，小・中・高校等，都計令 29 条の 5）又はこれらの者の日常生活のため必要な物品の販売，加工，修理等の店舗，事業場等の建築物の建築

② 市街化調整区域内に存する鉱物資源，観光資源等の建築物の建築又は第一種特定工作物の建設

③ 温度，湿度，空気等について特別の条件を必要とする事業の用に供する建築物又は第一種特定工作物の建築又は建設

④ 農林漁業用に供する建築物の建築又は市街化調整区域内において生産される農林水産物の処理，貯蔵若しくは加工に必要な建築物の建築若しくは第一種特定工作物の建設

⑤ 特定農山村地域における農林業等の活性化のための基盤整備の促進に関する法律の規定に基づく場合（詳細は都計法 34 条 5 号参照）

⑥ 中小企業の事業の共同化又は中小企業の集積の活性化に寄与する建築物の建築又は第一種特定工作物の建設

⑦ 現に工業用の工場施設における事業と密接な関連を有する建築物又は第一種特定工作物で，これらの事業活動の効率化を図るため市街化調整区域において建築し又は建設することが必要なものの建築又は建設

⑧ 市街化区域内において建築し又は建設することが不適当な火薬類取締法 12 条に規定する火薬庫の建築又は第一種特定工作物の建設（都計令 29 条の 6）

⑨ 前記①から⑧までのほか，市街化区域内において建築し又は建設することが困難又は不適当なもの（道路管理施設等である建築物又は第一種特定工作物又は火薬類製造所の建築物）の建築又は建設

⑩ 地区計画又は集落地区計画の区域（地区整備計画又は集落地区整備計画が定められている地区に限る）内において，その地区計画又は集落地区計画に定められた内容に適合する建築物の建築又は第一種特定工作物の建設

⑪ 市街化区域に隣接し，又は近接し，かつ自然的社会的諸条件から市街化区域と一体的な日常生活圏を構成していると認められる地域であっておおむね 50 以上の建築物（市街化区域内に存するものを含む）が連担している地域のうち，政令で定める基準に従い，都道府県の条例で指定する土地の区域内において行う開発行為で，予定建築物等の用途が，開発区域及びその周辺の地域における環境の保全上支障があると認められる用途として都道府県の条例で定めるものに該当しないもの

⑫ 都道府県の条例で区域，目的又は予定建築物等の用途を限り定められたもの

⑬ 市街化調整区域に関する都市計画が決定され，又はその都市計画を変更してその区域が拡張された際，自己の居住若しくは業務の用に供する建築物を建築し，又は自己の業務の用に供する第一種特定工作物を建設する目的で土地又は土地の利用に関する所有権以外の権利を有していた者で，その都市計画決定又は変更の日から起算して6カ月以内にその旨を都道府県知事に届け出た者が，その目的に従って5年以内にその土地に関する権利の行使として行う場合（都計令30条）

⑭ ①～⑬のほか，知事が開発審査会の議を経て，開発区域の周辺における市街化を促進するおそれがなく，かつ市街化区域内において行うことが著しく不適当な場合

7）市街化調整区域内における開発許可を受けていない土地での建築制限（都計法43条）

市街化調整区域のうち，開発許可を受けていない土地においては，都道府県知事の許可を受けないと下記①又は②以外の建築物を新築し，又は第一種特定工作物を新設してはならず，改築し，又は用途変更して①又は②以外の建築物としてはならない。

［注］その許可の基準（敷地の基準及び建築物の基準）は都計法33・34条に示されている。

ただし，下記③以下の建築物の新築，改築若しくは用途変更又は第一種特定工作物の新設は，許可なしで行うことができる。

① 農林漁業用の建築物又はこれらの業務を営む者の住宅

② 駅舎，図書館，公民館，変電所等の公益上必要な建築物

③ 都市計画事業の施行として行う建築物又は第一種特定工作物

④ 非常災害のため必要な応急措置としての建築物又は第一種特定工作物

⑤ 仮設建築物

⑥ 公有水面埋立地で竣功認可前に，又は都市計画事業若しくは土地区画整理事業等として開発行為が行われた区域内での建築物又は第一種特定工作物

⑦ 既存の建築物の敷地内において行う車庫，物置等の附属建築物の建築等通常の管理行為，軽易な行為等（都計令35条）

⑧ 国又は都道府県等が行う①，②の建築物の新築，改築，用途変更又は第一種特定工作物の新設については，国又は都道府県等と都道府県知事との協議が成立することをもって，許可があったものとみなす。

8）田園住居地域内における建築等の規制（都計法52条）

田園住居地域内の農地の区域内において，土地の形質の変更，建築物の建築その他工作物の建設又は土石等の堆積を行おうとする者は，市町村長の許可を受けなければならない。ただし，国又は地方公共団体が行う行為や軽易な行為等については，許可を要しない。

（2）地域・地区と建築規制・誘導（都計法8・9条）

地域・地区の種類	都市計画の内容	建築行為等の規制
第一種低層住居専用地域	低層住宅に係る良好な住居の環境を保護する地域	建築基準法48条（用途地域）及び同法別表第二用途地域内の建築物の制限による。なお，地方公共団体は建築基準法50条の規定により用途地域内の建築物の敷地，構造又は設備に関する制限を条例により定めることができる。市街化調整区域については，原則として用途地域を定めないものとする（都計法13条1項7号）。
第二種低層住居専用地域	主として低層住宅に係る良好な住居の環境を保護する地域	
第一種中高層住居専用地域	中高層住宅に係る良好な住居の環境を保護する地域	
第二種中高層住居専用地域	主として中高層住宅に係る良好な住居の環境を保護する地域	
第一種住居地域	住居の環境を保護する地域	
第二種住居地域	主として住居の環境を保護する地域	
準住居地域	道路の沿道としての地域の特性にふさわしい業務の利便の増進を図りつつ，これと調和した住居の環境を保護する地域	
田園住居地域	農業の利便の増進を図りつつ，これと調和した低層住宅に係る良好な住居の環境を保護するために定める地域	
近隣商業地域	近隣の住宅地の住民に対する日用品の供給を行うことを主たる内容とする商業その他の業務の利便を増進する地域	
商業地域	主として商業その他の業務の利便を増進する地域	
準工業地域	主として環境の悪化をもたらすおそれのない工業の利便を増進する地域	
工業地域	主として工業の利便を増進する地域	
工業専用地域	工業の利便を増進する地域	
特別用途地区	用途地域内の一定地区で，その地区の特性にふさわしい土地利用の増進，環境の保護等の特別の目的の実現を図るためその用途地域の指定を補完して定める地区	建築基準法49条（特別用途地区）及び50条の規定に基づく地方公共団体の条例による
特定用途制限地域	市街化調整区域以外で用途地域が定められていない土地の区域内で，良好な環境の形成又は保持のため，制限すべき特定の建築物等の用途の概要を定める地域	建築基準法49条の2（特定用途制限地域）及び50条の規定に基づく地方公共団体の条例による
特例容積率適用地区	第一種・第二種低層住居専用地域，田園住居地域，工業専用地域以外の用途地域内の適正な配置・規模の公共施設を備えた区域で，建築物の未利用容積を活用し土地の高度利用を図る地区	建築基準法57条の2（特例容積率適用地区）による

高層住居誘導地区	住居と住居以外を適正配分し，利便性の高い高層住居の建設を誘導するため，第一種・第二種・準住居地域，近隣商業地域又は準工業地域で容積率 400 又は 500 ％（建築基準法 52 条 1 項 2 号）の内において，容積率の最高限度，建蔽率の最高限度，敷地面積の最低限度を定める地区	建築基準法 52 条・令 135 条の 14（容積率制限），法 56 条（斜線制限），法 56 条の 2（日影規制），法 57 条の 5（高層住居誘導地区）による
高 度 地 区	用途地域内で市街地環境を維持し又は土地利用の増進を図るため，建築物の高さの最高限度又は最低限度を定める地区	高度地区に関する都市計画において定められた内容に適合すること（建築基準法 58 条）
高 度 利 用 地 区	用途地域内の市街地における土地の合理的，かつ健全な高度利用と都市機能の更新とを図るため，容積率の最高限度及び最低限度，建蔽率の最高限度，建築面積の最低限度，壁面の位置の制限を定める地区	建築基準法 59 条（高度利用地区）による
特 定 街 区	市街地の整備改善を図るため街区の整備又は造成が行われる地区について，その街区内における容積率，高さの最高限度，壁面の位置の制限を定める街区	建築基準法 60 条（特定街区）による
都 市 再 生 特 別 地 区 居 住 調 整 地 域 居住環境向上用途誘導地区 特 定 用 途 誘 導 地 区	・都市再生特別地区：都市再生緊急整備地域内で都市の再生に貢献し，土地の合理的かつ健全な高度利用を図る特別な用途，容積，高さ，配列等の建築物を誘導する地区 ・居住調整地域：立地適正化計画の区域のうち，居住誘導区域以外で住宅地化を抑制すべき区域 ・居住環境向上用途誘導地区：居住環境向上施設を有する建築物の建築を誘導する必要があると認められる区域 ・特定用途誘導地区：立地適正化計画の都市機能誘導区域のうち誘導すべき用途，容積，高さを定める区域	建築基準法 60 条の 2（都市再生特別地区），60 条の 3（特定用途誘導地区），60 条の 2 の 2（居住環境向上用途誘導地区）による
防 火 地 域 準 防 火 地 域	市街地における火災の危険を防除する地域	建築基準法 3 章 5 節防火地域（61 条〜66 条）による
特定防災街区整備地区	防火地域又は準防火地内のうち，密集市街地における特定防災機能の確保と土地の合理的かつ健全な利用を図る地区	建築基準法 67 条（特定防災街区整備地区）による
景 観 地 区	景観法 61 条 1 項による市街地の良好な景観の形成を図る地区	建築基準法 68 条（景観地区）による
風 致 地 区	都市の風致を維持する地区	都市計画法 58 条の規定に基づく都道府県の条例による
駐 車 場 整 備 地 区	駐車場法 3 条 1 項の規定による	
臨 港 地 区	港湾を管理運営するため定める地区，港湾法 38 条の規定による	
歴史的風土特別保存地区	古都における歴史的風土の保存に関する特別措置法 6 条 1 項の規定による	
歴 史 的 風 土 保 存 地 区	明日香村における歴史的風土の保存及び生活環境の整備に関する特別措置法 3 条 1 項の規定による	
緑 地 保 全 地 域 特 別 緑 地 保 全 地 区 緑 化 地 域	都市緑地法 5 条，12 条，34 条・1 項による	
流 通 業 務 地 区	流通業務市街地の整備に関する法律 4 条 1 項の規定による	
生産緑地地区(第一種・第二種)	生産緑地法 3 条 1 項の規定による	
伝統的建造物群保存地区	文化財保護法 143 条・1 項の規定による。建築基準法 85 条の 3（伝統的建造物群保存地区内の制限の緩和）の規定と関連	
航空機騒音障害防止地区・ 航空機騒音障害防止特別地区	特定空港周辺航空機騒音対策特別措置法 4 条 1 項の規定による	

3章 建築関連法規

（3）都市施設と建築規制（都計法 11 条，53 条〜57 条の 6，65 条）

1）都市施設の都市計画（都計法 11 条，都計令 5 条）

　　都市計画については，次の都市施設を定めることができる。必要があるときは，都市計画区域外でも都市施設を定めることができる。

①　道路，都市高速鉄道，駐車場，自動車ターミナルその他の交通施設

②　公園，緑地，広場，墓園その他の公共空地

③　水道，電気供給施設，ガス供給施設，下水道，汚物処理場，ごみ焼却場その他の供給施設又は処理施設

④　河川，運河その他の水路

⑤　学校，図書館，研究施設その他の教育文化施設

⑥　病院，保育所その他の医療施設又は社会福祉施設

⑦　市場，と畜場又は火葬場

⑧　一団地の住宅施設（一団地における 50 戸以上の集団住宅及びこれらに附帯する通路その他の施設をいう）

⑨　一団地の官公庁施設（一団地の国家機関又は地方公共団体の建築物及びこれらに附帯する通路その他の施設をいう）

⑩　流通業務団地

⑪　一団地の津波防災拠点市街地形成施設

⑫　一団地の復興再生拠点市街地形成施設

⑬　一団地の復興拠点市街地形成施設

⑭　電気通信事業の用に供する施設又は防風，防火，防水，防雪，防砂若しくは防潮の施設

2）都市計画施設の区域内における建築制限（都計法 53 条〜57 条の 6，65 条）

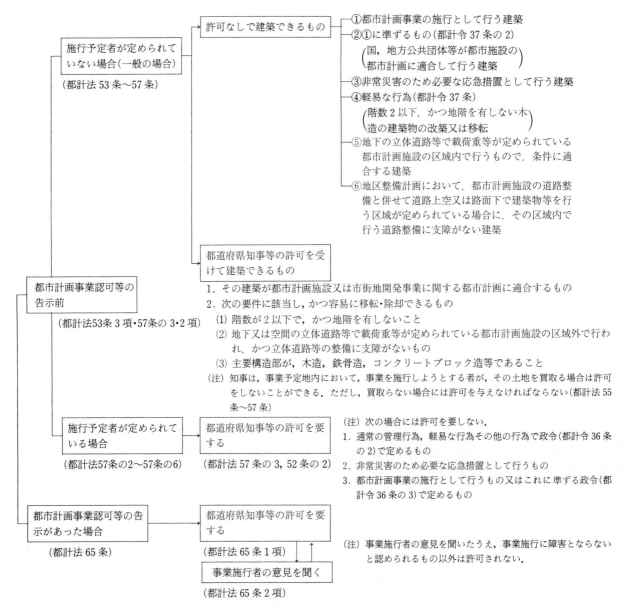

図 2.8　都市計画事業認可と建築規制

　なお，都市計画施設とは，都市計画の決定を受けた都市施設である。

（4）　促進区域と建築規制（都計法 10 条の 2 他）

1）　促進区域の都市計画（都計法 10 条の 2）

　区域内の土地所有者等である民間の事業への機運が盛り上がってはいるが，直ちに事業着手に至らない区域を指定して事業化を促進し，一定期間内に事業着手がないときは，市町村等が事業を行う制度である。

促進区域	事業者・事業の種類	期間	建築の制限	期間経過後
市街地再開発促進区域 7 条 1 項*1	宅地の所有権者，借地権者 第 1 種市街地再開発　7 条の 2*1	5 年	都道府県知事の許可が必要 （通常の管理行為，非常時の応急措置等を除く）　7 条の 4*1	市町村等が事業を施行 7 条の 2*1
土地区画整理促進区域 5 条 1 項*2	宅地の所有権者，借地権者 土地区画整理事業　6 条*2	2 年	都道府県知事の許可が必要 （通常の管理行為，非常時の応急措置等を除く）　7 条,26 条*2	市町村等が事業を施行 11 条*2
住宅街区整備促進区域 24 条 1 項*2	宅地の所有権者，借地権者 住宅街区整備事業　25 条*2	2 年	都道府県知事の許可が必要 （通常の管理行為,非常時の応急措置等を除く）　7 条,26 条*2	市町村等が事業を施行 30 条*2
拠点業務市街地整備土地区画整理促進区域 19 条 1 項*3	宅地の所有権者，借地権者 土地区画整理事業　20 条*3	3 年	都道府県知事の許可が必要 （通常の管理行為,非常時の応急措置等を除く）　21 条,31 条*3	市町村等が事業を施行 25 条,30 条*3

［注］＊1　都市再開発法　＊2　大都市地域における住宅及び住宅地の供給の促進に関する特別措置法
　　　＊3　地方拠点都市地域の整備及び産業業務施設の再配置の促進に関する法律

（5）遊休土地転換利用促進地区（都計法10条の3）

有効利用の必要性の高い低・未利用地を都市計画上「遊休土地転換利用促進地区」として指定するとともに，必要に応じて市町村の指導・助言や土地利用又は処分の計画の届出，その内容に対する勧告，買取協議等を行うことにより，土地の有効利用を促進させる制度である。

（6）被災市街地復興推進地域（都計法10条の4）

都市計画には，被災市街地復興特別措置法第5条第1項の規定による「被災市街地復興推進地域」を定めることができる。指定されると建築が制限される。

（7）市街地開発事業と建築制限（都計法12条・53条〜57条の6）

1）市街地開発事業の都市計画（都計法12条）

① 土地区画整理事業（土地区画整理法による。土地の交換分合による宅地等の整備事業）

② 新住宅市街地開発事業（新住宅市街地開発法による。大規模な土地の全面買収手法による新住宅市街地（ニュータウン）の開発事業）

③ 工業団地造成事業（首都圏の近郊整備地帯及び都市開発区域の整備に関する法律又は近畿圏の近郊整備区域及び都市開発区域の整備及び開発に関する法律による。土地の全面買収手法による工業団地の造成事業）

④ 市街地再開発事業（都市再開発法による。権利変換手法又は全面買収手法による市街地の再開発事業）

⑤ 新都市基盤整備事業（新都市基盤整備法による。土地の部分買収と交換分合による新都市基盤の整備事業）

⑥ 住宅街区整備事業（大都市地域における住宅及び住宅地の供給の促進に関する特別措置法による。宅地の立体換地手法による住宅街区の整備事業）

⑦ 防災街区整備事業（密集市街地における防災街区の整備の促進に関する法律による。権利変換手法による防災街区の整備事業）

2）市街地開発事業の施行区域内における建築制限（都計法53条〜57条の6）

市街地開発事業の施行区域内における建築規制は，都市計画施設の区域内における建築制限と同様である。

（8）市街地開発事業等予定区域と建築規制

1）市街地開発事業等予定区域（都計法12条の2・12条の3）

予定区域の都市計画は，大規模な用地買収を伴う事業又は都市施設の都市計画に先立って定め，予定区域の都市計画が定められてから3年以内に予定区域に係る市街地開発事業又は都市施設の都市計画を定めるもので，その期間内に予定区域に係る事業又は都市施設の都市計画が定められなかったときは，予定区域の都市計画は失効する。なお，予定区域の都市計画においては，その責任を明らかにするため，施行予定者を定めることが義務づけられている。

① 新住宅市街地開発事業の予定区域

② 工業団地造成事業の予定区域

③ 新都市基盤整備事業の予定区域

④ 区域の面積が20ha以上の一団地の住宅施設の予定区域

⑤ 一団地の官公庁施設の予定区域

⑥ 流通業務団地の予定区域

2）市街地開発事業予定区域内の建築制限（都計法52条の2）

予定区域において土地の形質の変更又は建築物等の建築等を行おうとする者は，都道府県知事の許可を受けなければならない。

〔予定区域と市街地開発事業・都市施設〕

用地買収を伴う市街地開発事業又は都市施設について，大規模な面積にわたり市街地開発事業等の詳細な都市計画を策定していると時間がかかるので，取りあえず予定区域の都市計画を定めて建築規制等を行い，一定年数内に事業等の都市計画を策定して，それに移行する。この場合は，予定区域の都市計画に施行予定者を定めて責任を明らかにする（都計法12条の2，12条の3）。

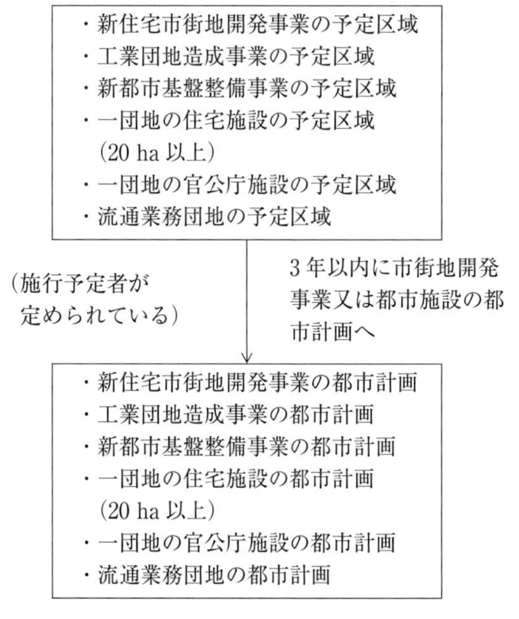

図2.9　予定区域と都市計画

（9）地区計画等と建築規制

1）地区計画等の種類（都計法12条の4）

地区計画等とは，地区計画とそのほかの地区計画（沿道地区計画，歴史的風致維持向上地区計画，防災

街区整備地区計画，集落地区計画）をいう。

① 地区計画（都計法12条の5の規定による）

（ⅰ）地区計画が定められる区域と要件

a．用途地域が定められている区域

b．用途地域が定められていない区域のうち，次のいずれかに該当するもの

・住宅市街地の開発その他建築物，敷地の整備事業が行われる，又は行われた区域

・建築又は敷地造成が無秩序に行われ又は予定される区域で，公共施設整備状況等からみて不良街区が形成されるおそれのあるもの

・良好な居住環境など優れた街区が形成されている区域

（ⅱ）地区計画の構成

地区計画は「地区計画の方針」と「地区整備計画」の二つで構成される。

（地区計画の方針）

・地区計画の目標

・土地利用の方針

・地区施設の整備の方針

・建築物等の整備の方針

・当該地区の整備・開発及び保全の方針

（地区整備計画）

・道路，公園，避難施設，雨水貯留浸透施設等の地区施設の配置及び規模

・建築物等の用途の制限，容積率の最高及び最低限度，高さの最高及び最低限度等建築物等に関する事項

・土地利用に関する事項

（ⅲ）再開発等促進区

現に土地利用状況が著しく変化しつつあり，又は著しく変化することが確実であると見込まれている土地の区域等における地区計画については，土地の合理的，かつ健全な高度利用と都市機能の増進とを図るため，再開発等促進区を定めることができる。

（ⅳ）開発整備促進区

特定大規模建築物の整備による商業等の利便の増進を図るため，適正な配置及び規模の公共施設を整備する必要がある土地の区域等における地区計画については，劇場，店舗，飲食店その他これらに類する用途に供する大規模な建築物（特定大規模建築物）の整備による商業等の利便の増進を図るため，開発整備促進区を定めることができる。

（ⅴ）地区計画の制度及び型

	型	都計法	制度内容
1	一般型	12条の5	建築物等に関する事項について規制する。制度創設当初はこの型のみであったが，その後各種制度が付加された。
2	誘導容積型	12条の6	・目的は，公共施設の整備を誘導しつつ，良好な市街地整備による土地の有効利用を促進すること。 ・対象区域は，適正な配置，規模の公共施設がないが，適正かつ合理的な土地利用の促進を図ることが特に必要であると認められる区域。 ・地区整備計画で「地区施設の配置及び規模」「容積率の最高限度」を定める。容積率の最高限度は，「目標容積率」と「暫定容積率」の二段階の容積率を定め，公共施設が整備されたところから特定行政庁の認定によって目標容積率を適用する。
3	容積の適正配分型	12条の7	・目的は，高度利用を図る区域では指定容積率を上回る容積率を定め，保全すべき区域では指定容積率を下回る容積率を定め，良好な市街地環境の形成と合理的な土地利用を図る。 ・対象区域は，適正な配置，規模の公共施設を備え，建築物の容積率を適正に配分することが，区域の特性に応じた合理的な土地利用の促進を図るために，特に必要であると認められる区域。
4	高度利用・機能更新型	12条の8	・目的は，容積率の最高及び最低限度，壁面の位置の制限等を定めて，合理的かつ健全な高度利用と都市機能の更新を図るため，容積率の制限を緩和する。 ・対象区域は，第一種低層住居専用地域，第二種低層住居専用地域及び田園住居地域以外の用途地域内の適正な配置及び規模の公共施設を備えた区域 ・地区整備計画で「容積率の最高及び最低限度」「建蔽率の最高限度」「建築面積の最低限度」「壁面の位置の制限」を定める。
5	用途別容積型	12条の9	・目的は，住宅の減少の著しい地区等において，住居と住居以外の用途を適正に配分することが特に必要であると認められるときに，住宅を含む建築物の容積率の上限を引き上げ，地区における住宅用途に供する建築物の確保を図る。 ・対象区域は，住居と住居以外の用途を適正に配分することが区域の特性に応じた合理的な土地利用の促進を図るため，特に必要であると認められる区域。

	型	都計法	制度内容
6	街並み誘導型	12条の10	・目的は，建築物の壁面の位置や高さをそろえて街並みを整え，良好な市街地環境の形成を図る。このため，道路高さ制限等の形態制限を緩和する。 ・対象区域は，区域の特性に応じた高さ，配列及び形態を備えた建築物を整備することが合理的な土地利用の促進を図るために特に必要であると認められる区域。 ・地区整備計画で，「容積率の最高限度」「敷地面積の最低限度」「壁面の位置の制限」「高さの最高限度」「工作物の設置制限」を定める。
7	立体道路制度	12条の11	・目的は，道路の区域を立体的に定め，それ以外の空間である道路の上下空間で建築物等の建築を可能にし，道路と建築物等との一体的な整備を行う。 ・対象は，道路法に基づく道路の立体的区域の決定，都市計画法に基づき地区整備計画に重複利用区域が設定された道路 ・地区整備計画で，道路の上空又は路面下において建築物等の敷地として併せて利用すべき区域を，また，建築物等の建築等の限界で空間又は地下の上下の範囲を定める。
8	再開発等促進区	12条の5	・目的は，まとまった低・未利用地等相当程度の土地の区域における土地利用の転換を円滑に推進するため，都市基盤整備と建築物等との一体的な整備に関する計画に基づき，事業の熟度に応じて市街地のきめ細かな整備を段階的に進めることにより，都市の良好な資産の形成に資するプロジェクトや良好な中層の住宅市街地の開発整備を誘導することにより，都市環境の整備・改善及び良好な地域社会の形成に寄与しつつ，土地の高度利用と都市機能の増進を図る。 ・再開発等促進区を定める地区計画においては， （ii）地区計画の構成で述べた項目以外に，①土地利用に関する基本方針，②道路，公園，緑地，広場その他の公共空地（都市計画施設及び地区施設を除く）の配置，規模を定める。 ・再開発等促進区を定める地区計画においては，現行の用途地域を変更することなく，特定行政庁の認定・許可により「用途制限の例外許可」「容積率制限の緩和」「高さの最高限度の緩和」「建蔽率制限の緩和」「高さ制限の緩和」が可能となる。
9	開発整備促進区	12条の5，12条の12	・目的は，特定大規模建築物の整備による商業その他の業務の利便の増進が図られることを目的として，一体かつ総合的な市街地の開発整備が実施されるよう定める。この場合，第二種住居地域及び準住居地域については，開発整備促進区の周辺の住宅に係る住居の環境の保護に支障がないように定める。 ・開発整備促進区を定める地区計画においては，再開発等促進区と同様の項目を定める。

② その他の地区計画

	名　称	根拠法	制度内容
1	防災街区整備地区計画	密集市街地における防災街区の整備の促進に関する法律32条1項	・目的は，密集市街地における特定防災機能の確保と土地の合理的かつ健全な利用を図るため，防災街区として一体的，かつ総合的に整備する。 ・対象区域は，特定防災機能の確保を図るために必要な配置・規模の公共施設がない区域等 ・防災街区整備地区計画は，地区防災施設（道路，公園），特定地区防災施設，特定建築物地区整備計画（建築物等の計画），防災街区整備地区整備計画により構成 ・効果として，特定地区防災施設である道に予定道路の指定があると，当該道を道路として接道義務を適用する等
2	歴史的風致維持向上地区計画	地域における歴史的風致の維持及び向上に関する法律31条1項	・目的は，歴史的風致の維持及び向上と土地の合理的かつ健全な利用を図るため，その歴史的風致にふさわしい用途の建築物等の整備及び当該区域内の市街地の保全を総合的に行う。 ・対象区域は，歴史的風致の維持向上に支障をきたし，又はきたすおそれがある区域等 ・本地区整備計画の主な項目は用途の制限，容積率の最高限度又は最低限度，高さの最高限度又は最低限度，建築物などの形態又は色彩その他の意匠の制限等 ・効果として，用途地域の制限にかかわらず，地域の歴史的風致にふさわしい用途，規模，形態意匠の建築物を建築できる。

	名　称	根拠法	制度内容
3	沿道地区計画	幹線道路の沿道の整備に関する法律9条1項	・目的は，沿道整備道路に接する土地の区域で道路交通騒音により生じる障害の防止と適性かつ合理的な土地利用の促進を図るため，一体的かつ総合的な市街地を整備する。 ・対象区域は，沿道整備道路に接する区域 ・沿道整備地区計画は，沿道整備道路に係る建築物の開口率7/10以上，高さの最低限度5m以上，建築物の構造制限として遮音・防音上の制限を定める。 ・効果は，建築基準法に基づく条例により防音上の制限が定められた場合，防音工事に対する助成・住宅の移転等に対する助成等
4	集落地区計画	集落地域整備法5条1項	・目的は，市街化調整区域等の集落において，宅地として整備する区域について営農条件と調和のとれた良好な居住環境の確保と適正な土地利用を図る。 ・対象区域は，市街化調整区域及び未線引き都市計画区域の用途地域の指定されていない集落地域のうち，宅地として整備すべき区域 ・集落地区計画は，集落地区施設の配置及び規模，建築物等の用途制限，建蔽率の最高限度，高さの最高限度，建築物等の形態又は色彩等の意匠の制限等を定めることができる。 ・効果は，市街化調整区域における開発許可の基準に該当するものとして開発許可をすることができる。

2）　地区計画等と建築条例（都計法58条の2）

　　届出・勧告制度と建築条例の意義

　　　地区計画で地区整備計画が定められている区域内において，建築行為等を行う場合は，市町村へ届け出て，適合しない場合，市町村長は勧告をすることができる。

　　　届出・勧告制度は，法的強制力が伴わない手法であり，地区計画が他の都市計画を前提に，より詳細な地区の計画を行い，また，地域住民の街づくりへの参加によるため，強制力を必須としていない。

　　　一方で，地区整備計画で定めた建築等の制限を建築基準法に基づく条例として市町村が定めることで，建築確認の対象となり，条例に違反した建築物に対して是正措置・罰則を講ずることができる。

3）　地区計画農地保全条例（都計法58条の3）

　　　市町村は，地区計画農地保全条例で，地区整備計画区域内のうち農地の土地の区画形質の変更等に関して，市町村長が農業の利便の増進と調和した良好な居住環境を確保するために必要があると認めるときは，許可に必要な条件を付すことができる旨を定めることができる。

(10)　都市計画の提案制度（都計法21条の2）

　　都市計画提案制度で提案できる都市計画の種類は，「都市計画区域の整備，開発，保全の方針」及び「都市再開発方針等」を除く都市計画の内容である。

　1）　都市計画の提案主体

　　　土地所有者等，NPO法人，一般社団法人・一般財団法人，都市再生機構等であり，提案者は，提案書，都市計画の素案，土地所有者等の同意書等を作成し，都道府県又は市町村に提出する。

　2）　計画提案の手続きの流れ

　　　都道府県・市町村は，計画提案について審査し，公聴会の開催等により住民意見を反映した上で，都市計画の案を作成し，案の公告・縦覧の手続きを経て，都市計画の決定・変更について都道府県又は市町村都市計画審議会に都市計画の素案とともに付議する。その議を経て都市計画の決定・変更を行う。

(11)　建築基準関係規定

　　都計法29条1項及び2項，35条の2第1項，41条2項（35条の2第4項において準用する場合を含む。），42条，43条1項，53条1項（都市再生特別措置法36条の4により読み替え適用を含む），52条の2第2項（53条・2項において準用する場合を含む。）は，建築基準法施行令9条12号により，確認審査の対象となる建築基準関係規定である。

表 2.2　建築制限の概要（規制と緩和）

名称		特徴についてのキーワード	地区施設	その他の施設(1)	用途の制限	容積率の最高限度	容積率の最低限度	建蔽率の最高限度	敷地面積の最低限度	建築面積の最低限度	壁面の位置の制限	高さの最高限度	高さの最低限度	形態・意匠	垣・柵の構造	緑化率(2)	土地の利用の制限	その他(3)(12)	緩和 用途の制限	緩和 容積率の最高限度	緩和 高さの最高限度	緩和 その他
地区計画	一般型	・オールラウンド																				
	市街化調整区域地区計画	・市街化調整区域の整備・保全																				
	誘導容積制度	・基盤整備と土地の有効利用	○			●																
	容積の適正配分	・めりはりある空間形成				○	●	●			●											
	高度利用・都市機能更新	・都市基盤が整った地区の高度利用，都市機能更新				○	●	●			●	●										
	用途別容積型	・中心部等での住居誘導				○	●			●	●											
	街並み誘導	・街並み形成と土地の有効利用				○				●	●	●						○(4)				(5)
	立体道路	・道路上空・路面下の有効利用																○(6)				(7)
	再開発等促進区	・一体的かつ総合的な市街地の再開発又は開発整備																				(8)
	開発整備促進区	・特定大規模建築物の整備による商業等の利便促進																(9)				
沿道地区計画	沿道地区計画	・遮音型の街並み形成																(10)				
	沿道再開発等促進区	・一体的かつ総合的な遮音型の市街地の再開発又は開発整備																				(8)
集落地区計画		・調整区域等の生活環境整備と農業条件の向上																				
防災街区整備地区計画		・防災機能の確保と耐火建築誘導		○														(11)				
歴史的風致維持向上地区計画		・歴史的風致にふさわしい建築物等の整備																				

網掛け項目：当該地区計画等で定められる事項　　　　白地項目：当該地区計画等で定められない事項
○：地区整備計画での必須事項　　　　●：建築条例化必須事項

(1) 都市計画法 12 条の 5 第 5 項 1 号，幹線道路の沿道の整備に関する法律 9 条 4 項 1 号「道路，公園，緑地，広場その他の公共空地」及び「密集市街地における防災街区の整備の促進に関する法律 32 条 2 項 1 号「地区防災施設」及び「特定地区防災施設」/(2) 都市緑地法 34 条 2 項，39 条 1 項/(3) 壁面後退区域における工作物の設置の制限，現存樹林地等の保全，居住環境の調和する現存農地の規制等について，該当する制度の事項による/(4) 壁面後退区域における工作物の設置/(5) 前面道路幅員による容積率制限，斜線制限/(6) 重複利用区域，建築の上下限界/(7) 道路内の建築制限/(8) 建蔽率，斜線制限 (9) 2 住・準住・工業・用途指定なし地域（市街化調整区域を除く）の特定大規模建築物/(10) 間口率の最低限度，建築物の構造に関する防音上又は遮音上必要な制限/(11) 建築物の構造の制限・工作物の設置の制限/(12) 洪水等の被害予測区域内の敷地地盤高・居室床面高の最低限度

3章　建築関連法規

3. 建築士法（昭25年法律第202号）

3.1 建築士法の目的・構成

建築物の設計，工事監理等を行う技術者等の資格を定めて業務の適正化を図り，建築物の質の向上に寄与させる（士法1条）。

建築士法は
- （資格法）建築物の設計・工事監理等を行う技術者の資格を定める。
- （業務法）建築士の行う業務の適正化を図る。

表3.1　建築士法の構成

資格法として	業務法として
一級建築士 二級建築士 木造建築士	一級建築士事務所 二級建築士事務所 木造建築士事務所
試験・免許 業務 建築士団体 懲戒	事務所登録 業務 監督（報告・検査） 登録の抹消・閉鎖

3.2 建築士の職責，種類と業務

（1）建築士の職責（士法2条の2，3条，4条）

建築士の責務として，「建築士は常に品位を保持し，業務に関する法令及び実務に精通して，建築物の質の向上に寄与するように，公正かつ誠実にその業務を行わなければならない」と定めている。

建築士
- 一級建築士……国土交通大臣の免許を受け，一級建築士の名称を用いて，設計，工事監理等の業務を行う者
- 二級建築士……都道府県知事の免許を受け，二級建築士の名称を用いて，設計，工事監理等の業務を行う者
- 木造建築士……都道府県知事の免許を受け，木造建築士の名称を用いて，木造の建築物に関し，設計，工事監理等の業務を行う者

（2）非建築士等に対する名義貸しの禁止（士法21条の2）

建築士は建築士以外の者に，建築士の名義を貸してはならない。

（3）構造設計一級建築士（士法10条の3・1項）

一級建築士として5年以上構造設計の業務に従事した後，登録講習機関が行う講習の課程を修了し，国土交通大臣の登録を受け，構造設計一級建築士証を有する一級建築士

（4）設備設計一級建築士（士法10条の3・2項）

一級建築士として5年以上設備設計の業務に従事した後，登録講習機関が行う講習の課程を修了し，国土交通大臣登録を受け，設備設計一級建築士証を有する一級建築士

（5）建築士の業務範囲

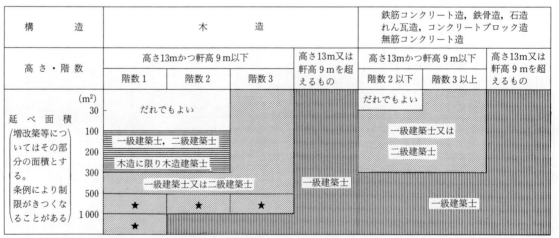

★ 用途により，学校，病院，劇場，映画館，観覧場，公会堂，集会場（オーディトリアムを有しないものを除く）又は百貨店は，一級建築士でなければ設計，工事監理を行うことができない。

［注］　高度な専門能力を必要とする一定の建築物の構造設計/設備設計については，構造設計一級建築士/設備設計一級建築士の関与（設計又は法適合性確認）が義務づけられている。
　　なお，高度な専門能力を必要とする一定の建築物とは，構造設計の場合は，高度な構造計算（時刻歴応答解析，保有水平耐力計算，限界耐力計算等）が義務づけられる高さ60m超の建築物，鉄骨鉄筋コンクリート又は鉄筋コンクリート造で高さ20m超，鉄骨造4階建以上，木造で高さ13m超又は軒高9m超の建築物等（2章6.2.1（2）建築物の区分と構造関係の技術的基準の適用　参照）が該当する。また，設備設計の場合は，階数が3以上，かつ床面積5000m²超の建築物が該当する。

図3.1　建築物を中心とした建築士の業務範囲

表 3.2　人の資格を中心とした建築士の業務範囲

区　　分		資格のない人	木造建築士	二級建築士	一級建築士
高さ13 m以下，かつ，軒高9 m以下	木造	階 数 2 以 下，かつ，延べ面積 100 m² 以下	階 数 2 以 下，かつ，延べ面積 300 m² 以下	延べ面積1 000 m² 以下（平家建については制限なし）*	制限なし（何でもできる）
	鉄筋コンクリート造, 鉄骨造, 石造, れん瓦造, コンクリートブロック造, 無筋コンクリート造	階 数 2 以 下，かつ，延べ面積 30 m² 以下	階 数 2 以 下，かつ，延べ面積 30 m² 以下	延べ面積 300 m² 以下	
高さ13 m超又は軒高9 m超		（で　き　な　い）			

*用途により，学校，病院等は延べ面積 500 m² 以下に限られる

［注］　一級建築士の資格を有する者であっても，高度な専門能力を必要とする一定の建築物の構造設計/設備設計については，構造設計一級建築士/設備設計一級建築士の関与（設計又は法適合性確認）が義務づけられている。

3.3　建築士となるには（建築士試験・免許）

（1）　建築士の試験（士法 12 条，13 条）・免許（士法 4 条）・登録（士法 5 条）

建築士試験は，設計及び工事監理について必要な知識及び技能について行う。

（2）　建築士試験の受験資格（士法 14～15 条）

平成 30 年法律 93 号の改正により，令和 2 年(2020 年)3 月 1 日から受験資格が変更された。この改正により，指定科目を修めて所定の学校を卒業した者は，二級・木造建築士試験に加えて，卒業後すぐに一級建築士の受験が可能となった。ただし，合格後に必要な実務経験を経て登録できる。

なお，平成 18 年法律 114 号施行日前（2008 年 11 月 27 日）の卒業者及び施行日前に在学し，その後卒業した者については，改正前の学歴要件が適用される。

3章　建築関連法規

1）　一級建築士の受験資格・免許登録要件の概要

		受検資格*1			免許登録要件*2			
		指定科目の単位数	建築士法第14条	告示番号	指定科目の単位数	実務経験年数	建築士法4条2項	告示番号
大学・高等専門学校（本科＋専修科の卒業生）		40 以上	第 1 号	第 751 号	60	2 年以上	第 1 号	第 745 号
					50	3 年以上	第 5 号	第 748 号
					40	4 年以上	第 5 号	
短期大学（履修 3 年以上）					50	3 年以上	第 2 号	第 746 号
					40	4 年以上	第 5 号	第 748 号
短期大学（履修 2 年以上），高等専門学校（本科のみの卒業生）					40	4 年以上	第 3 号	第 747 号
専修学校	専門課程修業 4 年以上		第 3 号	第 752 号	60	2 年以上	第 5 号	第 748 号
	専門課程修業 3 年以上				50	3 年以上		
	専門課程修業 2 年以上				40	4 年以上		
各種学校（高等学校等を卒業した者を入学資格とする修業 2 年以上）					40	4 年以上		
職業能力開発総合大学校（総合課程卒業者）					60	2 年以上		
					50	3 年以上		
職業能力開発総合大学校（専門課程），職業能力開発大学校（専門課程），職業能力開発短期大学校					40	4 年以上		
二級建築士		―	第 2 号		―	4 年以上	第 4 号	―
建築設備士		―	第 3 号	第 752 号			第 5 号	第 748 号

［注］＊1　受検に必要な履修科目等要件（令元国交告 751，752 号）
　　　＊2　免許登録に必要な実務経験年数等要件（令元国交告 745～748 号）

2）　二級建築士・木造建築士の受験資格・免許登録要件の概要

学校区分			受検資格[*1]				免許登録要件[*2]			
			指定科目の単位数（内は必修科目の単位数）	実務経験年数	建築士法第15条	告示番号	指定科目の単位数（内は必修科目の単位数）	実務経験年数	建築士法4条4項	告示番号
大学・短期大学・高等専門学校			20（10）以上	0年	第1号	第753号	40（10）	0年	第1号	第749号
							30（10）	1年以上	第3号	都道府県告示
							20（10）	2年以上		
職業能力開発総合大学校，職業能力開発大学校，職業能力開発短期大学校			20（10）以上	0年	第2号	都道府県告示	40（10）	0年	第3号	都道府県告示
							30（10）	1年以上		
							20（10）	2年以上		
高等学校・中等教育学校					第1号	第753号	20（10）	2年以上	第2号	第750号
			15（10）	1年以上	第2号	都道府県告示	15（10）	3年以上	第3号	都道府県告示
専修学校	高等学校卒	修業2年以上	20（10）	0年			40（10）	0年		
							30（10）	1年以上		
							20（10）	2年以上		
		修業1年以上					20（10）	2年以上		
	中学校卒	修業2年以上	15（10）	1年以上			15（10）	3年以上		
		修業1年以上	10（10）	2年以上			10（10）	4年以上		
職業訓練学校等	高等学校卒	修業3年以上	20（10）	0年			30（10）	1年以上		
		修業2年以上					20（10）	2年以上		
		修業1年以上					20（10）	2年以上		
	中学校卒	修業3年以上					20（10）	2年以上		
		修業2年以上	15（10）	1年以上			15（10）	3年以上		
		修業1年以上	10（10）	2年以上			10（10）	4年以上		
学歴なし			—	7年以上	第3号	—	0	7年以上	第4号	—

［注］＊1　受験に必要な履修科目等要件（令元国交告753号）
　　　＊2　免許登録に必要な実務経験年数等要件（令元国交告749，750号）

3）　学科試験免除の仕組み
　学科合格後4回の試験のうち2回の学科試験を免除する。
　（学科合格有効期間は5年間）
　　　　　　　　　　　　　　　　　　＊士法規則12条

（3）　建築士の懲戒処分等（士法7条～10条）
　不法行為を行った者，免許取消の処分を受けてから5年未満の者，建築士法違反で罰金刑に処せられた者，虚偽又は不正により免許を受けた者などは，免許の登録拒否，免許取消処分等を受けることがある。

（4）建築士に対する国土交通大臣等の調査権（士法10条の2）
　国土交通大臣等は，必要がある場合，建築士に必要な報告を求めるなどの調査権がある。

3.4　建築士の業務・義務

（1）　一般的な努力義務（士法2条の2，22条1項）
　・建築士は，建築物の質の向上に寄与するように，公正，かつ誠実にその業務を行わなければならない。
　・建築士は，設計及び工事監理に必要な知識及び技能の維持向上に努めなければならない。

（2）　設計業務（士法18条1項・2項，19条，20条1項・2項・5項）
　・建築士は，設計を行う場合，法令又は条例の建築物に関する基準に適合するようにしなければならない（士法18条1項）。
　・建築士は，設計を行う場合，設計の委託者に対し，設計の内容に関して適切な説明を行うように努めなければならない（士法18条2項）。
　・建築士は，設計を行った場合，その設計図書に一級建築士，二級建築士，又は木造建築士たる表示をして記名しなければならない。設計図書の一部を変更した場合も同様とする（士法20条1項）。
　・建築士は，構造計算によって建築物の安全性を確かめた場合は，その旨の証明書（構造計算によって建築物の安全性を確かめた旨の証明書）を設計の委託者に交付しなければならない。ただし，構造設計一級建築士が関与した場合はこの限りではない（士法20条2項）。
　・建築士は，他の建築士の設計した設計図書の一部を変更しようとするときは，当該建築士の承諾を求めなければならない。ただし，承諾を求めることのできない事由があるとき，又は承諾が得られなかった

ときは，自己の責任において，その設計図書の一部を変更することができる（もっとも，承諾を得られない場合，著作権侵害の可能性があるので注意を要する）（士法 19 条）。

・建築士は，大規模な建築物等の建築設備の設計を行う場合，建築設備士の意見を聴いたときは，設計図書にその旨を明らかにしなければならない。特に延べ面積 2 000 m² 超建築物の設計には意見を聴くことに努める（士法 18 条 4 項，20 条 5 項）。

〔定義〕 設　計………その者の責任において設計図書を作成することをいう（士法 2 条 6 項）。

設計図書……建築物の建築工事実施のため必要な図面（現寸図その他これに類するものを除く）及び仕様書をいう（士法 2 条 6 項）。

建築設備士…建築設備に関する知識及び技能につき国土交通大臣が定める資格を有する者をいう（士法 2 条 5 項）。

(3) 建築士免許証等の提示（士法 19 条の 2）

設計等の委託者から請求があったときは，免許証又は免許証明書を提示しなければならない。

(4) 工事監理業務（士法 18 条 3 項，20 条 3 項・5 項）

・建築士は，工事監理を行う場合，工事が設計図書のとおりに実施されていないと認めるときは，直ちに工事施工者に注意を与え，工事施工者がこれに従わないときは，その旨を建築主に報告しなければならない（士法 18 条 3 項）。

・建築士は，工事監理を終了したときは，直ちに国土交通省令（法施行規則 17 条の 15，4 号の 2 の 2 書式）の定めるところにより，その結果を文書（工事監理報告書）で建築主に報告しなければならない（士法 20 条 3 項）。

・建築士は，大規模な建築物等の建築設備の工事監理を行う場合，建築設備士の意見を聴いたときは，工事監理報告書にその旨を明らかにしなければならない（士法 20 条 5 項）。

〔定義〕 工事監理……その者の責任において，工事を設計図書と照合し，それが設計図書のとおりに実施されているかいないかを確認することをいう（士法 2 条 8 項）。

(5) 構造設計に関する特例（士法 20 条の 2）

・構造設計一級建築士は，高度な専門能力を必要とする一定の建築物の構造設計を行った場合は，その構造設計図書に構造設計一級建築士である旨の表示をしなければならない。一部を変更した場合も同様とする。

・構造設計一級建築士以外の一級建築士が上記の構造設計を行った場合には，構造設計一級建築士に建築基準法第 20 条 1 号又は 2 号の規定及びこれに基づく命令の規定（以下，「構造関係規定」という。）に適合する旨の確認を求める。一部を変更した場合も同様である。

・確認を求められた構造設計一級建築士は，構造関係規定に適合する場合には，構造設計図書に法適合性を確認した構造設計一級建築士である旨の記名を行う。

(6) 設備設計に関する特例（士法 20 条の 3）

・設備設計一級建築士は，階数が 3 以上で床面積の合計が 5 000 m² を超える建築物の設備設計を行った場合には，設計図書に記名するほか，その設備設計図書に設備設計一級建築士である旨の表示をする。一部を変更した場合も同様である。

・設備設計一級建築士以外の一級建築士が上記の建築物の設備設計を行った場合には，設備設計一級建築士に以下の規定並びにこれらに基づく命令の規定（以下，「設備関係規定」という。）に適合する旨の確認を求める。一部を変更した場合も同様とする。①建築基準法 28 条 3 項（劇場等の特殊建築物に係る居室又は火気使用室の換気設備），②同法 28 条の 2・3 号（居室を有する建築物の換気設備），③同法 32 条（電気設備），④同法 33 条（避雷設備），⑤同法 34 条（昇降機），⑤同法 35 条（特殊建築物等の消火栓，スプリンクラー，貯水槽その他の消火設備，排煙設備及び非常用の照明装置），⑥同法 36 条（建築物の消火設備，避雷設備及び給水，排水その他の配管設備の設置及び構造並びに煙突及び昇降機の構造）

・確認を求められた設備設計一級建築士は，設備関係規定に適合する場合には，設備設計図書に法適合性を確認した設備設計一級建築士である旨の記名を行う。

(7) その他の業務（士法 21 条）

・建築士は，建築工事契約に関する事務，建築工事の指導監督，建築物に関する調査又は鑑定及び建築に関する法令又は条例に基づく手続の代理等の業務（木造建築士にあっては木造の建築物に限る）を行うことができる。ただし，他の法律においてその業務を行うことが制限されている事項については，この限りではない。

(8) 免許証記載事項等の書換手続（士法 5 条 3 項）

免許証の記載事項等に変更があったときは，国土交通大臣等の免許を受けた者に書換を申請することができる。

（9）　住所等の届出（士法5条の2）

　・建築士は，免許証交付の日から30日以内に住所等（法施行規則8条）を国土交通大臣又は都道府県（免許を受けた県及び住所地の県）知事に届け出る。住所等を変更した場合も同様とする。

（10）　建築士の定期講習（士法22条の2，24条，士法規則17条の36・37）

　・建築士事務所に所属する建築士等は3年ごとに建築士の種別ごとに国土交通大臣の登録を受けた登録講習機関が行う講習を定期に受けなければならない。

3.5　建築士事務所の登録

（1）　建築士事務所の登録義務・手続（士法23条）

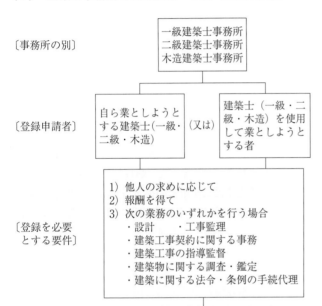

図3.2　建築士事務所の登録義務・手続

（2）　登録の有効期間（士法23条2項）

　建築士事務所の登録は，5年間有効である。

（3）　更新の登録（士法23条3項，士法規則18条）

　登録の有効期間の満了後，引き続き，他人の求めに応じ報酬を得て，設計等を行うことを業としようとする者は，その建築士事務所について更新の登録を受けなければならない。なお，満了の30日前までに登録申請書を提出する。

（4）　名義貸しの禁止（士法24条の2）

　建築士事務所の開設者は，自己の名義をもって他人に建築士事務所の業務を営ませることはできない。

（5）　無登録業務の禁止（士法23条の10）

　建築士は，設計事務所登録を受けないで他人の求めに応じて報酬を得て，設計等を業として行ってはならない。

（6）　登録の内容

登録申請書記載事項（士法23条の2）
　（1）　建築士事務所の名称・所在地
　（2）　建築士事務所の一級・二級又は木造の別
　（3）　申請者の氏名（法人の場合は名称，役員の氏名）
　（4）　管理建築士の氏名及び資格（一級，二級又は木造）
　（5）　所属する建築士の氏名及び資格（一級，二級又は木造）
　（6）　その他

登録申請書添付書類（士法規則19条）
　（1）　建築士事務所が行った業務（概要）
　（2）　申請者及び管理建築士の略歴
　（3）　管理建築士が受講した講習の修了書の写し
　（4）　誓約書（登録拒否の条件に該当しない旨）
　（5）　法人の場合は定款及び重要事項証明書

（7）　登録の拒否又は抹消（士法23条の4，23条の4）

登録の拒否をされる場合（士法23条の4）
（1）登録の申請書に重要な事項についての虚偽の記載があり，又は重要な事実の記載が欠けている場合
（2）登録申請者が破産者で復権を得ない者，暴力団員など一定の条件に該当する場合

登録を拒否されるおそれのある場合（士法23条の4）
登録申請者が建築士法に違反して，又は建築物の建築に関し罪を犯して罰金刑に処せられた者など一定の条件に該当する場合

登録の抹消をされる場合（士法23条の8）
登録を取り消された場合など一定の条件に該当する場合

3.6　建築士事務所の業務（士法24条〜24条の5）

（1）　書面による契約締結の義務化（士法22条の3の3）

　延べ面積が300 m²を超える新築設計受託又は工事監理受託は，作成する設計図書の種類等を記載した契約書を締結しなければならない。

（2）〔建築士事務所の開設者〕……建築士事務所について登録を受けた者（士法24条）

　1）　開設者は，その建築士事務所の公衆の見やすい場所に標識を掲げる（士法24条の5，士法規則22条，7号書式）。

　2）　開設者は，契約の年月日，契約の相手方の氏名又は名称，業務の種類及びその概要，報酬の額など必要事項を記載した帳簿を備え，保存しなければならない（士法24条の4・1項，2項，士法規則21条1項）。

　　なお，帳簿は各事業年度の末日をもって閉鎖し，閉鎖後15年間保存しなければならない（士法規則21条3項）。

　3）　開設者は，全ての建築物の配置図，各階平面図，2面以上の立面図及び2面以上の断面図，基礎伏図，各階伏図，小屋伏図，構造詳細図，構造計算

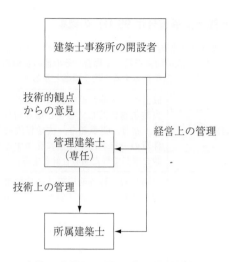

図 3.3　建築士事務所の開設者・管理建築士の役割

書，工事監理報告書を作成後 15 年間保存しなければならない（士法 24 条の 4・2 項，士法規則 21 条 4 項・5 項）。

4）　開設者は，当該事務所の業務の実績，管理建築士の実務の経験等を記載した書類を事務所に備え置き，設計等を委託しようとする建築主の求めに応じ，閲覧させなければならない（士法 24 条の 6）。

5）　重要事項の説明等（士法 24 条の 7，士法規則 22 条の 2 の 2）

開設者は，「設計受託契約」又は「工事監理受託契約」を建築主と締結するときは，あらかじめ，所属の管理建築士等から当該建築主に対して，その契約の内容及び履行に関する必要事項（設計受託契約は設計図書の種類など）を記載した書面を交付して説明をさせなければならない。また，交付に替えて政令等で定めるデジタル情報通信で提供することができる。なお，説明をするときは，建築主に対して一級建築士免許証等の免許証を提示する。

6）　開設者は，建築主から設計又は工事監理の委託を受けたときは，上記 5）に掲げる事項及び設計又は工事監理の実施の期間及び方法など，必要事項を記載した書面を当該建築主に交付しなければならない。また，交付に替えて政令等で定めるデジタル情報通信で提供することができる（士法 24 条の 8，士法規則 21 条 1 項）。

7）　再委託の制限（士法 24 条の 3）

開設者は，委託者の許諾を得た場合でも委託を受けた設計又は工事監理の業務をそれぞれ一括で他の建築士事務所の開設者に委託することはできない。なお，再委託の制限は，延べ面積が 300 m^2 を超える新築工事に係るものが適用される。

8）　開設者は，建築士事務所の登録事項に変更があったときは，2 週間以内にその旨を知事に届出（士法 23 条の 5），その業務を廃止したときは，30

日以内にその旨を知事に届出（士法 23 条の 7），又は，登録の有効期間が満了する際，更新の登録を受けようとする場合は，有効期間の満了の日前 30 日までに登録申請書を提出しなければならない（士法 23 条 3 項，士法規則 18 条）。

9）　開設者は，知事から報告を求められ，又は立入検査を受けることがある（士法 26 条の 2）。

（3）　〔建築士事務所の管理建築士〕……建築士事務所を管理する専任の建築士（士法 24 条）

1）　建築士事務所は，専任の建築士（管理建築士）が管理しなければならない（士法 24 条 1 項）。

2）　管理建築士は，3 年以上の設計その他規則で定める業務に従事した後，登録講習機関が行う講習の課程を修了した建築士でなければならない（士法 24 条 2 項）。

3）　管理建築士は，その建築士事務所の業務に係る受託する業務の選定，実施者の選定，提携先の選定，技術者の監督など技術的事項を総括する（士法 24 条 3 項）。

4）　管理建築士と建築士事務所の開設者が異なるときは，開設者に対して技術的観点からその業務が円滑かつ適正に行われるよう必要な意見を述べる（開設者はそのような意見が述べられたときは，その意見の概要を所定の帳簿に記録しなければならない）（士法 24 条 4 項，士法規則 21 条 1 項 8 号）。

5）　管理建築士は，知事から報告を求められることがある（士法 26 条の 2）。

3.7　業務の報酬（士法 25 条）

国土交通大臣は，中央建築士審査会の同意を得て，建築士事務所の開設者が業務に関して請求することのできる報酬の基準を定めることができる。その概要を表 3.3 に示す。なお，法 22 条の 3 の 4 には，この報酬の基準に準拠した代金で受託契約を締結することに努めるよう規定されている（平 31 国交告 98 号）。

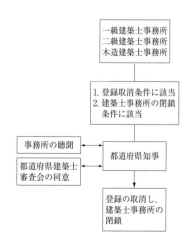

図 3.4　建築士事務所の登録取消し・閉鎖

表3.3　国土交通大臣が定める報酬の基準（平成31年国土交通省告示98号）の概要

第一	業務の報酬の算定方法	建築物の設計，工事監理，建築工事契約にする事務，建築工事の指導監督の業務（以下「設計等の業務」という。）に関して請求できる報酬は，複数の建築物について同一の設計図書を用いる場合，その他の特別の場合を除き，第二の業務経費，第三の技術料等経費及び消費税に相当する額を合算する方法を標準とする。		
第二	業務経費	次の①から④までに定める方法で算出される直接人件費，特別経費，直接経費及び間接経費合計額とする。	①直接人件費	設計等の業務に直接従事する者ごとにの当該業務に関して必要となる給与，諸手当，賞与，退職給与，法廷保険料等の人件費の一日あたりの額に従事する延べ日数を乗じて得た額の合計とする。
			②特別経費	出張旅費，特許使用料その他建築主の特別な依頼に基づき必要となる費用の合計額とする。
			③直接経費	印刷製本費，複写費，交通費等設計等の業務に関して直接必要となる費用の合計とする。
			④間接経費	設計等の業務を行う建築士事務所を管理運営していくために必要な人件費，研究調査費，研修費，減価償却費，通信費，消耗品等の費用のうち，当該業務に関して必要となる費用の合計とする。
第三	技術料等経費	設計等の業務において発揮される技術力，想像力等の対価として支払われる費用とする。		
第四	直接人件費等に関する略算方式による算定	業務経費のうち直接人件費並びに直接経費及び間接経費の合計額の算出については，第二の①，③及び④にかかわらず次のイ及びロに定める略算方式によることができる。	イ　直接人件費	設計等の業務で別に定める標準業務※内容であるものにかかる直接人件費は，建築物の類型に応じて算定する方法
			ロ　直接経費及び間接経費の合計額	直接経費及び間接経費の合計額の算定は，直接人件費の額に 1.1 を標準とする倍数を乗じて算出する方法
	その他必要に応じて調整できる規定が定められている。			

※別に定める標準業務については，同告示の別添一から別添四に定められている。

3.8　建築士事務所の登録取消し又は閉鎖（士法26条）

（1）〔登録の取消しを受ける場合〕（士法26条1項）

1）　虚偽又は不正の事実に基づいて登録を受けたとき（士法23条の3関係）

2）　登録拒否の条件に該当するようになったとき（士法23条の4項関係）

3）　廃業をしながら，その手続きを怠っていたとき（士法23条の7関係）

（2）〔戒告，1年以内の閉鎖又は登録の取消しのおそれがある場合〕（士法26条2項）

1）　延べ面積が300 m² を超える新築の設計又は監理受託契約で一定の基準に適合する契約をしなかったとき（士法22条の3の3）

2）　登録申請者が登録を拒否されることがある条件に該当したとき（士法23条の4，2項）

3）　登録事項に変更があったのに，変更の届出をせず，又は虚偽の届出をしたとき（士法23条の5第1項，2項）

4）　開設者が名義貸しの禁止，再委託の制限，帳簿の備付等及び図書の保存，標識の提示，図書の閲覧，重要事項の説明等及び書面の交付に違反したとき（士法24条の2〜24条の8関係）

5）　所属建築士が法令違反等で処分を受けたとき等

3.9　建築設備士（士法2条5項，20条5項）

〔建築設備士〕　建築士法2条5項に規定する建築設備に関する知識及び技能につき国土交通大臣が定める資格を有する者。

〔業　　務〕　建築士は，大規模な建築物その他の建築物の建築設備に係る設計又は工事監理を行う場合において，建築設備士の意見を聴いたときは，設計図書又は工事監理報告書において，その旨を明らかにしなければならない（士法20条5項）。

4. 建設業法（昭 24 年法律第 100 号）

4.1 目的

　建設業を営む者の資質の向上，建設工事請負契約の適正化等を図ることによって，建設工事の適正な施工を確保し，発注者を保護するとともに，建設業の健全な発展を促進し，もって公共の福祉の増進に寄与することを目的として定められた（業法 1 条）。

4.2 建設工事の種類（業法 2 条 1 項，別表第一）

　法が適用される「建設工事」とは，土木建築工事に関する工事で表 4.1 に定める工事をいう。

表 4.1

建設工事の種類	建設業の区分
1　土木一式工事	土木工事業
2　建築一式工事	建築工事業
3　大工工事	大工工事業
4　左官工事	左官工事業
5　とび・土工・コンクリート工事	とび・土工工事業
6　石工事	石工事業
7　屋根工事	屋根工事業
8　電気工事	電気工事業
9　管工事	管工事業
10　タイル・れんが・ブロック工事	タイル・れんが・ブロック工事業
11　鋼構造物工事	鋼構造物工事業
12　鉄筋工事	鉄筋工事業
13　舗装工事	舗装工事業
14　しゅんせつ工事	しゅんせつ工事業
15　板金工事	板金工事業
16　ガラス工事	ガラス工事業
17　塗装工事	塗装工事業
18　防水工事	防水工事業
19　内装仕上工事	内装仕上工事業
20　機械器具設置工事	機械器具設置工事業
21　熱絶縁工事	熱絶縁工事業
22　電気通信工事	電気通信工事業
23　造園工事	造園工事業
24　さく井工事	さく井工事業
25　建具工事	建具工事業
26　水道施設工事	水道施設工事業
27　消防施設工事	消防施設工事業
28　清掃施設工事	清掃施設工事業
29　解体工事	解体工事業

4.3 用語の定義等（業法 2 条，3 条，業法施行令 2 条）

建 設 工 事………土木建築に関する工事（表 4.1 参照）

建 設 業………建設工事の完成を請け負う営業（元請，下請その他いかなる名義をもってするかを問わない）

建 設 業 者………建設業法に基づき，許可を受けて建設業を営む者

下 請 契 約………建設工事を他の者から請け負った建設業を営む者と他の建設業を営む者との間で，当該建設工事の全部又は一部について締結される請負契約

発 注 者………建設工事の注文者（他の者から請負った建設工事を下請へ発注する者を除く）

元 請 負 人………下請契約における注文者で建設業者であるもの

下 請 負 人………下請契約における請負人

一般建設業………特定建設業以外の建設業

特定建設業………発注者から直接請け負う 1 件の建設工事につき，その工事の全部又は一部を，下請代金の額（その工事に係る下請契約が二以上あるときは，下請負代金の額の総額）が，建築工事業にあっては 7 000 万円以上，その他の工事業にあっては 4 500 万円以上となる下請契約を締結して施工しようとする建設業

指定建設業………建設業法 15 条 2 号により政令で定める建設業（建築工事業，土木工事業他）

4.4 建設業の許可（業法 3 条）

　建設業者の資質の向上と発注者保護の視点から軽微な建設工事のみを請け負う業者（下記（2）参照）を除き，国土交通大臣又は都道府県知事の許可を受けなければ営業することができない。

　建設業を営もうとする者は，建設業の区分に従い，許可を受ける（表 4.1 参照）。許可は建設業の区分に応じて与えられる。

（1）許可の種類

国土交通大臣の許可………二以上の都道府県の区域内に営業所を設けて営業しようとする場合

都道府県知事の許可………一の都道府県の区域内のみに営業所を設けて営業しようとする場合

一般建設業の許可
特定建設業の許可

（2）許可の免除　軽微な建設工事のみを請け負うことを営業とする者は，許可を受けなくてよい（業法施行令 1 条の 2）。

軽微な建設工事

1）工事 1 件の請負代金の額が 500 万円（建築一式工事は 1 500 万円）に満たない工事

2）建築一式工事のうち，延べ面積が 150 m^2 未満の木造住宅工事

（3）建設業者の標識等（業法 40 条，40 条の 2）

1）建設業者は，その店舗及び建設現場ごとに，公衆の見やすい場所に建設業の名称，一般建設業，特定建設業の別等を所定の標識で掲示しなければならない。

2）建設業法の許可を受けていない者が，許可を受けていると誤認されるような表示をしてはいけない。

表 4.2

		一般建設業者・特定建設業者の共通の許可要件（7条等）		特定建設業者の付加許可要件（15条等）
(1号) 経営能力	①常勤役員等の体制が一定の基準を満たし適切な経営能力を有すること ②適切な社会保険に加入していること（業法規則7条）			———
(2号) 施工管理 技術能力	各営業所ごとに配置しなければならない施工管理技術能力を有する者 イ．許可を受けようとする建設業に係る建設工事に関し，次の学科を修め，大学，高等専門学校卒業又は専門職大学の前期課程修了者は3年以上の実務経験を，高等学校，中等教育学校卒業者は5年以上の実務経験を有する者（業法規則1条）			各営業所ごとに配置しなければならない専任の施工管理技術能力を有する者 ただし指定建設業にあってはイ．又はハ．に掲げる者 イ．建設業の種類に応じた技術検定に合格した者又は免許を有するもの ロ．発注者から直接請負った請負金額4 500万円以上の工事につき2年以上指導監督的な実務の経験を有する者（左欄のイ．ロ．又はハ．に該当する者であること） ハ．大臣が上記（イ．又はロ．）に掲げる者と同等以上の能力を有すると認定した者

（2号 施工管理技術能力の学科表）

学科名	許可を受けようとする建設業の種類
建築学科	建築，大工，ガラス，内装仕上，左官，とび土工，石工，屋根，タイル・レンガ・ブロック，塗装，解体，管工事，水道施設，清掃施設，鋼構造，鉄筋，板金，防水，機械器具設置，消防施設，熱絶縁，造園，建具
土木工学科	土木，舗装，左官，とび土工，石工，屋根，タイル・レンガ・ブロック，塗装，解体，管工事，水道施設，清掃施設，鋼構造，鉄筋，しゅんせつ，防水，熱絶縁，造園，さく井
都市工学科	土木，舗装，建築，大工，ガラス，内装仕上，管工事，水道施設，清掃施設，造園
衛生工学科	土木，舗装，管工事，水道施設，清掃施設，さく井
機械工学科	管工事，水道施設，清掃施設，鋼構造，鉄筋，しゅんせつ，板金，機械器具設置，消防施設，熱絶縁，さく井，建具
電気工学科	電気，電気通信，機械器具設置，消防施設
交通工学	土木，舗装
電気通信工学	電気，電気通信
林　学	造園
鉱　山　学	さく井

ロ．許可を受けようとする建設業に係る建設工事に関し，10年以上の実務経験を有する者
ハ．大臣が，上記（イ又はロ）に掲げる者と同等以上の知識及び技術又は技能を有すると認定した者（業法規則7条の3）

		一般建設業者・特定建設業者の共通の許可要件（7条等）		特定建設業者の付加許可要件（15条等）
(3号) 契約履行 の誠実性	(法人) 当該法人又はその役員等又は使用人（支配人,支店又は営業所の代表者） (個人) 本人又は使用人（支店又は営業所の代表者）	請負契約に関して不正又は不誠実な行為をするおそれが明らかな者でないこと		———
(4号) 契約履行 信用力	請負契約を履行するに足りる財産的基礎又は金銭的信用を有しないことが明らかな者でないこと（公共性のある施設又は工作物に関する建設工事で建設省令で定めるものの入札に参加しようとする建設業者は，経営規模その他経営に関する事項の審査を受けなければならない（建設業法27条の23））			発注者との間の請負契約でその請負代金の額が8 000万円以上であるものを履行するに足りる財産的基礎を有すること

［参考］建設業許可事務ガイドライン（令3国土建361号）

4.5　建設業の許可の要件（業法7条, 8条15条）

　建設業を許可する場合の必要な条件を表4.2に定めている。これらの許可要件の全てを満たさなければ許可を受けることはできない。

　なお，破産者，暴力団関係者等の申請については，許可することができない。

4.6　建設工事の担い手の育成及び確保その他施工技術の確保（業法25条の27, 26条）

　建設業者は，建設工事の担い手の育成及び確保その他施工技術の確保に努め，次に定める主任技術者等を置かなければならない。

（1）〔施工技術〕　設計図書に従って建設工事を適正に実施するために必要な専門の知識及びその応用能力

（2）〔主任技術者〕　工事現場における建設工事の施工の技術上の管理をつかさどる者（表4.2の各営業所ごとに配置しなければならない施工管理技術能力を有する者と同じ）

（3）〔主任技術者の設置〕　建設業者は，請負工事を施工するときは，その工事に関し主任技術者を置く。

（4）〔監理技術者〕　工事現場における建設工事の施工の技術上の管理をつかさどる者（表4.2の特定建設業者の許可付加要件に該当する技術者，建設業法15条2号イ〜ハ参照，ただし，指定建設業の場合にあってはイ又はハに掲げる者に限る）

（5）〔監理技術者の設置〕　発注者から直接建設工事を請け負った特定建設業者で，下請契約の額の合計が7 000万円以上となる建築一式工事の場合等には，その工事に関し監理技術者を置く。

（6）〔専任の主任技術者及び監理技術者等〕　国，地方公共団体等が発注する8 000万円以上の建築一式工事等（建設業法施行令27条）にあっては，工事現場ごとに専任の主任技術者又は専任の監理技術者を置く。

4.7　建設工事の請負契約

　発注者と建設業者相互間の契約上のトラブル等を予防し，主に発注者の保護を目的として，請負契約上契約書に記載する内容や契約上の禁止事項等を定めている。

（1）　請負契約の原則（業法18条）

　建設工事の請負契約の当事者は，各々の対等の立場における合意に基づいて公正な契約を締結し，信義に従って誠実にこれを履行しなければならない。

（2）　請負契約の内容（業法19条）

　請負契約書には，次に掲げる事項を記載し，署名又は記名押印をし相互に交付する。

---

① 工事内容
② 請負代金の額
③ 工事着手の時期及び工事完成の時期
④ 工事を施行しない日又は時間帯の定めをするときは，その内容
⑤ 請負代金の全部又は一部の前金払又は出来形部分に対する支払の定めをするときは，その支払の時期及び方法
⑥ 当事者の一方から設計変更又は工事着手の延期若しくは工事の全部若しくは一部の中止の申出があった場合における工期の変更，請負代金の額の変更又は損害の負担及びそれらの額の算定方式に関する定め
⑦ 天災その他不可抗力による工期の変更又は損害の負担及びその額の算定方式に関する定め
⑧ 価格等の変動若しくは変更に基づく請負代金の額又は工事内容の変更
⑨ 工事の施工により第三者が損害を受けた場合における賠償金の負担に関する定め
⑩ 注文者が工事に使用する資材を提供し，又は建設機械その他の機械を貸与するときは，その内容及び方法に関する定め
⑪ 注文者が工事の全部又は一部の完成を確認するための検査の時期及び方法並びに引渡しの時期
⑫ 工事完成後における請負代金の支払の時期及び方法
⑬ 工事の目的物の瑕疵を担保すべき責任又は当該責任の履行に関して講ずべき保証保険契約の締結その他の措置に関する定めをするときは，その内容
⑭ 各当事者の履行の遅滞その他債務の不履行の場合における延滞利息，違約金その他の損害金
⑮ 契約に関する紛争の解決方法
⑯ その他，国土交通省令で定める事項

　内容を変更する場合は，変更の内容を記載し，署名又は記名押印をし相互に交付する。

（3）　請負契約上の禁止事項（業法19条の3，19条の4，22条）

　1）　注文者がしてはならないこと
　　・取引上の地位を利用して，不当に低い（原価に満たない）額の請負契約を結ぶこと（業法19条の3）
　　・取引上の地位を利用して，不当に使用資材又は機械器具の購入を強制すること（業法19条の4）
　2）　建設業者がしてはならないこと
　　・建設業者がその請け負った工事を一括して下請け

させること。ただし，共同住宅以外の建築物で，あらかじめ発注者に書面による承諾を得たときは，この限りではない（業法22条3項）。

（4）　請負契約を健全なものとするための措置（業法20条・21条・23条）

　・建設業者が適正な積算及び見積りができるような見積期間を設定すること（業法20条）
　・前払金が支払われる場合，注文者を保護するため保証人を立てること（業法21条）
　・注文者は不適当と認められる下請負人を変更するよう請求できること（業法23条）

（5）　請負契約に関する紛争の処理

　建設工事の請負契約に関する紛争の解決を図るため，建設工事紛争審査会が設置される（業法25条）。

建設工事紛争審査会
- 中央建設工事紛争審査会（国土交通省に設置，大臣許可業者等に係る紛争処理）
- 都道府県建設工事紛争審査会（各都道府県に設置，当該知事許可業者等に係る紛争処理）

紛争処理の種類
- あっせん………対立する双方に話合いをさせ，双方の主張を確かめて解決を図る。
- 調　停………当事者の意見を聞き，調停案を作成するなどして，双方の合意により解決を図る。
- 仲　裁………当事者の合意のもと，仲裁人の判断によって解決を図る。

4.8　建設業者の監督（業法28条〜32条）

　建設業法の適正な運用の確保を図るため，建設業者への指導，監督の手続きを定めている。

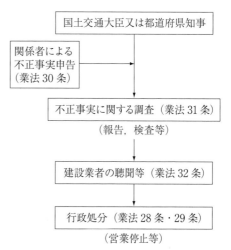

図4.1　建設業者の監督

5. 労働安全衛生法（昭47年法律第57号）

5.1 目的と主な内容

（1） 目的（労働安全衛生法1条）

労働災害を防止し，快適な職場環境を形成するための危害防止基準や責任体制などを定めた法律である。

（2） 主な内容

工事現場の作業方法などを定めた「労働安全衛生規則」，「クレーン等安全規則」，「酸素欠乏症等防止規則」，「粉じん障害防止規則」，事務所の気積・換気・照度・便所の数などを定めた「事務所衛生基準規則」，石綿による健康障害を予防するための措置などを定めた「石綿障害予防規則」などがある。

5.2 労働安全衛生規則による安全の確保

5.2.1 作業主任者の選任（法14条・同施行令6条）

労働災害を防止するための管理を必要とする作業は，作業主任者を選任しなければいけない。

    a．掘削面の高さが2m以上となる地山の掘削作業
    b．土止め支保工の組立て，解体作業
    c．型わく支保工の組立て，解体作業
    d．つり足場，張出し足場，又は高さ5m以上の足場の組立て，解体作業
    e．高さ5m以上の建築用の骨組み（鉄骨等）の組立て，解体作業
    f．軒の高さ5m以上の木造建築物の構造部材の組立て，組立てに伴う屋根，外壁下地の取付け
    g．高さ5m以上のコンクリート造の工作物の解体作業
    h．石綿等を取り扱う作業

5.2.2 作業床の設置・墜落防止（同規則518条〜530条）

〔作業床の設置〕 高さ2m以上の箇所での作業において墜落のおそれがあるときは，足場を組む等により，作業床を設ける。

作業床の端，開口部には囲い，手すり，覆い等を設ける。

〔墜落制止用器具の使用等〕 作業床の設置が困難なときは，防網を張り，墜落制止用器具[注]を使用する。

  [注] 2m以上の作業床がない箇所等での作業では，フルハーネス型を使用することが原則

〔歩み板の設置〕 スレート，木毛板等でふいた屋根の上での作業には，踏み抜き防止のため，幅30cm以上の歩み板を設け，防網を張る。

〔昇降するための設備〕 高さ又は深さが1.5mを超える箇所の作業には，原則として安全な昇降設備（登りさん橋等）を設ける。

5.2.3 掘削作業時の危険防止

〔掘削面のこう配〕 （同規則356条〜357条）……手掘りで，山留めを設けない場合（図5.1）

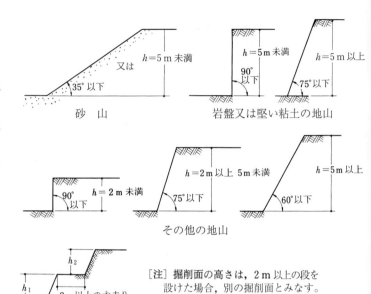

        砂 山   岩盤又は堅い粘土の地山

    その他の地山

  [注] 掘削面の高さは，2m以上の段を設けた場合，別の掘削面とみなす。

図5.1 掘削面のこう配

5.2.4 通路等（同規則540条〜558条）

〔通路〕 屋内に設ける通路の幅は用途に応じ必要な幅とし，高さ1.8m以内に障害物を置かない。

〔架設通路（登りさん橋）の構造〕 勾配（α）は，30°以下とする。ただし，階段を設けたもの，又は高さ2m未満で手掛けを設けたものは，この限りでない。

勾配が15°以上の通路には踏桟その他の滑り止めを設ける。

手すりの高さ（h）は，85cm以上とし，高さ35cm以上50cm以下の中さんを設ける。

高さ8m以上の登りさん橋には，高さ（H）7m以内ごとに踊り場を設ける（図5.2）。

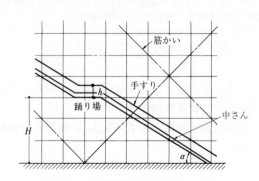

図5.2 架設通路（登りさん橋）

5.2.5 足場（同規則559条〜575条）

（1） 足場の作業床（同規則563条）

足場における高さ2m以上の作業場所には，以下の措置を講じた作業床を設ける。

1）墜落防止措置

① わく組足場

交差筋かい及び高さ 15 cm 以上 40 cm 以下の桟若しくは高さ 15 cm 以上の幅木を設ける。あるいは手すりわくを設ける。

② わく組足場以外（単管足場等）

高さ 85 cm 以上の手すり及び中さんを設ける。

③ 足場の使用範囲

幅が 1 m 以上の箇所において足場を使用するときは，原則として本足場を使用する*。

［注］ *2024 年 4 月施行

④ 足場の点検

事業者及び注文者が足場の点検を行う際は，点検者を指名する。また，点検後には，点検者の氏名を記録・保存する。

2）落下防止措置

物体が落下するおそれのある箇所には，高さ 10 cm 以上の幅木，メッシュシート若しくは防網を設ける。

（2）鋼管足場（単管）（同規則 570 条〜571 条）

a．建地の間隔は，けた行方向 1.85 m 以下，はり間方向 1.5 m 以下。

b．壁つなぎは，垂直方向（縦）5.0 m 以下，水平方向（横）5.5 m 以下。

c．建地間の制限荷重は，400 kg 以下。

d．高さ 31 m を超す場合は，上から測って 31 m より下の部分の建地を 2 本組とする。

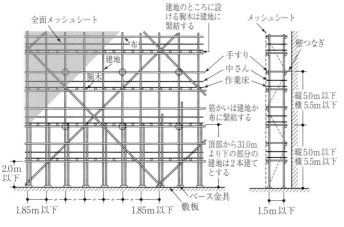

図 5.3 鋼管足場（単管）

［補足］ 丸太足場についても同規則 569 条に規定されている。

（3）鋼管わく組足場（同規則 570 条〜571 条）

a．壁つなぎは，垂直方向（縦）9 m 以下，水平方向（横）8 m 以下。

b．高さ 20 m を超える場合，主わくの高さは 2 m 以下，主わくの間隔は 1.85 m 以下。

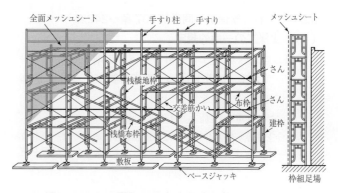

図 5.4 鋼管わく組足場

（4）つり足場（同規則 574 条）

a．つりワイヤロープの場合（次のようなワイヤロープは使用禁止）

10 ％以上の素線が切断しているもの

直径の減少が公称径の 7 ％を超えるもの

キンクしたもの（図 5.5）

著しい形くずれ又は腐食があるもの

図 5.5 キンク

b．つりチェーンの場合（次のようなチェーンは使用禁止）

製造されたときの長さより 5 ％以上伸びたもの

リンクの断面の直径の減少が 10 ％を超えるもの

き裂のあるもの

（5）作業床の構成（同規則 563 条，574 条，575 条）

つり足場及びつり足場以外の作業床の構成を図 5.6，5.7 に示す。

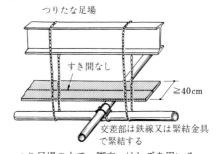

つり足場の上で，脚立，はしごを用いる作業は不可

図 5.6 つり足場

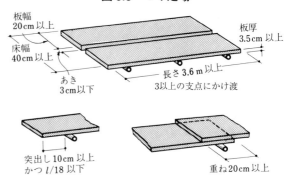

図 5.7 作業床の寸法（つり足場以外）

5.2.6 型わく支保工（同規則237条〜242条）

（1） 支保工の一般的規定

a．型わく支保工の設計荷重（同規則240条）

（支柱，はり又ははりの支持物が組み合わされた構造のものを除く。）

設計荷重＝実荷重＋150 kg/m^2

［注］ 支柱等が組み合わされた構造のものにあっては，設計荷重が当該支柱等のメーカーの指定する最大使用荷重を超えないこと。

（2） パイプサポートを支柱として用いる場合（同規則242条）

b．木材を支柱として用いる支保工

高さ2m以内ごとに水平つなぎを二方向に設け，かつ水平つなぎの変位を防止すること。

木材を継いで用いるときは2個以上の添え物をすること。

c．はりで構成する支保工

はりの両端を支持物に固定して，はりの滑動・脱落を防止すること。

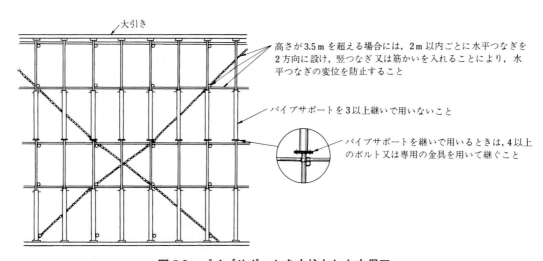

大引き

高さが3.5mを超える場合には，2m以内ごとに水平つなぎを2方向に設け，竪つなぎ又は筋かいを入れることにより，水平つなぎの変位を防止すること

パイプサポートを3以上継いで用いないこと

パイプサポートを継いで用いるときは，4以上のボルト又は専用の金具を用いて継ぐこと

図5.8 パイプサポートを支柱とした支保工

［注］その他，鋼管，鋼製枠（わく組），組立て鋼柱を支柱として用いる支保工の規定がある（同規則242条）。

5.2.7 石綿作業（石綿障害予防規則3条〜7条）

a．建築物又は工作物の解体，又は改修の作業を行うときは，予め石綿等の使用の有無を調査しなければならない。

b．床面積80 m^{2}以上の解体工事及び100万円以上の改修工事，工作物の解体工事等を行うときには，事前調査の結果を所轄労働基準監督署に電子届により報告しなければならない。

c．・吹き付けられている石綿等の除去，封じ込め又は囲い込み

・石綿含有保温材等の除去，封じ込め又は囲い込み

以上の工事を行う場合は，所轄労働基準監督署に作業の計画書を提出しなければならない。

d．石綿の除去作業は，それ以外の作業を行う作業場所から隔離しなければならない。

e．石綿含有成形品を建築物から除去する場合は，切断等以外の方法ににより作業を実施する必要がある。

6. 優良建築物促進関係法

6.1 建築物の耐震改修の促進に関する法律（平成7年法律第123号）《耐震改修促進法》

（1）　法律制定の背景

平成7年（1995年）1月に発生した阪神・淡路大震災により，6434人の尊い命が奪われた。このうち約85％が地震による直接的な死者であったが，その約9割が住宅・建築物や家具の倒壊等が死因であった。また，特に昭和56年（1981年）以前に建築されたいわゆる「新耐震設計法」によらない建築物の被害が顕著であった。

これらのことから，建築基準法3条2項による既存不適格建築物で耐震関係規定に適合しないものについて，地震に対する安全性の向上が大きな課題となり，本法が制定された。本法は，その後，平成18年，平成25年に改正され，対策の充実・強化が図られている。

（2）　目的（耐震改修促進法1条）

「建築物の耐震改修の促進のための措置を講ずることにより建築物の地震に対する安全性の向上を図る」

（3）　耐震診断及び耐震改修の基本方針・指針（耐震改修促進法4条）

国土交通大臣は，以下の項目について，建築物の耐震診断及び耐震改修の促進を図るための「基本方針」を定めなければならない（平18国交告184号）。

① 耐震診断・耐震改修の促進に関する基本的な事項
② 耐震診断・耐震改修の実施に関する目標の設定
③ 耐震診断・耐震改修の実施の技術上の指針
④ 地震に対する安全性の向上に関する啓発等
⑤ 都道府県耐震改修促進計画の策定その他耐震診断・耐震改修の促進に関する重要事項

②では，令和12年（2030年）までに耐震性が不十分な住宅を，令和7年（2025年）までに耐震性が不十分な耐震診断義務付け対象建築物を，それぞれおおむね解消する目標が定められている。

③のうち，耐震診断の指針においては，当該建築物の構造耐力上主要な部分の配置，形状，寸法，接合の緊結度，腐食・腐朽又は摩損度，材料強度等に関する実地調査，敷地の状況の実態調査等の結果に基づき，以下の構造耐震指標等を求めて倒壊・崩壊等に対する安全性を評価し，さらに敷地に関する基準に基づく評価を加味して地震に対する安全性を評価することとしている。また，これ以外の方法として，国土交通大臣が認定した各種の耐震診断基準を用いることも可能である。

【木造】各階のはり間・けた行両方向について，保有耐力 P_d を求め，各階の必要保有耐力 Q_r に対する比率から構造耐震指標 I_w を算定し評価する。

【鉄骨造・鉄筋コンクリート造等】各階の保有水平耐力及び靱性を考慮した数値 E_0 などから構造耐震指標 I_s を，各階の保有水平耐力などから保有水平耐力指標 q をそれぞれ算定し，その両者の関係から評価する。

（4）　耐震改修促進計画（耐震改修促進法5条～6条）

都道府県は，（3）の基本方針に基づき，耐震診断・耐震改修の目標や促進のための施策などについて，都道府県耐震改修促進計画を定めるものとされている。また，同計画には，次に示す事項も記載することができる。

① 耐震診断の義務化（（5）参照）の対象となる病院，官公署など大地震発生時に防災拠点などとして用いられる公益上必要な既存耐震不適格建築物の指定，及びその耐震診断の結果報告の期限

② 耐震診断の義務化の対象となる通行障害既存耐震不適格建築物（倒壊により前面道路を塞ぎ通行を妨げるもの）の敷地に接する道路（緊急輸送道路など）の指定，及びその耐震診断結果の報告期限

［注1］　①・②は，新耐震設計法以前のものに限る。
［注2］　②には，建物に附属する一定の高さ・長さを有するブロック塀等を含む。

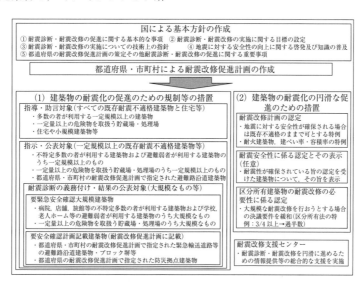

図6.1　建築物の耐震改修の促進に関する法律の概要

写真 6.1　まるで戦場のような震災地（神戸市長田区）

阪神・淡路大震災（1995 年 1 月 17 日）は，活断層によるマグニチュード（M）7.3 の都市直下型の激震であった。
震災 1 カ月後の被災地の姿である。JR 新長田駅を中心に各地で大火災が起こり，ちょうど先の大戦の空襲による被害と同じような状況となった。

写真 6.2　阪急伊丹駅（その 1）（伊丹市西台 1）

3 階建て鉄筋コンクリート造の 1 階コンコースが圧壊した。この駅舎ビルは，建築基準法の新耐震基準（1981 年）以前に造られたもの。コンコースはアメニティを優先した結果，1 階が耐震壁のない柱間隔の大きい空間となったため，このような被害を受けた。

写真 6.3　阪急伊丹駅（その 2）

3 階建て駅舎を西側より見た被害状況。1 階柱の柱頭部のコンクリートがせん断破壊し，鉄筋がアメの棒状にへし曲がっている。激しい上下動，水平動で，強固だった鉄筋コンクリート造がバラバラに破壊された。

市町村においても，都道府県耐震改修促進計画に準じた内容（上記①を除く）の市町村耐震改修促進計画を定めるよう努めることが求められている。

（5）　耐震診断の義務化（耐震改修促進法 7 条〜13 条，附則 3 条）

平成 25 年の法改正により，以下の建築物の所有者に対し，耐震診断を行い，その結果を所定の期限までに行政庁に報告することが義務化された。

① 要安全確認計画記載建築物【報告期限：耐震改修促進計画で定められた期限】
・（4）①の都道府県が指定した防災拠点等の建築物
・（4）②の都道府県が指定した通行障害既存不適格建築物及び市町村が指定した同様の建築物

② 要緊急安全確認大規模建築物【報告期限：平成 27 年末】
・不特定多数の者が利用する建築物及び避難弱者が利用する建築物のうち大規模なもの，一定量以上の危険物を取り扱う貯蔵所・処理場のうち大規模なもの

所管行政庁は，診断の結果の報告の内容を公表しなければならない。所有者が報告をせず，又は虚偽の報告をした場合には，報告・是正を命ずることができる。

所有者は，耐震診断の結果，必要がある時には，耐震改修を行うよう努めなければならない。

所管行政庁は，所有者に対し，耐震改修について指導・助言をすることができる。必要な耐震改修が行われていないときは指示をすることができ，所有者がその指示に従わなかった時には，その旨を公表することができる。また，必要な限度において，所有者に報告を求めたり，立入検査を行うことができる。

（6）　その他の既存耐震不適格建築物に対する措置（耐震改修促進法 14 条〜16 条）

1） 以下の建築物は「特定既存耐震不適格建築物」であり，その所有者は耐震診断を行い，その結果，必要がある時には，耐震改修を行うよう努めなければならない。

① 多数の者が利用する一定規模以上の建築物
② 一定量以上の危険物を取り扱う貯蔵所・処理場
③ 都道府県・市町村が指定する避難路沿道建築物
所管行政庁は，その所有者に対し，必要な指導及び助言をすることができる。

2） 1）の特定既存耐震不適格建築物のうち，以下のものについて必要な耐震診断又は耐震改修が行われていない時には，所管行政庁は，所有者に対して，必要な指示をすることができる。

表 6.1　耐震診断義務化等の措置の対象建築物の区分

用　途		特定既存耐震不適格建築物[1)]（指導・助言対象）	指示対象となる特定既存耐震不適格建築物	耐震診断の義務付け対象建築物	区分
学校	小中学校等	階数2以上かつ1000 m²（床面積の合計。以下同じ）以上	階数2以上かつ1500 m²以上	階数2以上かつ3000 m²以上	要緊急安全確認大規模建築物
	上記以外	階数3以上かつ1000 m²以上			
体育館（一般公共用）		階数1以上かつ1000 m²以上	階数1以上かつ2000 m²以上	階数1以上かつ5000 m²以上	
運動施設，病院，劇場，集会場，展示場，百貨店，ホテル等		階数3以上かつ1000 m²以上	階数3以上かつ2000 m²以上	階数3以上かつ5000 m²以上	
卸売市場，共同賃貸住宅，事務所等					
老人ホーム，老人福祉センター等		階数2以上かつ1000 m²以上	階数2以上かつ2000 m²以上	階数2以上かつ5000 m²以上	
幼稚園，保育所		階数2以上かつ500 m²以上	階数2以上かつ750 m²以上	階数2以上かつ1500 m²以上	
博物館，遊技場，公衆浴場，飲食店，理髪店，車両の停車場，自動車車庫，保健所等		階数3以上かつ1000 m²以上	階数3以上かつ2000 m²以上	階数3以上かつ5000 m²以上	
工場					
危険物の貯蔵場・処理場		耐震改修促進法施行令で定める数量以上の危険物を貯蔵・処理するもの	500 m²以上	階数1以上かつ5000 m²以上（敷地境界線から一定距離以内のもの）	
避難路沿道建築物（通行障害既存不適格建築物）		都道府県・市町村の耐震改修促進計画で指定された避難路の沿道建築物（高さが前面道路幅員の1/2かつ6mを超えるもの[2)]）		都道府県・市町村の耐震改修促進計画で指定された重要な避難路（緊急輸送道路等）の沿道建築物（高さが前面道路幅員の1/2かつ6mを超えるもの[2)]）	要安全確認計画記載建築物
防災拠点である建築物				都道府県耐震改修促進計画で指定された大規模地震発生時に公益上必要な病院，官公署等	

［注］　1）これらのほか，住宅や小規模建築物も指導・助言の対象となっている。
　　　　2）ブロック塀等は，長さが25 mを超え，高さが前面道路の中心から距離の1/2.5倍を超えるもの。

①　1)①のうち，不特定多数の者又は避難弱者が利用する一定規模以上のもの
②　1)②のうち，一定規模以上のもの
③　1)③の避難路沿道建築物

　所管行政庁は，指示を受けた所有者がその指示に従わなかった時，その旨を公表することができる。また，必要な限度において，所有者に報告を求めたり，立入検査を行うことができる。

3）　住宅や小規模な建築物等の既存耐震不適格建築物の所有者も，耐震診断を行い，必要に応じ，耐震改修を行うよう努めなければならない。所管行政庁は，必要な場合，指導・助言を行うことができる。

（7）　耐震改修計画の認定（耐震改修促進法17条〜21条）

　耐震改修をしようとする者は，その計画について，所管行政庁の認定を受けることができる。認定は，耐震改修計画が耐震関係規定又はそれに準ずる基準（平18国交告185号）に適合しているものに対して行われる。

　耐震改修が増築，大規模の修繕等である場合，計画の認定により，確認済証が交付されたものとみなされる。

　また，計画の認定を受けることによって，耐震関係規定以外の規定については既存不適格のままでもよいとする特例や，耐火建築物に関する規定及び容積率・建蔽率の規定を免除する特例の適用を受けることができる。

（8）　地震に対する安全性の認定（耐震改修促進法22条〜24条）

　建築物の所有者は，所管行政庁に対して，当該建築物が地震に対する安全性に関する基準に適合している旨の認定を申請することができる。所管行政庁は，申請された建築物が耐震関係規定又はそれに準ずる基準に適合している時は認定をすることができる。認定を受けた者は，その広告等に，その旨の表示を付することができる。

（9）　区分所有建築物の要耐震改修認定（耐震改修促進法25条〜27条）

耐震診断が行われた区分所有マンションなどの管理者等は，所管行政庁に対して，当該建築物が耐震改修を行う必要がある旨の認定を申請できる。所管行政庁は，申請された建築物が，耐震関係規定に準ずる基準に適合していない時は，認定をすることができる。

認定を受けた「要耐震改修認定建築物」の耐震改修を共用部分の変更として行う場合，建物の区分所有等に関する法律に基づく原則である 3/4 以上の多数による議決（表 8.3 参照）ではなく，過半数の議決により決定する。

区分所有者は，耐震改修を行うよう努めねばならない。所管行政庁は，区分所有者に対し，必要な指導・助言を行うことができる。

(10) 耐震改修支援センター（耐震改修促進法 32 条〜42 条）

国土交通大臣は，建築物の耐震診断及び耐震改修の実施を支援することを目的とする法人であって，実施すべき支援業務の実施方法，能力に関する基準に適合すると認められるものを，その申請により耐震改修支援センターとして指定することができる。

(11) 住宅・建築物の耐震化の支援制度

所有者が実施する住宅・建築物の耐震診断，耐震改修などについて，国と地方公共団体が連携し，財政的支援を行う制度や，耐震改修工事を促進するための税制・融資制度が設けられている。

6.2 高齢者，障害者等の移動等の円滑化の促進に関する法律（平成 18 年法律第 91 号）《バリアフリー法》

(1) 法律制定の背景

わが国においては，諸外国に例を見ないほど急速に高齢化が進展していること，障害者が社会の様々な活動に参加する機会を確保することが求められており，高齢者・障害者等の自立した日常生活及び社会生活を確保することが重要となっている。このため，本法が制定された。

(2) 目的（バリアフリー法 1 条）

高齢者や障害者（身体障害者，知的障害者等を含む全ての障害者），その他妊産婦，けが人など日常生活又は社会生活に身体の機能上の制限を受ける人の移動や施設利用の利便性，安全性の向上を促進すること。

(3) 基本方針（バリアフリー法 3 条）

主務大臣は，移動等円滑化の促進に関する基本方針を定める。

これは，高齢者，障害者等の身体の負担を軽減することによる移動上又は施設の利用上の利便性及び安全性の向上（移動等円滑化）の促進に関する基本方針であり，国，地方公共団体，高齢者，障害者等，施設設置管理者等の関係者が連携協力しつつ，移動等円滑化を総合的かつ計画的に推進するために定められる。

この中で，建築物については，令和 7 年（2025 年）度末までに，2 000 m² 以上の特別特定建築物の約 67 % に移動等円滑化を実施することが目標とされている。

(4) 施設設置管理者が講ずべき措置（建築物関係）

1) 特別特定建築物及び特定建築物の建築主等の義務（バリアフリー法 14 条〜16 条）

特別特定建築物及び特定建築物の建築主等に対して，「建築物移動等円滑化基準」への適合の義務及び努力義務が定められている（表 6.2，6.3 参照）。

建築物移動等円滑化基準は，建築物特定施設の構造・配置に関して最低限必要な基準として定められている（バリアフリー法施行令 10 条〜23 条）。

2) 計画の認定（バリアフリー法 17 条〜22 条）

建築主等は，特定建築物の建築，修繕又は模様替（建築物特定施設に関するもの）をしようとする時は，特定建築物の建築等及び維持保全の計画を作成

表 6.2　対象建築物等

項　目	内　　容
特定建築物 （バリアフリー法施行令 4 条）	学校，病院，劇場，集会場，展示場，百貨店，ホテル，事務所，工場，共同住宅，老人ホームその他の多数の者が利用する政令で定める建築物又はその部分（附属する建築物特定施設を含む）。
特別特定建築物 （バリアフリー法施行令 5 条）	不特定かつ多数の者が利用し，又は主として高齢者，障害者等が利用する特定建築物であって，移動等円滑化が特に必要なものとして政令で定めるもの（公立小学校等，病院，劇場，ホテル，老人ホーム等）。
建築物特定施設 （バリアフリー法施行令 6 条）	出入口，廊下，階段，エレベーター，便所，敷地内の通路，駐車場その他の建築物又はその敷地に設けられる施設で政令で定めるもの。

表 6.3　建築主等の義務・努力義務の比較

義務等の区分	基準適合義務*1	基準適合措置の努力義務
対象建築物と行為	①特別特定建築物の政令で定める規模*2 以上の建築等*3 ②地方公共団体が条例により追加した特定建築物の政令で定める規模以上の建築等 ③特別特定建築物について地方公共団体が条例により定めた①未満の規模の建築等	①特定建築物（特別特定建築物を除く）の建築等 ②特定建築物の建築物特定施設の修繕・模様替え ③特別特定建築物の建築等で左記以外のもの ④既存の特別特定建築物
適合すべき基準	①建築物移動等円滑化基準 ②地方公共団体が条例により付加した基準	
所管行政庁の措置	・違反に対する是正措置の命令	・必要な指導・助言

[注]　*1　基準適合義務の規定は「建築基準関係規定」とみなされ，建築基準法による確認等の対象となる（法 14 条 1〜3 項）。
　　　*2　2 000 m²（公衆便所は 50 m²）
　　　*3　建築等には用途変更を含む。

し，所管行政庁に申請することができる。

　所管行政庁は，その計画が，建築物移動等円滑化基準よりも高いレベルの望ましい基準である「建築物移動等円滑化誘導基準」（平18国土交通省令114号）に適合する場合，認定することができる。

　認定を受けた特定建築物については，容積率の特例措置が適用される。また，認定を受けている旨の表示をすることができる。

（5）　移動等円滑化促進方針の作成と重点整備地区における事業の実施（バリアフリー法24条の2～40条の2）

　市町村は，移動等円滑化促進地区を指定し，促進方針（マスタープラン）を定めるとともに，重点整備地区について，移動等円滑化に係る事業の重点的かつ一体的な推進に関する「基本構想」を定めることができる。

　1）　重点整備地区の要件

　①　生活関連施設（高齢者，障害者等が日常生活又は社会生活において利用する旅客施設，官公庁施設，福祉施設等）を含み，かつ生活関連施設相互間の移動が通常徒歩で行われる地区。

　②　生活関連施設及び生活関連経路（生活関連施設相互間の経路）を構成する一般交通用施設について，移動等円滑化のための事業が実施されること

が特に必要であると認められる地区。

　③　移動等円滑化のための事業を重点的かつ一体的に実施することが，総合的な都市機能の増進を図るうえで有効かつ適切であると認められる地区。

　2）　基本構想の内容

　基本構想においては，重点整備地区の位置及び区域などのほか，実施すべき各種の特定事業が規定される。建築物特定事業は，次の事業であり，建築主等は，実施計画を策定の上，事業を実施。

　①　特別特定建築物の移動等円滑化のために必要な建築物特定施設整備に関する事業。

　②　特定建築物生活関連経路の移動等円滑化のために必要な建築物特定施設の整備に関する事業。

（6）　その他の特例

　既存の特定建築物に設置される車いすの使用者用のエレベーターが基準に適合し所管行政庁が防災上及び避難上支障がないと認めた時は，当該エレベーターの構造は耐火構造とみなされる（バリアフリー法23条）。

　また，建築物特定施設の床面積が通常よりも著しく大きい建築物で，主務大臣が定める基準に適合するものについては，容積率緩和の規定（法52条14項）が適用される（バリアフリー法24条）。

コラム3-1　建築のバリアフリー対策

　わが国においては，諸外国に例を見ないほど急速に高齢化が進展し，2015年には国民の4人に1人に達した高齢化率が，2036年には3人に1人を超えると言われている。また，障害者が社会のさまざまな活動に参加する機会を確保することも求められ，高齢者・障害者等の自立した日常生活及び社会生活の確保が重要となっている。

　国内におけるその歩みを振り返ると，1970年代の福祉のまちづくり運動に始まり，北欧のノーマライゼーションの理念に学び，1974年の国連「障害者生活環境専門家会議」，1981年の国際障害者年，1982年の「国連・障害者の十年」，1982年の国連での「障害者に関する世界行動計画」の採択，1993年の国連での「障害者の機会均等化に関する基準規則」採択等の国際社会における動きに促されながら，1970年代以降，建築物・道路・公園等の施設に関する指針・要綱・ガイドラインが策定され，バリアフリー化が進められてきた。「高齢者，障害者等の移動等の円滑化の促進に関する法律（バリアフリー法）」については，平成6年（1994年）に「高齢者，身体障害者等が円滑に利用できる特定建築物の建築の促進に関する法律（ハートビル法）」が施行，平成12年に「高齢者，身体障害者等の公共交通機関を利用した移動の円滑化の促進に関する法律（交通バリアフリー法）」が施行，それらを統合する形で平成18年にバリアフリー法が制定，平成23年，平成30年，令和2年（2020年）に改正された。令和2年には，東京オリンピック・パラリンピックを契機として，公共交通機関等のバリアフリー化を一層推進するため，本法の基本方針の見直しがなされた。

　導入期においては，建物ごとの個別限定的に規定していることから，建物間の経路における段差などの問題が指摘されていたが，平成17年に「ユニバーサルデザイン政策大綱」が策定され，利用者目線に立った参加型社会の構築，バリアフリー施策の総合化，誰もが安全で円滑に利用できる公共交通などの基本的考え方が示されている。

　東日本大震災後に東北地方の障害者用仮設住宅を見学した際にも，仮設のグループ・ホームの入口付近には屋根付の通路と斜路があり，その交差部には点字ブロックが設置されていた。外回りばかりでなく，室内の生活空間においても手すりが設置されており，仮設住宅の内外に徹底して対策が講じられていた。今後，復興期としての復興型住宅への支援も必要とされる。ノーマライゼーションの推進とともに，21世紀における新しい福祉型まちづくり，国づくりのビジョンが必要とされている。

（角本邦久・五條　渉）

7. 都市・市街地整備関係法

7.1 景観法（平成16年法律第110号）

景観法は，これまで地方公共団体が自主的，積極的に景観の整備・保全に取り組んできたことを背景に，都市，農山漁村等における良好な景観の形成を図るため，景観についての総合的な法律として，平成16年（2004年）に，都市緑地法とともに成立した。

（1）目的（景観法1条）

都市，農村漁村等における良好な景観の形成を促進するため，景観計画の策定その他の施策を総合的に講ずることにより，美しく風格のある国土の形成，潤いのある豊かな生活環境の創造及び個性的で活力ある地域社会の実現を図る。

（2）景観計画及びこれに基づく措置

1）景観計画の策定等（景観法8条）
  ・景観行政団体（指定都市，中核市，都道府県，都道府県の同意を得た市町村）は，現にある良好な景観を保全する必要があると認められる区域，地域の自然，歴史，文化等からみて，地域の特性にふさわしい良好な景観を形成する必要があると認められる土地の区域等について，景観計画を定めることができ，当該計画には，景観計画区域，景観形成方針，景観重要建造物・景観重要樹木の指定方針，屋外広告の制限等を定める。

2）行為の規制（景観法16条）
  ・景観計画区域内において，建築物の建築等，工作物の建設等，開発行為その他の行為をしようとする者は行為の30日前（景観法18条）までに景観行政団体の長に届け出なければならない。

（3）景観重要建造物

1）指定等（景観法19条，22条）
  ・景観行政団体の長は，景観計画区域内の良好な景観の形成に重要な建造物を景観重要建造物として指定することができ，景観重要建造物の増改築等を行う場合は，景観行政団体の長の許可を受けなければならない。

2）景観重要建造物に対する制限の緩和（建基法85条の2）
  ・市町村は良好な景観の保全のため，条例で，建築物の外観に影響を及ぼす制限を適用せず，又は制限を緩和することができる。

（4）景観地区等

1）景観地区
  ① 景観地区の都市計画決定（景観法61条）
  ・市町村は，都市計画区域又は準都市計画区域内の区域について，都市計画に景観地区を定めることができ，景観地区には，位置，区域，面積及び形態意匠の制限のほか，高さの最高限度又は最低限度，壁面の位置の制限，敷地面積の最低限度のうち必要なものを定める。

  ② 行為の規制
  ・建築物の形態意匠は，都市計画で定められた制限に適合するものでなければならない（景観法62条）。（景観重要建造物は適用外（景観法69条））
  ・建築物の高さの最高限度又は最低限度，壁面の位置の制限，敷地面積の最低限度が都市計画において定められているときは，適合させなければならない（建基法68条）。
  ・都市計画の内容に適合し，かつ敷地内に有効な空地が確保されていること等により，特定行政庁が認めたものについては，斜線制限を適用しない（建基法68条）。
  ・景観地区内においては，市町村長の認定を受けた後でなければ建築物の工事をすることはできない（景観法63条）。（景観重要建築物は適用外（景観法69条））

2）準景観地区
  ① 準景観地区の指定（景観法74条）
  ・市町村は，都市計画区域又は準都市計画区域外の景観計画区域のうち，現に良好な景観が形成されている区域について，準景観地区を指定することができる。

  ② 規制
  ・準景観地区内における建築物等について，条例で良好な景観を保全するため必要な規制をすることができる（景観法75条）。
  ・市町村は良好な景観の保全を図るため必要があるときは，条例で建築物の高さ，壁面の位置その他の建築物の構造又は敷地に関して必要な制限を定めることができる（建基法68条の9）。

7.2 都市緑地法（平成16年法律第109号）

都市における緑地は，良好な都市環境の保全，防災，レクリエーション，景観等の機能を有している一方で，貴重な緑地が開発等により失われつつある。都市における緑地の重要性が深く認識され，これまでの都市緑地保全法を名称改正し，都市緑地法として平成16年（2004年）に景観法とともに成立した。

（1）目的（都市緑地法1条）

都市における緑地の保全及び緑化の推進に関し必要な事項を定めることにより，良好な都市環境の形成を図り，もって健康で文化的な都市生活の確保に寄与する。

（2）緑地保全地域

・都市計画区域又は準都市計画区域内の緑地で，①無秩序な市街地の防止又は公害若しくは災害の防止の

ため適正に保全する必要がある土地の区域，②地域住民の健全な生活環境を確保するため適正に保全する必要がある土地の区域について，都市計画に緑地保全地域を定めることができる（都市緑地法 5 条）。

・都道府県等は，緑地保全地域に関する都市計画が定められたときは，行為の規制の基準等に関する緑地保全計画を定めなければならない（都市緑地法 6 条）。

・緑地保全地域内において建築物その他の工作物の新築，改築又は増築等を行おうとする者は都道府県知事に届け出なければならない。

（3）　地区計画等緑地保全条例（都市緑地法 20 条）

・市町村は，条例で，地区計画等の区域内の現存樹林地等の緑地の保全事項が定められている区域に関し，建築物その他の工作物の新築，改築又は増築等の行為について，市町村長の許可を受けなければならないとすることができる。

（4）　緑化地域（都市緑地法 34 条，35 条，39 条）

・用途地域のうち，良好な都市環境の形成に必要な緑地が不足し，建築物の敷地内に緑化を推進する必要がある区域について，都市計画に緑化地域を定めることができる。

・都市計画には，建築物の緑化施設の面積の敷地面積に対する割合の最低限度（2.5/10 を超えてはならない）を定める。

・緑化地域内においては，敷地面積が一定規模以上の建築物の新築・増築をしようとする者は，当該建築物の緑化率を都市計画に定められた緑化率の最低限度以上としなければならない。

・学校その他の建築物で，用途上やむを得ないと認めて市町村長が許可したもの等については，緑化率規制は適用しない。

・市町村は，地区整備計画等に定められた建築物の緑化率の最低限度を，条例で建築物の新築・増築・維持保全に関する制限として定めることができる。

（5）　建築基準関係規定（都市緑地法 41 条）

緑化率規制（都市緑地法 35 条，36 条，39 条 1 項）は，建築基準法 6 条 1 項の建築基準関係規定とみなす。

7.3　地域における歴史的風致の維持及び向上に関する法律（平成 20 年法律 40 号）〈歴史まちづくり法〉

「歴史まちづくり法」は歴史的な建造物等が残されている地域において，地域固有の風情，情緒等の環境を後世に継承するため，平成 20 年（2008 年）に成立した。

（1）　目的（歴史まちづくり法 1 条）

地域における歴史，伝統を反映した人々の活動，歴史上価値の高い建造物，周辺の市街地が一体となって形成

してきた良好な環境（「歴史的風致」という）の維持及び向上を図るため，基本方針の策定，歴史的風致維持向上計画の認定，歴史的風致維持向上地区計画等により，個性豊かな地域社会の実現を図る。

（2）　基本方針の策定（歴史まちづくり法 4 条）

主務大臣は，地域における歴史的風致の維持及び向上に関する基本方針を定めなければならない。

（3）　歴史的風致維持向上計画の認定（歴史まちづくり法 5 条）

市町村は，歴史的風致の維持及び向上に関する方針，重点区域の位置及び区域，歴史的風致形成建造物の指定の方針等を記載した歴史的風致維持向上計画を作成し，主務大臣の認定を申請する。

（4）　認定を受けた歴史的風致維持向上計画に基づく措置（歴史まちづくり法 15 条）

1）　歴史的風致形成建造物の増改築等をしようとする者は，増改築等に着手する日の 30 日前までに市町村長に届け出なければならない。

2）　市長村長は，歴史的風致形成建造物の増築等の届出に対し，設計変更等を勧告することができる。

3）　歴史的風致形成建造物の所有者等は，歴史的風致形成建造物を適切に管理しなければならない（歴史まちづくり法 16 条）。

（5）　歴史的風致維持向上地区計画制度（歴史まちづくり法 31 条）

地域の伝統的な技術により製造された工芸品等の物品の販売を主たる目的とする店舗等のうち，歴史的風致の維持及び向上のため整備をすべき用途の建築物等に関し，用途地域用途制限等の緩和を認める地区計画制度である（本章 2.2（9）1）②その他の地区計画　参照）。

7.4　都市再開発法（昭和 44 年法律第 38 号）《再開発法》

戦後の市街地の拡大による都市環境の課題である，木造，低層，過密，用途混在，公共施設不足等を解消し，高度利用，機能更新，防災，公共施設整備等の総合的な再開発のため，昭和 44 年（1969 年）に成立した。

（1）　目的（都市再開発法 1 条）

市街地の計画的な再開発に関し必要な事項を定めることにより，都市における土地の合理的かつ健全な高度利用と都市機能の更新とを図る。

（2）　市街地再開発事業の種類（再開発法 2 条 1 号）

1）　第一種市街地再開発事業（権利変換方式）

事業施行前の土地・建物の所有権，借地権などの権利を，事業施行後にできた建築物と敷地（土地）の一部に置き換える。

権利者は，従前所有していた土地・建物等の評価相当分を「権利床」として，新しい建物の中に取得

する。

2） 第二種市街地再開発事業（全面買収方式）

第二種市街地再開発事業は，公益性が高く，かつ，権利変換方式では実施が難しい大規模な市街地再開発事業を早急に実施するために買収方式で行う。

この場合，地区内に建設される建築物に入居を希望する関係権利者に対しては，入居を保障するなどの保護がある。

（3） 施行者（再開発法2条2号）

1） 個人施行者

事業を行おうとする区域内の土地に所有権又は借地権を有する者が，一人ないし数人協同して規約や事業計画をつくり，その区域内の全権利者の同意を得て施行者となる。

2） 市街地再開発組合

事業を行おうとする区域内の土地に所有権又は借地権を有する者が，5人以上協同して発起人となって定款や事業計画をつくり，その区域内の土地の所有権及び借地権者のそれぞれの2/3以上の同意を得，かつ，同意書の権利面積の合計が総権利面積の2/3以上である場合に，知事の認可を受けて組合を設立する。

3） 再開発会社

事業を行おうとする区域内の土地に所有権又は借地権を有する者が，議決権の過半数を保有している株式会社又は有限会社が，基準及び事業計画をつくり，その区域内の土地の所有権及び借地権のそれぞれの2/3以上の同意を得，かつ同意者の権利面積の合計が総権利面積の2/3以上である場合に，知事の認可を受けて施行者となる。

4） 地方公共団体

5） 都市再生機構

6） 地方住宅供給公社

（4） 施行区域（再開発法3条，3条の2）

1） 第一種市街地再開発事業の施行区域

次の①又は②に該当すること

① 市街地再開発促進区域内の土地の区域

② 次に掲げる条件に該当する土地の区域

a．高度利用地区，都市再生特別地区，特定用途誘導地区計画，防災街区整備地区計画又は沿道地区計画の区域内にあること

b．区域内にある耐火建築物（小規模なもの等は除く）の建築面積が全建築面積のおおむね1/3以下であること

c．土地の利用が著しく不健全であること（公共施設不十分，土地利用の細分化等）

d．土地の高度利用を図ることが，その都市の機能の更新に貢献すること

2） 第二種市街地再開発事業の施行区域

次の①から③までに該当すること

① 1）の②に該当すること

〔市街地再開発促進区域〕

都市計画法10条の2・1項1号により都市計画で定められる同区域内の権利者はできる限り速やかに第一種市街地再開発事業を実施すること等が義務づけられ，5年以内に実施されないときは市町村等が事業を施行することとなる（再開発法7条，7条の2）

〔高度利用地区〕

都市計画法8条1項3号の地区で，用途地域内の市街地における土地の合理的かつ健全な高度利用と都市機能の更新とを図るための地区（建基法59条）

② ③のa．b．又はc．の面積が0.5ha以上であること

③ 次のいずれかに該当すること

a．次のイ）又はロ）で，建築物が密集しているため，災害の発生のおそれが著しく，又は環境不良であること

イ）安全上又は防火上支障がある建築物数が全建築数の7/10以上であること

ロ）安全上又は防火上支障がある建築物の延べ面積の合計が全延べ面積の7/10以上であること

b．重要な公共施設の整備とあわせて建築物及び敷地を一体的に整備することが合理的であること

c．被災市街地復興推進地域にあること（被災市街地復興特別措置法）

（5） 合併施行について

「都市開発資金の貸付に関する法律等の一部を改正する法律（平成11年法律第25号）」に伴い，都市再開発法及び土地区画整理法が改正され，土地区画整理事業の換地操作により市街地再開発事業への参加を希望する地権者を集約換地し，市街地再開発事業を施行できる規定が設けられた。

（6） 個別利用区制度

「都市再生特別措置法等の一部を改正する法律（平成28年法律第72号）」に伴い，都市再開発法等が改正され，第一種市街地再開発事業の施行者が，築年数が少ない建築物や歴史的建築物等の公益性の観点等からも残すべき既存建築物を活用しつつ市街地再開発事業を施行することができる区域（建基法7条の11第2項，個別利用区）を定めることができ，当該建築物の地権者は，再開発ビルに関する権利ではなく，個別利用区内の宅地に権利変換をできる制度である。

（7） 権利変換手法の種類

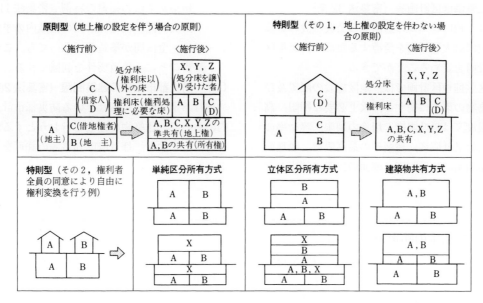

図7.1　権利変換手法の種類

（8） 第一種市街地再開発事業（権利変換方式）の手続き

（　）内は再開発法の条文を示す。

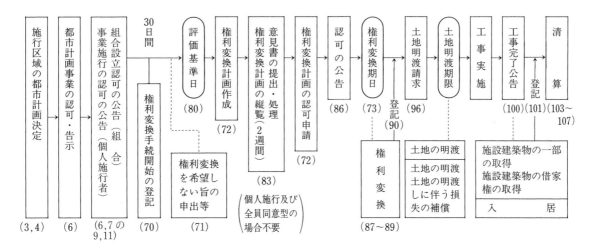

図7.2　第一種市街地再開発事業（権利変換方式）の手続き

7.5　密集市街地における防災街区の整備の促進に関する法律（平成9年法律第49号）《密集市街地整備法》

阪神・淡路大震災の経験を踏まえ，大規模地震時に市街地大火を引き起こすなど防災上危険な状況にある密集市街地の整備を総合的に推進するため，平成9年（1997年）に成立した。

（1）　目的（密集法1条）

密集市街地について，計画的な再開発又は開発整備による防災街区の整備を促進するために必要な措置を講ずることにより，密集市街地の防災に関する機能の確保と土地の合理的かつ健全な利用を図る。

（2）　延焼防止上危険な建築物の除却（密集法13条）

① 地方公共団体は防災再開発促進地区において，延焼等危険建築物に対して除却勧告ができる。

② 除去勧告を受けた賃貸住宅の所有者は，市町村長の「居住安定計画」の認定を受けることができる（密集法15条）。

（3）　特定防災街区整備地区（密集法31条，法67条の2）

防火地域又は準防火地域の区域のうち，防災都市計画施設と一体となって特定防災機能を確保するための防災街区として整備すべき街区等を，特定防災街区整備地区として都市計画に定めることができ，最低敷地面積，壁面の位置の制限，防災都市計画施設の間口率の最低限

度，建築物の高さの最低限度を定める。

（4） 防災街区整備地区計画等（密集法 32 条）

① 市町村は，地区レベルの道路等の公共施設の整備とその沿道に耐火建築物を誘導するため，防災街区整備地区計画を定めることができる。

② 防災街区整備地区計画では，地区施設の配置及び規模，建築物の構造に関する防火上必要な制限，高さの最高限度又は最低限度，用途の制限，容積率の最高限度又は最低限度，建蔽率の最高限度，敷地面積又は建築面積の最低限度，壁面の位置の制限など

を定めることができる。

③ 建築基準法の接道の特例（密集法 116 条）

防災街区整備地区計画の区域内の予定道路については，全区間が築造前であっても，これに接する建築物ごとに，接道要件を判断できる。

（5） 防災都市施設の建築制限（密集法 283 条）

施行予定者が定められている防災都市計画施設の区域内において，建築物の建築を行おうとする者は，軽易な行為などを除き，都道府県知事等の許可を受けなければならない。

コラム 3-2　市街地の防災対策

市街地において，防災上危険性のある木造密集市街地は老朽木造家屋が多く，借地が多いため権利関係が複雑なこと，狭小敷地が多く，接道が不十分であり，道路幅も狭く公園が少ないことなどの課題がある。

これらの地区では，火災が発生した際に，延焼のおそれが大きく，避難や消火活動も困難となる危険性がある。

密集市街地のうち，延焼危険性や避難困難性が特に高く，地震時等において，大規模な火災の可能性や道路閉塞による避難経路の確保が困難で，重点的な改善が必要な密集市街地（地震時に著しく危険な密集市街地）は，全国に 197 地区，5 745 ha 存在していた（平成 24 年 3 月 1 日時点）。

平成 7 年（1995 年）に発生した阪神・淡路大震災では大都市が災害を受け，死者約 6 400 名，負傷者約 43 700 名，建築物については，全壊が約 105 000 棟，半壊が約 144 000 棟に上る甚大な被害をもたらした。

市街地火災については幹線道路や公園が一定の延焼防止効果を果たしたが，地区においては，多発した火災に対して延焼を阻止することができず，避難や消火活動が困難になった。このことから，地区単位での避難経路や避難場所の確保と延焼防止対策が必要とされた。

そのため，国は，地区において延焼防止上危険な建築物を除却し，耐火建築物に建て替え，地域の防災性能の向上及び避難経路の確保のための防災街区整備地区計画の創設等の対策を盛り込んだ「密集市街地における防災街区の整備の促進に関する法律」を平成 9 年に制定した。

現在，このような地区を対象とした国の支援制度として，住宅市街地総合整備事業（密集住宅市街地整備型）や防災街区整備事業等が進められており，老朽建築物の除却・建替え，道路・公園等の整備により，地区の防災性が向上しつつある。さらに，住生活基本計画において，地震時等に著しく危険な密集市街地の解消及び地域防災力の向上に資するソフト対策を強化することとされ，危険密集市街地の面積（2 219 ha，令和 2 年度末）を令和 12 年度までにおおむね解消し，地域防災力の向上に資するソフト対策の実施率を令和 7 年度までに 100 ％とする目標を定めた。2019 年 6 月の改正建築基準法の施行により，準防火地域内の老朽化した木造建築物の建替えを促進するため，準防火地域内にある耐火建築物等や準耐火建築物等について，建蔽率の 10 ％緩和の措置がとられた。

(築比地正)

整備された広場と備蓄倉庫

木造密集地域内の細街路

7.6　その他の都市・市街地整備関係法

上記以外の都市・市街地整備に関する法律の目的と内容を表7.1に示す。

表7.1　その他の都市・市街地整備関係法

法　律　名	目　的	主な内容　（ここでの「法」とは各法律をいう）
港湾法（昭25法律218号）	交通の発達及び国土の適正な利用と均衡ある発展に資するため，環境の保全に配慮しつつ，港湾の秩序ある整備と適正な運営を図るとともに，航路を開発し，及び保全する。	(1) 港湾区域内の工事等の許可（法37条） 　港湾区域内又は港湾隣接地域内において，占用，建設等をしようとする者は，港湾管理者の長の許可が必要 (2) 臨港地区における工事等の行為の届出（法38条の2） 　臨港地区内において，一定の工場等の工事の開始の日の60日前までに，港湾管理者の長に届け出る。 (3) 分区内の建築物等の規制（港湾法40条1項）【建築基準関係規定】 　臨港地区内の商港区等の分区内においては地方公共団体の条例で定める建築物等を建設（改築又は用途変更を含む）してはならない。
駐車場法（昭32法律106号）	都市における自動車駐車施設の整備事項を定め，道路交通の円滑化を図り，公衆の利便に資するとともに，都市機能の維持及び増進に寄与する。	(1) 自動車駐車施設の附置（法20条）【建築基準関係規定】 　地方公共団体は，駐車場整備地区，商業地域，近隣商業地域，周辺地区，自動車ふくそう地区内において，延べ面積2000 m²以上で，条例で定める規模以上の建築物を新築等しようとする者に，条例で，建築物又はその敷地内に自動車駐車施設の設置を定めることができる。また，劇場，百貨店等の特定用途の場合は2000 m²未満であっても同様である。
流通業務市街地の整備に関する法律（昭41法律110号）	都市における流通業務市街地の整備事項を定め，流通機能の向上及び道路交通の円滑化を図り，都市の機能の維持及び増進に寄与する。	(1) 流通業務地区（法4条1項） 　流通業務施設整備の基本方針に係る都市の区域のうち，流通業務市街地として整備する区域について，都市計画に流通業務地区を定めることができる。 (2) 建築規制（法5条1項）【建築基準関係規定】 　流通業務地区内は知事が許可したものを除き，トラックターミナル，卸売市場等以外を建設してはならない。
自転車の安全利用の促進及び自転車等の駐車対策の総合的推進に関する法律（昭55法律87号）	自転車等の駐車対策の総合的推進等に関する措置を定め，自転車交通に係る事故防止等を図り，あわせて自転車等利用者の利便の増進に資する。	(1) 公共自転車等駐車場の設置（法5条1項） 　地方公共団体や道路管理者は，自転車等の駐車需要の著しい地域等において，一般公共自転車等駐車場の設置に努める。 (2) 自転車等駐車場の附置（法5条4項）【建築基準関係規定】 　地方公共団体は，商業地域，近隣商業地域等自転車等の駐車需要の著しい地域内で，百貨店，スーパーマーケット等を新築・増築しようとする者に対し，条例で，当該施設，敷地内又はその周辺に自転車等駐車場の設置を定めることができる。
土地区画整理法（昭29法律119号）	土地区画整理事業に関し，施行者，施行方法，費用負担等を規定し，健全な市街地の造成を図り，公共の福祉の増進に資する。	(1) 土地区画整理事業（土地区画整理法2条1項） 　都市計画区域内の土地について，道路，公園等の公共施設の整備改善と宅地の利用増進を図るため，土地の区画形質の変更を行う事業をいう。 (2) 仕組みの概要 　土地所有者から敷地面積等に応じて，一部の土地の提供を受け（減歩），道路，公園等の用地とし，また，保留地として売却し事業資金の一部にあてる。宅地は公共施設にあわせて再配置（換地）され，区画が整備される。土地区画整理事業前に比べ事業後の土地所有者の宅地面積は減少するが，道路等が整備され，土地の区画が整うことにより，価値の高い宅地にすることができる。 (3) 建築制限（法76条1項） 　事業認可の公告のあった日から換地処分の公告がある日までは，施行区域内において土地の形質の変更，建築物等の新築・増築等が制限され，その行為をする場合は知事の許可が必要となる。
道路法（昭27法律180号）	道路に関して，路線の指定，認定，管理，構造，保全，費用負担区分等を定め，交通の発達に寄与し，公共の福祉を増進する。	(1) 道路の種類（法3条） 　高速自動車国道，一般国道，都道府県道，市町村道 (2) 路線の指定，認定（同法5条～8条） 　一般国道は政令で指定し，都道府県道及び市長村道は，議会の議決を経て知事及び長が認定。 (3) 道路区域の決定，共用開始（法18条） 　道路管理者は，路線が指定，認定，変更が公示された場合は，道路区域を決定し，公示，縦覧に供する。また，道路の供用の開始又は廃止の場合も同様である。

表7.1　その他の都市・市街地整備関係法

法律名	目的	主な内容　（ここでの「法」とは各法律をいう）
幹線道路の沿道の整備に関する法律（昭55法律34号）	道路交通騒音の著しい幹線道路の沿道について，沿道整備道路の指定，沿道地区計画により，道路交通騒音による障害を防止する。	(1) 沿道整備道路の指定（法5条1項） 　都道府県知事は，自動車交通量の特に大きい道路について，国土交通大臣の同意を得て指定する。 (2) 沿道地区計画（法9条1項） 　沿道整備道路に接する土地の区域内に，都市計画に沿道地区計画を定めることができる。 (3) 行為の届出（法10条1項） 　沿道地区計画の区域内において，土地の区画形質の変更，建築物等の新築等を行おうとする者は，着手日の30日前までに区市町村長に届け出なければならない。
集落地域整備法（昭62法律63号）	良好な営農条件等を図る集落地域について，農業の生産条件と都市環境との調和のある地域整備を推進し，地域振興と秩序ある整備に寄与する。	(1) 集落地区計画（法5条1項） 　集落地域において，都市計画に集落地区計画を定めることができる。 (2) 行為の届出（同法6条1項） 　集落地区計画の区域内において，土地の区画形質の変更，建築物等の新築等を行おうとする者は，着手日の30日前までに区市町村長に届け出なければならない。
都市再生特別措置法（平14法律22号）	社会経済情勢の変化に対応した都市再生を図るため，基本方針等を定め，都市再生緊急整備地域に民間都市再生事業計画の認定等を行い，国民経済の健全な発展等に寄与する。	(1) 民間都市再生事業計画の認定（法20条1項） 　都市再生緊急整備地域内で都市再生事業を施行しようとする民間事業者は，民間都市再生事業計画を作成し，国土交通大臣の認定を申請することができる。 (2) 都市再生特別地区（法36条1項） 　都市再生緊急整備地域のうち，特別の用途，容積，高さ等の建築物を誘導する区域について，都市計画に，都市再生特別地区を定めることができる。 (3) 提案制度（法37条1項） 　都市再生事業等を行おうとする者は，都市計画決定権者に対し，都市計画の提案をすることができる。 (4) 立地適正化計画（法81条） 　市町村は，単独で又は共同して，住宅，医療施設，商業施設等の立地の適正化を図る計画（立地適正化計画）を作成することができ，そこに居住誘導区域，都市機能誘導区域を記載する。各区域には，居住環境向上施設や低未利用土地利用等指針を記載することができる。
国土形成計画法（昭25法律205号）	国土の利用，整備，保全を推進するため，国土形成計画の策定により，現在及び将来の国民が安心して豊かな生活ができる経済社会の実現に寄与する。	(1) 国土形成計画（法2条） 　国土の利用，整備及び保全を推進するための総合的かつ基本的な計画で，国土資源の利用・保全に関する事項，都市・農山漁村の規模・配置の調整や整備に関する事項等をいう。 (2) 全国計画（法6条） 　国は，総合的な国土の形成に関する施策の指針となるべきものとして，全国の区域について，国土の形成に関する基本的な方針等の事項等を，国土形成計画を定めるものとする。 (3) 広域地方計画（9条） 　国土交通大臣は，首都圏，近畿圏，中部圏等について，国土形成計画を定めるものとする。
国土利用計画法（昭49法律92号）	国土利用計画の策定に関し必要事項を定め，土地利用基本計画の作成，土地取引の規制その他土地利用の調整より，総合的かつ計画的な国土の利用を図る。	(1) 国土利用計画（法4条） 　国土利用計画は，全国計画，都道府県計画，市町村計画とする。 (2) 全国計画（法5条） 　国は，国土の利用に関する基本的な事項について全国計画を定めるものとする。 (3) 都道府県計画（法7条），市町村計画（法8条） 　都道府県は，当該都道府県の区域における国土の利用に関し必要な事項について都道府県計画を定めることができ，市町村は，当該市町村の区域における国土の利用に関し必要な事項について市町村計画を定めることができる。
国家戦略特別区域法（平25法律107号）	国際経済環境の変化等に対応して経済社会の活力向上を図るため，国が定めた国家戦略特別区域において規制改革の推進事項を定め，国民経済の発展・国民生活の向上に寄与する。	(1) 区域計画の認定（法5条～7条） 　政府は，国家戦略特別区域における産業の国際競争力の強化及び国際的な経済活動の拠点の形成を図るための「国家戦略特別区域基本方針」を定め，内閣総理大臣は基本方針に基づき「区域方針」を定める。国家戦略特別区域会議は，区域計画を作成し内閣総理大臣の認定を受ける。認定されると，規制の特例措置の適用を受けた事業実施が可能となる。 (2) 建築基準法の特例（法15条，16条） 　国家戦略建築物整備事業（建築基準法49条2項の特別用途地区条例で用途地域制限を緩和し建築物の整備を促進する事業），国家戦略住宅整備事業（建築基準法52条1項の容積率制限を緩和し住宅の整備を促進する事業）を行うことができる。

8. 住宅・宅地関係法

8.1　宅地造成及び特定盛土等規制法（昭和36年法律第191号）《盛土規制法》

（1）　目的（盛土規制法1条）

　この法律は，宅地造成，特定盛土等又は土石の堆積（以下，「宅地造成等」という）に伴う崖崩れや土砂の流出による災害を防止するために必要な規制を行うものである。

（2）　用語の定義（盛土規制法2条，盛土規制令1条～4条）

　1）　宅地

　　農地，採草放牧地及び森林並びに道路，公園，河川その他公共用施設に供されている土地以外の土地をいう。

　2）　宅地造成等

表8.1　宅地造成等

用語	定義
宅地造成	宅地以外の土地を宅地にするために行う盛土その他の土地の形質の変更（表8.3（1）の①～⑤のいずれか）
特定盛土等	宅地又は農地等において行う盛土その他の土地の形質の変更で，当該宅地又は農地等に隣接し，又は近接する宅地において災害を発生させるおそれが大きいもの（表8.3（1）の①～⑤のいずれか）
土石の堆積	宅地又は農地等において行う土石の堆積（表8.3（3）の①，②のいずれか。一定期間の経過後に除却するものに限る。）

　3）　崖

　　地表面が水平面に対して30°を超える角度をなす土地で，風化の著しくない硬岩盤以外のもの。

（3）　規制区域の指定（盛土規制法10条，26条）

　地域の地形・地質などに関する基礎調査の結果を踏まえ，都道府県知事などが関係市町村の意見を聞いたうえで，規制区域を指定することができる。

　1）　宅地造成等工事規制区域

　　宅地造成等に伴い災害が生ずるおそれが大きい市街地，市街地となろうとする土地の区域又は集落の区域（隣接・近接する土地の区域を含む）。

　2）　特定盛土等規制区域

　　1）以外の土地の区域で，地形的・自然的な条件や周辺の土地利用の状況，その他の社会的条件からみて，当該区域内で特定盛土等や土石の堆積が行われた場合，これに伴う災害により市街地等の人々に危害を生ずるおそれが特に大きいと認められる区域。

（4）　規制区域内の工事の許可・検査等（盛土規制法12条，17条～19条，27条，30条，36条～38条）

　表8.2，表8.3を参照のこと。

表8.2　規制区域内における規制対象行為と手続き

区域	行為	届出	許可	中間検査	定期報告	完了検査
宅地造成等工事規制区域	盛土・切土		(1)	(2)	(2)	(1)
	一時的な土石の堆積		(3)		(4)	(3)
特定盛土等規制区域	盛土・切土	(1)	(2)	(2)	(2)	(2)
	一時的な土石の堆積	(3)	(4)		(4)	(4)

　［注］表中の（1）～（4）は表8.3を参照

（5）　宅地造成等工事規制区域内の工事の技術的基準（盛土規制法13条，盛土規制令7条～17条）

　1）　地盤

　　切土や盛土をする場合，崖の上端に続く地盤面は，原則として崖の反対方向に雨水などが流れるようにする。地盤には，滑り，緩み，沈下，崩壊などが生じないような措置を講ずる。

　2）　擁壁の設置

　　切土や盛土によって生じた崖面は，擁壁で覆わなければならない。ただし，表8.4（ろ）欄の数値以下の切土の崖，又は（ろ）欄の数値を超え（は）欄の数値以下のもので，切土の崖の上端から下方5m以内の部分には擁壁を設けなくてもよい。

　3）　擁壁の構造

　　擁壁は，鉄筋コンクリート造，無筋コンクリート造間知石などによる練積み造のものとする。鉄筋コンクリート造と無筋コンクリート造の擁壁は，構造計算により，土圧，水圧，自重に対する安全性を確認する必要がある。練積み造の擁壁は，勾配，高さ，上端・下端の厚さなどが，土質に応じて盛土規制令10条に定める基準に適合しなければならない。

　4）　擁壁の水抜穴

　　擁壁裏面の排水のため，擁壁面積3m²以内ごとに内径7.5cm以上の耐水性材料の水抜穴を設ける。

　5）　擁壁で覆われない崖の保護

　　擁壁としない場合，崖面は，石張り，芝張り，モルタル吹付け等により保護しなければならない。

　6）　排水施設

　　排水施設は，堅固で耐久性・耐水性を有し，その管渠の勾配や断面積が地表水を支障なく流下させることができるものとする。暗渠の場合は，始点や屈曲部分などに，ます又はマンホールを設ける。

3章　建築関連法規

表 8.3 規制の対象となる盛土等の規模

	盛土等の規模
(1)	①盛土により高さが 1 m を超える崖を生ずるもの ②切土により高さが 2 m を超える崖を生ずるもの ③盛土と切土を同時に行うことにより，高さが 2 m を超える崖を生ずるもの ④盛土により高さが 2 m を超えるもの（①，③を除く） ⑤盛土又は切土をする土地の面積が 500 m² を超えるもの（①～④を除く）
(2)	①盛土により高さが 2 m を超える崖を生ずるもの ②切土により高さが 5 m を超える崖を生ずるもの ③盛土と切土を同時に行うことにより，高さが 5 m を超える崖を生ずるもの ④盛土により高さが 5 m を超えるもの（①，③を除く） ⑤盛土又は切土をする土地の面積が 3 000 m² を超えるもの（①～④を除く）
(3)	①堆積の高さ 2 m を超えかつ面積 300 m² を超えるもの ②堆積の面積 500 m² を超えるもの
(4)	①堆積の高さ 5 m を超えかつ面積 1 500 m² を超えるもの ②堆積の面積 3 000 m² を超えるもの

表 8.4 擁壁の設置（盛土規制令別表第 1）

（い）土質	（ろ）擁壁を要しない勾配の上限	（は）擁壁を要する勾配の下限
(1) 軟岩（風化の著しいものを除く）	60°	80°
(2) 風化の著しい岩	40°	50°
(3) 砂利，真砂土，関東ローム，硬質粘土など	35°	45°

（6） 造成宅地防災区域（盛土規制法 45 条～48 条）

　都道府県知事などは，宅地造成等工事規制区域外で，宅地造成又は特定盛土等に伴う災害の発生のおそれが大きい一団の造成宅地の区域を「造成宅地防災区域」として指定することができる。また，この区域内において防災上必要がある場合，都道府県知事などは造成宅地の所有者などに対し，擁壁の設置等災害防止のための措置について，勧告・改善命令を行うことができる。

8.2 住宅の品質確保の促進等に関する法律（平成 11 年法律第 81 号）《住宅品質確保法》

（1） 目的（住宅品質確保法 1 条）

　この法律は，住宅の品質確保の促進，住宅購入者等の利益の保護，及び住宅に関わる紛争の迅速かつ適正な解決を図ることを目的とし，以下の措置を講ずる。

① 住宅の性能に関する表示基準及びこれに基づく評価の制度を設ける。

② 住宅に係わる紛争の処理体制を整備する。

③ 新築住宅の請負契約又は売買契約における瑕疵担保責任について特別の定めをする。

　住宅の品質確保に関するこれらの措置のうち，性能評価制度は任意に利用できるものであり，瑕疵担保責任は施工者などに対して強制的な効力をもつ。

（2） 住宅性能表示基準（住宅品質確保法 3 条，58 条）

　住宅の性能に関する表示の適正化を図るため，表 8.5 に示す 10 項目の「日本住宅性能表示基準」（平 13 国交告 1346 号）と，これに従って検査及び評価を行うための「評価方法基準」（平 13 国交告 1347 号）が定められている。ただし，特別の建築材料や構造方法を用いる場合は，国土交通大臣の認定により，特別な評価方法に代えることができる。

表 8.5 日本住宅性能表示基準の性能項目

性能項目
1. 構造の安定
2. 火災時の安全
3. 劣化の軽減
4. 維持管理・更新への配慮
5. 温熱環境・エネルギー消費量
6. 空気環境
7. 光・視環境
8. 音環境
9. 高齢者等への配慮
10. 防犯

（3） 住宅性能評価（住宅品質確保法 5 条，6 条）

　上記の基準に従ってなされる「住宅性能評価」は，図 8.1 のように国土交通大臣の登録を受けた「登録住宅性能評価機関」が申請者の求めに応じて行い，「住宅性能評価書」を交付する。この評価書には，設計段階のものと建設された段階のもの（新築住宅及び既存住宅）があり，それぞれ「設計住宅性能評価書」，「建設住宅性能評価書」という。

（4） 住宅型式性能認定（住宅品質確保法 31 条～33 条，40 条）

　国土交通大臣の登録を受けた「登録住宅型式性能認定等機関」は，住宅又はその部分について，その型式が日本住宅性能表示基準の性能を有することを認定することができる。これを住宅型式性能認定という。この規格化された型式の住宅又はその部分を「型式住宅部分等」といい，これを製造する者は，申請により「型式住宅部分等製造者の認証」を受けることができる。この製造者（認証型式住宅部分等製造者）が製造する「認証型式住宅部分等」は，住宅性能評価において，その認証に係わる型式に適合しているものとみなす。

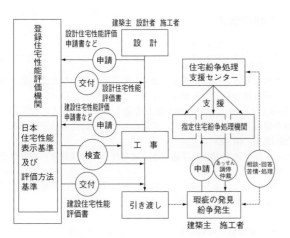

図 8.1　住宅品質確保法の概要（新築請負契約の場合）

（5）　紛争処理体制の整備（住宅品質確保法 66 条, 67 条, 74 条, 82 条, 83 条）

　国土交通大臣は,「指定住宅紛争処理機関」を指定する。この機関は, 建設住宅性能評価書が交付された住宅に関する紛争のあっせん, 調停及び仲裁を行う。また国土交通大臣は, この機関の業務の支援などのために, 全国単一の「住宅紛争処理支援センター」を指定することと, 参考となるべき技術基準を定めることができる。

（6）　瑕疵担保責任（住宅品質確保法 94 条～97 条）

　新築住宅の工事の請負契約においては, 請負人は注文者に引き渡したときから 10 年間, 売買契約においては売主は買主に引き渡したときから 10 年間, 住宅の構造耐力上主要な部分又は雨水の浸入を防止する部分の瑕疵について民法に規定する責任を負う。この規定に反する特約で, 注文者又は買主に不利なものは無効となる。上記の瑕疵及びその他の瑕疵についての担保責任の期間

は, 20 年を限度に伸長することができる。

　民法では, 瑕疵がある場合の責任を契約不適合責任と呼ぶ。不適合がある場合, 注文者（買主）は請負人（売主）に対して, 契約解除, 損害賠償, 追完（補修等）請求, 代金減額請求をすることができる（民法 415 条, 541 条, 542 条, 562 条～564 条）。これらの権利を行使するためには, 原則として注文者（買主）は不適合を知ったときから 1 年以内に請負人（売主）に通知しなければならない（民法 566 条, 637 条）。

8.3　その他の住宅・宅地関係法

　上記以外の住宅・宅地に関する法律の目的と内容を表 8.6 に示す。

表 8.6　その他の住宅・宅地関係法

法 律 名	目 的	主 な 内 容
宅地建物取引業法（昭 27 法 律 176 号）	宅地建物取引業者の業務の適正な運営と宅地及び建物の取引の公正とを確保するとともに, 宅地建物取引業の健全な発達を促進し, 購入者等の利益の保護と宅地及び建物の流通の円滑化とを図る。	（1）宅地建物取引業（宅建業法 2 条） 　宅地とは, 建物の敷地に供せられる土地及び用途地域内の土地（道路, 公園, 河川などを除く）をいう。宅地建物取引業とは, 宅地・建物の売買・交換, 宅地・建物の売買・交換・貸借の代理もしくは媒介をする行為で業として行うものをいう。 （2）免許（同法 3 条） 　宅地建物取引業を営むには, 免許を受けなければならない。免許の有効期間は 5 年である。 　1）　2 つ以上の都道府県に事務所を設置して事業を営もうとする場合は国土交通大臣の免許 　2）　1 つの都道府県にのみ事務所を設置して事業を営もうとする場合は都道府県知事の免許 （3）宅地建物取引士（同法 2 条, 15 条, 22 条の 2） 　宅地建物取引士証の交付を受けた者をいう。宅地建物取引士証の有効期間は 5 年である。宅地建物取引士は, 公正かつ誠実にこの法律に定める事務を行わなければならない。 （4）営業保証金の供託等（同法 25 条～27 条, 64 条の 8, 9, 13） 　1）宅地建物取引業者は, 営業保証金を主たる事務所のもよりの供託所に供託しなければならない。弁済業務保証金分担金を納入し, 宅地建物取引業保証協会に加入した宅地建物取引業者（保証協会の社員）は, 営業保証金を供託することを要しない。 　2）宅地建物取引業者（又は保証協会の社員）と宅地建物取引業に関し取引をした者は, 取引により生じた債権に関し, 営業保証金（又は弁済業務保証金）の還付を請求できる。

表 8.6　その他の住宅・宅地関係法

法 律 名	目 的	主 な 内 容
建物の区分所有等に関する法律（昭37法律69号）	分譲集合住宅などの区分所有建物とその敷地に関する権利や管理の問題を明確にし，紛争の発生を未然に防ぐ。	(1) 専有部分と共用部分（区分所有法1条，2条，4条） 　1）一棟の建築物に構造上区分された複数の部分があり，独立して住居，店舗などに使用できる場合，その各部分はそれぞれ所有権の目的たる部分となる。これを専有部分という。 　2）専有部分以外の部分を共用部分という。階段や廊下など構造上共用となる法定共用部分と，構造上区分された集会室や管理人室など規約によって定められる規約共用部分がある。 (2) 共用部分の変更と復旧（同法17条，61条） 　1）共用部分の変更は，原則として区分所有者数及び議決権（専有部分の面積割合）のそれぞれ3/4以上の多数によって決定する。 　2）建物価格の1/2以下の部分が災害などにより滅失した場合，各区分所有者は，原則として共用部分を復旧し，持ち分に応じた金額を他の共有者に請求することができる。 (3) 建替え（同法62条，69条，70条） 　集会において，区分所有者数及び議決権のそれぞれ4/5以上の多数によって「建替え決議」をすることができる。団地内の一部の建物の建替えの場合，団地全体の議決権の3/4以上の承認の議決かつ当該区分所有者の4/5以上の建替え決議等を要する。また，団地内の建物の一括建替えの場合，団地全体の議決権の4/5以上の建替え決議，かつ各建物の区分所有者数及び議決権のそれぞれ2/3以上の賛成が必要である。
マンションの建替え等の円滑化に関する法律（平14法律第78号）	マンション建替え事業，除却する必要のあるマンションに係る特別の措置，マンション敷地売却事業について定めることにより，マンションにおける良好な居住環境を確保し，地震による倒壊などの被害からの国民の生命・身体・財産の保護を図る。	(1) 施行者（マンション建替法5条，9条，45条） 　マンション建替事業の施行は，マンション建替組合又は個人施行者が行う。前者は，区分所有法に基づく建替え決議において建替えの合意をした者が都道府県知事の認可を受けて設立するものであり，設立には合意者の数及び議決権の3/4の同意を必要とする。 (2) マンション建替事業における権利変換（同法55条，57条，60条，64条） 　1）施行者は，権利を有する者の同意を得て権利変換計画を定め，都道府県知事の認可を受ける。 　2）組合においては，権利変換計画の議決に賛成しなかった組合員に対し区分所有権などを時価で売り渡すよう，また，議決に賛成しなかった組合員は組合に対して区分所有権などを時価で買い取るよう，それぞれ請求することができる。 (3) 除却の必要性に係る認定と容積率の緩和（同法102条，105条） 　地震・火災に対する安全性の基準不適合，外壁の剥落の危険性，給排水設備の劣化，バリアフリー性能の基準不適合のあるマンションの管理者等は，特定行政庁にマンションの除却の必要性の認定を申請することができる。認定を受けた要除却認定マンションの建替えにより新たに建築されるマンションが，敷地規模などの要件に適合し，建蔽率，容積率，高さの配慮により市街地環境の整備改善に資すると特定行政庁が認めて許可した場合，容積率の緩和を受けることができる。 (4) マンション敷地売却決議（同法108条，109条） 　特定要除却認定マンション及びその敷地を売却する旨の決議は，区分所有者数，議決権，敷地利用権の持分価格の4/5以上の多数で可決できる。同マンションを買い受けようとする者は，決議の前に，除却，代替建築物の提供等を含む買受計画について，都道府県知事等の認定を受けることができる。
住生活基本法（平18法律61号）	住生活に関する基本理念を定め，その実現を図るための基本的施策，住生活基本計画などを定めることにより，住生活の安定の確保及び向上の促進に関する施策を総合的かつ計画的に推進する。	(1) 基本理念（住生活基本法3条〜6条） 　住生活の基盤となる良質な住宅の供給，良好な居住環境の形成，住宅購入者等の利益の擁護及び増進，居住の安定の確保について基本理念を定めている。 (2) 基本的施策（同法11条〜14条） 　国及び地方公共団体は，住宅の品質・性能の維持・向上，住宅の管理の合理化・適正化，地域における居住環境の維持・向上，住宅供給に係る適正な取引の確保，住宅の流通の円滑化のための環境の整備，住宅の供給の促進等のために必要な施策を講ずる。 (3) 住生活基本計画の策定と実施（同法15条〜18条） 　1）政府は，基本理念にのっとり，住生活の安定の確保及び向上の促進に関する基本的な計画（全国計画）を定め，都道府県は，全国計画に即して都道府県計画を定める。 　2）国及び地方公共団体は，住生活基本計画に即した公営住宅等の供給等を行うなど，住生活基本計画の目標を達成するために必要な措置を講ずるよう努める。

表8.6　その他の住宅・宅地関係法

法　律　名	目　的	主　な　内　容
特定住宅瑕疵担保責任の履行の確保等に関する法律（平19法律66号）	新築住宅の売主等に対して，品確法が義務づける瑕疵担保責任の履行のため，保証金の供託又は保険により資力の確保を義務づけるなどにより，新築住宅の発注者や購入者の利益保護を図る。	(1) 瑕疵担保責任の履行のための資力確保（住宅瑕疵担保履行法3条，11条，17条） 　建設業者及び宅地建物取引業者は，住宅建設瑕疵担保保証金若しくは住宅販売瑕疵担保保証金の供託又は国土交通大臣が指定した住宅瑕疵担保責任保険法人との保険契約によって，瑕疵担保責任の履行のための資力を確保する。 (2) 保険契約に関する紛争処理体制の整備（同法33条，34条） 　1) 指定住宅紛争処理機関は，住宅品質確保法に規定する業務のほか，住宅瑕疵担保責任保険契約に関する紛争処理の業務を行うことができる。 　2) 住宅紛争処理支援センターは，住宅品質確保法に規定する業務のほか，指定住宅紛争処理機関に対して，費用の助成，紛争処理に関する情報・資料の収集・整理・提供，調査・研究などの業務を行うことができる。
高齢者の居住の安定確保に関する法律（平13法律26号）	福祉サービス等の提供を受けることができる高齢者向けの賃貸住宅等の登録制度，良好な居住環境を備えた高齢者向けの賃貸住宅の供給促進，終身建物賃貸借制度を設ける等により，高齢者の居住の安定の確保を図る。	(1) 基本方針及び高齢者居住安定確保計画（高齢者住まい法3条，4条，4条の2） 　国土交通大臣及び厚生労働大臣は，高齢者の居住の安定確保に関する基本方針を定め，都道府県は，基本方針に基づき，高齢者に対する賃貸住宅及び老人ホームの供給目標や目標達成のための施策などを内容とする都道府県高齢者居住安定確保計画を策定する。市町村は，基本方針又は都道府県の計画に基づき，市町村高齢者居住安定確保計画を定めることができる。 (2) サービス付き高齢者向け住宅事業（同法3章） 　高齢者向け賃貸住宅又は有料老人ホームに高齢者を入居させ，高齢者に必要な福祉サービスを提供する事業を行う者は，一定の基準を満たす当該の建築物（サービス付き高齢者向け住宅）ごとに都道府県知事の登録を受けることができる。登録住宅の整備については，補助・税制・融資の優遇を受けることができる。 (3) 地方公共団体，独立行政法人都市再生機構，地方住宅供給公社による高齢者向け優良賃貸住宅の供給の促進（同法4章） (4) 終身建物賃貸借制度による高齢者の居住の安定の確保（同法5章）

3章　建築関連法規

9. 持続可能な開発関係法

9.1 建築物のエネルギー消費性能の向上に関する法律（平成27年法律第53号）《建築物省エネ法》

（1） 法律の制定と施行

本法は民生部門の省エネルギー対策の強化のため，平成27年（2015年）に制定・公布された。建築物の規模に応じた規制的措置に加え，建築主等の自発的な省エネ性能の向上を促す誘導措置を一体的に講ずることで，わが国における建築物全体のエネルギー消費性能を向上させていくこととしている。

（2） 目的（建築物省エネ法1条）

この法律は，建築物のエネルギー消費性能[*1]の向上に関する基本方針の策定について定めるとともに，一定規模以上の建築物の建築物エネルギー消費性能基準[*2]への適合性確保のための措置，建築物エネルギー消費性能向上計画の認定その他の措置を講ずることにより，エネルギーの使用の合理化及び非化石エネルギーへの転換等に関する法律と相まって，建築物のエネルギー消費性能の向上を図ること等を目的とする。

> ［注］ *1 建築物の一定の条件での使用の際に消費されるエネルギーの量により評価される性能
> *2 建築物の備えるべきエネルギー消費性能の確保のために必要な建築物の構造・設備に関する経済産業省令・国土交通省令で定める基準。地方公共団体の条例による制限の付加が可能

（3） 基本方針（建築物省エネ法3条）

国土交通大臣は，基本方針として，①建築物のエネルギー消費性能の向上の意義及び目標に関する事項，②建築物のエネルギー消費性能の向上のための施策に関する基本的事項，③建築物のエネルギー消費性能の向上のために建築主等が講ずべき措置に関する基本的事項等を定めることとされている。

（4） 関係主体の責務等（建築物省エネ法4条～7条）

国及び地方公共団体の責務と，建築主等の建築物エネルギー消費性能基準への適合（建築の場合）及びエネルギー消費性能向上（修繕等の場合）の努力義務が規定されているほか，建築物の販売・賃貸を行う事業者は，エネルギー消費性能を表示するように努めることとされている。

（5） 所管行政庁と国の指導・助言（建築物省エネ法8条～10条）

所管行政庁は，建築主等に対し，建築物の設計・施工及び維持保全について，必要な指導・助言をすることができる。また，国土交通大臣及び経済産業大臣は，それぞれ，設計・施工を行う事業者及び建築材料の製造等を行う事業者に対し，性能・品質の向上や表示について，必要な指導・助言をすることができる。

（6） 特定建築物の建築主の基準適合義務（建築物省エネ法11条，12条）

建築主は，特定建築行為（特定建築物[*3]の新築又は増改築（非住宅部分が300 m² 以上）若しくは特定建築物以外の建築物の増築（非住宅部分が300 m² 以上で増築後特定建築物となるもの））をしようとするときは，当該特定建築物（非住宅部分）を建築物エネルギー消費性能基準に適合させなければならず，また，工事着手前に，所管行政庁（又は登録建築物消費性能判定機関）に建築物エネルギー消費性能確保計画を提出して，建築物エネルギー消費性能基準適合性判定を受けなければならない。なお，この基準適合義務規定は，建築基準法6条1項の建築基準関係規定とみなされる。

> ［注］ *3 非住宅部分の規模が300 m² 以上である建築物

（7） 建築主の届出義務（建築物省エネ法19条）

建築主は，特定建築物以外の300 m² 以上の規模の建築物の新築や増改築をしようとするときは，建築物のエネルギー消費性能の確保のための構造・設備に関する計画を工事着手の21日前（民間審査機関の評価を受けた場合は3日前）までに所管行政庁に届け出なければならない。

（8） 命令・指示，報告・検査，適用除外，特殊構造認定等（建築物省エネ法14条，16条～18条，21条～26条）

（6）及び（7）の基準適合義務及び届出義務に関して，所管行政庁の命令・指示，報告・検査についての規定が定められている。また，居室を設けない，高い開放性を有する等の一定の建築物，文化財や仮設建築物等には，これらの規定は適用されない。特殊な構造・設備を用いる建築物等については，国土交通大臣の認定制度が設けられている。

（9） 小規模建築物の評価と説明義務（建築物省エネ法27条）

建築士は，300 m² 未満の建築の設計を行うときに建築物省エネルギー消費性能基準への適合性について評価を受け，その結果を建築主に説明しなければならない。

（10） 住宅及び共同住宅トップランナー制度（建築物省エネ法28条～33条）

経済産業大臣・国土交通大臣は，特定一戸建て住宅建築主又は特定一戸建て住宅建設工事業者が新築する一戸建て住宅，共同住宅及び賃貸アパートのエネルギー消費性能の一層の向上を図るために必要な住宅の構造及び設備に関する基準を定める。一定数以上の住宅を供給する事業者に対しては，国土交通大臣が基準に照らして定めた目標が示され，必要な場合，勧告等が行われる。

（11） 建築物エネルギー消費性能向上計画の認定（建築物省エネ法34条～39条）

建築主等は，エネルギー消費性能の一層の向上に資する建築物の新築・増改築及び修繕・模様替，建築物への

空気調和設備等の設置・改修をしようとするとき（複数の建築物の連携による場合を含む）は，その計画（建築物エネルギー消費性能向上計画）を作成し，所管行政庁の認定を申請することができる。認定の基準は，エネルギー消費性能が，建築物エネルギー消費性能基準を超え，かつ経済産業省・国土交通省令で定める誘導基準等に適合すること，資金計画が適切であること等である。

（12）　容積率特例（建築物省エネ法 40 条）

建築物エネルギー消費性能向上計画の認定を受けた建築物については，容積率の特例（省エネ性能向上のための設備について，通常の床面積を超える部分を，延べ面積の 10 ％を上限として不算入）を受けることができる。

（13）　建築物エネルギー消費性能基準適合の認定・表示制度（建築物省エネ法 41 条）

建築物の所有者は，建築物エネルギー消費性能基準への適合について，所管行政庁の認定を申請することができ，認定を受けた者は，「基準適合認定建築物」である旨の表示をすることができる。

（14）　既存建築物の特例（建築物省エネ法附則 3 条）

施行の際，現に存する建築物については，増改築面積が増改築後全体面積の一定割合未満の場合は，基準適合義務・適合判定は不要とし，代わりに届出を求めるなどの緩和措置が設けられている。

コラム 3-3　建築と地球環境対策

日本では，1973 年と 1978 年の石油危機を受けて，1979 年に「エネルギー使用の合理化に関する法律（省エネ法）」が制定された。一方，1985 年に地球温暖化問題に関する初めての世界会議として「気候変動に関する科学的知見の整理のための国際会議」が開催され，1992 年には「気候変動枠組条約」が採択され，1994 年に発効した。1997 年に先進国の温室効果ガス排出量削減を法的拘束力を持つものとして約束する「京都議定書（Kyoto Protocol）」が採択され，2005 年に発効に至った。その後，気候変動枠組条約の全加盟国が参加し，各国に削減目標の作成とその達成のための国内対策を義務づけた「パリ協定」が 2015 年に採択され，2016 年に発効した。

こうした動きを踏まえて，日本では，2020 年 10 月に「2050 年カーボンニュートラル」を目指すことを宣言するとともに，2021 年 4 月には，温室効果ガス削減目標として，2030 年度には 2013 年度比で 46 ％削減することなどを宣言している。この目標の実現に向けては，日本のエネルギー需要の約 3 割，エネルギー起源 CO_2 排出量の約 1/3 を占める建築物分野において，省エネルギー対策を強力に推進することが極めて重要である。そのため，2015 年に「建築物のエネルギー消費性能の向上に関する法律」（建築物省エネ法）が制定され，同法の的確な運用と改正により建築物に対する措置の段階的な強化・充実を図るとともに，木材利用の促進や既存建築ストックの長寿命化も合わせて推進するため，建築基準の見直し等の総合的な対策が講じられている。　　　　　　　　（五條　渉）

コラム 3-4　SDGs と建築関連法規

SDGs（Sustainable Development Goals）とは，2015 年 9 月の国連サミットで加盟 193 か国の全会一致で採択された「持続可能な開発のための 2030 アジェンダ」に記載された，2016 年から 2030 年までに持続可能でよりよい世界を目指す国際目標であり，17 のゴール・169 のターゲットから構成される。193 か国の国際指標として普遍的なものであり，わが国としても行政，企業や教育他の分野で積極的に取り組んでいる。

17 の目標とは，1：貧困をなくそう，2：飢餓をゼロに，3：すべての人に健康と福祉を，4：質の高い教育をみんなに，5：ジェンダー平等を実現しよう，6：安全な水とトイレを世界中に，7：エネルギーをみんなにそしてクリーンに，8：働きがいも経済成長も，9：産業と技術革新の基盤をつくろう，10：人や国の不平等をなくそう，11：住み続けられるまちづくりを，12：つくる責任つかう責任，13：気候変動に具体的な対策を，14：海の豊かさを守ろう，15：陸の豊かさも守ろう，16：平和と公正をすべての人に，17：パートナーシップで目標を達成しよう，である。これら 17 の項目と建築関連法規にはさまざまな関連が考えられるが，特に 3，6，7，9，11 の項目は直接的な関連性がある。例えば目標 11「住み続けられるまちづくりを」は，「包摂的で安全かつ強靱（レジリエント）で持続可能な都市及び人間居住を実現する」のテーマのもと，「すべての人々の，適切，安全かつ安価な住宅及び基本的サービスへのアクセスを確保し，スラムを改善する」など 10 のターゲットから構成される。ここでは，建築関連法規のほか，災害対策基本法や災害救助法などの防災関連法規も関連する。日本建築学会でも「SDGs 建築行動宣言」を策定し，これらへの取組みを始めている。　　　　　　　　（熊野　稔）

9.2 建設工事に係る資材の再資源化等に関する法律（平成12年法律第104号）《建設リサイクル法》

（1） 目的（建設リサイクル法1条）

特定の建設資材について，分別解体，再資源化等を促進する措置を講じ，さらに解体工事業者の登録制度により，再生資源の十分な利用及び廃棄物の減量等をとおして，資源の有効利用の確保及び廃棄物の適正な処理をすることを目的とする。

（2） 定義（建設リサイクル法2条）

1） 「分別解体等」とは，工事の種別に応じ，解体工事建築物等から生ずる建設資材廃棄物を種類ごとに分別しつつ，計画的に施工する行為及び新築工事等に伴い副次的に生ずる建設資材廃棄物を種類ごとに分別し当該工事を施工する行為をいう。

2） 「再資源化」とは，分別解体等によって生じた建設資材廃棄物の運搬又は処分（再生することを含む。）に該当するもので分別解体等によって生じた建設資材廃棄物を資材又は原材料として利用すること（建設資材廃棄物をそのまま用いることを除く。）ができる状態にする行為及び分別解体等によって生じた建設資材廃棄物を燃焼できるもの又はその可能性のあるものであって，その熱を得ることに利用することができる状態にする行為をいう。

3） 「特定建設資材」とは，建設資材のうち，建設資材廃棄物となった場合，その再資源化が資源の有効な利用及び廃棄物の減量を図る上で特に必要であり，かつ，その再資源化が経済性の面において制約が著しくないと認められるものとして政令で定めるものをいう（コンクリート，コンクリート及び鉄からなる建設資材，木材，アスファルト・コンクリートの4品目）。

（3） 分別解体等実施義務（建設リサイクル法9条，同令2条）

特定建設資材を用いた解体工事又はその施工に特定建設資材を使用する新築工事等で，その規模が政令で定める基準のもの（以下，対象建設工事という）の受注者（以下，対象建設工事受注者という）又はこれを請負契約によらないで自ら施工する者（以下，自主施工者という）は，正当な理由がある場合を除き，省令で定める基準に従い，分別解体等をしなければならない。

（4） 工事発注者及び元請業者等の義務（建設リサイクル法10条，12条，13条，18条，21条，33条）

1） 適正な分別解体等及び再源化等の実施を確保するため，発注者による工事の事前届出（着手7日前までに）や元請業者から発注者への事後報告，現場における標識の掲示などが義務づけられている。

2） 土木工事業・建築工事業又は解体工事業の許可を受けた者以外の者で解体工事を営もうとする者に対し，解体工事業者の知事への登録を義務づけている。

3） 元請業者等への適正なコストの支払いを確保するため，発注者・元請業者間（元請業者・下請負人間）の契約手続きが整備されている。

表9.1 届出対象建設工事（同令2条）

対象建設工事	規模の基準	
建築物の解体	床面積の合計	80 m^2 以上
建築物の新築・増築	〃	500 m^2 以上
建築物の修繕・模様替	請負代金の額	1億円以上（税込）
建築物以外の工作物の工事	〃	5百万円以上（税込）

9.3 その他の持続可能な開発関係法

目的と内容を表9.2に示す。

表9.2 その他の住宅・宅地関係法

法 律 名	目 的	主 な 内 容
長期優良住宅の普及の促進に関する法律（平20法律87号）	構造安全性，耐久性，バリアフリー，省エネルギーに配慮し，長期にわたり良好な状態で使用するための措置が講じられた住宅の普及を促進することにより，環境負荷の低減を図りつつ，良質な住宅ストックを将来の世代に継承し，より豊かな国民生活と経済の発展に寄与する。	(1) 国土交通大臣による基本方針の策定（長期優良住宅法4条） (2) 計画等の認定（長期優良住宅法5条） 　建築主，一戸建て住宅等分譲事業者，区分所有住宅分譲事業者，又は既存区分所有住宅を増改築して長期優良住宅として維持保全を行おうとする管理者等は，長期優良住宅建築等計画を作成し，所管行政庁の認定を申請することができる。なお，認定を受けた住宅は，税制上，金融上の優遇を受けることができる。 (3) 認定の基準（長期優良住宅法6条） 　維持管理対策で構造躯体の使用継続期間が少なくとも100年程度となる劣化対策措置が講じられていること，建築基準法レベルの1.25倍の地震力によって倒壊しない耐震性を有することなど，劣化対策，耐震性，維持管理・更新の容易性，可変性，バリアフリー性，省エネルギー性，居住環境への配慮，自然災害による被害の発生の防止・軽減への配慮，住戸面積，維持保全の方法，資金計画などの項目について審査される。

法　律　名	目　的	主　な　内　容
脱炭素社会の実現に資する等のための建築物等における木材の利用の促進に関する法律（平22法律36号）	建築物の木材利用の促進，安定的な供給確保及び林業の持続的健全な発展的を図り脱炭素社会の実現に資することを目的とする。	脱炭素社会の実現を位置づけ，木材の利用促進を図る。 (1) 森林の適正な整備及び建築物における木材自給率の向上に寄与する。 (2) 国の責務：率先して公共建築物へ木材利用 (3) 地方公共団体の責務：公共建築物へ木材利用 (4) 事業者の努力：事業活動等に関し，木材の利用促進に努力 (5) 国民の努力：木材の利用促進に努力 (6) 建築物木材利用促進協定制度の創設
都市の低炭素化の促進に関する法律（平24法律84号，略称エコまち法）	社会経済活動により二酸化炭素の多くが都市で発生することから，低炭素まちづくり計画の作成や低炭素建築物の普及促進策等を講じ，都市の低炭素化の促進を図り，コンパクトなまちづくりを進める。	(1) 低炭素まちづくり計画（法7条） 　市町村は，市街化区域等（市街化区域及び用途地域）の区域で「低炭素まちづくり計画」（都市機能の集約化，建築物の低炭素化，公共交通機関の利用促進等）を作成することができる。 (2) 集約都市開発事業（法9条） 　低炭素まちづくり計画の区域内において，①病院，共同住宅等の整備事業，②都市機能の集約を図る拠点形成，を市町村長が認定する制度である。 (3) 駐車機能集約区域（法20条） 　附置義務駐車施設を駐車機能集約区域に集約化させることについて，駐車場条例に定めることを可能とする駐車場法の特例がある。 (4) 低炭素建築物新築等計画（法53条，54条） 　市街化区域等内において，低炭素化に資する建築物の新築，増・改築，修繕，模様替，空気調和設備の設置等をする者は，低炭素建築物新築等計画を作成し，所管行政庁に認定申請ができる。低炭素建築物の認定には，エネルギー消費量が10％以上（省エネ基準比）の削減や低炭素化に資する措置が必要であり，認定されると，設備部分の容積率不算入の特例（法60条）がある。

3章 建築関連法規

10. 環境衛生関係法

10.1　建築物における衛生的環境の確保に関する法律（昭和45年法律第20号）《建築物衛生法》

（1）　目的（建築物衛生法1条）

多数の者が使用し，又は利用する建築物の維持管理について環境衛生上必要な事項等を定めることにより，建築物の衛生的な環境を確保することを目的とする。

（2）　特定建築物（建築物衛生法2条，同令1条）

「特定建築物」とは，興行場，百貨店，店舗，事務所，学校，共同住宅等の用に供される相当程度の規模を有する建築物で，多数の者が使用し，又は利用し，かつ，その維持管理について環境衛生上特に配慮が必要なものとして政令で定めるものをいう。

政令2条では，①興行場，百貨店，集会場，図書館，博物館，美術館又は遊技場，②店舗又は事務所，③学校教育法第1条に規定する学校以外の学校（研修所を含む），④旅館の用途に供される部分の延べ面積が3 000 m^{2}以上の建築物及び専ら学校教育法第1条に規定する学校，又は幼保連携型認定こども園の用途に供される建築物で，延べ面積が8 000 m^{2}以上のもの。

（3）　建築物環境衛生管理基準（建築物衛生法4条，同令2条）

①　空気環境の調整は，次に掲げるところによること。

イ）空気調和設備を設けている場合は，厚生労働省令で定めるところにより居室における次の表の各号の左欄に掲げる事項がおおむね当該各号の右欄に掲げる基準に適合するように空気を浄化し，その温度,湿度又は流量を調節して供給をすること。

ロ）機械換気設備を設けている場合はイ）の表の第一号から第三号まで，第六号および七号の基準に適合すること。

②　給水及び排水の水質等の基準が定められている。

一	浮遊粉じんの量	空気1 m^{3}につき0.15 mg以下
二	一酸化炭素の含有率	6/100万（厚生労働省令で定める特別の事情がある建築物にあっては，厚生労働省令で定める数値）以下
三	二酸化炭素の含有率	1 000/100万以下
四	温度	一　18度以上28度以下 二　居室における温度を外気温度より低くする場合は，その差を著しくしないこと。
五	相対湿度	40 %以上70 %以下
六	気流	0.5 m毎秒以下
七	ホルムアルデヒドの量	空気1 m^{3}につき0.1 mg以下

（4）　特定建築物の届出（建築物衛生法5条関係）

特定建築物の所有者等は当該建築物の使用を開始後1カ月以内に所轄の保健所に届ける。また，用途変更，増築等により特定建築物になった時は，同じく該当するに至った日から1カ月以内に保健所に届け出る。

10.2　廃棄物の処理及び清掃に関する法律（昭和45年法律第137号）《廃棄物処理法》

（1）　目的（廃棄物処理法1条）

廃棄物の排出を抑制し，廃棄物の適正な分別，保管，収集，運搬，再生，処分等の処理をし，生活環境を清潔にすることなどを目的とする。

（2）　廃棄物の分類（廃棄物処理法2条）

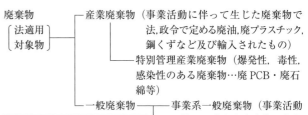

廃棄物〔法適用対象物〕
- 産業廃棄物（事業活動に伴って生じた廃棄物で法,政令で定める廃油,廃プラスチック,鋼くずなど及び輸入されたもの）
- 特別管理産業廃棄物（爆発性，毒性，感染性のある廃棄物…廃PCB・廃石綿等）
- 一般廃棄物
  - 事業系一般廃棄物（事業活動に伴って生じた廃棄物のうち産業廃棄物以外のもの）
  - 家庭廃棄物（一般家庭の日常生活に伴って生じた廃棄物）
  - 特別管理一般廃棄物（一般廃棄物のうち，爆発性，毒性，感染性その他の人の健康又は生活環境に係る被害を生ずるおそれがある性状を有するものとして政令で定めるもの）

※法が適用されない廃棄物
・放射性物質及びこれによって汚染されたもの・気体状のもの・港湾，河川等のしゅんせつに伴って生ずる土砂その他これに類するもの・漁業活動に伴って漁網にかかった水産動植物等であって当該漁業活動を行った現場付近において排出したもの・土砂及びもっぱら土地造成の目的となる土砂に準ずるもの*

［注］　昭46年環境43号

廃棄物とは，排出者が自ら利用し，又は他人に有償で売却できないために不要になった物をいい，産業廃棄物と一般廃棄物に区分される。

（3）　産業廃棄物の種類（廃棄物処理法2条，同施行令2条）

1）事業活動に伴うもの

汚泥（洗車場汚泥等），廃プラスチック類（合成樹脂くず等），金属くず（切削くず等），ガラスくず，コンクリートくず等改築又は除去に伴って生じたコンクリートの破片等）の事業活動に伴うもの

2）輸入されたもの

入国する者が持ち込むものなど

（4）　事業者の責務（廃棄物処理法 3 条）

事業者の責務──┬─適正処理の義務
　　　　　　　　├─排出量抑制
　　　　　　　　└─施策への協力義務

（5）　一般廃棄物処理施設の許可（廃棄物処理法 8 条）

一般廃棄物処理施設を設置しようとする者は，管轄する都道府県知事の許可を受けなければならない。

（6）　産業廃棄物処理施設の許可（廃棄物処理法 15 条）

産業廃棄物処理施設（廃プラスチック類処理施設，産業廃棄物の最終処分場その他の産業廃棄物の処理施設）を設置しようとする者は，管轄する都道府県知事の許可を受けなければならない。

10.3　その他の環境衛生関係法

目的と内容を表 10.1 に示す。

表 10.1　その他の環境衛生関係法

法　律　名	目　的	主　な　内　容
水道法（昭 32 法律 177 号）	水道の布設及び管理を適正で合理的ならしめ，水道を計画的に整備し，豊富で低廉な水の供給をすることを目的とする。	(1) 給水装置の構造及び材質（水道法 16 条）【建築基準関係規定】 　水道事業者は，当該水道によって水の供給を受ける者の給水装置の構造及び材質が，政令で定める基準に適合していないときは，供給規程の定めるところにより，その者の給水契約の申し込みを拒み，又はその者が給水装置をその基準に適合させるまでの間その者に対する給水を停止させることができる。 (2) 給水装置の構造及び材質の基準（水道令 6 条） 　①配水管への取付口の位置は他の給水装置の取付口から 30 cm 以上離れていること，②配水管への取付口における給水管の口径は当該給水装置による水の使用量に比し著しく過大でないこと，その他一定の基準が定められている。技術的細目は，厚生労働省令（平成 9 年厚生省令 14 号）に定められている。
下水道法（昭 33 法律 79 号）	流域別下水道整備総合計画の策定並びに公共下水道等の設置その他の管理基準等を定めて下水道の整備を行い，公共用水域の水質保全に資することを目的とする。	(1) 対象下水道（下水道法 2 条） 　排水管，排水渠その他の排水施設，下水を処理する処理施設又ポンプ施設その他の施設をいう。公共下水道とは，地方公共団体が管理する下水道をいう。 (2) 排水設備の設置等（同法 10 条 1 項）【建築基準関係規定】 　公共下水道の併用が開始された場合，排水区域内の土地の所有者，使用者又は占有者は，公共下水道に流入させる必要な排水管，排水渠その他の排水施設を設置しなければならない。 (3) 排水設備の設置及び構造の技術上の基準（同法 10 条 1 項・3 項，25 条の 2，30 条 1 項）【建築基準関係規定】 　排水設備は，管理者である地方公共団体の条例で定める基準で公共下水道のますその他の排水施設又は他の排水設備に接続させることなどの排水設備の設置及び構造の技術上の基準が定められており，当該基準に適合しなければならない。
特定空港周辺航空機騒音対策特別措置法（昭 53 法律 26 号）	特定空港の周辺について，航空機騒音対策基本方針の策定，土地利用に関する規制等の措置をはかり，航空機の騒音により生ずる障害を防止することを目的とする。	(1) 航空機騒音障害防止地区及び航空機騒音障害防止特別地区内における建築の制限等（特定空港周辺航空機騒音対策特別措置法 5 条）【建築基準関係規定】 　1) 航空機騒音障害防止地区内で　①学校教育法 1 条に規定する学校　②医療法 1 条の 51 項に規定する病院　③住宅　④①～③に類する建築物で政令で定めるものを建築する場合は当該建築物は政令で定める防音上有効な構造としなければならない。 　2) 航空機騒音障害防止特別地区内においては，上記①～④に掲げる建築物を建築（用途変更を含む）してはならない。ただし，都道府県知事が許可した場合は可能。 　3) 許可には，建築物の構造又は設備に関し条件を付けることができる。 (2) 学校等に類する建築物（同法施行令 6 条） 　①乳児院，保育所，知的障害児施設，知的障害児通園施設，盲ろうあ児施設，肢体不自由児施設，重症心身障害児施設，情緒障害児短期治療施設又は児童自立支援施設　②診療所又は助産所　③救護施設，更正施設又は授産施設　④特別養護老人ホーム　⑤障害者支援施設又は障害福祉サービス事業を行う施設。
浄化槽法（昭 58 法律 43 号）	公共用水域等の水質の保全等の観点から浄化槽によるし尿等の適正な処理を図り，生活環境の保全及び公衆衛生の向上に寄与することを目的とする。	(1) 適用浄化槽（浄化槽法 2 条） 　便所と連結してし尿及びこれと併せて雑排水を処理し，終末処理場を有する公共下水道以外に放流するための設備又は施設（公共下水道，流域下水道，一般廃棄物処理計画に従って市町村が設置したし尿処理施設以外のもの） (2) 浄化槽以外の処理槽等の設置の禁止（同法 3 条の 2・1 項）【建築基準関係規定】 　便所と連結してし尿を処理し，終末処理下水道以外に放流する設備又は施設として浄化槽以外のものの設置の禁止 (3) 浄化槽に関する基準等（同法 4 条） 　1) 浄化槽からの放流水の水質の技術上の基準は，環境省令で定める。 　2) 浄化槽の構造基準は，建築基準法並びにこれに基づく命令及び条例で定めるところによる。

11. その他の関連法規

11.1　民法・文化財保護法・屋外広告物法・大店法

表 11.1　民法・文化財保護法・屋外広告物法・大店法の概要

法 律 名	目 的	主 な 内 容
民法（明 29 法律 89 号）	民法は，個人間の関係を規定する私法である。民法のうち 209 条から 238 条までは隣接する土地相互の権利関係を規定した「相隣関係」の条項であり，これらの規定により，土地の所有者が無制限に土地を利用することによって生じる支障を防ぐ。	(1) 隣地使用権（民法 209 条） 　　土地所有者は，①境界付近における建物などの築造・収去・修繕，②境界標の調査や境界に関する測量，③隣地の竹木の枝の切取りのため必要な範囲内で，隣地を使用することができる。 (2) 囲繞地通行権（同法 210 条～213 条） 　　他の土地に囲まれて公道に通じない土地（袋地）の所有者は，公道に出るために周囲の土地（囲繞地）を通行することができる。通行者は，通行地の損害に対して償金を支払わなければならない。 (3) ライフライン設備の設置・使用権（同法 213 条の 2） 　　土地所有者は，電気，ガス，水道水などの継続的給付を受けるため必要な範囲内で，他の土地に設備を設置し，または他人が所有する設備を使用することができる。設備を設置する者，設備を使用する者は，その土地の損害に対して償金を支払わなければならない。 (4) 水に関する権利と義務（同法 214 条～222 条） 　　自然水流に対する妨害の禁止，水流の障害の除去，雨水を隣地に注ぐ工作物の禁止，排水のための低地の通水，通水用工作物の使用などの規定がある。 (5) 境界標の設置と囲障の設置（同法 223 条～232 条） 　1) 土地所有者は，隣地所有者と共同の費用で境界標を設置することができる。 　2) 建物所有者は，他の建物所有者と共同の費用でその境界に囲障を設けることができる。 (6) 境界線付近の建築の制限（同法 234 条～236 条） 　1) 建物は，境界線から 50 cm 以上離さなければならない。 　2) 境界線から 1 m 未満の距離において，他人の宅地を見通すことができる窓や縁側を設ける場合は，目隠しを付けなければならない。 (7) 境界線付近の掘削の制限（同法 237 条，238 条） 　　敷地内に井戸などを掘る場合は 2 m 以上，池などを掘る場合は 1 m 以上境界線から離す。導水管を埋め，または溝などを掘る場合は，その深さの半分以上離す（1 m を超える必要はない）。
文化財保護法（昭 25 法律 214 号）	文化財保護法は，文化財の保存・活用により国民の文化的向上と世界文化の進歩に貢献するためのものである。本法に規定する文化財のうち右に示すものには，建築基準法の全部又は一部が適用されない。	(1) 建築基準法の適用除外となる文化財（建築基準法 3 条） 　　文化財保護法による国宝，重要文化財，重要有形民俗文化財，特別史跡名勝天然記念物，史跡名勝天然記念物として指定・仮指定された建築物，地方公共団体の条例による保存建築物には，建築基準法とこれに基づく命令・条例は適用されない。 (2) 伝統的建造物群保存地区（文化財保護法 142 条～144 条，建築基準法 85 条の 3） 　1) 市町村は，伝統的建造物群保存地区（伝建地区）を定め，現状変更の規制や保存のための措置を定めることができる。文部科学大臣は，市町村の申し出に基づき，伝建地区の全部又は一部でその価値が特に高いものを重要伝統的建造物群保存地区として選定することができる。 　2) 伝統的建造物群保存地区内においては，市町村は，国土交通大臣の承認を得て，条例で建築基準法の一部を適用せず，又は制限を緩和することができる。
屋外広告物法（昭 24 法律 189 号）	良好な景観の形成と風致の維持，公衆への危害の防止のために，屋外広告物及び屋外広告業に対して必要な規制の基準を定める。	(1) 屋外広告物の定義（屋外広告物法 2 条） 　　屋外広告物とは，常時又は一定期間継続して屋外に表示されるもので，看板，立看板，はり紙，はり札，広告塔，広告板，又は建物や工作物に表示されたものをいう。 (2) 広告物の制限（同法 3 条～5 条）【建築基準関係規定】 　1) 都道府県は，条例により，公衆への危害の防止のために，広告物の表示などを禁止し，良好な景観又は風致を維持するために，広告物の表示などを禁止することができる。 　2) 都道府県は，条例により，広告物の表示などについて知事の許可を要するなどの制限を設け，また，広告物の形状・面積・色彩・意匠などの表示方法の基準を定めることができる。
大規模小売店舗立地法（平 10 法律 91 号）	大規模小売店舗（店舗面積原則 1 000 m² 超）の立地に関し，その周辺地域の生活環境の保持のため，設置者により施設の配置及び運営方法について適正な配慮がなされることを確保することで，小売業の健全な発達を図る。	(1) 指針（大店法 4 条） 　　経済産業大臣は，大規模小売店舗の立地に関し，設置者が配慮すべき基本的事項のほか，次の事項に関する指針を定める。 　1) 駐車場の充足等による周辺地域の住民の利便及び商業等の利便の確保のために配慮すべき事項 　2) 騒音の発生等による周辺の生活環境の悪化の防止のために配慮すべき事項 (2) 新設の届出（同法 5 条） 　　大規模小売店舗の新設をする者は，店舗面積，施設の配置・運営方法に関する事項で経産省令で定めるものを，都道府県に届けなければならない。

11.2　災害防止・復旧のための法規

表 11.2　災害防止・復旧のための法規の概要

法 律 名	目 的	主 な 内 容
特定都市河川浸水被害対策法（平15法律77号）	都市河川の流域において，著しい浸水被害が発生し，又はそのおそれがあり，かつ，河道等の整備による浸水被害の防止が市街化の進展又は自然的条件の特殊性により困難な地域について，浸水被害の防止のための対策を推進する。	(1) 国土交通大臣又は都道府県知事による特定都市河川及び特定都市河川流域の指定（特定都市河川浸水被害対策法3条） (2) 流域水害対策計画の策定（同法4条） 　河川管理者，下水道管理者，都道府県知事，市町村長は，共同して流域水害対策計画を定める。 (3) 浸水被害防止のための措置（同法8条，11条～16条，30条，40条，44条） 　特定都市河川流域内における浸水被害防止のための措置として，河川管理者等による雨水貯留浸透施設の整備，認定事業者による雨水貯留浸透施設の設置と管理，一定規模以上の雨水浸透阻害行為について流出雨水量を抑制するための措置の義務化，上記規模未満の雨水浸透阻害行為について必要な措置の努力義務，保全調整池の指定などが定められている。 (4) 排水設備の技術上の基準に関する特例（同法10条） 　特定都市河川流域において，雨水の一時的貯留又は地下への浸透に関する基準を政令の基準に従い，条例で定めることができる。【建築基準関係規定】 (5) 貯留機能保全区域（同法3章4節） (6) 浸水被害防止区域の指定と開発・建築行為の制限（同法3章5節）
急傾斜地の崩壊による災害の防止に関する法律（昭44法律57号）	急傾斜地の崩壊を防止するために必要な措置を定め，民生の安定と国土の保全に資する。	(1) 都道府県知事による急傾斜地崩壊危険区域の指定（急傾斜地法3条） (2) 崩壊を助長する行為の制限（同法7条） 　急傾斜地崩壊危険区域内においては，水の浸透を助長する行為，切土・盛土など，急傾斜地の崩壊を助長するおそれのある行為については，原則として都道府県知事の許可を必要とする。 (3) 改善命令（同法10条） 　急傾斜地崩壊危険区域内の土地において制限行為が行われ，これに伴う急傾斜地の崩壊のおそれが著しい場合，都道府県知事は，土地の所有者等又は制限行為をした者に崩壊防止工事の施行を命ずることができる。
被災市街地復興特別措置法（平7法律14号）	大規模な災害を受けた市街地について緊急かつ健全な復興を図るため，被災市街地復興推進地域を定め，又は当該被災市街地の計画的な整備改善並びに市街地の復興に必要な住宅供給について必要な事項を定めることなどにより，迅速に良好な市街地形成と都市機能の更新を図る。	(1) 被災市街地復興推進地域（被災市街地特措法5条） 　都市計画区域内における市街地の土地の区域で，大規模な火災・震災などの災害により相当数の建築物が滅失するなどの要件に該当するものについては，都市計画に被災市街地復興推進地域を定め，緊急復興方針などを定めるよう努める。 (2) 建築行為等の制限（同法7条） 　被災市街地復興推進地域内において，都市計画に定められた日（災害の発生した日から2年以内）までに土地の形質の変更，新築，改築，増築をしようとする者は，原則として都道府県知事等の許可を受けなければならない。 (3) 復興共同住宅区（同法11条） 　住宅不足の著しい被災市街地復興推進地域において施行される被災市街地復興土地区画整理事業の計画においては，復興共同住宅区を定めることができる。
土砂災害警戒区域等における土砂災害防止対策の推進に関する法律（平12法律57号）	急傾斜地の崩壊等又は河道閉塞による湛水を原因とする土砂災害から国民の生命及び身体を保護するため，住宅等の新規立地の抑制など，土砂災害防止に必要な措置を定める。	(1) 都道府県知事による土砂災害警戒区域，土砂災害特別警戒区域の指定（土砂災害防止法7条，9条） (2) 特定開発行為の制限（同法10条） 　土砂災害特別警戒区域内において，自己の居住用以外の住宅，防災上の配慮を要する者が利用する社会福祉施設，学校，医療施設の建築を含む開発行為をしようとする者は，原則として都道府県知事の許可を受けなければならない。 (3) 居室を有する建築物に対する措置（同法24条，25条） 　土砂災害特別警戒区域内における居室を有する建築物の建築においては，建築確認等を必要とする。この際，急傾斜地の崩壊等により建築物に作用すると想定される衝撃に対して安全であることを確かめなければならない。
空家等対策の推進に関する特別措置法（平26法律127号）	適切な管理が行われていない空家等が住民生活環境に防災上，衛生上，景観上深刻な影響を与えていることに鑑み，生活環境の保全と空家等の活用促進のために，必要事項を定める。	(1) 国土交通大臣及び総務大臣による基本指針の策定（空家対策特措法5条） (2) 市町村による空家等対策計画の策定（同法6条） (3) 特定空家等に対する措置（同法14条） 　市町村長は，倒壊のおそれがあるなど，放置することが不適切である状態にある空家等（特定空家等）の所有者に対して，除却，修繕，立木竹の伐採などの措置をとるよう助言・指導・勧告・命令し，行政代執行を行うことができる。

3章 建築関連法規

11.3 電気・ガスによる災害を防止するための各種法規

表 11.3 電気・ガスによる災害を防止するための法規の概要

法　律　名	目　的	主　な　内　容
電気事業法（昭39 法律 170 号）	電気事業の運営を適正かつ合理的にし，電気使用者の利益の保護及び電気事業の健全な発達を図るとともに，電気工作物の工事・維持・運用を規制することにより公共の安全を確保し，環境の保全を図る。	(1) 一般用電気工作物の技術基準適合命令（電気事業法 56 条） 　　経済産業大臣は，一般用電気工作物が経済産業省令（電気設備に関する技術基準を定める省令（平 9 通産省令 52 号））の技術基準に適合していないと認めるときは，その所有者又は占有者に対し，その技術基準に適合するように一般用電気工作物を修理し・改造し・移転し，若しくはその使用を一時停止すべきことを命じ，又はその使用を制限することができる。 (2) 一般用電気工作物の調査の義務（同法 57 条） 　　電線路維持運用者（電力会社等）は，供給された電気を使用する一般用電気工作物が，経済産業省令の基準に適合しているか否かを調査し，適合させるための措置などを所有者又は占有者に通知しなければならない。
高圧ガス保安法（昭 26 法律 204 号）	高圧ガスによる災害を防止するため，高圧ガスの取扱い・消費，容器の製造・取扱いを規制することにより公共の安全を確保する。	(1) 家庭用設備の設置等（高圧ガス保安法 24 条）【建築基準関係規定】 　　圧縮天然ガス（容器容量 20 l 以上，120 l 未満）の家庭用設備の設置等の工事は，次の経済産業省令の基準（一般高圧ガス保安規則 52 条）を満足すること。 　1) 工事終了後，閉止弁と燃焼器との間の配管が 4.2 kPa 以上の圧力による気密試験に合格すること。 　2) 上記の配管には，硬質管を使用すること。ただし，燃焼器に接続する配管で屋内に設けるものは，0.2 MPa 以上の耐圧能力を有するゴム管等を使用できる。
ガス事業法（昭 29 法律 51 号）	ガス事業の健全な発達を図り，また，ガス工作物の工事・維持・運用，ガス用品の製造・販売を規制することにより，公共の安全と公害の防止を図る。	(1) ガス消費機器の工事の基準適合義務（ガス事業法 162 条）【建築基準関係規定】 　　ガス事業者が供給するガスの消費機器の設置等の工事は，次の経済産業省令の基準（ガス事業法施行規則 202 条）を満足すること。 　1) 屋内の設置する燃焼器（密閉式を除く）のうち，ふろがま，ガス消費量が 12 kW を超える調理機器，瞬間湯沸器，衣類乾燥機，7 kW を超える貯湯湯沸器，常圧貯蔵湯沸器，ストーブには，原則として本規則・告示による排気筒を付ける。 　2) 燃焼器の排気筒に接続する排気扇は不燃性材料とし，排気扇が停止した場合は，燃焼器へのガス供給を自動遮断する装置を設ける。 　3) その他，給気口，排気筒を設けない燃焼器，密閉式燃焼器，屋外に設置する燃焼器，特定地下街・特定大規模建築物などに設ける燃焼器の構造・材料などは本規則・告示を満足するものとする。
液化石油ガスの保安の確保及び取引の適正化に関する法律（昭 42 法律第 149 号）	一般消費者等に対する液化石油ガスの販売，液化石油ガス器具等の製造・販売を規制することにより，災害を防止するとともに取引の適正化を図る。	(1) LP ガス消費設備の工事の基準適合義務（LP ガス法 38 条の 2）【建築基準関係規定】 　　液化石油ガス（LP ガス）の消費設備の設置等の工事は，次の経済産業省令の基準（LP ガス法施行規則 44 条）を満足すること。 　1) 配管は，0.8 MPa 以上の耐圧試験に合格するものとし，工事終了後に行う 8.4 kPa 以上の圧力による気密試験に合格すること。 　2) その他，配管，燃焼器，排気筒，排気扇などの構造・材料などは，本規則・告示を満足するものとする。

11.4 各種用途に関する法規

　ここでは，建築基準法における特殊建築物の用途の定義を明確にするために，各種用途に関する法規における施設の定義などについて解説する。

（1） 医療法（1 条の 5）

　医師又は歯科医師が医業又は歯科医業を行う場所のうち，20 人以上の患者が入院できる施設を有するものを病院といい，入院施設を有しない又は 19 人以下の患者が入院できる施設を有するものを診療所という。

（2） 学校教育法（1 条，124 条～126 条，134 条）

　学校教育法 1 条における学校とは，幼稚園，小学校，中学校，義務教育学校（小中一貫教育校），高等学校，中等教育学校（中高一貫教育校），特別支援学校，大学及び高等専門学校をいう。

　1 条に規定する学校以外で，職業や実生活に必要な能力又は教養を身につけるためのものを専修学校といい，中学卒者の入学する高等専修学校と，高校卒者の入学する専門学校がある。各種学校は，上記以外のもので，学校教育に類する教育を行うものをいい，外国人学校，予備校などが該当する。建築基準法における学校には，専修学校と各種学校が含まれる。

（3） 児童福祉法（7 条）

　建基令 19 条に規定される児童福祉施設とは，児童福祉法に規定する助産施設，乳児院，母子生活支援施設，

保育所，幼保連携型認定こども園，児童厚生施設，児童養護施設，障害児入所施設，児童発達支援センター，児童心理治療施設，児童自立支援施設及び児童家庭支援センターをいう。

（4）　老人福祉法（5条の3）

建基令19条の児童福祉施設等の一つとして規定される老人福祉施設とは，老人福祉法に規定する老人デイサービスセンター，老人短期入所施設，養護老人ホーム，特別養護老人ホーム，軽費老人ホーム，老人福祉センター，老人介護支援センターをいう。

（5）　旅館業法（2条，3条）

旅館業とは，旅館・ホテル営業，簡易宿所営業，下宿営業をいう。旅館・ホテル営業は施設を設け，宿泊料を受けて人を宿泊させる営業（簡易宿所営業，下宿営業を除く）をいう。また，簡易宿所営業は宿泊場所を多人数で共用するものをいい，下宿営業は1カ月以上の単位で宿泊料を受けるものをいう。

旅館業を営む者は，原則として都道府県知事の許可を受けなければならない。このとき，施設の設置場所が，学校教育法1条に規定する学校（大学を除く），児童福祉法7条に規定する児童福祉施設などの周囲約100mの区域内にある場合は，知事などは，この許可を与えないことができる。

（6）　住宅宿泊事業法（1条〜3条，21条）

この法律は，住宅宿泊事業の適正な運営を確保しつつ，国内外からの観光旅客の宿泊に対する需要に的確に対応して，その来訪及び滞在を促進することを目的とする。

住宅宿泊事業とは，旅館業を営む者以外の者が，宿泊料を受けて住宅に人を宿泊させる事業であって，宿泊日数が毎年4月1日正午から翌年同時までの間180日以下のものをいう。ここでいう住宅とは，台所・浴室・便所・洗面設備を有し，現に人の生活の本拠として使用されている家屋，入居者の募集が行われている家屋，随時その所有者・賃借人・転借人の居住の用に供されている家屋をいう。住宅宿泊事業を営む場合，都道府県知事などへの届出が必要である。

建築基準法における住宅・長屋・共同住宅・寄宿舎には，届出住宅を含むものとする。

（7）　風俗営業等の規制及び業務の適正化等に関する法律（風営法）（2条，3条，28条，31条の22）

1）　風俗営業の定義

風俗営業とは，キャバレー，待合，料理店，カフェーなど設備を設けて客の接待をして遊興・飲食をさせるものをいう。ここでいう接待とは，歓楽的雰囲気を醸し出す方法により客をもてなすことをいう。上記のほか，喫茶店やバーのうち営業所内の照度が10ルクス以下又は客席の広さが5㎡以下で閉鎖的なもの，まあじゃん屋，ぱちんこ屋なども風俗営業となる。

特定遊興飲食店営業とは，ナイトクラブなど設備を設けて客に遊興・飲食（酒類を提供するものに限る）をさせるもので，午前6時から午前0時前に営むもの以外のものをいう。

風俗営業や特定遊興飲食店営業を営もうとする者は，所在地を管轄する都道府県公安委員会の許可を受けなければならない。

2）　店舗型性風俗特殊営業の禁止区域

建基法上商業地域以外に建築できない個室付浴場業や専ら異性を同伴する客の宿泊施設の営業などを店舗型性風俗特殊営業といい，一団地の官公庁施設，学校，図書館，児童福祉施設などの敷地の周囲200mの区域内及び都道府県が条例で定める地域内において，これを行うことはできない。

3章
建築関連法規

コラム 3-5　空家の再利用の課題

　空家の再利用は，多くの課題がある。近年，住宅の空家が増加しているが，その再利用は，空家のある区域区分，地域地区，建物規模及び用途の変更内容によって，都市計画法，建築基準法等に規定がある。

　都市計画法の規定では，空家の建っている区域が都市計画区域外であれば，許可などの手続は必要ない。しかし，都市計画区域内であり市街化調整区域の場合には，一部許可（都市計画法 42 条，43 条）の要件に当てはまれば可能性はあるものの，用途変更は原則としてできない。また，属人性及び属地性の課題もある。属人性とは，人的な要素を斟酌して行われた対人による土地及び建物の処分の性質である。代表的なものに農家住宅（都市計画法 29 条 2 項）があり，それを第三者が購入しても，農業従事者でない場合は原則として利用できない。一方，属地性とは，その土地及び建物に関して行われた対物による処分の性質であり，人的な要素は斟酌しない。すなわち，すでに土地及び建物について，都市計画法の許可を必要とせず，それらを第三者が購入してそのまま利用しても問題とならない。

　市街化区域の場合には，用途の変更は原則として可能であるが，許可（都市計画法 42 条）が必要な場合もある。

　建築基準法の規定では，主に手続と基準への適合の問題がある。手続については，すでに建っている建物であっても床面積が 200 m² を超える飲食店などの特殊建築物（建築基準法別表 1（い）欄）に再利用する場合は，用途変更の確認申請（同法 87 条）が必要となる。しかし，用途変更の確認申請をしても，簡単には確認とならない。なぜなら，一部の適用除外があるものの，原則として，現在の建築基準法に適合させる必要があるからである。

　また，この既存の建物がそもそも建築確認を得た適法な建物かどうかも重要である。平成 11 年（1999 年）までは，確認申請の手続を経ないで建築した建物が散見される。確認を受けた建物であっても，完了検査後の検査済証（同法 7 条，7 条の 2）の交付を受けた建物はそのうちの 39 ％ と非常に低い状態であった。これらから，用途変更の確認申請の際には，元の建物が建築基準法に適合しているかどうかの問題がある。

　さらに，消防法などの建築基準関係規定もあり，現行法に適合させる検討が必要である。

　唯一，住宅宿泊事業法 21 条の規定による届出住宅は建築基準法上の住宅等に規定されたので，建築基準法については，宿泊施設の規定は適用されないが，空家の再利用については，都市計画法，建築基準法等において大きな課題が存在している。

（戸川勝紀）

コラム 3-6　盛土崩落による災害と「宅地造成及び特定盛土等規制法」の施行

　令和 3 年（2021 年）7 月 3 日，静岡県熱海市伊豆山地区において大雨に伴い逢初川上流部に違法に造成された盛土が崩落，大規模な土石流で 28 名が犠牲となり，136 棟の建築物が被害を受けた。その後の全国総点検によって，既存の法律では盛土等の規制が十分でない地域が存在することが明らかになった。これを受けて，土地の用途（宅地，農地，森林等）にかかわらず危険な盛土等を全国一律に包括的に規制するため，これまでの「宅地造成等規制法」を抜本的に改正した「宅地造成及び特定盛土等規制法」（通称「盛土規制法」）が令和 4 年 5 月 27 日に公布，令和 5 年 5 月 26 日に施行された。同法の内容は以下のとおりである。

(1) 国土交通大臣・農林水産大臣による，宅地造成・特定盛土等・土石の堆積に伴う災害の防止に関する基本方針の策定

(2) 都道府県などによる，おおむね 5 年ごとの災害防止対策に必要な基礎調査の実施

(3) 都道府県知事などによる，基礎調査に基づく「宅地造成等工事規制区域」の指定

(4) (3) の区域における宅地造成等工事（宅地造成，特定盛土等，土石の堆積）の規制（許可，工事の技術的基準，定期報告，中間・完了検査，工事の停止又は災害防止措置の命令など），施工後の改善命令

(5) 都道府県知事などによる，基礎調査に基づく「特定盛土等規制区域」の指定

(6) (5) の区域における，特定盛土等又は土石の堆積に関する工事等の規制（工事計画の届出，許可，工事の技術的基準，定期報告，中間・完了検査，工事の停止又は災害防止措置の命令など），施工後の改善命令

(7)「造成宅地防災区域」の指定と災害防止のための措置

(8) 罰則の強化

（大西正宜・矢倉鉄也）

4章

資　料

1.　建築法規の歴史

1.1　明治以前建築関係法制

時　　代	内　　容
奈良時代 大宝律令（701）	宅地売買，交換の制 私第宅を建てるにあたって人家を臨視する楼閣の禁止など〔令義解〕
平安時代 元徳年間（957～961）	家屋などの奢侈の禁止など〔令義解〕 三位以上四位参議に限り道路に面し，門屋を建てることを許し，それ以下の者はこれを禁ずる 諸舎の屋根が路頭ならびに他人の土地に突出するのを禁じ，これに応じないときは杖刑に処し，突出部分は切り取ることの規定など〔捨芥集〕
平安時代 長元3年（1030）	諸国の国司居宅を京の宅地割，一町四方割の4分の1を過ぎるのを禁じ，また六位以下の者の築垣・ひのき皮ぶきの禁止など〔日本紀略〕
鎌倉時代（1261）	関東に伺候する諸人家屋の営作などにあたって華美なるものの禁止など〔吾妻鏡〕
江戸時代 （1615～1868）	・格式に関するもの：大名　長屋門の構造形式の別，はり間制限など 　　　　　　　　　　町人　長屋門・敷台付き玄関，門には両とびらを付すことの禁止など 　　　　　　　　　　百姓　新規に家作を起こすこと，身分不相応な家作の禁止など ・倹約に関するもの：主として旗本以下の武家ならびに百姓・町人を対象として質素倹約を指示 ・火災予防に関するもの：屋上被覆についてかやぶき・わらぶき・こけらぶきのとき，その上に土塗させる 　　　　　　　　　　　　かわらぶき　明暦の大火後，火災時の崩落を考慮して一時禁止，延宝年間さんがわらの発明後奨励など ・一般制限：下水設備・道路幅・くい・地業・敷地境などについて

1.2　建築行政年表

	年	月	日	事　　項	備　　考
明治	5	3	2	東京府告諭「煉瓦家屋建築ノ御趣意」を公布（銀座れんが街建設に着手）	・学制発布（5年） ・鉄道開通（5年） ・太陽暦採用（5年）
	6	7	18	神奈川県規則「家作建方条目」を公布	
	14	2	25	東京府「防火路線及屋上制限ニ関する布達」を公布	
	19	—	—	大阪府，神奈川県，兵庫県，長崎県，滋賀県においてそれぞれ「家屋建築規則」を公布	
	21	8	17	「東京市区改正条例」公布	
	22	10	9	東京市区改正委員会に「東京市建築条例案」（妻木頼黄立案）を上程（審議未了，廃案）	・明治憲法発布（22年） ・日清戦争（27年） ・台湾総督府始政（28年） ・八幡製鉄所開設（30年） ・日露戦争（37年）
	33	8	—	「台湾家屋建築規則」公布	
	39	11	—	東京市長より建築学会に建築条例案の起草を委託，大正2年6月条例案と参考文献を提出	
	39	11	10	「青森県建物制限規則」公布	
	41	10	6	「山口県建築制限規則」公布	
	42	8	18	「大阪府建築取締規則」公布	
	43	1	31	「兵庫県建築取締規則」公布	・韓国併合（43年）
	43	5	17	「青森市建築取締規則」公布	
大正	7	—	—	警視庁において建築取締規則案を作成	
	7	5	—	都市計画法制調査のため内務省に都市計画課及び都市計画調査会を設置	
	8	4	5	**「都市計画法」**公布（施行9年1月1日）6大都市に適用 ┐ **「市街地建築物法」**公布（施行9年12月1日）6大都市に適用 ┘御名御璽の日付は大8.4.4	
	11	5	—	内務省都市計画課が局に昇格，建築行政は第2技術課所管	
	11	—	—	6大都市に防火地区指定	
	12	6	1	「特殊建築物耐火構造規則」公布（施行7月1日）	・丸ビル竣工（12年） ・旧帝国ホテル竣工（12年）
	12	7	1	都市計画法，6大都市以外の25市に適用	
	12	9	24	「特別都市計画法」公布（関東大震災被災地復興のため）	・関東大震災 （M7.9）（12年）
	12	9	27	内閣に帝都復興院設置，翌13年2月23日内務省の外局の復興局に縮小	
	13	6	10.12	市街地建築物法施行令，施行規則の大改正公布（耐震規定など）	
	13	8	2	「防火地域建築補助規則」公布，震災地の防火地区の建築物に国庫補助金を交付	
	13	12	15.17	市街地建築物法施行令，施行規則改正公布（緩和規定適用制度を設け，適用都市を拡大）	
	15	1	17	復興建築助成会社を設立，震災地の耐火建築への融資等を行う	

	年	月	日	事　項	備　考
	2	2	3	**「不良住宅地区改良法」** 公布（施行 7 月 15 日）	
	3	4	24	「地方建築職員制」公布，地方費支弁の建築技師，建築技手を置く	
	4	10	—	「市街地建築物法適用区域・指定標準」を通達，適用都市の拡大を図る	・満州国建国（7 年）
	7	2	1	市街地建築物施行令，施行規則の改正施行（用途地域の整備，緩和規定制度と全規定適用との中間方式の設定など）	・白木屋デパート火災（7 年）
	8	3	30	都市計画法を町村にも適用するよう改正（施行 8 月 1 日）	・東北三陸大地震（M8.5）（8 年）
	9	6	—	「朝鮮市街地計画令」公布（韓国は併合されていた）	・函館市大火（9 年）
	10	2	1	市街地建築物法及び施行令，施行規則の改正施行（建築線についての改正）	・室戸台風（9 年）室戸測候所における瞬間最大風速約 65 m/秒
	11	8	—	「台湾都市計画令」公布（台湾は併合されていた）	
	11	9	11	「特殊建築物規則」公布	・国会議事堂竣工（11 年）
	12	4	5	「防空法」公布	
	12	5	7	内務省「建築行政の刷新改善に関する通達」を発す	・日中戦争（12 年）
	12	7	5	「建築線指定標準」を通達	
	12	10	20	鉄鋼工作物築造許可規則施行	
	13	2	19	「関東州州計画令」公布（施行 15 年 7 月 1 日）（関東州は満州国の州）	
	14	2	1	市街地建築物法及び施行令，施行規則の改正施行（公布 13 年 3 月 28 日）「防空」の文字が入り道路幅員を 9 尺から 4 m に改め，専用地区制・空地地区制を新設，工業地域の建蔽率が 7 割より 6 割へなど	
	14	2	17	「防空建築規則」公布（施行 4 月 1 日）	
	14	7	1	内務省計画局第 2 技術課，防空研究所設置	
	14	10	20	「地代家賃統制令」を施行	
	14	11	8	「木造建物建築統制規則」公布	
	15	11	21	「宅地建物等価格統制令」公布	
	16	1	1	都市計画法の改正施行（公布 15 年 4 月 1 日）（「防空」の文字が入り防空緑地制度を新設）	
昭	16	9	6	内務省計画局・土木局を廃し，防空局・国土局を設置（建築行政は防空局，都市計画は国土局の所管となる）	・太平洋戦争（16 年）
	16	11	25	防空法改正公布（施行 12 月 20 日）（防火改修の強制実施，大都市の工場規制，防空空地帯）	
	17	1	7	「青島特別市建築取締規則」（総領事館令）公布	
	17	4	1	「防火改修規則」及び「防空建築規則」の改正施行（防火規定の強化）	
	17	6	3	防空法による工場規制地域を 4 大工業地帯に指定	
	18	4	1	「工作物築造統制規則」公布	・鳥取地震（M7.4）（18 年）
	18	11	1	内務省防空局を防空総本部に昇格	
	18	12	20	市街地建築物法戦時特例公布（戦時行政事務簡易化のため市街地建築物法令の大部分（用途地域・構造規定・特建規則・特耐規則など）を停止）	
和	18	12	21	「都市疎開実施要綱」閣議決定	
	19	1	—	防空法改正（建物疎開規定入る）	・東南海地震（M8.0）（19 年）
	20	7	12	「戦時罹災土地物件令」公布	・三河地震（M7.1）（20 年）
	20	8	31	防空総本部廃止，建築行政は国土局建築課	
	20	9	4	「罹災都市応急簡易住宅建設要綱」閣議決定	
	20	11	5	内閣に戦災復興院設置，建築行政は計画局建築課	・太平洋戦争敗戦（20 年）
	20	11	20	「住宅緊急措置令」公布施行	
	20	12	—	「工作物築造統制規則」廃止	
	20	12	30	「戦災復興都市計画基本方針」閣議決定	
	21	3	19	停止中の市街地建築物法中の地域制関係を解除	
	21	3	28	戦災復興院業務局を建築局と改称，建築課を計画局より移し監督課とする	
	21	5	29	「臨時建築制限令」公布施行	
	21	7	—	防空法存続規定（防空空地，工場規制）失効	
	21	8	15	「戦災都市における建築物の規制の制限に関する勅令」公布	
	21	9	11	**「特別都市計画法」** 公布（施行 9 月 15 日）（戦災都市の区画整理，緑地地域制など）	・新憲法公布（21 年）
	21	9	15	「罹災都市借地借家臨時処理法」施行（公布 8 月 27 日）	・南海道沖大地震（M8.1）（21 年）
	21	10	9	戦災都市 115 都市を指定	
	21	1	4	戦災復興院「建築法草案」を作成	
	22	2	8	「臨時建築等制限規則」公布施行（各都道府県に戦災復興院建築出張所を設置）	
	23	1	1	内務省の解体に伴い，戦災復興院を建設院に改組（市街地建築物法の大部分を復活適用，「市街地建築物法の適用に関する法律」及びこれに基づく「特殊建築物に関する東京都令，警視庁令，北海道庁令及び府県令の効力に関する命令」施行）	・福井地震（M7.2）（23 年）
	23	7	1	建設院を建設省に昇格	
	23	7	24	**「消防法」** 公布（施行 8 月 1 日）	
	23	8	31	「臨時建築等制限規則」を「臨時建築制限規則」とし，制限を緩和，建築出張所を廃止し，都道府県知事に事務を委任	
	23	10	27	「臨時防火建築規則」公布（施行 11 月 1 日）	
	24	5	24	「建設業法」公布（施行 8 月 20 日）	
	24	6	1	建設省建築局を住宅局と改称	
	24	6	—	「臨時建築制限規則」改正（30 坪以下は資材統制上届出制に緩和）	
	24	9	24	「市街地建築物法適用区域指定標準（内規）」を改め，適用区域の拡大を図る	
	25	1	1	木材・セメントの制限撤廃	
	25	2	4	「臨時建築制限規則」の改正により建築制限を大幅に緩和	
	25	4	4	**「建築士法案」** 議員提出，4 月 26 日成立	

年	月	日	事　項	備　考
25	4	27	「建築基準法案」提出，5月2日成立	
25	5	6	「住宅金融公庫法」公布施行	
25	5	24	「建築士法」（施行7月1日）・「建築基準法」（施行11月23日）公布	
25	6	10	建設省住宅局建築監督課を建築防災課と改称	
25	6	30	鋼材の制限撤廃「臨時建築制限規則」大幅に緩和	
25	11	23	「建築基準法」施行，「臨時建築制限規則」は廃止	
26	6	4	「公営住宅法」公布（施行7月1日）	
27	5	31	建築基準法の改正（施行5月31日）（商業・防火・準防火内建蔽率緩和）「耐火建築促進法」公布施行	・対日講和・日米安全保障両条約発効（27年）
27	6	10	「宅地建物取引業法」公布（施行8月1日）	
29	5	20	「土地区画整理法」公布（施行30年4月1日）（特別都市計画法廃止，緑地地域のみ存続）	
30	7	8	「日本住宅公団」公布施行	・メートル法実施（31年）
32	5	15	建築基準法の改正（即日施行）	
32	5	16	「駐車場法」公布（施行33年2月1日）	
34	3	17	「首都圏の既成市街地における工業等の制限に関する法律」公布（施行34年4月1日）	
34	4	24	建築基準法の改正（施行12月23日）（内装制限，耐火性能，簡易耐火建築物等）	
36	6	1	「防災建築街区造成法」公布施行，耐火建築促進法廃止	
36	6	5	建築基準法の改正（施行12月4日）（特定街区制度）	
36	11	7	「宅地造成等規制法」公布（施行37年2月1日）	
37	5	1	「建築物用地下水の採取の規制に関する法律」公布（施行8月31日）	
38	7	11	「新住宅市街地開発法」公布施行	
38	7	16	建築基準法の改正（施行39年1月15日）（容積地区制度）	
39	7	9	「住宅地造成事業に関する法律」公布（施行10月1日）	・新潟地震（M7.5）（39年）
40	6	10	「地方住宅供給公社法」公布施行	・東京オリンピック（39年）
43	6	15	新「都市計画法」公布（施行44年6月14日）住宅地造成事業に関する法律廃止	・霞が関ビル竣工（43年）
44	6	3	「都市再開発法」公布（施行6月14日）防災建築街区造成法廃止	・十勝沖地震（M7.9）（43年）
45	6	1	建築基準法の改正（施行46年1月1日，一部45年10月1日）（執行体制，違反是正措置，建築基準の整備，容積規定の整備）	・万国博覧会（EXPO70）開催（大阪）（45年）
45	12	25	「水質汚濁防止法」公布（施行47年10月1日）	・札幌冬季オリンピック（47年）
46	4	1	「建設業法」改正公布（施行47年4月1日）許可制度制定	・沖縄復帰（47年）
47	6	22	「新都市基盤整備法」公布（施行12月20日）	・大阪千日デパートビル火災（死者118人）（47年）
48	9	1	「都市緑地保全法」公布（施行49年2月1日）	・石油ショック（48年）
49	6	1	都市計画法及び建築基準法の改正（施行50年4月1日）	・熊本大洋デパート昼火事（死者103人）（48年）
49	6	25	「国土利用計画法」公布（施行12月24日，一部9月10日）	・「枠組壁工法」技術基準告示（49年）
51	11	15	建築基準法の改正（施行52年11月1日）（日影制限その他）	・沖縄海洋博（50年）
54	6	22	「エネルギーの使用の合理化に関する法律」公布（施行10月1日）	・酒田市大火（51年） ・宮城県沖地震（M7.4）（53年）
55	5	1	「幹線道路の沿道の整備に関する法律」公布（施行10月25日）都市計画法及び建築基準法の改正（施行10月25日）（地区計画）	・静岡駅前地下爆発火災（死者14名）（55年）
55	7	14	建築基準法施行令の改正（施行56年6月1日）（新耐震設計法（二次設計）導入）	・川治プリンスホテル火災（死者45名）（55年）
58	5	18	「浄化槽法」公布（施行60年10月1日）	・ホテルニュージャパン火災（死者32名）（57年）
58	5	20	建築士法及び建築基準法の改正（施行59年4月1日）（建築確認合理化，木造建築士制度創設）	・日本海中部地震（M7.7）（60年） ・「丸太組構法」技術基準告示（61年）
62	6	5	建築基準法の改正（施行11月16日）（木造建築物等規制合理化，建築物形態制限（容積率・斜線制限）の合理化）	・千葉県東方沖地震（M6.7）（62年）
62	6	6	建設業法の改正（施行63年6月6日）（特定建設業の許可基準，監理技術者制度，技術検定の指定試験機関）	・東京エアドーム（後楽園球場）竣工（63年）
63	5	20	都市再開発法及び建築基準法の改正（施行11月15日）（再開発地区計画制度）	
元	6	28	道路法，建築基準法等の改正（施行11月22日）（道路内建築制限の緩和）	・新東京都庁舎竣工（2年）
2	6	29	都市計画法及び建築基準法の改正（施行11月20日）（住宅地高度利用地区計画，用途別容積型地区計画）	・横浜ランドマークタワー竣工（5年）
4	6	26	都市計画法及び建築基準法の改正（施行5年6月25日）（用途地域の細分化，誘導容積制度の導入，木造建築物，伝統的建築物に対する規制の見直し）	・北海道南西沖地震（M7.8）（奥尻島の津波被害等）（5年）
6	6	29	建築基準法の改正（施行6月29日）（住宅の地下室の容積緩和等）	・阪神・淡路大震災（直下型・M7.3）（7年）
6	6	29	「高齢者，身体障害者等が円滑に利用できる特定建築物の建築の促進に関する法律」（通称「ハートビル法」）公布（施行9月28日）	死者6434名 住家被害　全壊104906棟
7	2	26	都市再開発法，都市計画法及び建築基準法の改正（施行5月25日）（住居系用途地域の斜線制限緩和・街並み誘導型地区計画）「被災市街地復興特別措置法」公布（即日施行）	半壊144274棟 その他の被害　　42496棟
7	10	27	「建築物の耐震改修の促進に関する法律」公布（施行12月25日）	※出典：18年5月19日　消防庁「阪神・淡路大震災について（確定報）」

昭　和

平　成

	年	月	日	事　項	備　考
	8	5	24	幹線道路の沿道の整備に関する法律，都市計画法及び建築基準法の改正（施行11月10日）（沿道地区計画）	
	8	6	14	「特定非常災害の被害者の権利利益の保全等を図るための特別措置に関する法律」公布（即日施行）	
	9	5	9	「密集市街地における防災地区の整備の促進に関する法律」公布（施行11月8日）（防災街区整備地区計画）	
	9	6	13	**都市計画法及び建築基準法の改正**（施行9月1日）（共同住宅の共用廊下，共用階段の容積率緩和，高層住居誘導地区）	
	9	6	20	建築士法の改正（施行10年6月19日）（建築士事務所の指導等を行う指定法人の創設等）	
	10	4	17	「優良田園住宅の建設の促進に関する法律」公布（施行7月15日）	・長野冬季オリンピック（10年）
	10	6	12	**建築基準法の改正**（施行は下記による） 第1条（住宅居室の日照規定の削除等）即日施行 第2条（建築行政の民間開放，中間検査制度導入等）平成11年5月1日施行 第3条（性能規定化関係）平成12年6月1日施行	
	11	6	16	「都市基盤整備公団法」公布（施行10月1日）（住宅・都市整備公団法廃止）	
	11	6	23	**「住宅の品質確保の促進等に関する法律」**公布（施行12年4月1日）	
	11	12	15	「良質な賃貸住宅等の供給の促進に関する特別措置法」公布（即日施行）	
	11	12	22	「中央省庁等改革関係法」公布（施行13年1月6日）	
	12	5	8	「土砂災害警戒区域等における土砂災害防止対策の推進に関する法律」公布（施行13年4月1日）	
	12	5	19	**都市計画法及び建築基準法の改正**（施行13年5月18日）（準都市計画区域制度・特定用途制限地域制度導入）	
	12	5	31	「建設工事に係る資材の再資源化等に関する法律」（通称「建設リサイクル法」）公布（施行11月30日）	・三宅島噴火に伴う群発地震（M6.5）・全島避難（12年）
	12	12	8	「マンションの管理の適正化の推進に関する法律」公布（施行13年8月1日）	・鳥取県西部地震（M7.3）（12年）
	13	1	6	省庁改革により，建設省，運輸省，国土庁などを統合した「国土交通省」設置（建築行政所管は，建設省から引き続き住宅局建築指導課・市街地建築課）	・新宿歌舞伎町ビル火災（死者44名）（13年）
	13	4	6	「高齢者の居住の安定確保に関する法律」公布（施行8月5日）	
	14	4	5	「都市再生特別措置法」公布（施行6月1日）	
	14	6	19	「マンションの建替えの円滑化等に関する法律」公布（施行12月18日）	
平	14	7	12	**建築基準法・都市計画法等の改正** ・容積率・建蔽率・日影規制の選択肢の拡充（施行15年1月1日） ・シックハウス対策（施行15年7月1日）	
	14	7	12	高齢者，身体障害者等が円滑に利用できる特定建築物の建築の促進に関する法律（ハートビル法）の改正（施行15年4月1日）（一定の特別特定建築物に対する利用円滑化基準の適合義務化）	・日韓共催サッカー・ワールドカップ（14年）
成	15	6	11	「特定都市河川浸水被害対策法」公布（施行16年5月15日）	
	15	6	20	密集市街地における防災街区の整備の促進に関する法律，建築基準法等の改正（施行12月19日）（特定防災街区整備地区）	
	15	6	20	「独立行政法人都市再生機構法」公布（施行16年4月1日）（機構発足16年7月1日，都市基盤整備公団法廃止）	
	16	5	28	「文化財保護法の一部を改正する法律」公布（施行17年4月1日）	
	16	6	2	「建築物の安全性及び市街地の防災機能の確保等を図るための建築基準法等の一部を改正する法律」公布（施行17年6月1日，51条は16年7月1日）	
	16	6	18	**「景観法」**公布（施行16年12月17日，3章は17年6月1日） 「景観法の施行に関係法律の整備等に関する法律」（都市計画法，建築基準法，屋外広告物法，都市緑地法等の一部改正）（施行16年12月17日，一部の規定は17年6月1日）	・新潟県中越地震（直下型・M6.8）（16年）
	17	3	31	「公共工事の品質確保の促進に関する法律」公布（施行4月1日）	
	17	7	6	「独立行政法人住宅金融支援機構法」公布（施行19年4月1日）	・建築確認における構造計算書偽装問題（17年～）
	17	10	21	「郵政民営化等の施行に伴う関係法律の整備等に関する法律」公布施行	
	18	2	10	「石綿による健康等に係る被害の防止のための大気汚染防止法等の一部を改正する法律」（施行10月1日）	
	18	4	1	「宅地造成等規制法等の一部を改正する法律」公布（施行9月30日）	
	18	5	31	「都市の秩序ある整備を図るための都市計画法等の一部を改正する法律」公布（施行1年6月以内）	
	18	6	7	「中心市街地における市街地の整備改善及び商業等の活性化の一体的推進に関する法律の一部を改正する等の法律」公布（施行8月22日）（中心市街地の活性化に関する法律と改称）	
	18	6	8	「住生活基本法」公布施行	
	18	6	21	「高齢者，障害者等の移動等の円滑化の促進に関する法律」（通称「バリアフリー法」公布（施行12月20日，「ハートビル法」廃止）	
	18	6	21	**「建築物の安全性の確保を図るための建築基準法等の一部を改正する法律」**公布（施行19年6月20日）（構造計算適合性判定の導入，確認・検査の強化）	
	18	12	20	**「建築士法等の一部を改正する法律」**公布（施行一部を除き20年11月28日，27条の2～27条の5等は21年1月5日，20条の2，20条の3の適用開始日21年5月27日）（構造設計一級建築士・設備設計一級建築士新設，同建築士による構造・設備規定への適合性確認等）	
	19	3	31	「都市再生特別措置法等の一部を改正する法律」公布（施行9月28日）	・能登半島地震（M6.9）（19年）

	年	月	日	事　項	備　考
平成	19	5	30	「特定住宅瑕疵担保責任の履行の確保等に関する法律」公布（施行20年4月1日, 建設業者等に対する保証金の供託等資力の確保の義務付けの施行は, 21年10月1日）	・新潟県中越沖地震（M6.8）（19年）
	20	5	23	「地域における歴史的風致の維持及び向上に関する法律」公布（施行11月4日）	・岩手・宮城内陸地震（M7.2）（20年）
	20	12	5	「長期優良住宅の普及の促進に関する法律」公布（施行21年6月4日）	・東日本大震災（M9.0）（23年）死者・行方不明者19479名　住家被害　全懐126491棟　　　　　　半壊227600棟　※出典：23年12月12日, 消防庁「平成23年（2011年）東北地方太平洋沖地震（東日本大震災）について」（第142報）大津波（最大遡上高さ38.9m）福島第一原子力発電所事故
	23	12	14	「津波防災地域づくりに関する法律」公布（施行12月27日, 一部は24年6月13日）	・長野県北部地震（M6.7）（23年）・静岡県東部地震（M6.4）（23年）
	24	9	5	「都市の低炭素化の促進に関する法律」公布（施行12月4日）	・東京スカイツリー竣工（24年）
	25	5	29	「建築物の耐震改修の促進に関する法律の一部を改正する法律」公布（施行11月25日）	
	25	11	29	「首都直下地震対策特別措置法」公布（施行12月27日）	
	25	12	23	「国家戦略特別区域法」公布（施行26年4月1日）	
	26	5	21	「都市再生特別措置法等の一部を改正する法律」公布（施行8月1日）	
	26	6	4	「建築基準法の一部を改正する法律」公布（施行：EV等の容積率緩和は26年7月1日, 構造計算適合性判定制度改正・仮使用認定制度等は27年6月1日, 定期報告検査制度の改正等は2年以内施行）	・御嶽山噴火（死者57名, 行方不明者6名）（26年）・リニア中央新幹線工事実施計画認可（26年）
	26	6	13	「行政不服審査法の全部を改正する法律」公布（施行：28年4月1日）	
	26	6	27	**「建築士法の一部を改正する法律」** 公布（施行27年6月25日）	
	26	11	27	「空家等対策の推進に関する特別措置法」公布（施行：一部を除き27年5月26日）	
	27	7	8	「建築物のエネルギー消費性能の向上に関する法律」公布（施行：容積率特例等誘導的措置は28年4月1日, 適合義務等規制的規定は29年4月1日）	・免震ゴム偽造問題（27年）・小笠原諸島西方沖地震（M8.1）・川崎市簡易宿泊所火災（死者10名）（27年）・熊本地震（M7.3）（28年）
	27	7	15	「国家戦略特別区域法及び構造改革特別区域法の一部を改正する法律」公布（施行27年9月1日）	
	29	6	9	「住宅宿泊事業法」公布（施行：30年6月15日）	
	30	6	27	「建築基準法の一部を改正する法律」公布（施行：木造建築の推進, 接道規定の整備, 容積率規制の合理化等は30年9月25日, 特殊建築物の範囲拡大, 既存建築物の活用の推進, 防火地域内の建築物規制の合理化は令和元年6月25日）	
令和	元	12	14	「建築士法の一部を改正する法律」公布（施行：2年3月1日）（受験資格等の改正）	・ラグビーワールドカップ（元年）・新型コロナウイルス感染症（2年）・東京オリンピック（3年）・熱海土石流（3年）
	3	5	19	「畜舎等の建築物等及び利用の特例に関する法律」公布（施行：4年4月1日）	
	4	5	27	「宅地造成等規制法の一部を改正する法律」公布（施行：5年5月26日）	

1.3　建築基準法改正略史

建築基準法 { 公布　昭和25年5月24日　法律第201号
施行　昭和25年11月23日（ただし区域, 地域, 地区の指定に関する規定は10月25日）

	公布年月日			事　項	内　容
昭和	26	6	4	法律第195号　建築士法の一部を改正する法律	設計・監理者資格
	26	6	9	法律第220号　土地収用法施行法	不適格建物の措置についての補償
	26	12	24	法律第318号　文化財保護法の一部を改正する法律	適用除外
	27	5	31	法律第160号　耐火建築促進法	商業地域, 防火・準防火地域の建蔽率緩和
	27	6	10	法律第181号　道路法施行法	道路の定義
	27	7	31	法律第258号　消防組織法の一部を改正する法律	
	28	8	1	法律第114号　と畜場法	
	29	4	22	法律第72号　清掃法	保健所への通知
	29	5	20	法律第120号　土地区画整理法施行法	区画整理法区域の建築制限
	29	5	29	法律第131号　文化財保護法の一部を改正する法律	適用除外
	29	6	1	法律第140号　建設省関係法令の整理に関する法律	行政組織
	31	6	12	法律第148号　地方自治法の一部を改正する法律の施行に伴う関係法律の整理に関する法律	行政組織
	32	5	11	法律第101号　第1次改正	道路内の建築制限
	33	4	24	法律第79号　下水道法	下水道区域
	34	4	24	法律第156号　第2次改正	内装制限, 耐火性能, 簡易耐火建築物
	35	6	30	法律第113号　自治庁設置法の一部を改正する法律	
	35	8	2	法律第140号　火薬類取締法の一部を改正する法律	火薬の扱い
	36	6	5	法律第115号　第3次改正	特定街区制度設定
	36	11	7	法律第191号　宅地造成等規制法	宅造規制法による擁壁の適用除外
	37	4	16	法律第81号　駐車場法の一部を改正する法律	自動車車庫の扱い
	37	5	16	法律第140号　行政事件訴訟法の施行に伴う関係法律の整理に関する法律	審査請求
	37	9	15	法律第161号　行政不服審査法の施行に伴う関係法律の整理等に関する法律	不服申し立て
	38	7	16	法律第151号　第4次改正	容積地区制度設定
	39	7	9	法律第160号　住宅地造成事業に関する法律	
	39	7	11	法律第169号　地方自治法等の一部を改正する法律	行政組織
	40	6	3	法律第119号　清掃法の一部を改正する法律	下水道
	43	6	15	法律第101号　都市計画法施行法	都市計画の定義, 用途地域, 特別用途地区の制限
	44	6	3	法律第38号　都市再開発法	高度利用地区, 特定街区
	45	4	14	法律第20号　建築物における衛生的環境の確保に関する法律	保健所への通知
	45	6	1	法律第109号　第5次改正	執行体制, 違反防止措置, 用途地域, 容積規定の整備

	公布年月日		事　項	内　容
昭和	45 12 25	法律第137号	廃棄物の処理及び清掃に関する法律	処理施設
	45 12 25	法律第141号	下水道法の一部を改正する法律	下水道処理区域
	47 6 22	法律第86号	新都市基盤整備法	道路の種類
	49 6 1	法律第67号	都市計画法及び建築基準法の一部を改正する法律	工業専用地域内の建蔽率
	50 7 1	法律第49号	文化財保護法の一部を改正する法律	文化財の適用除外
	50 7 11	法律第59号	学校教育法の一部を改正する法律	専修学校を学校に含める
	50 7 16	法律第66号	都市再開発法の一部を改正する法律	高度利用地区
	50 7 16	法律第67号	大都市地域における住宅地等の供給の促進に関する特別措置法	道路の定義
	51 11 15	法律第83号	第6次改正	日影による高さの制限，用途規制（二種住専），容積率，建蔽率など，検査，使用制限など
	53 5 1	法律第38号	地方交付税法等の一部を改正する法律	手数料
	55 5 1	法律第34号	幹線連絡の沿道の整備に関する法律	沿道整備計画の区域
	55 5 1	法律第35号	都市計画法及び建築基準法の一部を改正する法律	地区計画等の区域，新耐震設計法
	56 5 30	法律第58号	地方交付税法等の一部を改正する法律	
和	58 5 18	法律第43号	浄化槽法	浄化槽
	58 5 20	法律第44号	建築士法及び建築基準法の一部を改正する法律	木造建築士，建築確認及び検査制度の合理化
	59 5 25	法律第47号	地方公共団体関係手数料に係る規定の合理化に関する法律	手数料
	59 8 14	法律第76号	風俗営業等取締法の一部を改正する法律	個室付浴場業
	62 6 2	法律第63号	集落地域整備法	集落地区計画
	62 6 5	法律第66号	第7次改正	木造建築物制限及び建築物の形態制限の合理化
	63 5 20	法律第49号	都市再開発法の一部を改正する法律	再開発地区計画，集落地区計画
平成	元 6 28	法律第56号	道路法等の一部を改正する法律	道路内建築制限の緩和
	2 6 29	法律第61号	都市計画法及び建築基準法の一部を改正する法律	住宅地高度利用地区計画，用途別容積型地区計画
	2 6 29	法律第62号	大都市地域における住宅地等の促進に関する特別措置法の一部改正	法律名称の変更，供給計画の策定
	3 4 2	法律第24号	地方自治法の一部を改正する法律	特定行政庁に対する建設大臣の監督の一部削除
	4 6 26	法律第82号	都市計画法及び建築基準法の一部を改正する法律	用途地域細分化，誘導容積制度の導入，木造建築物・伝統的建築物への規則の見直し
	5 11 12	法律第89号	行政手続法の施行に伴う関係法律の整備に関する法律	処分，行政指導及び届出に関する一般法の制定
	6 6 29	法律第62号	第8次改正	住宅の地下室の容積率の緩和
	7 2 26	法律第13号	都市再開発法等の一部を改正する法律	住居系用途地域における道路斜線制限・容積率の緩和等，街並み誘導型地区計画
	8 5 24	法律第48号	幹線道路の沿道の整備に関する法律等の一部を改正する法律	沿道地区計画
	9 5 9	法律第50号	密集市街地における防災街区の整備の促進に関する法律の施行に伴う関係法律の整備等に関する法律	防災街区整備地区計画
	9 6 13	法律第79号	都市計画法及び建築基準法の一部を改正する法律	共同住宅の共用廊下・階段の容積率緩和，高層住居誘導地区
	10 5 8	法律第55号	風俗営業等の規制及び業務の適正化等に関する法律の一部改正	個室付浴場業の定義
	10 6 12	法律第100号	第9次改正	指定確認検査機関，中間検査導入，連担建築物設計制度，単体規定の性能規定化
	11 7 16	法律第87号	地方分権の推進を図るための関係法律の整備等に関する法律	地方分権推進法に基づく機関委任事務の廃止等
	11 12 8	法律第151号	民法の一部改正に伴う関係法律の整備等に関する法律	成年後見人，被保佐人
	11 12 22	法律第160号	中央省庁等改革関係法施行法	国土交通省
	12 5 19	法律第73号	都市計画法及び建築基準法の一部を改正する法律	特定用途制限地域，準都市計画区域
	12 5 31	法律第91号	商法の一部改正に伴う関係法律の整備に関する法律	認証型式部材等製造者の分割
	12 6 2	法律第106号	浄化槽法の一部を改正する法律	浄化槽に関する技術的基準
	14 4 5	法律第22号	都市再生特別措置法	都市再生特別地区
	14 7 12	法律第85号	建築基準法の一部を改正する法律	用途地域内の指定容積率・建蔽率・日影規制等の選択肢の拡大，総合設計の一部定型化，シックハウス対策
	15 6 20	法律第101号	密集市街地における防災街区の整備の促進に関する法律等の一部を改正する法律	条例による接道制限の付加特定防災街区整備地区内の建築制限
	16 5 28	法律第61号	文化財保護法の一部を改正する法律	重要文化的景観
	16 6 2	法律第67号	建築物の安全性及び市街地の防災機能の確保等を図るための建築基準法等の一部を改正する法律	既存不適格建築物への是正措置強化と段階的改修，特例容積率適用地区，隣接空地との一団地，国等の建築物の定期点検義務付
	16 6 18	法律第111号	景観法の施行に伴う関係法律の整備等に関する法律	景観重要建造物の建築等，景観地区
	17 10 21	法律第102号	郵政民営化法等の施行に伴う関係法律の整備等に関する法律	郵便局を削る
	17 11 7	法律第120号	建築物の耐震改修の促進に関する法律の一部を改正する法律	
	18 2 10	法律第5号	石綿による健康等に係る被害の防止のための大気汚染防止法等の一部を改正する法律	石綿等の飛散又は発散に対する衛生上の措置
成	18 4 1	法律第30号	宅地造成等規制法の一部を改正する法律	工作物（擁壁）への準用
	18 5 31	法律第46号	都市の秩序ある整備を図るための都市計画法等の一部を改正する法律	大規模店舗等の用途規制，開発整備促進区内の用途規制の緩和
	18 6 2	法律第50号	一般社団法人及び一般財団法人に関する法律及び公益社団法人及び公益財団法人の課定等に関する法律の施行に伴う関係法律の整備等に関する法律	一般社団法人又は一般財団法人
	18 6 4	法律第53号	地方自治法の一部を改正する法律	吏員→職員
	18 6 21	法律第92号	建築物の安全性の確保を図るための建築基準法等の一部を改正する法律	構造計算適合性判定及び同判定機関の新設，階数3以上の共同住宅に中間検査義務付
	18 12 20	法律第114号	建築士法等の一部を改正する法律	構造設計一級建築士，設備設計一級建築士の資格創設
	19 3 31	法律第19号	都市再生特別措置法等の一部を改正する法律	
	20 5 23	法律第40号	地域における歴史的風致の維持及び向上に関する法律	歴史的風致維持向上地区計画
	23 5 2	法律第35号	地方自治法の一部を改正する法律	
	23 8 30	法律第105号	地域の自主性及び自立性を高めるための改革の推進を図るための関係法律の整備に関する法律	
	23 12 14	法律第122号	東日本大震災復興特別区域法	
	23 12 14	法律第124号	津波防災地域づくりに関する法律の施行に伴う関係法律の整備等に関する法律	
	24 8 22	法律第67号	こども・子育て支援法	
	25 5 29	法律第20号	建築物の耐震改修の促進に関する法律の一部を改正する法律	既存耐震不適格建築物の耐震診断・耐震改修の促進計画認定建築物の容積率・建蔽率の特例等
	25 6 14	法律第44号	地域の自主性・自立性を高めるための改革・推進関係法の一部改正	建築協定に対する市町村長の意見，建築審査会の組織
	25 12 13	法律第107号	国家戦略特別区域法	国家戦略特別区域の指定，建築基準法の特例措置
	26 5 21	法律第39号	都市再生特別措置法の一部を改正する法律	特定用途誘導地区
	26 6 4	法律第54号	建築基準法の一部を改正する法律	構造計算適合性判定制度の見直し，仮使用認定制度，定期調査・検査報告制度の強化，大規模木造等の基準見直し，構造・材料の38条認定復活，老人ホーム等・EV昇降路の容積率緩和
	26 6 13	法律第69号	行政不服審査法の施行に伴う関係法律の整備等に関する法律	不作為の意義と不作為庁に対する審査請求，訴訟の裁決前置廃止
	26 6 25	法律第80号	マンションの建替えの円滑化等に関する法律の一部を改正する法律	耐震改修促進法による改修，マンション敷地売却制度の創設，容積率の緩和特例
	26 6 27	法律第92号	建築士法の一部を改正する法律	書面契約等による設計等業務の適正化，管理建築士の責務の明確化，免許証の提示等の情報開示
	26 11 27	法律第127号	空家等対策の推進に関する特別措置法	空家等の情報収集，空家及びその跡地活用，特定空家等に対する措置
	27 6 24	法律第45号	風俗営業等の規制及び業務の適正化等に関する法律の一部を改正する法律	ダンス営業の規制範囲の見直し，特定遊興飲食店営業に関する規定整備，良好な風俗環境の保全
	27 6 26	法律第50号	地域の自主性及び自立性を高めるための改革の推進を図るための関係法律の整備に関する法律	地方公共団体への事務・権限の委譲等義務付け・枠付けの見直し
	27 7 8	法律第53号	建築物のエネルギー消費性能の向上に関する法律	大規模非住宅建築物の省エネルギー基準適合義務，中規模建築物の届出義務，省エネ向上計画の認定（容積率特例），エネルギー消費性能の表示

公布年月日			事　項	内　容
平成	28	5 20	法律第 47 号　地域の自主性及び自立性を高めるための改革の推進を図るための関係法律の整備に関する法律	国等の建築物・建築整備の定期点検の除外指定
	28	6 7	法律第 72 号　都市再生特別措置法等の一部を改正する法律	特定用途誘導地区の改正
	29	5 12	法律第 26 号　都市緑地法等の一部を改正する法律	田園住居地域内の建築制限
	30	4 25	法律第 22 号　都市再生特別措置法等の一部を改正する法律	接道規定等について高架の道路等を除外
	30	5 30	法律第 33 号　不正競争防止法等の一部を改正する法律	指定建築材料のいずれかを日本工業規格から日本産業規格に改正
	30	6 27	法律第 67 号　建築基準法の一部を改正する法律	維持保全計画の範囲の拡大，用途変更の合理化，既存建物の利用活用の促進，木造建築物等の整備促進
令和	元	6 14	法律第 37 号　成年被後見人等の権利の制限に係る措置の適正化等を図るための関係法律の整備に関する法律	心身の故障により調査等の業務を適正に行えない者の措置
	2	6 10	法律第 43 号　都市再生特別措置法等の一部を改正する法律	居住環境向上用途誘導地区の創設
	3	5 10	法律第 31 号　特定都市河川浸水被害対策法等の一部を改正する法律	浸水被害防止区域における開発行為許可擁壁の建築確認等の不要
	3	5 26	法律第 44 号　地域の自主性及び自立性を高めるための改革の推進を図るための関係法律の整備に関する法律	一級建築士の免許申請等に係る都道府県経由事務の廃止
	4	5 20	法律第 44 号　地域の自主性及び自立性を高めるための改革の推進を図るための関係法律の整備に関する法律	応急仮設建築物等の存続期間等の延長
	4	5 27	法律第 55 号　宅地造成等規制法の一部を改正する法律	危険な盛土等を包括的に規制
	4	6 17	法律第 68 号　刑法等の一部を改正する法律の施行に伴う関係法律の整理等に関する法律	「禁錮」を「拘禁刑」に改正
	4	6 17	法律第 69 号　脱炭素社会の実現に資するための建築物のエネルギー消費性能の向上に関する法律等の一部を改正する法律	省エネ対策の加速及び木材利用の促進
	5	6 16	法律第 58 号　地域の自主性及び自立性を高めるための改革の推進を図るための関係法律の整備に関する法律	建築副主事の創設
	5	6 16	法律第 63 号　デジタル社会の形成を図るための規制改革を推進するためのデジタル社会形成基本法等の一部を改正する法律	掲示等のデジタル化

2. 建築基準法条文早見表

2.1　用語の定義・建築手続き

区　分	建　築　基　準　法		建築基準法施行令		建築基準法施行規則・建設省告示・国土交通省告示等[*1,*2]	
	条	内　容	条	内　容	条	内　容
用語の定義等	2	用語の定義等 （1号）建築物 （2号）特殊建築物〔法別表第1〕 （3号）建築設備 （4号）居室 （5号）主要構造部 （6号）延焼のおそれのある部分 （7号）耐火構造 （7号の2）準耐火構造 （8号）防火構造 （9号）不燃材料 （9号の2）耐火建築物 （9号の3）準耐火建築物 （10号）設計 （11号）工事監理者 （12号）設計図書 （13号）建築（新築・増築・改築・移転） （14号）大規模の修繕 （15号）大規模の模様替 （16号）建築主 （17号）設計者 （18号）工事施工者 （34号）プログラム （35号）特定行政庁	1 〔107条〕 〔107条の2〕 〔108条〕 〔108条の2〕 〔108条の3〕 〔109条〕 〔109条の2〕 〔109条の2の2〕 〔109条の3〕 2の2	用語の定義 （1号）敷地 （2号）地階 （3号）構造耐力上主要な部分 （4号）耐水材料 耐火性能 準耐火性能 防火性能 不燃性能 （5号）準不燃材料 （6号）難燃材料 耐火建築物の主要構造部・耐火性能検証法 防火戸その他の防火設備 遮炎性能 準耐火構造の建築物の層間変形角 準耐火構造と同等の建築物 都道府県知事が特定行政庁となる建築物	告示 告示 告示 告示 告示 告示 告示 告示 告示 告示 告示 告示 告示	（平12：1380号）耐火建築物を要しない特殊建築物の構造方法 （令2：197号）燃焼するおそれのない部分 （平12：1399号）耐火構造の構造方法 （平12：1432号）可燃物燃焼温度 （平12：1358号）準耐火構造の構造方法 （平12：1359号）防火構造の構造方法 （平12：1400号）不燃材料の指定 （平12：1401号）準不燃材料の指定 （平12：1402号）難燃材料の指定 （平12：1433号）耐火性能検証法・防火区画検証法 （平12：1360号）防火設備の構造方法 （平12：1367号）準耐火建築物と同等の建築物の屋根 （平12：1368号）床又はその直下の天井の構造方法
	92	〔算定方法〕	2	（1項1号～5号）面積の算定（敷地面積，建築面積，床面積，延べ面積，築造面積） （1項6号,7号）高さの算定（建築物の高さ，軒の高さ） （1項8号）階数の算定	告示 告示 告示	（昭50：644号）工作物の築造面積の算定 （平5：1437号）高い開放性を有する構造 （令5：143号）建築面積に算入しない特別軒の基準

区　分	建　築　基　準　法		建築基準法施行令		建築基準法施行規則・建設省告示・国土交通省告示等[*1,*2]	
	条	内　容	条	内　容	条	内　容
建築手続き等	6 6の2	（確認申請） 建築主事による建築物の確認 指定確認検査機関による建築確認	9	建築基準関係規定（高齢者，障害者等の移動等の円滑化の促進に関する法律14，都市緑地法41，建築物のエネルギー消費性能の向上に関する法律11）	1の3 3の3 告示 告示 2 3の4 2の2 3 3の2 3の5 告示 3の6 11の3	確認申請書の様式 構造計算概要書，応力図等の様式 （平19：817号）構造計算概要書，応力図等の様式 （平19：823号～831号，平28：612号，698号）大臣が定める基準による構造計算書等 確認済証等の様式 建築設備の確認申請書の様式 工作物の確認申請書等の様式 計画変更の確認を要しない軽微な変更 確認審査報告書 （平19：885号）確認審査等に関する指針に従って確認審査等を行ったことを証する書類の様式 適合しないと認める旨の通知書 書類の閲覧等
	5の4 5の5 5の6	構造計算適合判定資格者検定 構造計算適合判定資格者検定事務を行う者の指定等 建築物の設計及び工事監理		（建築士法3～3の3）		
	6の3 6の4	構造計算適合性判定 確認の特例	10	確認の特例	告示	（平19：1119号）確認の特例の適用時にも審査を要する令80条の2に基づく基準
	87	用途変更の確認申請	137の18, 137の19	類似の用途		
	87の4	建築設備の確認申請	146	確認を要する建築設備		
	88	工作物の確認申請	138	確認を要する工作物の指定	3	工作物の確認申請書・確認済証の様式

4章資料

区分	建築基準法		建築基準法施行令		建築基準法施行規則・建設省告示・国土交通省告示等 *1, *2	
	条	内容	条	内容	条	内容
建築手続き等（つづき）	18	計画通知（国等の特例）			8の2	国の機関の長等による建築主事への通知等
	18の2	指定構造計算適合性判定機関による構造計算適合性判定の実施				
	18の3	確認審査等に関する指針等			告示	（平19：835号）確認審査等に関する指針
					告示	（平19：885号）確認審査等に関する指針に従って確認審査等を行ったことを証する書類の様式
	93	確認について消防長同意等	147の3	消防長同意を要する住宅		
	93の2	書類の閲覧			11の4	閲覧書類の様式
	89	工事現場における確認の表示等			11	表示の様式等
		（許可申請）				
	43	（2項2号）敷地の接道の特例許可			10の4	許可申請書，許可通知書の様式
	44	（1項2号）公益建築物の道路内建築の許可			10の3	敷地と道路との関係の特例
		（1項4号）公共用歩廊等の道路内建築の許可	145	道路内に建築することができる建築物		
	47	壁面線を超える建築の許可				
	48	用途地域等内の例外許可	130	意見の聴取等を要しない許可		
	51	卸売市場等の位置の許可	130の2の3	許可を要しない規模の範囲		
	52	（10項，11項，14項）容積率の限度の例外許可			10の4の6	容積率制限の緩和の建築物
	53	（4項）壁面線等がある場合の建蔽率の例外許可				
		（5項）壁面線等の限度を越えない場合の建蔽率の例外許可			10の4の8	建蔽率制限の緩和の建築物
		（6項3号）公園等内における建蔽率の特例許可				
	53の2	敷地最低面積の例外許可			10の4の9	第一種低層住居専用地域内における建築物の高さの制限の緩和の建築物
		（1項）第一種低層住居専用地域内の再生可能エネルギー源設置の高さの例外許可				
	55	（4項）第一種低層住居専用地域等内の高さの限度の例外許可				
	56の2	日影による中高層建築物の高さの制限の例外許可				
	57の4	特例容積率適用地区内の高さの限度の例外許可			10の4の15	高度地区内における建築物の高さの制限の緩和の建築物
	58	（2項）高度地区内の高さの例外許可				
	59	（1項3号）高度利用地区内の容積率，建蔽率，建築面積の例外許可				
		（4項）高度利用地区内の高さの例外許可				
	59の2	総合設計による容積率・高さの例外許可	136	許可の基準（敷地内空地，敷地の規模）		
	60の2	（1項3号）都市再生特別地区内の公益建築物の例外許可				
	60の2の2	（1項）居住環境向上用途誘導地区内の建蔽率の特例許可				
		（2項）居住環境向上用途誘導地区内の壁面の位置の例外許可				
		（3項）居住環境向上用途誘導地区内の高さの例外許可				
	60の3	（1項3号）特定用途誘導地区内の容積率，建築面積の例外許可				
		（2項）特定用途誘導地区内の高さの例外許可				
	67	（3項）特定防災街区整備地区内の敷地面積の例外許可				
		（5項）特定防災街区整備地区内の壁面の位置の例外許可				
	68	（1項）景観地区内の高さの最高・最低限度の例外許可				
		（2項）景観地区内の壁面の位置の例外許可				
		（3項）景観地区内の敷地面積の例外許可				
	68の3	（4項）再開発促進区又は沿道再開発等促進区の区域内の高さの例外許可				
	68の5の3	（2項）高度利用地区型の地区計画又は沿道地区計画の区域内の道路高さ制限の例外許可				
	68の7	（5項）予定道路に係る容積率の限度の例外許可				
	85	（3項）応急仮設建築物の許可	147	応急仮設建築物に対する制限の緩和	告示	（令4：1024号）構造及び周囲の状況に関し安全上支障がない鉄筋コンクリート造の柱等の基準
		（6項）仮設建築物の許可	147	仮設建築物に対する制限の緩和		
		（7項）国際会議等の仮設建築物の許可				
	86	（3項）総合的設計による一団地内の容積率と高さの例外許可	136の12	一団地内の空地と一団地の面積の規模		
		（4項）既存建築物を前提とした一団地内の容積率と高さ等の例外許可				
	86の2	（2項）公告認定対象区域内の容積率と高さ等の例外許可	136の12	対象区域内の空地と区域の面積の規模		
		（3項）公告許可対象区域内の容積率と高さ等の例外許可			10の21	認定又は許可の取消しの申請等
	86の5	公告許可対象区域内の許可の取消しの申請				
	87の3	（3項）用途変更の一時的利用の継続許可				
	93	許可についての消防長の同意				
		（認定申請）			10の4の2	認定申請書・認定通知書の様式
	3	（1項4号）重要文化財等の建築物の再現認定				
	43	（2項1号）敷地と接道の特例認定			10の3	敷地と道路との関係の特例
	44	（1項3号）自動車専用道路内等における建築認定				
	52	（6項3号）住宅又は老人ホーム等に設特機械室の容積率緩和認定			10の4の4	容積率に算入しない給湯設備の基準
					告示	（令5：209号）容積率に算入しない給湯設備
	55	（2項）第一種低層住居専用地域内における建築物の高さの限度の特例認定	130の10	敷地内の空地と敷地面積	10の4の5	市街地の環境を害するおそれがない機械室等の基準
	57	（1項）高架の工作物内に設ける建築物の高さの特例認定				

区分	建築基準法 条	建築基準法 内容	建築基準法施行令 条	建築基準法施行令 内容	建築基準法施行規則・建設省告示・国土交通省告示等[*1,*2] 条	建築基準法施行規則・建設省告示・国土交通省告示等[*1,*2] 内容
建築手続き等（つづき）	68	(5項) 景観地区内の敷地内の有効な空地確保における斜線制限の緩和認定				
	68の3	(1項) 再開発等促進区等内の容積率の特例認定				
		(2項) 再開発等促進区等内の建蔽率の特例認定				
		(3項) 再開発等促進区等内の高さの最高限度の特例認定				
	68の4	誘導容積型地区計画の区域内における容積率の特例認定				
	68の5の4	街並み誘導型地区計画の区域内における容積率と高さの特例				
	68の5の5	地区計画等の区域内における建蔽率の特例認定				
	68の10	型式適合認定				
	68の26	構造方法等の認定				
	86	(1項) 総合的設計による一団地の土地を一の敷地と認定	136の12	一団地内の空地及び一団地の面積の規模	10の16	一の敷地とみなすこと等による制限緩和の認定・許可申請
		(2項) 既存建築物を前提とした一団の土地を一の敷地と認定			10の17	既存建築物を前提とする設計基準
					10の18	対象区域内建築物の位置・構造
					10の19〜10の20	制限の特例の認定・許可の公告
	86の2	追加建築物の位置・構造の認定				
	86の5	公告認定対象区域内の認定の取消しの申請			10の21	認定又は許可の取消しの申請
	86の6	一団地の住宅施設の認定			10の23	全体計画認定の申請等
	86の8	既存不適格建築物の段階的改修を行う場合の全体計画の認定			10の24	全体計画認定の変更の申請等
	87の2	既存不適格建築物の用途変更の段階的改修を行う場合の全体計画の認定			10の25	体計画変更の認定を要しない軽微な変更
	70	(認可申請) 建築協定の認可の申請				
	42	(道路の位置の指定) 道路の位置の指定	144の4	道路位置の指定基準	9	道路の位置の指定の申請
					10	指定道路等の公告・通知
					10の2	指定道路図及び指定道路調書
	15	(各種届出・検査等) 建築工事届・建築物除却届		(耐震改修促進法17, 密集市街地整備法4)	8	建築工事届・建築物除却届
	15の2	報告, 検査等				
	7	建築物の完了検査			4	完了検査申請書の様式
					4の2	用途変更の工事完了届の様式
					4の3	申請できないやむを得ない理由
					4の3の2	検査済証を交付できない旨の通知（建築主事）
					4の4	検査済証の様式
	7の2	指定確認検査機関による完了検査			4の4の2	指定確認検査機関への完了検査申請
					4の5	完了検査引受証・同通知書の様式
					4の5の2	検査済証を交付できない旨の通知（指定確認検査機関）
					4の6	指定確認検査機関の検査済証の様式
					4の7	完了検査報告書
					告示	(平19：885号) 確認審査等に関する指針に従って確認審査等を行ったことを証する書類の様式
	7の3	建築物の中間検査	11	中間検査を要する特定工程	4の8	中間検査申請書の様式
					4の9	中間検査合格証を交付できない旨の通知
			12	中間検査前の施工禁止工程	4の10	中間検査合格証の様式
					4の11	特定工程の指定に関する事項
	7の4	指定確認検査機関による中間検査			4の11の2	指定確認検査機関に対する中間検査の申請
					4の12	中間検査引受証及び中間検査引受通知書の様式
					4の12の2	中間検査合格証を交付できない旨の通知
					4の13	指定確認検査機関が交付する中間検査合格証の様式
					4の14	中間検査報告書
					告示	(平19：885号) 確認審査等に関する指針に従って確認審査等を行ったことを証する書類の様式
	7の5	建築物に関する検査の特例			4の15	建築物に関する検査の特例
	7の6	検査済証を受けるまでの建築物の使用制限	13	避難施設等の範囲	4の16	仮使用の認定の申請等
			13の2	避難施設等に含まれない軽易な工事	告示	(平27：247号) 仮使用認定基準等
					告示	(平27：248号) 仮使用認定基準に従って認定を行ったことを証する書類として国土交通大臣が定める様式
	90の3	工事中の安全措置の届出	147の2	安全措置の計画の届出を要する建築物	11の2	安全措置の計画届の様式
	87	用途変更に関する完了検査等の準用	137の18	検査を要しない類似の用途	4の2	用途変更の工事完了届の様式
	87の4	建築設備の完了検査申請	146	完了検査を要する建築設備	4の2	用途変更に伴う工事完了届の様式
	88	工作物の完了検査申請	138	完了検査を要する工作物		
	12	(1項) 建築物の定期調査報告	16	定期調査報告を要する建築物	5	定期調査報告
					告示	(平28：240号) 定期報告を要しない建築物等
					告示	(平20：282号) 建築物の定期調査報告における調査の項目, 方法及び結果の判定基準並びに調査結果表
		(2項) 国の機関の長等による建築物の定期点検			5の2	国の機関の長等による建築物の点検の時期等
		(3項) 建築設備の定期検査報告	16	定期検査報告を要する昇降機・建築設備	6	定期検査報告
					告示	(平20：283号) 昇降機の定期検査報告における検査の項目, 方法及び結果の判定基準並びに検査結果表
					告示	(平20：284号) 遊戯施設の定期検査報告における検査の項目, 方法及び結果の判定基準並びに検査結果表
					告示	(平20：285号) 建築設備等（昇降機及び遊戯施設を除く。）の定期検査報告における検査の項目, 方法及び結果の判定基準並びに検査結果表
					告示	(平28：723号) 防火設備の定期検査報告における点検の項目, 事項, 方法及び結果の判定基準並びに検査結果表
		(4項) 国の機関の長等による建築設備等の点検			6の2	国の機関の長等による建築設備等の点検の時期等
					4の36	昇降機検査資格者講習
					4の37	4の21〜4の35の準用
					4の38	建築設備検査資格者講習
					4の39	4の21〜4の35の準用
		(5・6項) 調査報告・書類等提出			6の3	台帳の記載事項等
		(7・8項) 立入検査・質問・台帳整備保存				

4章 資料

区分	建築基準法		建築基準法施行令		建築基準法施行規則・建設省告示・国土交通省告示等 [*1,*2]	
	条	内　容	条	内　容	条	内　容
建築手続き等（つづき）	12の2	建築物調査員資格者証			6の5〜	建築物調査員資格者証等の種類，建築物の種類等，登録
	12の3	建築設備等検査員資格者証			6の27	の申請，登録の要件，交付の申請，準用など
					告示	（平28：483号）資格者講習修了者と同等以上の者
					告示	（平28：699号）建設設備との検査が合理的な防火設備
	13	身分証明書の携帯				
	8	適法に維持保全する義務	13の3	維持保全に関する準則の作成等を要する建築物	告示	（昭60：606号）維持保全の準則・計画作成の指針
					告示	（令4：412号）遊戯施設の維持保全の準則・計画作成の指針
	3	適用除外（文化財建築物・既存不適格建築物）	137〜 137の15	既存不適格建築物の特例		
	86の7	既存不適格建築物に対する制限の緩和				
	86の9	公共事業による敷地面積減少についての法3条等の準用	137の17	法3条等を準用する事業		
		（委任）				
	93の3	国土交通省令への委任				
	97	国土交通大臣の権限の委任	147の5	権限の委任	12	権限の委任
	97の2	市町村の建築主事等の特例	148	市町村の建築主事等の特例		
	97の3	特別区の特例	149	特別区の特例		
	97の4	手数料			11の2の2	手数料の納付の方法
					11の2の3	手数料の額
	97の5	事務の区分				
	97の6	経過措置				

2.2　単体規定——単体一般・敷地・一般構造・建築設備

区分	建築基準法		建築基準法施行令		建築基準法施行規則・建設省告示・国土交通省告示等 [*1,*2]	
	条	内　容	条	内　容	条	内　容
敷地	19	敷地の衛生・安全				
	39	災害危険区域				
建築材料	37	建築材料の品質	144の3	安全上，防火上，衛生上重要な建築物の部分	告示	（平12：1446号）建築材料，適合すべき日本工業規格又は日本農林規格及び品質に関する基準
					告示	（平12：1444号）安全上・防火上重要な建築物の部分等
単体一般	38	特殊の構造方法又は建築材料				
一般構造	28	居室の採光	19	学校・病院・寄宿舎等の採光	告示	（昭55：1800号）照明設備による有効採光の基準
			20	採光有効面積の算定方法	告示	（平15：303号）商業系地域内住宅の採光有効面積の算定方法
	28	居室等の換気	20の2	換気設備の設置・構造の基準	告示	（昭45：1826号）換気設備の構造
			20の3	火気使用室の換気設備の基準		
			129の2の5	換気設備	告示	（昭45：1832号）中央管理方式の空気調和設備
	28の2	石綿その他の物質の飛散又は発散に対する衛生上の措置	20の4	著しく衛生上有害な物質	告示	（平18：1172号）石綿等を添加した建築材料で石綿等を飛散又は発散させるおそれがないもの
			20の5	居室内で衛生上の支障を生ずるおそれがある物質		
			20の6	居室を有する建築物のクロルピリホスに関する技術的基準	告示	（平14：1112号）クロルピリホスを発散させるおそれがない建築材料
			20の7	居室を有する建築物のホルムアルデヒドに関する技術的基準	告示	（平14：1113号）第一種ホルムアルデヒド発散建築材料
					告示	（平14：1114号）第二種ホルムアルデヒド発散建築材料
			20の8	換気設備についてのホルムアルデヒドに関する技術的基準	告示	（平15：273号）ホルムアルデヒドに対して必要な換気を確保できる居室の構造方法
					告示	（平15：274号）ホルムアルデヒドに対して必要な換気設備
			20の9	ホルムアルデヒドに関する技術的基準の特例	告示	（平14：1115号）第三種ホルムアルデヒド発散建築材料
	29	地階における住宅等の居室	22の2	地階における住宅等の居室の基準〔令1条 地階の定義〕	告示	（平12：1430号）地階の住宅等の居室に設ける開口部と防水層
	30	共同住宅等の各戸の界壁の遮音	22の3	遮音性能の基準	告示	（昭45：1827号）遮音性能を有する界壁の構造
	36	一般構造の技術基準	21	居室の天井の高さ		
			22	居室の床の高さ・防湿方法		
			23	階段の蹴上げ・踏面・幅	告示	（平26：709号）令23条の階段と同等以上に安全な階段の構造（小学校の児童用階段）
			24	踊場の位置・踏幅		
			25	階段・踊場の手すり		
			26	傾斜路		
			27	特殊用途の階段〔令129条の9 昇降機機械室の階段〕		
	31	便所〔下水道法11条の3〕処理区域内便所の水洗化義務	28	便所の採光・換気	告示	（平12：1386号）汲取便所等の構造方法及び改良便槽の基準
			29	汲取便所の構造		
			30	特殊建築物等の便所〔令1条 耐水材料の定義〕		
			31	改良便槽		
			32	汚物処理性能の基準	告示	（昭44：3184号）屎尿浄化槽の処理対象人員の算定（JIS A 3302）
			33	漏水検査		
			34	便所と井戸の距離		
			35	合併処理浄化槽の構造	告示	（昭55：1292号）屎尿浄化槽・合併処理浄化槽の構造
建築設備	2	（3号）建築設備の定義				
	87の4	建築設備への準用	146	確認等を要する建築設備		
	28	換気設備	20の2	換気設備の技術的基準（換気無窓の居室，集会場）	告示	（昭45：1826号）換気設備の構造
			20の3	火気使用室等の換気設備		
	36	必要な技術的基準	129の2の5	換気設備の技術的基準（一般基準）	告示	（昭45：1832号）中央管理方式の空気調和設備の構造
	31（36）	屎尿浄化槽	32	汚物処理性能の基準	告示	（昭44：3184号）屎尿浄化槽の処理対象人員の算定（JIS A 3302）
			35	合併処理浄化槽の構造	告示	（昭55：1292号）屎尿浄化槽・合併処理浄化槽の構造
	32	電気設備		〔電気事業法〕	省令	〔電気設備に関する技術基準を定める省令〕
	33（36）	避雷設備	129の14 129の15	避雷設備の設置及び構造	告示	（平12：1425号）避雷設備の構造
	34（36）	（1項）昇降機（エレベーター，エスカレーター，小荷物専用昇降機）	129の3	適用の範囲	告示	（平12：1413号）特殊な構造・使用形態のエレベーター等
			129の4	エレベーターの構造上主要な部分	告示	（平12：1414号）エレベーター強度検証法，屋外のエレベーターの構造計算基準
					告示	（平20：1494号）滑節構造とした接合部が地震などの震動で外れるおそれがない構造方法
					告示	（平21：541号）同上（エスカレーター）
					告示	（平21：621号）同上（遊戯施設）
					告示	（平20：1498号）滑車を使用してかごを吊るエレベーターが地震などの震動で索が滑車から外れるおそれがない構造方法
					告示	（平21：622号）滑車を使用して客席部分を吊る遊戯施設が地震などの震動で索が滑車から外れるおそれがない構造方法
					告示	（平25：1047号）エレベーターの地震その他の震動に対する構造耐力上の安全性を確かめるための構造計算の基準

区分	建築基準法		建築基準法施行令		建築基準法施行規則・建設省告示・国土交通省告示等 [*1, *2]	
	条	内　容	条	内　容	条	内　容
建築設備（つづき）					告示	（平25：1048 号）地震その他の震動によってエレベーターの釣合おもりが脱落するおそれがない構造方法
					告示	（平25：1049 号）地震その他の震動によって遊戯施設の釣合おもりが脱落するおそれがない構造方法
			129の5	エレベーターの荷重	告示	（平12：1415 号）用途が特殊なエレベーター
			129の6	エレベーターのかごの構造	告示	（平12：1416 号）防火上支障のないエレベーターのかごと昇降路，小荷物専用昇降機の昇降路
					告示	（平20：1455 号）かご内の人又は物による衝撃に対して安全なかごの各部の構造方法及びかご内の人又は物がかご外の物に触れるおそれのないかごの壁又は囲い及び出入口の戸の基準
			129の7	エレベーターの昇降路の構造	告示	（平20：1454 号）昇降路外の人又は物がかご又は釣合おもりに触れるおそれのない壁又は囲い及び出入口の戸の基準
					告示	（平20：1447 号）昇降路外の人又は物が昇降路内に落下するおそれのない昇降路の出入口の戸の施錠装置の基準
					告示	（平20：1495 号）昇降路内に突出できるレールブラケット又は横架材として令129条の7，五号イ（2）により国土交通大臣が定める措置
			129の8	エレベーターの駆動装置・制御器	告示	（平12：1429 号）制御機の構造
					告示	（平21：703 号）駆動装置及び制御器が地震等によって転倒又は移動するおそれのない方法
			129の9	エレベーターの機械室		
			129の10	エレベーターの安全装置	告示	（平12：1423 号）制動装置の構造
					告示	（平20：1536 号）地震等により生じた大臣指定の加速度並びに当該加速度を検知し，自動的に，かごを昇降路の出入口の戸の位置に停止させ，かつ，当該かごの出入口の戸及び昇降路の出入口の戸を開き，又はかごの内の人がこれらの戸を開くことができるようにする装置の構造方法
			129の11	適用除外	告示	（平25：1050 号）乗用・寝台用以外のエレベーターの昇降路の安全上支障がない構造方法
					告示	（平25：1051 号）乗用・寝台用以外のエレベーターの制御器の安全上支障がない構造方法
					告示	（平25：1052 号）乗用・寝台用以外のエレベーターの安全装置の安全上支障がない構造方法
			129の12	エスカレーターの構造		（平12：1417 号）エスカレーターの構造等
					告示	（平12：1418 号）エスカレーターの強度検証法
					告示	（平12：1424 号）エスカレーターの制動装置の構造
					告示	（平25：1046 号）地震その他の震動によってエスカレーターが脱落するおそれがない構造方法
			129の13	小荷物専用昇降機の構造	告示	（平12：1416 号）防火上支障のないエレベーターのかごと昇降路，小荷物専用昇降機の昇降路
					告示	（平20：1446 号）小荷物専用昇降機の昇降路外の人又は物がかご又は釣合おもりに触れるおそれのない壁又は囲い及び出し入れ口の戸の基準
		(2項) 非常用の昇降機	129の13の2	非常用の昇降機の設置を要しない建築物	告示	（昭48：2563 号）防火区画に用いる防火設備等の構造
			129の13の3	非常用の昇降機の設置及び構造	告示	（昭45：1833 号）非常用エレベーターの乗降ロビーの窓と排煙設備
					告示	（昭46：112 号）非常用エレベーターの規格（JIS A 4301）
					告示	（平12：1428 号）非常用エレベーターの構造
	20	構造耐力	129の2の3	建築設備の構造強度	告示	（平12：1388 号）建築設備の構造方法
					告示	（平12：1389 号）屋上から突出する水槽等の構造計算の基準
	36	給排水設備等の基準	129の2の4	給水・排水その他の配管設備の設置・構造	告示	（平12：1422 号）防火区画を貫通する配管
					告示	（平12：1390 号）飲料水の配管設備
					告示	（平12：1412 号）風道等の防火上支障ない部分
					告示	（昭50：1597 号）給排水管の構造
					告示	（昭56：1099 号）3 階以上の共同住宅のガス配管
					告示	（平17：570 号）昇降路内の配管設備
			129の2の6	冷却塔設備	告示	（昭40：3411 号）屋上冷却塔設備の構造・防火基準
	36	煙突の基準	115	建築物に設ける煙突	告示	（昭56：1112 号）ボイラーの煙突の高さ・燃料消費量の基準
					告示	（平16：1168 号）煙突の小屋裏等の構造方法
				〔令139〕工作物としての煙突の基準	告示	（昭56：1098 号）防火上支障がない煙突の指定
	35	特殊建築物等の避難・消火に関する技術的基準	126の2	排煙設備の設置	告示	（昭45：1829 号）排煙設備の構造基準
			126の3	排煙設備の構造	告示	（昭44：1728 号）特別避難階段の附室の排煙設備
					告示	（昭45：1833 号）非常用エレベーターの乗降ロビーの排煙設備
					告示	（昭44：1730 号）地下街の地下道の排煙設備
					告示	（昭48：2564 号）防火区画に用いる遮煙性能を有する防火設備の構造
					告示	（平12：1436 号）避難上支障ある高さまで煙又はガスが降下しない建築物の部分
					告示	（平12：1437 号）通常の火災時に煙を有効に排出できる排煙設備の構造
			126の4	非常用の照明装置の設置	告示	（昭45：1830 号）非常用照明装置の構造基準
			126の5	非常用の照明装置の構造	告示	（昭44：1730 号）地下街の地下道の非常用照明設備
					告示	（平12：1411 号）非常用照明を設けなくてよい避難階等の居室で避難上支障がないもの
			126の6	非常用の進入口の設置	告示	（平12：1438 号）屋外からの進入を防止する必要がある特別の理由
			126の7	非常用の進入口の構造	告示	（昭45：1831 号）非常用進入口の構造基準（赤色灯等）
			128の3	地下街	告示	（昭44：1730 号）地下街の各構えの面する地下道に設ける非常用の照明設備，排煙設備及び排水設備の構造方法

4章 資料

2.3　単体規定——構造耐力

区分	建築基準法		建築基準法施行令		建築基準法施行規則・建設省告示・国土交通省告示等[*1,*2]	
	条	内　容	条	内　容	条	内　容
構　造　耐　力	20	構造耐力			告示	（平19：592号）法20条2号イ及び3号イに基づく構造計算の方法
			36	構造方法に関する技術的基準 （1項）耐久性等関係規定の指定	告示	（昭58：1320号）プレストレストコンクリート造の構造方法
					告示	（平12：2009号）免震建築物の構造方法等
					告示	（平13：1025号）壁式ラーメン鉄筋コンクリート造の構造方法等
					告示	（平13：1026号）壁式鉄筋コンクリート造の構造方法
					告示	（平13：1540号）枠組壁工法・木質プレハブ工法の構造方法
					告示	（平13：1641号）薄板軽量形鋼造の構造方法等
					告示	（平14：326号）デッキプレート版の構造方法
					告示	（平14：410号）アルミニウム合金造の構造方法
					告示	（平14：411号）丸太組構法の構造方法
					告示	（平14：463号）システムトラスの構造方法
					告示	（平14：464号）コンクリート充填鋼管造の構造方法
					告示	（平14：666号）膜構造の構造方法等
					告示	（平14：667号）テント倉庫建築物の構造方法等
					告示	（平15：463号）鉄筋コンクリート組積造の構造方法等
					告示	（平19：599号）軽量気泡コンクリートパネルを用いる床版又は屋根版の構造方法
				（2項）保有水平耐力計算による適用除外規定の指定	告示	（平28：611号）CLTパネル工法の構造方法等
					告示	（昭58：1320号）プレストレストコンクリート造の構造方法
					告示	（平13：1026号）壁式鉄筋コンクリート造の構造方法
					告示	（平13：1540号）枠組壁工法・木質プレハブ工法の構造方法
					告示	（平13：1641号）薄板計量形鋼造の構造方法等
					告示	（平14：326号）デッキプレート版の構造方法
					告示	（平14：410号）アルミニウム合金造の構造方法
					告示	（平14：463号）システムトラスの構造方法
					告示	（平14：464号）コンクリート充填鋼管造の構造方法
					告示	（平15：463号）鉄筋コンクリート組積造の構造方法等
					告示	（平28：611号）CLTパネル工法の構造方法等
			36の2	地上4階建以上の鉄骨造建築物等に準ずる建築物	告示	（平19：593号）令36条の2,5号により指定する建築物
			36の3	構造設計の原則		
			37	構造部材の耐久		
			38	基礎	告示	（平12：1347号）基礎の構造方法と構造計算の基準
					告示	（平12：2009号）免震建築物の構造方法
					告示	（平14：474号）特定畜舎等建築物の構造方法等
					告示	（平14：667号）テント倉庫建築物の構造方法等
			39	屋根ふき材等	告示	（昭46：109号）屋根ふき材・外装材・帳壁の基準
					告示	（平25：771号）特定天井の定義及び特定天井の構造方法
				（木　造）		
			40	適用の範囲		
			41	木材		
			42	土台及び基礎	告示	（昭62：1897号）地盤が軟弱な区域の指定
					告示	（平28：690号）柱と基礎を結合する構造方法等
			43	柱の小径	告示	（平12：1349号）木造の柱の構造計算の基準
			44	はり等の横架材		
			45	筋かい		
			46	構造耐力上必要な軸組等	告示	（昭56：1100号）同等以上の耐力を有する軸組及び倍率
					告示	（昭62：1898号）構造耐力上必要な軸組等に使用する集成材等の基準
					告示	（昭62：1899号）木造・鉄骨造の構造計算の基準
					告示	（平12：1351号）物置等を階に加える面積
					告示	（平12：1352号）木造軸組設置の基準
					告示	（平28：691号）床組・小屋ばり組に木板等を打ち付ける基準
			47	構造耐力上主要な部分である継手・仕口	告示	（平12：1460号）継手・仕口の構造
			48	木造校舎	告示	（平12：1453号）木造校舎の規格（JIS A 3301）
					告示	（昭62：1899号）木造・鉄骨造の構造計算の基準
			49	外壁内部の防腐措置等		
				（組積造）		
			51	適用の範囲	告示	（平12：1353号）補強された組積造の構造計算の基準
			52	組積造の施工		
			54	壁の長さ		
			55	壁の厚さ		
			56	臥　梁		
			57	開口部		
			58	壁のみぞ		
			59	鉄骨組積造である壁		
			59の2	補強を要する組積造	告示	（平12：1354号）組積造を補強する構造
			60	手すり又は手すり壁		
			61	組積造のへい		
			62	構造耐力上主要な部分等の支え		
				（補強コンクリートブロック造）		
			62の2	適用の範囲		
			62の4	耐力壁		
			62の5	臥　梁		
			62の6	目地及び空胴部		
			62の7	帳　壁		
			62の8	塀	告示	（平12：1355号）補強コンクリートブロック造の塀の構造計算の基準
				（鉄骨造）		
			63	適用の範囲		
			64	材　料		
			65	圧縮材の有効細長比		
			66	柱の脚部	告示	（平12：1456号）柱の脚部を基礎に緊結する構造方法
			67	接　合	告示	（平12：1464号）鉄骨造の継手・仕口の構造方法
			68	高力ボルト，ボルト及びリベット		
			69	斜材，壁等の配置	告示	（昭62：1899号）木造・鉄骨造の構造計算の基準
			70	柱の防火被覆	告示	（平12：1356号）一の柱のみの耐力低下で倒壊するおそれがある場合等
				（鉄筋コンクリート造）		
			71	適用の範囲		
			72	コンクリートの材料		
			73	鉄筋の継手及び定着	告示	（平12：1463号）鉄筋の継手の構造方法

区分	建築基準法 条	内容	建築基準法施行令 条	内容	建築基準法施行規則・建設省告示・国土交通省告示等 *1, *2 条	内容
構造耐力（つづき）					告示	（平23：432号）RC造の柱に取り付けるはりの構造計算の基準
			74	コンクリートの強度	告示	（昭56：1102号）コンクリート強度の基準
			75	コンクリートの養生		
			76	型わく及び支柱の除去	告示	（昭46：110号）型わく・支柱の取りはずしの基準
			77	柱の構造	告示	（昭56：1106号）RC造柱の帯筋比の算出方法
					告示	（平23：433号）RC造柱の構造計算の基準
			77の2	床版の構造		
			78	はりの構造		
			78の2	耐力壁		
			79	鉄筋のかぶり厚さ	告示	（平13：1372号）かぶり厚さを適用しない鉄筋コンクリート造の部材の構造方法
				（鉄骨鉄筋コンクリート造）		
			79の2	適用の範囲		
			79の3	鉄骨のかぶり厚さ	告示	（平13：1372号）かぶり厚さを適用しない鉄骨鉄筋コンクリート造の部材の構造方法
			79の4	鉄骨鉄筋コンクリート造に対する規定の準用		
			80	無筋コンクリート造に対する規定の準用		
			80の2	構造方法に関する補則（特殊の構造方法）	告示	（昭58：1320号）プレストレストコンクリート造の構造方法等
					告示	（平12：2009号）免震建築物の構造方法等
					告示	（平13：1025号）壁式ラーメン鉄筋コンクリート造の構造方法等
					告示	（平13：1026号）壁式鉄筋コンクリート造の構造方法
					告示	（平13：1540号）枠組壁工法・木質プレハブ工法の構造方法
					8の3	枠組壁工法を用いた建築物等の構造方法
					告示	（平13：1541号）枠組壁工法の技術的基準に適合する壁及び床版の構造方法
					告示	（平13：1641号）薄板軽量形鋼造の構造方法等
					告示	（平14：326号）デッキプレート版の構造方法
					告示	（平14：410号）アルミニウム合金造の構造方法
					告示	（平14：411号）丸太組構法の構造方法
					告示	（平14：463号）システムトラスの構造方法
					告示	（平14：464号）コンクリート充填鋼管造の構造方法
					告示	（平14：474号）特定畜舎等建築物の構造方法等
					告示	（平14：666号）膜構造の構造方法等
					告示	（平14：667号）テント倉庫建築物の構造方法等
					告示	（平15：463号）鉄筋コンクリート組積造の構造方法等
					告示	（平19：599号）軽量気泡コンクリートパネルを用いる床版又は屋根版の構造方法
					告示	（平28：611号）CLTパネル工法の構造方法等
			80の3	土砂災害特別警戒区域内における居室を有する建築物の構造方法	告示	（平13：383号）同区域内の建築物の外壁等の構造方法
			129の2の3	建築設備の構造強度		（平12：1388号）昇降機以外の建築設備の構造方法
			81	総則（構造計算）	告示	（平12：1461号）超高層建築物の構造計算の基準
					告示	（昭58：1320号）プレストレストコンクリート造の構造方法等
					告示	（平12：2009号）免震建築物の構造方法等
					告示	（平13：1025号）壁式ラーメン鉄筋コンクリート造の構造方法等
					告示	（平13：1540号）枠組壁工法・木質プレハブ工法の構造方法
					告示	（平13：1641号）薄板軽量形鋼造の構造方法等
					告示	（平14：474号）特定畜舎等建築物の構造方法等
					告示	（平14：666号）膜構造の構造方法等
					告示	（平14：667号）テント倉庫建築物の構造方法等
					告示	（平15：463号）鉄筋コンクリート組積造の構造方法等
					告示	（平17：631号）エネルギーの釣合いに基づく耐震計算等の構造計算
					告示	（平19：832号）令82条各号及び82条の4に定める構造計算と同等以上と認める構造計算の基準
					告示	（平19：1274号）張り間方向又はけた行方向の規模・構造に基づく許容応力度等計算と同等以上と認める構造計算の基準
					告示	（平27：189号）張り間方向・桁方向の規模・構造に基づく保有水平耐力計算と同等以上に安全性を確かめることができる構造計算の基準
					告示	（平28：611号）CLTパネル工法の構造計算の方法等
			82	保有水平力計算	告示	（平19：594号）保有水平耐力計算及び許容応力度等計算の方法
					告示	（平12：1459号）使用上の支障が起こらないことの確認方法
			82の2	層間変形角		
			82の3	保有水平力	告示	（昭55：1792号）保有水平耐力計算の方法（D_s, F_{es}）
			82の4	屋根ふき材等の構造計算	告示	（平12：1458号）屋根ふき材・帳壁の風圧に対する構造計算
			82の5	限界耐力計算	告示	（平12：1457号）損傷限界変位 T_d, B_{di}, 層間変位, 安全限界変位, T_s, B_{si}, F_h及びGsを計算する方法及び屋根ふき材等の構造計算の基準
			82の6	許容応力度等計算	告示	（昭55：1791号）地震に対して安全上必要な構造計算
			83	荷重・外力の種類		
			84	固定荷重		
			85	積載荷重		
			86	積雪荷重	告示	（平12：1455号）多雪区域の指定基準及び垂直積雪量の基準
			87	風圧力	告示	（平12：1454号）Eの算出法, V_0と風力係数の数値
			88	地震力	告示	（昭55：1793号）地震力計算の基準（Z, R_t, A_i等）
				（許容応力度・材料強度）		
			89, 95	木材	告示	（平12：1452号）木材の基準強度 F_c, F_t, F_b, F_s
			90, 96	鋼材等	告示	（平12：2464号）鋼材・溶接部の基準強度
			92, 98	溶接	告示	（平12：1451号）ボルトの許容応力度及び材料強度
			92の2	高力ボルト接合	告示	（平12：2466号）高力ボルトの基準張力, 引張の許容応力度及び材料強度の基準強度
			91, 97	コンクリート	告示	（平12：1450号）コンクリートの許容応力度及び材料強度
			93	地盤及び基礎ぐい	告示	（平13：1113号）地盤調査の方法・許容応力度等

区分	建築基準法		建築基準法施行令		建築基準法施行規則・建設省告示・国土交通省告示等 *1,*2	
	条	内　容	条	内　容	条	内　容
構造耐力（つづき）			94, 99	補則（その他の許容応力度・材料強度）	告示 告示 告示 告示	（平13：1024号）特殊な許容応力度及び材料強度 （平12：2466号）（高力ボルトの引張の許容応力度） （平13：1113号）（地盤アンカーの許容応力度） （平13：1540号）（木質接着成形軸材料等の許容応力度及び材料強度）
			129の2の3	建築設備の構造計算	告示	（平12：1389号）屋上から突出する水槽, 煙突等の構造計算の基準

2.4　単体規定——防火・避難・消火活動

区分	建築基準法		建築基準法施行令		建築基準法施行規則・建設省告示・国土交通省告示等 *1,*2	
	条	内　容	条	内　容	条	内　容
防火	2	不燃材料（定義）	108の2	不燃性能	告示	（平12：1400号）不燃材料の指定
			1	準不燃材料（定義）	告示	（平12：1401号）準不燃材料の指定
			1	難燃材料（定義）	告示	（平12：1402号）難燃材料の指定
	2	防火構造（定義）	108	防火性能	告示	（平12：1359号）防火構造の構造方法
	2	耐火構造（定義）	107	耐火性能	告示	（平12：1399号）耐火構造の構造方法
	2	準耐火構造（定義）	107の2	準耐火性能	告示	（平12：1358号）準耐火構造の構造方法
	2	〔防火戸〕（耐火建築物，準耐火建築物）	109	防火戸その他の防火設備	告示 告示	（平12：1360号）防火設備の構造方法 （平12：1433号）耐火性能検証法等
	2	耐火建築物（定義）	108の3	耐火建築物の主要構造部	告示	（平28：692号）内装の仕上げを不燃材料等とする基準
	2	準耐火建築物（定義）	109の2の2	準耐火構造の建築物の層間変形角	告示	（平12：1367号）準耐火建築物と同等の建築物の屋根
			109の3	準耐火構造と同等の建築物	告示	（平12：1368号）床又はその直下の天井の構造方法
	2	延焼のおそれのある部分（定義）				
	（法22条区域） 22	区域の指定 区域内の屋根不燃化	109の8	区域内の屋根の性能の基準	告示 告示	（平12：1361号）区域内の屋根の構造方法 （平28：693号）不燃物保管倉庫に類する用途等
	23	外壁の延焼防止装置	109の9	準防火性能の基準	告示	（平12：1362号）木造の外壁の延焼のおそれのある部分の構造方法
	24	区域の内外にわたる場合				
	61～66	（防火地域・準防火地域） 〔集団規定参照〕				
	21	（大規模木造建築物等） 大規模建築物の主要構造部	109の4 109の5 109の6 109の7	法21条1項の政令で定める部分 大規模の建築物の主要構造部の性能の基準 延焼防止上有効な空地の基準 大規模の建築物の壁等の性能に関する基準	告示 告示	（平27：250号）壁等の構造方法 （令元：193号）建築物の主要構造部の構造方法
	25	大規模木造建築物の外壁等				
	26	防火壁等	115の2 113 114	防火壁・防火床の設置を要しない建築物に関する基準 木造等の建築物の防火壁・防火床 建築物の界壁・間仕切壁・隔壁	告示 告示 告示 告示 告示 告示	（昭62：1900号）防火壁を貫通する配管 （昭62：1901号）防火壁を要しない建築物の柱・はりの接合 （令元：197号）防火壁及び防火床の構造方法 （昭62：1902号）防火壁を要しない建築物の構造計算 （平6：1716号）防火壁を要しない畜舎等の基準 （平12：1368号）床又は直下の天井の構造方法
	27	耐火建築物又は準耐火建築物とする特殊建築物	128の2 110の4 110の5	大規模木造建築物の敷地内通路 警報設備設置による耐火建築物免除の用途 警報設備の基準	告示 告示 告示	（平5：1454号）準耐火構造の指定の方法 （平12：1380号）耐火建築物を要しない特殊建築物の構造方法 （令元：198号）警報設備の構造及び設置方法
	別表	法別表第1　特殊建築物の指定	116 115の3 115の4	危険物の指定〔消防法別表〕 耐火建築物又は準耐火建築物の義務づけ 自動車車庫等としてはならない準耐火建築物	告示 告示	（平27：255号）法27条1項に規定する特殊建築物の主要構造部の構造方法等 （平12：1381号）ひさし等の構造方法
	61	防火・準防火地域内の建築制限	136の2	防火・準防火地域内建築物の壁, 柱, 床その他の部分及び防火設備の性能の基準	告示	（令元：194号）防火地域又は準防火地域内の建築物の部分及び防火設備の構造方法
	2	〔耐火建築物の定義〕	109	〔防火戸その他の防火設備〕		
	2	〔準耐火建築物の定義〕	109の2の2	〔準耐火構造等の建築物の層間変形角〕		
	61～66	〔防火地域・準防火地域による耐火建築物等の義務づけ〕	109の3	〔準耐火構造と同等の建築物〕		
	35の3	無窓居室の主要構造部の耐火構造等の義務づけ	111	開口部を有しない居室等	告示	（令2：249号）避難上支障がない居室の基準
	36	（防火区画） 防火区画の技術基準	112	防火区画（面積区画，竪穴区画，異種用途区画）	告示 告示	（平12：1369号）特定防火設備の構造方法 （平26：860号）間仕切壁を準耐火構造としないこと等に関して防火上支障ない部分
				（2項）特定避難時倒壊防止建築物等	告示 	（令元：195号）一時間準耐火基準に適合する主要構造方法 （平28：694号）強化天井の構造方法等
				（3項）吹抜き等の合理化	告示 告示	（令2：522号）吹抜きの合理化の基準 （令2：198号）防火設備の構造方法
				（11項）竪穴区画 〔消防法施行令12条〕スプリンクラー設備 〔消防法施行令14条〕水噴霧消火設備 〔消防法施行令15条〕泡消火設備		〔消防法施行規則13～14条〕スプリンクラー設備の細目 〔消防法施行規則16～17条〕水噴霧消火設備の細目 〔消防法施行規則18条〕泡消火設備の細目
				（18項）特定防火設備 （19項）防火設備の閉鎖機構	告示 告示 告示	（令2：250号）警報設備の基準 （昭48：2563号）防火区画に用いる防火設備等の構造方法 （昭48：2564号）防火区画に用いる遮煙性能を有する防火設備の構造方法
				（20項）防火区画を貫通する配管〔129の2の4〕	告示	（平12：1422号）防火区画を貫通する配管
				（21項）防火区画を貫通する風道	告示 告示 告示	（昭48：2565号）防火区画を貫通する風道に設ける防火設備の構造方法 （昭49：1579号）風道の防火区画貫通部分にダンパーを設けないことの認定 （平12：1376号）防火区画を貫通する風道に防火設備を設ける方法
			114	防火界壁・間仕切壁・隔壁	告示	（平12：1377号）界壁・間仕切壁・隔壁を貫通する風道に設ける防火設備の構造方法
	35の2	（内装不燃化） 内装制限	128の4	内装制限の適用を受ける建築物		
			128の3の2 128の5	内装制限の適用を受ける無窓の居室等 内装不燃化の方法（内装制限） 〔不燃材料〕法2条9号，令108条の2	告示 告示	（平12：1439号）難燃材料の仕上げに準ずる仕上げ （平12：1400号）不燃材料の指定

区分	条	内容	条	内容	条	内容
防火（つづき）				〔準不燃材料〕令1条5号	告示	（平12：1401号）準不燃材料の指定
				〔難燃材料〕令1条6号	告示	（平21：225号）準不燃材料の仕上げに準ずる仕上げ
					告示	（平12：1402号）難燃材料の指定
				（7項）内装制限の特例	告示	（令2：251号）煙等の降下が生じない建築物の部分
	36	（煙突の防火）煙突の構造	115	煙突の防火措置	告示	（昭56：1112号）ボイラーの燃料消費量等の基準
					告示	（昭56：1098号）煙突の防火措置の特例
		避難上の安全の検証	128の6	避難上の安全検証を行う区画部分に対する基準	告示	（平12：1440号）火災発生のおそれの少ない室
					告示	（令2：509号）区画避難安全検証法の避難時間による算出方法等
					告示	（令3：474号）区画避難安全検証法の煙等による算出方法等
			129	避難上の安全検証を行う階に対する基準	告示	（令2：510号）階避難安全検証法の避難時間による算出方法等
					告示	（令3：475号）階避難安全検証法の煙等による算出方法等
			129の2	避難上の安全検証を行う建築物に対する基準	告示	（令2：511号）全館避難安全検証法の避難時間による算出方法等
			129の2の2	別の建物とみなす場合	告示	（令3：476号）全館避難安全検証法の煙等による算出方法等
避難・消火活動	35	避難・消火に関する技術的基準	117	避難規定の適用を受ける建築物	告示	（平28：695号）通常の火災時に防火上有害な影響を及ぼさない構造方法
			116の2	窓その他の開口部を有しない居室等	告示	（令5：208号）避難上支障がない居室の基準
			118	客席からの出口の戸		
			119	廊下の幅		
			120	直通階段の設置		
			121	2以上の直通階段を設ける場合		
			121の2	屋外階段の構造		
			122	避難階段の設置		
			123	避難階段・特別避難階段の構造	告示	（平28：696号）特別避難階段の階段室又は付室の構造方法
			123の2	共同住宅の住戸の床面積の算定等		
			124	物品販売店舗の避難階段等の幅		
			125	屋外への出口		
			125の2	屋外への出口の施錠装置の構造		
			126	屋上広場等		
			127	敷地内の避難通路等の適用範囲		
			128	敷地内の通路		
			128の2	大規模な木造建築物の敷地内通路		
			128の3	地下街	告示	（昭44：1729号）地下街の耐火性能
					告示	（昭44：1730号）地下街の非常用照明設備等の基準
			126の2	排煙設備の設置	告示	（昭48：2564号）遮煙性能を有する防火設備
					告示	（平12：1436号）煙又はガスの降下が生じない建築物の部分
			126の3	排煙設備の構造	告示	（令2：663号）避難上有害な影響を及ぼさない構造基準
					告示	（昭45：1829号）排煙設備の構造方法
					告示	（平12：1437号）特殊な構造の排煙設備の構造方法
			126の4	非常用の照明装置の設置	告示	（平12：1411号）非常用照明装置を要しない居室
			126の5	非常用の照明装置の構造	告示	（昭45：1830号）非常用照明装置の構造方法
			126の6	非常用の進入口の設置	告示	（平12：1438号）屋外からの進入を防止する特別の理由
					告示	（平28：786号）一定規模以上の空間及び高い開放性を有する通路等の構造方法
			126の7	非常用の進入口の構造	告示	（昭45：1831号）非常用進入口の構造基準
	34	非常用の昇降機の設置	129の13の2	非常用の昇降機の設置を要しない建築物		
			129の13の3	非常用の昇降機の設置及び構造	告示	（昭46：112号）非常用エレベーターの規格（JIS A 4301）
					告示	（平12：1428号）非常用エレベーターの構造方法
					告示	（平28：697号）非常用エレベーターの昇降路、乗降ロビーの構造方法

2.5　集団規定

区分	条	内容	条	内容	条	内容
適用区域	41の2	法第3章（第8節68条の9を除く）の適用区域（都市計画区域及び準都市計画区域内）		〔都市計画法4条2項、5項〕都市計画区域〔都市計画法4条2項、5項の2〕準都市計画区域		
道路	42	道路の定義	144の4	道路位置指定基準（私道の築造基準）〔法68の3〕地区計画等による位置指定の特例	告示	（昭45：1837号）自動車の転回広場の基準
					9	道路の位置の指定の申請
					10	指定道路等の公告及び通知
					10の2	指定道路図及び指定道路調書
	43	敷地と道路との関係	144の5	無窓の居室を有する建築物〔令116の2〕	10の3	敷地と道路との関係の特例
	43の2	4m未満の道路にのみ接する敷地内の条例による建築制限の付加				
	44	道路内の建築制限	145	道路内に建築できる建築物〔法57条2項〕道路内建築物の高さ制限の緩和		
	45	私道の変更又は廃止の制限				
壁面線	46	壁面線の指定		〔法52条11項〕壁面線による容積率緩和		
	47	壁面線による建築制限				
用途地域等	48	用途地域等内の建築制限	130	用途地域制限の許可に意見の聴取を要しない場合等		
			130の3	第一種低層住居専用地域内に建築できる兼用住宅		
	別表	〔法別表第2〕〔都市計画法9条1～12項〕	130の4	低層住居専用地域内に建築できる公益建築物	告示	（昭45：1836号）第一種低層住専内に建築できる公益建築物
			130の5	第一種低層住居専用地域等内に建築してはならない附属建築物		
			130の5の2	第二種低層住居専用地域及び田園住居地域内に建築できる店舗等		
			130の5の3	第一種中高層住居専用地域内に建築できる店舗等		
			130の5の4	第一種中高層住居専用地域内に建築できる公益建築物	告示	（平5：1451号）第一種中高層住専内に建築できる電気・ガス事業用建築物
			130の5の5	第一種中高層住居専用地域内に建築できない附属建築物		
			130の6	第二種中高層住居専用地域内に建築できる工場		
			130の6の2	第二種中高層住居専用地域内及び工業専用地域内に建築できない運動施設		
			130の7	第二種中高層住居専用地域内に建築できない畜舎		

4章
資料

区分	建築基準法 条	建築基準法 内容	建築基準法施行令 条	建築基準法施行令 内容	建築基準法施行規則・建設省告示・国土交通省告示等*1,*2 条	内容
			130の7の2	第一種居住地域内に建築できる大規模建築物	告示	（平5：1436号）第一種住居地域内で建築できる大規模建築物
			130の7の3	第二種住居地域及び工業地域内に建築できない建築物		
			130の8	第二種住居地域内に建築できる附属自動車車庫		
			130の8の2	第二種住居地域等内に建築できない店舗・飲食店等に類する用途		
			130の8の3	準住居地域内で営める事業	告示	（平5：1438号）準住居内で建築できる空気圧縮機
			130の9	危険物の貯蔵・処理に供する建築物	告示	（平5：1439号）屋外貯蔵所の基準
			130の9の2	準住居地域及び用途地域の指定のない区域に建築できないナイトクラブに類する用途	告示	（平26：1203号）安全上及び防火上支障がない構造の蓄電池
			130の9の3	田園住居地域内に建築してはならない建築物	告示	（平30：236号）田園住居地域内で建築できない農産物処理施設
			130の9の4	田園住居地域内に建築することができる農業の利便を増進するために必要な店舗，飲食店等の建築物		
			130の9の5	近隣商業地域及び準工業地域内に建築してはならない建築物	告示	（平5：1440号）準工業地域内で建築できる合成繊維の製造工場
					告示	（平17：359号）準工業地域内で建築できる燃料電池又は内燃機関の燃料として自動車に充てんするための圧縮水素の製造設備の基準
					告示 10の4の3	（平5：1441号）石綿の粉じんの飛散防止上有効な方法 住居の環境の悪化を防止するために必要な措置
			130の9の6	商業地域内で営んではならない事業	告示	（令元：189号）電気冷蔵庫等の騒音規制値
			130の9の7	準工業地域内で営むことができる特殊の方法による事業	告示	（令元：190号）電気冷蔵庫等の室外機の騒音防止の措置
			130の9の8	準工業地域内で営むことができる可燃性ガスの製造	告示	（令元：191号）空気圧縮機等の騒音防止の措置
	86の7	既存建築物の制限緩和	137の4	用途地域内の不適格建築物の制限緩和		
	49	特別用途地区内の建築制限		〔都市計画法9条14項〕〔地方公共団体の条例〕		
	49の2	特定用途制限地域	130の2	特定用途制限地域において条例で定める制限		
			144の2の4	特定用途制限地域内の工作物		
	50	用途地域等内の建築物の構造・設備等の制限		〔地方公共団体の条例〕		
	51	卸売市場等の特殊建築物の位置	130の2	特殊建築物の位置の制限の緩和		
			130の2の2	位置の制限を受ける処理施設		
			130の2の3	卸売市場等の位置に対する制限の緩和		
容積率	52	容積率の制限〔延べ面積/敷地面積〕	135の14	容積率緩和の上限の算定方法		
			135の15	条例で地盤面を別に定める場合の基準		
			135の16	容積率算定の基礎となる延べ面積に昇降路を算入しない昇降機		
			135の17	敷地内の空地の規模等		
			135の18	前面道路幅員に加算する数値		
			135の19	容積率算定から除く部分		
	57の2	特例容積率適用地区内の容積率の特例	135の23	特例容積率指定申請で同意を得るべき利害関係者	10の4の10	特例容積率の限度の申請等
	57の3	指定の取消し	135の24	特例容積率指定の取消し申請で同意を得るべき利害関係者	10の4の11	特例容積率指定に関する公告事項等
					10の4の12	特例容積率指定に係る公告の方法
					10の4の13	指定の取消し申請等
					10の4の14	指定の取消しに係る公告の方法
建蔽率	53	建蔽率の制限〔建築面積/敷地面積〕	2	〔令2条1項2号〕建築面積の算定方法		
			135の20	耐火建築物と同等以上の延焼防止性能を有する建築物	10の4の7	建蔽率の緩和に当たり建築物から除かれる建築設備
			135の21	建蔽率の緩和に当たり建築物から除かれる部分		
敷地面積	53の2	建築物の敷地面積の最低限度				
外壁の後退	54	第一種低層住居専用地域等内の外壁の後退距離	135の22	第一種低層住居専用地域等内における外壁の後退距離に対する制限の緩和		
高さの制限	21	構造の種類による高さの限度	2	〔令2条1項6号・7号〕高さの算定方法		（単体規定）
	55	第一種低層住居専用地域等内の高さの限度	130の10	第一種低層住居専用地域等内における建築物の高さの制限の緩和に係る敷地内の空地等		
	57の4	特例容積率適用地区内の高さの限度				
	56 別表	建築物の各部分の高さ（道路・隣地・北側高さ制限）〔別表第3〕	130の11 〜 135の2	道路高さ制限の緩和措置等（法56条1項1号）		
			135の3	隣地高さ制限の緩和（法56条1項2号）		
			135の4	北側高さ制限の緩和（法56条1項3号）		
			135の5	天空率（法56条7項）		
			135の6	道路高さ制限を適用しない建築物の基準等（〃）		
			135の9	道路高さ制限に関する天空率の算定位置（〃）		
			135の7	隣地高さ制限を適用しない建築物の基準等（〃）		
			135の10	隣地高さ制限に関する天空率の算定位置（〃）		
			135の8	北側高さ制限を適用しない建築物の基準等（〃）		
			135の11	北側高さ制限に関する天空率の算定位置（〃）		
日影規制	56の2 別表	日影による中高層建築物の高さの制限（日影規制）〔法別表第4〕	135の12	日影規制の適用除外		
			135の13	建築物が日影規制の異なる区域の内外にわたる場合		
高架工作物	57	高架工作物内の建築物の高さ				
特例容積率適用地区	57の4	特例容積率適用地区内の高さの限度				
高層住居誘導地区	57の5	高層住居誘導地区内の建築制限	135の14	〔都市計画法8条1項2号の4・9条17項〕容積率上限の算出方法		
高度地区	58	高度地区内の高さの制限		〔都市計画法9条18項〕		
高度利用地区	59	高度利用地区内の建築制限		〔都市計画法9条19項〕		
総合設計の特例	59の2	敷地内に広い空地を有する建築物の容積率・高さの特例	136	敷地内の空地及び敷地面積の規模		
特定街区	60	特定街区の建築制限		〔都市計画法9条20項〕	告示	（令4：741号）歩廊の柱その他これに類する指定
都市再生特別地区	60の2	都市再生特別地区内の建築基準				
居住環境向上用途誘導地区	60の2の2	居住環境向上用途誘導地区内の建築基準				
特定用途誘導地区	60の3	特定用途誘導地区内の建築基準				
防火地域準防火地域	61	防火・準防火地域内の建築制限		〔都市計画法9条21項〕〔都市計画法9条21項〕		

区　分	建築基準法 条	内　　容	条	建築基準法施行令 内　　容	条	建築基準法施行規則・建設省告示・国土交通省告示等*1, *2 内　　容
	62	屋根の不燃化	136の2	防火・準防火地域内建築物の壁，柱，床その他の部分及び防火設備の性能の基準		
			136の2の2	防火・準防火地域内の屋根の性能の基準	告示	（平12：1365号）防火・準防火地域内の屋根
			109	防火戸その他の防火設備	告示	（平28：693号）不燃物保管倉庫に類する用途等
	63	隣地境界線に接する外壁				
	64	看板等の防火措置			告示	（平12：1366号）外壁の開口部に設ける防火設備の構造方法
	65	建築物が防火地域と準防火地域の内外にわたる場合				
	66	法38条の準用				
景観地区	68	景観地区	136の2の10	〔都市計画法8条1項6号，景観法61条〕		
	68の9	（2項）準景観地区内の制限		準景観地区内の建築物に係る制限		
特定防災区整備地区	67	特定防災街区整備地区	136の2の4	防災都市計画施設に係る間口率及び高さの算定		
	67の2	法38条の準用				
地区計画等	68の2	市町村条例による制限	136の2の5	市町村条例で定める制限		
	68の3	再開発等促進区等内の制限の緩和等	136の2の6	再開発等促進区等内の高さ制限の緩和を受ける敷地面積の規模		
	68の4	容積率の最高限度を区域の特性に応じたものと公共施設の整備の状況に応じたものとに区分して定める区域内の容積率の特例				
	68の5	区域を区分して容積を適正に配分する区域内の容積率の特例				
	68の5の2	区域を区分して容積を適正に配分する特定建築物整備計画等の区域内の容積率の特例				
	68の5の3	高度利用と都市機能の更新とを図る区域内の制限の特例				
	68の5の4	住居と住居以外の用途とを区分して定める区域内の容積率の特例				
	68の5の5	区域の特性に応じた高さ，配列及び形態を備えた建築物の整備を誘導する地区計画等の区域内における制限の特例				
	68の5の6	地区計画等の区域内における※建蔽率の特例				
	68の6	道路の位置の指定の特例				
地区計画等（つづき）	68の7	予定道路の指定	136の2の7	予定道路の指定の基準		
			136の2の8	予定道路の指定に同意を得る利害関係者		
	68の8	敷地が地区計画等の区域の内外にわたる場合の措置				
二以上の地域地区等にわたる場合の措置	52	（7項）容積率				
	53	（2項，5項）建蔽率				
	56	（5項）隣地・北側高さ制限	130の11	道路高さ制限の取扱い		
	56の2	（5項）日影による高さ制限	135の13	日影制限の異なる区域に生じる日影の取扱い		
	65	防火地域・準防火地域				
	68の8	地区計画等				
	91	一般的な措置				
	(24)	法22条区域				
都市計画区域等外	68の9	都市計画区域・準都市計画区域以外の区域内の制限	136の2の9	都市計画区域・準都市計画区域以外の区域内の制限		
			136の2の10	準景観地区内の建築物に係る制限		

2.6　その他の規定

区　分	建築基準法 条	内　　容	条	建築基準法施行令 内　　容	条	建築基準法施行規則・建設省告示・国土交通省告示等*1, *2 内　　容
工事現場	5の6	建築士による工事監理		〔建築士法3～3の3〕		
	89	工事現場の確認の表示等			11	表示の様式
	90	工事現場の危害の防止	136の2の20	仮囲い		
			136の3	根切工事・山留工事の危害防止	告示	（昭56：1105号）腹起しに用いる木材の許容応力度
			136の4	基礎工事用機械の転倒による危害の防止		
			136の5	落下物に対する防護	告示	（昭39：91号）落下物による危害防止の基準
			136の6	建て方		
			136の7	工事用材料の集積		
			136の8	火災の防止		
	90の2	工事中の特殊建築物等に対する措置				
	90の3	工事中の安全上の措置等に関する計画の届出	147の2	安全措置等の計画の届出を要する建築物	11の2	安全措置等の計画届の様式
	85	（2項）工事用仮設建築物に対する制限の緩和	147	仮設建築物に対する制限の緩和		
制限の付加・緩和	3	適用の除外（文化財建築物・既存不適格建築物）				
	86の9	公共事業の施行等による敷地面積の減少についての法3条等の準用	137の17	公共事業の施行等による敷地面積の減少についての法3条等を準用する事業		
	40	地方公共団体の条例による制限の付加				
	43					
	41	市町村の条例による緩和				
	50	地方公共団体の条例による用途地域等における建築物の敷地・構造・設備の制限				
	52	（5項）地方公共団体の条例による容積率制限における地盤面の定め	135の15	条例で地盤面を定める基準		
	60の2の2	（4項）居住環境向上用途誘導地区内の用途地域制限の緩和		（地方公共団体の条例）		
	39	災害危険区域の指定・制限		（地方公共団体の条例）		
	84	被災市街地における建築制限				
	84の2	簡易な構造の建築物に対する制限の緩和	136の9	簡易な構造の建築物の指定	告示	（平5：1426号）準耐火構造の壁の貫通部の基準
			136の10	簡易な構造の建築物の基準	告示	（平5：1427号）高い開放性を有する構造の建築物
					告示	（平12：1443号）防火上支障のない外壁及び屋根の構造

区分	建築基準法 条	内容	建築基準法施行令 条	内容	建築基準法施行規則・建設省告示・国土交通省告示等[*1, *2] 条	内容
			136の11	防火区画等に関する規定の適用の除外	告示 告示	（平5:1434号）　有効な塀の基準 （平5:1435号）　有効な屋根の基準
	85	仮設建築物に対する制限の緩和	147	仮設建築物に対する制限の緩和	10の15の8	公益上特に必要な用途
	85の2	景観重要建造物である建築物に対する制限の緩和		（景観法19条1項）		
	85の3	伝統的建造物群保存地区内の制限の緩和		（文化財保護法143条） （都市計画法8条1項15号）		
	86	一の敷地とみなすこと等による制限の緩和	136の12	一団地内の空地及び一団地の面積の規模	10の16	一の敷地とみなすこと等による制限の緩和の認定・許可申請
					10の17	既存建築物を前提とする連担建築物の設計基準
					10の18	対象区域内建築物の位置構造の基準
	86の2	追加建築物の位置・構造の認定			10の19	制限の特例の認定・許可の公告
	86の3	高度利用地区等			10の20	
	86の4	外壁開口部の特例			10の21	認定又は許可の取消の申請等
	86の5	認定・許可の取消し			〜	
	86の6	一団地の住宅施設の特例			10の22の3	
	86の7	既存不適格建築物に対する制限の緩和	137 137の2	基準時 構造耐力関係	告示	（平17:566号）　建築物の倒壊，外装材・帳壁等の脱落のおそれない建築物の構造方法の基準及び基礎の補強に関する基準
			137の3	防火壁・防火床関係		
			137の4	耐火建築物等としなければならない特殊建築物関係		
			137の4の2	物質の飛散・発散に対する衛生上の措置に関する基準		
			137の4の3	石綿関係	告示	（平18:1173号）　建築材料から石綿を飛散させないための被覆又は固着する措置を定める基準
			137の5	共同住宅・長屋の各戸の界壁関係		
			137の6	非常用の昇降機関係		
			137の7	用途地域等関係		
			137の8	容積率関係		
			137の9	高度利用地区等		
			137の10	防火地域・特定防災街区整備地区関係	告示	（令元:196号）　20分間防火設備の構造方法
			137の11	準防火地域関係		
			137の12	大規模の修繕・大規模の模様替		
			137の13	増築等をする独立部分以外の独立部分に適用されない技術的基準		
			137の14	独立部分		
			137の15	増築等の部分以外の居室に適用されない基準	10の23	全体計画認定の申請等
	86の8	既存不適格建築物の増築等を含む段階的改修を行う場合の全体計画の認定	137の16	移転	10の24 10の25	全体計画認定の変更申請等 全体計画変更の認定を要しない軽微な変更
許可の条件	92の2	許可の条件				
	87	用途の変更への準用	137の18 137の19	確認等を要しない類似の用途（特殊建築物の用途） 法27条等を準用しない類似の用途（用途地域の制限）		
	87の2	既存不適格建築物の用途変更の段階的改修を行う場合の全体計画の認定				
	87の3	用途変更の一時的利用			10の15の8	公益上特に必要な用途
	87の4	建築設備への準用	146	準用する建築設備の指定		
準用規定	88	工作物への準用	138	工作物の指定 （1項）煙突・柱・広告塔・高架水槽・擁壁等 （2項）乗用エレベーター・高架の遊戯施設等 （3項）製造施設・貯蔵施設・自動車車庫等		
			138の2	工作物に関する確認の特例		
			138の3	維持保全に関する準則の作成等を要する昇降機等		
			139	煙突・煙突の支線 〔115条建築物に設ける煙突〕	告示	（平12:1449号）　煙突，RC造の柱等，広告塔又は高架水槽等，擁壁及び乗用エレベーター又はエスカレーターの構造計算の基準
			140	鉄筋コンクリート造の柱等		
			141	広告塔・高架水槽等		
			142	擁壁		
			143	乗用エレベーター・乗用エスカレーター		
			144	遊戯施設	告示	（平12:1419号）　遊戯施設の構造方法と構造計算，遊戯施設強度検証法等
					告示	（平29:247号）　遊戯施設の客席部分の構造方法
					告示 告示	（平12:1427号）　遊戯施設の非常止め装置の構造方法 （令2:252号）　遊戯施設の客席部分の構造方法
			144の2の2	製造施設・貯蔵施設・遊戯施設等		
			144の2の3	処理施設		
			147	（3項，4項，5項）存続が2年以内の工作物に対する制限の緩和	告示	（令4:1024号）　構造及び周囲の状況に関し安全上支障がない鉄筋コンクリート造の柱等の基準
	64	〔工作物の防火〕 防火地域内に設ける看板等の防火措置				
建築協定	69	建築協定の目的		〔市町村の条例〕	10の6	区域隣接地の基準
	70	建築協定の認可の申請				
	71	建築協定の公告				
	72	公開による意見の聴取				
	73	建築協定の認可				
	74,74の2	建築協定の変更				
	75	建築協定の効力				
	75の2	建築協定公告後の参加				
	76	建築協定の廃止				
	76の2	土地共有者等の取扱い				
	76の3	特則（一人協定）				
	77	建築物の借主の地位				
建築基準適合判定資格者	5	建築基準適合判定資格者検定	2の3	受検資格	告示	（平11:1314号）　確認検査と同等以上の業務
	5の3	受検手数料	3	検定の基準	10の7	登録の申請
	77の58	登録	4	検定の方法	10の8	登録
	77の59	欠格条項	5	検定の施行	10の9〜	登録事項等
	77の59の2	心身の故障による登録の措置			10の10	変更の登録
	77の60	変更の登録	6	合格公告・通知	10の11〜	再交付の申請等
	77の61	死亡等の届出	7	検定委員の定員	10の12	死亡等の届出
	77の62	登録の消除等	8	検定委員の勤務	10の13	消除の申請と登録証の返納
	77の63	都道府県知事の経由	8の2	受検の申し込み	10の14	登録の消除
	77の64	省令への委任	8の3	受検手数料	10の15	登録証の領置
	77の65	手数料	136の2の17	登録手数料		

区分	建築基準法		建築基準法施行令		建築基準法施行規則・建設省告示・国土交通省告示等*1,*2	
	条	内　　容	条	内　　容	条	内　　容
指定建築基準適合判定資格者検定機関	5の2 77の2〜77の17	資格検定事務を行う者の指定 指定建築基準適合判定資格者検定機関に関する規定（指定，欠格条項，指定の基準，公示等，役員の選任・解任，検定委員，秘密保持義務，検定事務規程，事業計画，帳簿の備付，監督命令，報告検査等，検定事務の休廃止等，指定の取消し等，検定の実施，審査請求など）			機省 2〜13	指定建築基準適合判定資格者検定機関に係る指定の規定（指定の申請，名称等の変更の届出，役員の選任及び解任の認可の申請，検定委員の選任及び解任，事務規程の認可の申請，事業計画等の認可の申請，帳簿，事務の実施結果の報告，事務の休廃止の認可，事務等の引継ぎ，公示など）
指定確認検査機関	6の2 77の18〜77の35	指定を受けた者による確認 指定確認検査機関に関する規定（指定，欠格条項，指定の基準，公示等，業務区域の変更，指定の更新，確認検査員，秘密保持義務，業務規程，帳簿の備付，書類の閲覧，監督命令，報告・検査等，照会及び指示，業務の休廃止等，指定の取消など）	136の2の14 136の2の15	親会社等 指定確認検査機関の指定の有効期間	機省 14〜31の5	指定確認検査機関に係る指定の規定（指定の区分，心身の故障による業務不適正者，検査員の数，財産の評価額，名称等の変更の届出，業務区域の変更に係る認可の申請，業務区域の変更の届出，指定換えの手続，指定の更新，検査員の選任及び解任の届出，業務規程の認可の申請，業務規程の記載事項，掲示の記載事項及び様式，帳簿，図書の保存，書類の閲覧，監督命令に係る公示の方法，特定行政庁による報告，業務の休廃止の届出，処分の公示，業務の引継ぎ，告示など）
構造計算適合判定資格者	5の4 77の66	構造計算適合判定資格者検定 判定資格者の登録・準用			10の15の2〜10の15の6	登録の申請，登録事項，準用
指定構造計算適合判定資格者検定機関	5の5 77の17の2	資格検定事務を行う者の指定 指定構造計算適合判定資格者検定機関に関する規定（指定の申請，準用）			機省 13の2〜13の3	指定構造計算適合判定資格者検定機関に係る指定の規定（指定の申請，準用）
指定構造計算適合性判定機関	6の3 18の2 77の35の2〜77の35の21	構造計算適合性判定 機関による判定の実施 指定構造計算適合性判定機関に関する規定（指定，欠格条項，指定の基準，公示等，業務区域の変更，指定の更新，構造計算適合性判定員，秘密保持義務等，判定の義務，業務規程，業務区域の掲示，帳簿の備付，書類の閲覧，監督命令，報告・検査等，業務の休廃止等，指定の取消し，判定の委任の解除，知事による判定の実施など）	136の2の16	指定の有効期間	機省 31の3〜31の15	指定構造計算適合性判定機関に係る指定の規定（指定の申請，心身の故障による業務不適正者，判定員の数，財産の評価額，名称等の変更の届出，業務区域の変更に係る認可の申請，指定の更新，委任都道府県知事に対する名称等の変更の届出，判定員の選任及び解任の届出，業務規程の認可の申請，業務規程の記載事項，掲示の記載事項及び様式，帳簿，図書の保存，書類の閲覧等，監督命令に係る公示の方法，委任都道府県知事による報告，業務の休廃止の許可の申請，処分の公示，業務の引継ぎ，準用など）
型式適合認定・構造方法認定等	68の10 68の11〜68の23 68の24 68の25 68の26	型式適合認定 型式適合認定等の実施に関する規定（型式部材等製造者認証，欠格条項，認証の基準，認証の更新，承継，変更の届出，廃止の届出，型式適合義務等，表示等，認証型式部材等に関する確認及び検査の特例，認証の取消，外国型式部材等製造者認証，認証の取消しなど） 指定認定機関等による認定等の実施 構造方法等の認定 特殊構造方法等の認定	136の2の11 144の2 136の2の12 136の2の13	型式適合認定の対象とする建築物の部分及び一連の規定 型式適合認定の対象とする工作物の部分及び一連の規定 型式部材等製造者等に係る認証の有効期間 認証外国型式部材等製造者の工場等における検査に要する費用負担	告示 10の5の2〜10の5の20 10の5の21 10の5の22 10の5の23 10の5の24	（平12：467号）指定する構造方法 型式適合認定等の実施に関する規定（認定の申請，認定書の通知等，型式部材等，製造者の認証の申請，認証申請書の記載事項，認証の通知等，認証を受けることが必要な型式部材等の型式，品質保持に必要な生産条件，検査方法等，検査の特例，認証の取消に係る公示，在勤官署の所在地，旅費の額の計算に係る細目など） 構造方法等の認定の申請 構造方法等の認定書の通知等 特殊構造方法等認定の申請 特殊構造方法等認定書の通知等
指定認定機関等	77の36〜77の53 77の54 77の55	指定認定機関に関する規定（指定，欠格次項，指定の基準，公示等，業務区域の変更，指定の更新，認定員，秘密保持義務等，認定等の義務，業務規程，報告，帳簿の備付，監督命令，報告・検査等，業務の休廃止等，指定の取消し，審査請求など） 承認認定機関に関する規定（承認，承認の取消し）	136の2の17 136の2の18	指定認定機関等に係る指定等の有効期間 承認認定機関等の事務所における検査に要する費用の負担	機省 32〜46の2 機省 47〜57	指定認定機関に係る指定の規定（指定の申請，指定の区分，心身の故障による業務不適正者，名称等の変更の届出，業務区域の変更に係る許可の申請，指定の更新，認定等の方法，認定員の要件，認定員の選任及び解任の届出，業務規程の認可の申請，認定等業務規程の記載事項，認定等の報告，帳簿，図書の保存，業務の休廃止の許可の申請，処分の公示，認定等の業務の引継ぎ，告示など） 承認認定機関に係る承認の規定（指定の申請，名称等の変更の届出，業務区域の変更に係る許可の申請，業務区域の変更の届出，認定員の選任及び解任の届出，認定等業務規程の認可の申請，業務の休廃止の届出，旅費の額，（在勤官署の所在地，旅費の額の計算に係る細目，準用など）
指定性能評価機関等	77の56 77の57	指定性能評価機関に関する規定（指定の申請，準用） 承認性能評価機関に関する規定（指定の申請，準用）			機省 58〜71の2 機省 72〜79	指定性能評価機関に係る指定の規定（指定の申請，心身の故障による業務不適正者，指定の区分，名称等の変更の届出，業務区域の変更に係る許可の申請，指定の更新，性能評価の方法，評価員の要件，評価員の選任及び解任の届出，業務規程の認可の申請，業務規程の記載事項，帳簿，図書の保存，業務の休廃止の許可の申請，処分の公示，業務の引継ぎ，告示など） 承認性能評価機関に係る承認の規定（指定の申請，名称等の変更の届出，業務区域の変更に係る許可の申請，業務区域の変更の届出，評価員の選任及び解任の届出，性能評価業務規程の認可の申請，業務の休廃止の届出，準用など）
違反等是正	9 9の2 9の3 9の4 10 11	違反建築物に対する措置 建築監視員 違反建築物の設計者等に対する措置 保安上危険な建築物等に対する指導及び助言 保安上危険な建築物等に対する勧告及び命令 第3章に適合しない建築物に対する措置	 14 14の2 15	［行政手続法］ ［行政代執行法］ 建築監視員の資格 ［建築士法4条，10条，26条の2］ ［建設業法3条］ ［浄化槽法18条］ ［宅建業法3条］ 勧告の対象となる建築物 収用委員会の裁決の申請手続 ［土地収用法94条2項］	4の17 4の19	違反建築物の公告の方法 違反建築物の設計者等の通知

4章　資　料

区 分	建 築 基 準 法		建築基準法施行令		建築基準法施行規則・建設省告示・国土交通省告示等[*1, *2]	
	条	内 容	条	内 容	条	内 容
建築審査会	78	建築審査会				
	79	建築審査会の組織				
	80	委員の欠格条項				
	80の2	委員の解任				
	81	会長				
	82	委員の除斥				
	83	条例への委任			10の15の7	委員の任期の基準
審査請求	77の17	審査請求		［行政不服審査法］		
	77の53	審査請求				
	94	不服申立て（建築審査会）	147の4	映像等の送受信による通話の方法による口頭審査	11の4	映像等の送受信による通話の方法による口頭審査
	95	不服申立て（再審査請求）				
	96	削除（審査請求と訴訟との関係）				
罰則	98〜107	違反者に対する罰則	150	両罰規定の対象となる建築物		

［注］ ＊1　平成 12 年以前の告示は建設省告示，それ以降は国土交通省告示　　＊2　機省：建築基準法に基づく指定建築基準適合判定資格者検定機関等に関する省令

■付録1　建築関係の国家資格　関係図

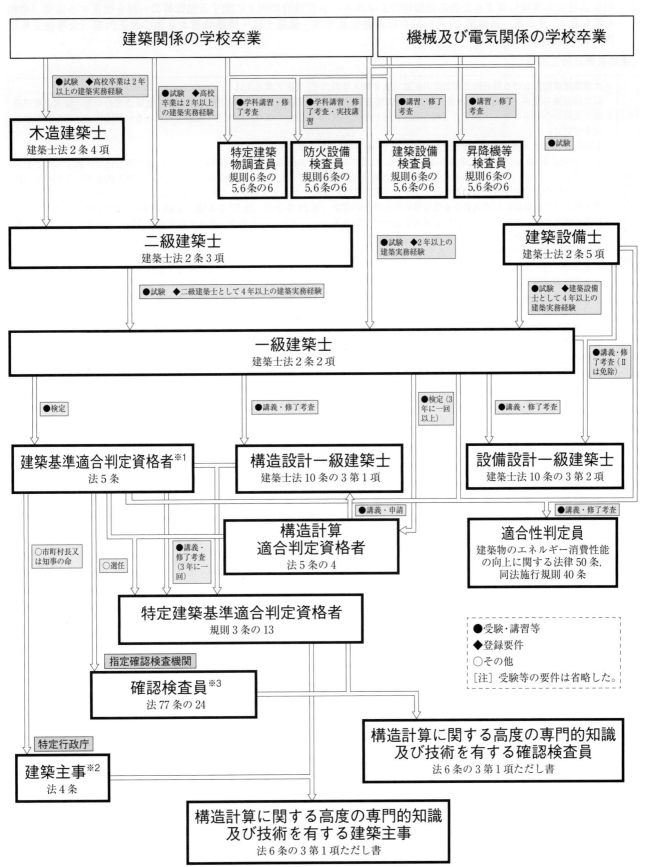

※1：資格検定の受検時に必要な実務経験は、登録までの習得となる。また、建築基準適合判定資格者を一級建築基準適合判定資格者に改め、小規模な建築物に係る建築確認等のみを行う二級建築基準適合判定資格者が創設される。2024年4月改正施行。

※2：※1に伴い二級建築基準適合判定資格者から建築副主事の任命が可能となる。2024年4月改正施行。

※3：※1に伴い二級建築基準適合判定資格者から副確認検査員の選任が可能となる。2024年4月改正施行。

付　録

■付録 2 本書刊行時点で未施行の法令の主な改正

I　脱炭素社会の実現に資するための建築物のエネルギー消費性能の向上に関する法律等の一部を改正する法律（令和4年6月17日公布，法律第69号）における建築基準法・建築士法・建築物省エネ法の改正内容（公布後2年以内・3年以内施行部分）

【建築基準法改正関係】

2年以内施行（令和6年4月施行）	・**大規模建築物における部分的な木造化の促進（法2条九号のニイ）【第2章6.3.1】** 耐火建築物の定義のうち，「主要構造部」が耐火構造等であるとする規定を，「特定主要構造部（主要構造部のうち，防火上及び避難上支障がないものとして政令で定める部分以外の部分）」による規定に改め，防火上・避難上支障がない範囲内で，部分的な木造化を可能に。 ・**3000 m² 超の大規模建築物の木造化の促進（法21条2項）【第2章6.3.2】** 延べ面積が3000 m² を超える建築物は，壁，柱，床等の部分を耐火構造とするか，3000 m² ごとに耐火構造体で区画することを求める規定について，必要とされる性能に関する技術的基準に適合するもので，国土交通大臣が定めた構造方法を用いるもの又は国土交通大臣の認定を受けたものとすることとし，構造部材の木材をそのまま見せる「あらわし」による設計等を可能に。 ・**防火規制上の別棟扱いの導入による低層部分の木造化の促進（法21条3項，法27条4項，法61条2項）【第2章6.3.2】** 1の建築物であっても2以上の部分を防火上別の建築物とみなすことができる場合，それぞれを別建築物とみなすこととし，高層部分と区画することによる低層部分の木造化を可能に。 ・**防火壁の設置範囲の合理化（法26条2項）【第2章6.3.3】** 特定部分（防火上有効な構造の防火壁等によって他の部分と有効に区画されている部分）を有する建築物で，特定部分の特定主要構造部が耐火構造等に該当し，かつ，外壁の開口部で延焼のおそれのある部分に防火設備を有するもの等に係る1000 m² 以内の防火壁等の設置の規定の適用については，当該建築物の特定部分及び他の部分をそれぞれ別の建築物とみなし，かつ，当該特定部分を耐火建築物又は準耐火建築物とみなすことを新たに規定。 ・**既存不適格建築物の増築等の際の緩和規定の追加（法86条の7・1〜3項，法87条）【第2章3.20】** 既存不適格建築物に増築等を行う場合の遡及適用の緩和の対象指定に，法21条，法22条1項，法23条，法25条，法35条（政令で定める階段等に関する技術的基準及び敷地内の避難上・消火上必要な通路に関する技術的基準），法36条（防火壁等に関する技術的基準），法43条1項，法44条1項及び法62条を追加。また，2以上の独立部分がある場合の緩和規定に法21条，法23条，法26条，法27条，法36条（防火壁等に関する技術的基準）及び法61条を，増築等をしない部分の緩和規定に法35条（廊下等に関する技術的基準），法35条の2及び法37条を，それぞれ追加。既存不適格建築物に用途変更を行う場合についても，同様に緩和規定を追加。
3年以内施行	・**木造建築物の建築確認の区分の見直し（法6条1項）** 木造建築物の建築確認の区分について，「階数3以上，延べ面積500 m² 超，高さ13 m 超又は軒の高さ9 m 超」の区分を非木造と同じ「階数2以上又は延べ面積200 m² 超」に見直し。また，建築士の設計・工事監理による確認・検査の省略対象も見直され，平家かつ延べ面積200 m² 以下の建築物以外の建築物は，構造規定等の審査が必要に。 ・**小規模な木造建築物等の構造計算適合性判定の特例（法6条の3・1項，法18条4項）** 構造計算を要しない小規模な建築物（法20条1項四号該当）で構造設計一級建築士の構造設計に基づくもの等について，確認審査をルート2建築主事（特定建築基準判定適合資格者）がする場合は，構造計算適合性判定を不要とする。 ・**階高の高い3階建て木造建築物等の構造計算の合理化（法20条1項二号）** ルート2以上の高度な構造計算を要するとされていた高さ13 m 又は軒の高さ9 m 超の木造建築物のうち，地階を除く階数3以下で，高さ16 m 以下のものは，許容応力度計算によることが可能に。 ・**構造計算が必要な木造建築物の規模の引き下げ（法20条1項三号）** 構造計算が必要な木造建築物の規模について，「階数3以上，延べ面積500 m² 超，高さ13 m 超又は軒の高さ9 m 超」を「階数3以上，延べ面積300 m² 超又は高さ16 m 超」に見直し。

【建築士法改正関係】

3年以内施行	・**建築基準法改正に伴う二級建築士の業務独占範囲の見直し（建築士法3条1項）** 建築基準法20条1項二号の改正により，ルート2以上の高度な構造計算を要するとされていた高さ13 m 又は軒の高さ9 m 超の木造建築物のうち，地階を除く階数3以下で，高さ16 m 以下のものは，許容応力度計算によることが可能となる。この対象となる建築物について，二級建築士が設計・工事監理を行うことを可能とする（一級建築士の業務請負独占範囲の規定の木造建築物等の「高さ」を「地階を除く階数4以上又は高さ16 m 超」に変更する。）。次頁の表を参照。

	参考　改正後の建築士の業務範囲（下線が変更部分）
3年以内施行	

【建築物省エネ法改正関係】

2年以内施行（令和6年4月施行）	・**目的と法の名称の変更（建築物省エネ法1条）【第3章9.1（2）】** 目的の規定の「建築物のエネルギー消費性能の向上」に「建築物への再生可能エネルギー利用設備の設置の促進」を追加。法の名称を「建築物のエネルギー消費性能の向上等に関する法律」に変更（「等」を追加）。 ・**基本方針の策定事項の追加（建築物省エネ法3条）【第3章9.1（3）】** 基本方針の策定事項に「建築物への再生可能エネルギー利用設備の設置の促進に関する事項」を追加。 ・**表示制度の拡充（建築物省エネ法33条の2，同法33条の3）【第3章9.1（4）】** 建築物の販売・賃貸事業者に対するエネルギー消費性能の表示の努力義務に関し，新たに国土交通大臣による告示制定，勧告，勧告に従わなかった者の公表等の措置を追加。 ・**建築物再生可能エネルギー利用促進区域制度の創設（建築物省エネ法67条の2〜67条の6）【第3章9.1】** 市町村が，太陽光パネル等の再エネ設備の設置の促進計画を作成し，地域の実情を踏まえた取組を行うことができる建築物再生可能エネルギー利用促進区域制度を創設。同区域における再生可能エネルギー利用設備の設置に係る建築士の説明義務，再エネ促進区域における形態規制に係る特例許可について規定。
3年以内施行	・**建築主の性能向上努力義務の追加（建築物省エネ法6条）** 建築主の努力義務として，建築（新築，増築及び改築）しようとする建築物について，そのエネルギー消費性能の一層の向上（義務基準である省エネ基準を上回る省エネ性能の確保）を規定。 ・**建築士の説明努力義務の追加（建築物省エネ法6条，同法27条）** 建築主の努力義務として，設計を委託した建築主に対し，当該建築物のエネルギー消費性能その他建築物のエネルギー消費性能の向上に資する事項の説明を規定。 ・**省エネ基準適合義務の対象拡大（建築物省エネ法11条，同法19条）** 基準適合義務の対象を，小規模非住宅，住宅に拡大。増改築時の省エネ基準適合を求める範囲を建築物全体から増改築部分のみに縮小，住宅を対象とした届出義務を廃止。 ・**手続き・審査の合理化（建築物省エネ法11条，同法12条）** 省エネ基準への適合性審査を不要とする建築物を建築確認の対象外の建築物と建築基準法における審査・検査省略の対象である建築物に限定。省エネ基準への適合性審査が容易な建築物の省エネ適判手続きを省略。

Ⅱ　**第13次地方分権一括法（地域の自主性及び自立性を高めるための改革の推進を図るための関係法律の整備に関する法律）（令和5年6月16日公布，法律第58号）における建築基準法の主な改正内容（公布後1年以内施行部分）**

【建築基準法改正関係】

1年以内（令和6年4月）施行	・**建築副主事制度等の創設（法4条，法5条，法6条，法7条，法12条，法77条の24ほか）【第2章3.12，5.1，付録1ほか】** 建築基準適合判定資格者検定について，二級建築士試験合格者による受検を可能とし，当該受検者を対象とした検定に合格した者（二級建築基準適合判定資格者）は，建築副主事又は副確認検査員として，小規模な建築物等に限り，建築確認関係事務等を行うことを可能とする（建築主事及び建築副主事を「建築主事等」という。）。 ・**建築基準適合判定資格者制度の改正（法4条ほか）【付録1】** 構造計算適合資格を一級（従来の資格）と二級（建築副主事制度創設に伴う新たな資格）とに区分するとともに，受検資格として定められている実務経験について，資格者の登録要件とする（受験の段階では実務経験を不要とする。）。

索　引

建 築 法 規 用 教 材

1968 年 9 月 1 日	改訂第 1 版第 1 刷	
1993 年 9 月 1 日	改訂第 2 版第 1 刷	
1994 年 8 月 25 日	改訂第 3 版第 1 刷	
1995 年 4 月 1 日	改訂第 4 版第 1 刷	
1995 年 9 月 20 日	改訂第 5 版第 1 刷	
1996 年 6 月 1 日	改訂第 6 版第 1 刷	
1997 年 2 月 20 日	改訂第 7 版第 1 刷	
1998 年 2 月 20 日	改訂第 8 版第 1 刷	
1999 年 2 月 10 日	改訂第 9 版第 1 刷	
2000 年 2 月 25 日	改訂第10版第 1 刷	
2001 年 2 月 20 日	改訂第11版第 1 刷	
2002 年 2 月 20 日	改訂第12版第 1 刷	
2003 年 2 月 20 日	改訂第13版第 1 刷	
2004 年 2 月 10 日	改訂第14版第 1 刷	
2005 年 2 月 10 日	改訂第15版第 1 刷	
2006 年 2 月 10 日	改訂第16版第 1 刷	
2007 年 2 月 10 日	改訂第17版第 1 刷	
2008 年 2 月 15 日	改訂第18版第 1 刷	
2009 年 2 月 20 日	改訂第19版第 1 刷	
2010 年 2 月 15 日	改訂第20版第 1 刷	
2011 年 2 月 10 日	改訂第21版第 1 刷	
2012 年 2 月 10 日	改訂第22版第 1 刷	
2013 年 2 月 15 日	改訂第23版第 1 刷	
2014 年 2 月 10 日	改訂第24版第 1 刷	
2015 年 2 月 5 日	改訂第25版第 1 刷	
2016 年 2 月 10 日	改訂第26版第 1 刷	
2017 年 2 月 10 日	改訂第27版第 1 刷	
2018 年 2 月 10 日	改訂第28版第 1 刷	
2019 年 2 月 5 日	改訂第29版第 1 刷	
2020 年 2 月 5 日	改訂第30版第 1 刷	
2021 年 2 月 5 日	改訂第31版第 1 刷	
2022 年 2 月 5 日	改訂第32版第 1 刷	
2023 年 2 月 5 日	改訂第33版第 1 刷	
2024 年 2 月 15 日	改訂第34版第 1 刷	

編集著作人　一般社団法人　日本建築学会
印 刷 所　三 美 印 刷 株式会社
発 行 所　一般社団法人　日本建築学会
108-8414 東 京 都 港 区 芝 5 - 26 - 20
電話 (03) 3 4 5 6 - 2 0 5 1
FAX (03) 3 4 5 6 - 2 0 5 8
http://www.aij.or.jp/

発 売 所　丸 善 出 版 株 式 会 社
101-0051 東京都千代田区神田神保町2-17
神田神保町ビル
電話 (03) 3 5 1 2 - 3 2 5 6

© 日本建築学会 2024

ISBN978-4-8189-2244-0 C 3052